Iris Origo

Der Heilige der Toskana

Iris Origo

# Der Heilige
# der Toskana

*Leben und Zeit des Bernardino von Siena*

*Aus dem Englischen und Italienischen übersetzt
von Uta-Elisabeth Trott*

Verlag C. H. Beck München

*Die deutsche Übersetzung beruht auf der Originalausgabe,*
*die unter dem Titel „The World of San Bernardino" 1963 im Verlag*
*Jonathan Cape, London, © 1963 Iris Origo, erschienen ist.*
*Die Originaltexte der Predigten sind der italienischen Ausgabe*
*entnommen, die unter dem Titel „Bernardino da Siena e il suo tempo"*
*1982 im Verlag Rusconi, Mailand, erschienen ist.*

Mit 17 Abbildungen auf 16 Tafeln

CIP-Titelaufnahme der Deutschen Bibliothek

*Origo, Iris:*
Der Heilige der Toskana : Leben und Zeit des Bernar-
dino von Siena / Iris Origo. Aus d. Engl. u. Ital. übers.
von Uta-Elisabeth Trott. - München : Beck, 1989
Einheitssacht.: The world of San Bernardino ⟨dt.⟩
ISBN 3 406 33716 3

ISBN 3 406 33716 3

© C. H. Beck'sche Verlagsbuchhandlung (Oscar Beck), München 1989
Satz: Fotosatz Otto Gutfreund, Darmstadt
Druck und Bindung: May & Co., Darmstadt
Printed in Germany

# Inhalt

# Die wichtigsten Stationen im Leben des Heiligen Bernardino

1380     Am 8. September wird Bernardino als Sohn des Tollo degli Albizzeschi aus Siena und seiner Ehefrau, Nera degli Avveduti, in Massa Marittima geboren.

1386     Nach dem Tod beider Eltern wird Bernardino der Fürsorge der Schwester seiner Mutter, Diana, anvertraut.

1391     Bernardino wird nach Siena zum Bruder seines Vaters, Cristoforo degli Albizzeschi, geschickt.

1392–99     Bernardino besucht die Lateinschule in Siena, zuerst bei Maestro Onofrio di Loro, dann bei Maestro Giovanni da Spoleto. Danach studiert er an der Universität Kirchenrecht.

1400     Während einer Pestepidemie pflegt er Pestkranke im Ospedale della Scala und wird selbst schwer krank.

1402     Am 8. September tritt er dem Franziskanerorden bei und geht als Novize in die Einsiedelei Il Colombaio auf dem Monte Amiata.

1403     Am 8. September legt er die Gelübde ab.

1404     Am 8. September liest er seine erste Messe.

1405     Er wird zum Prediger ernannt und hält in Seggiano seine erste Predigt.

1408–16     Er predigt in der Umgebung von Siena und in Ferrara (?), Siena, Pavia, Padua und Mantua. Besucht La Verna.

1417     Ein Novize in Fiesole hat eine Vision, Bernardino solle sich aufmachen und in der Lombardei predigen. Auf dem Weg dorthin Predigten in Ferrara (?) und Genua (?).

1418     Predigten in Genua und Mantua und an vielen Orten in Ligurien und im Piemont. Ankunft in Mailand, wo er täglich predigt.

1419–20     Zyklus von Fastenpredigten in Mailand, Predigten in zahlreichen Städten der Lombardei und im Tessin.

1421     Weiterer Predigtzyklus in Mailand. Stiftet Frieden in Crema. Ernennung zum Vikar der Observanten in Umbrien und in der Toskana.

1422–23     Predigten in Venedig, Bergamo, Verona und in anderen Städten des Veneto.

1424     Predigten in Bologna, wo seine Rechtgläubigkeit angefochten wird. Predigten in Florenz und anderen Gegenden der Toskana.

1425     Er predigt erneut in Santa Croce in Florenz, in der Toskana und in Umbrien.

1426     Er predigt in Todi und in Viterbo. Wird von Papst Martin V. unter der Anklage der Ketzerei nach Rom zitiert und freigesprochen. Hält 80 Predigten in der Peterskirche in Rom und Missionspredigten in den Marken.

1427        Er wird zum Bischof von Siena ernannt, lehnt das ehrenvolle Amt aber ab. Hält Predigtzyklen in Siena.

1428–29   Er predigt erneut in den Marken, dann in Arezzo, in der Lombardei und in Venedig.

1430        Nimmt am Generalkapitel der Franziskaner in Assisi teil. Kehrt in die Marken zurück.

1431        Rückkehr nach Siena, predigt in der Romagna und in den Marken, lehnt das Bischofsamt von Ferrara ab. Papst Eugen IV. erläßt die Bulle, die ihn von der Anklage der Ketzerei freispricht.

1432–33   Befreundet sich mit Kaiser Sigismund, als dieser sich in Siena aufhält, begleitet ihn nach Rom zur Kaiserkrönung. Überarbeitet und schreibt seine Predigten in La Capriola nieder.

1435        Predigt in Gubbio. Lehnt das Bischofsamt von Gubbio ab.

1438–39   Wird auf dem Konzil von Basel erneut der Ketzerei angeklagt und vom Herzog von Mailand verteidigt. Wird zum Generalvikar der Observanten von ganz Italien ernannt. Predigt in L'Aquila und Perugia. Nimmt am Konzil zur Wiedervereinigung der Griechischen und Römischen Kirche in Ferrara und Florenz teil.

1440        Ernennt seinen Mitbruder Giovanni da Capistrano zu seinem Assistenten. Häufige Inspektionen von Observantenklöstern.

1441        Besucht erneut Florenz und Assisi. Predigt auf der *piazza* von Perugia von der neu errichteten Kanzel aus. In Florenz versucht er, Papst Eugen IV. mit Siena auszusöhnen.

1442–43   Tritt freiwillig als Generalvikar zurück und geht nach La Capriola. Tod seines engen Freundes und Mitarbeiters, Bruder Vinzenz. Predigt auf Einladung des Herzogs in Mailand, hält Abschiedspredigten in Pavia, Ferrara, Padua, Venedig (?) und Verona.

1444        Er predigt in Massa Marittima. Rückkehr nach La Capriola, von wo er nach einer Abschiedspredigt in Siena zu seiner letzten Reise nach L'Aquila aufbricht. Dort stirbt er am Abend vor Christi Himmelfahrt im Franziskuskloster. Seine Habseligkeiten werden nach Siena gebracht, sein Leichnam bleibt in L'Aquila.

1450        Feierliche Heiligsprechung durch Papst Nikolaus V. an Pfingsten.

# Vorwort

Überall in der Toskana trifft man noch heute auf das Emblem des Heiligen Bernardino: Das Monogramm YHS im goldenen Strahlenkranz schmückt die Fassade des Palazzo Pubblico in Siena,[1] aber man findet es auch an weniger vornehmen Stellen: über dem Eingangsportal zahlloser kleiner Dorfkirchen, an Kapellen am Weg und an Bildstöcken, an der Wand manch verfallenden Gehöfts, einer Burgruine oder am Gewölbe eines Gebäudes, das einstmals eine Kapelle war und nun als Stall oder Keller dient. Bernardino war hier, bedeutet dieses Emblem; hier predigte er.

Auch sein Gesicht ist uns aus vielen Darstellungen vertraut, denn er lebte in einem Zeitalter berühmter Maler; und da er bereits sechs Jahre nach seinem Tod heiliggesprochen wurde, bemühten sich alle Städte und Klöster, in denen er gepredigt hatte, so bald wie möglich ein Porträt, eine Büste oder ein Standbild von ihm zu bekommen. Die Menschen, die ihn darstellten, hatten ihn oft noch mit eigenen Augen gesehen, und spätere Künstler hielten sich dann detailgetreu an diese Vorbilder. Sassetta, der von allen sienesischen Malern den franziskanischen Geist vielleicht am reinsten verkörperte, arbeitete zu Bernardinos Lebzeiten im Convento dell'Osservanza bei Siena, den der Heilige selbst gegründet hatte. Schon sieben Monate nach dessen Tod malte er ein Bildnis für das Oratorium des *Ospedale della Scala*, wo Bernardino in jungen Jahren die Pestkranken gepflegt hatte. Leider ist gerade dieses Bild zerstört. So ist das einzige noch vorhandene, mit Sicherheit nach dem Leben gemalte Porträt, das von Sassettas Schüler, Pietro di Giovanni d'Ambrogio. Bernardino sieht darauf bereits wie ein alter Mann aus, obwohl er erst 46 Jahre alt war. Dies ist, zusammen mit einer Büste aus Holz eines unbekannten Meisters[2] und den Bildern von Sano di Pietro und Vecchietta, das Modell, nach dem spätere Bildnisse von ihm angefertigt wurden. Alle zeigen uns die gleiche schmächtige, ausgezehrte Gestalt, den langen hageren Hals, der aus der weiten Mönchskutte ragt, die eingefallenen Wangen (infolge seiner ständigen Kasteiungen hatte er, noch bevor er 40 war, alle Zähne verloren), das energische, schmale Kinn und tiefliegende, ziemlich kleine, braune Augen, einen feingeschnittenen Kopf, dazu einen Ausdruck von Güte und Dulden. Es ist ein Gesicht, auf dem die Entbehrungen des Asketen und die Demut des Heiligen die Züge des Aristokraten und Gelehrten nicht völlig auszulöschen vermochten. Auf manchen Bildern entdecken wir sogar einen Anflug von Ironie in den Winkeln seiner dünnen Lippen.

Außer den genannten Porträts und den zahlreichen weiteren der Sieneser Schule gibt es noch eine ganze Reihe, die von bedeutenden Künstlern aus anderen Teilen Italiens geschaffen wurden. Fast alle Porträts der Sieneser

Schule befinden sich heute in der Pinacoteca in Siena, aber einige trifft man immer noch in den kleinen Dörfern an, für die sie einst angefertigt worden waren. Und hier haben sie den ihnen gebührenden Rahmen: Es sind noch dieselben engen Gassen, die durch Häuser aus verblaßten Ziegelsteinen führen, dieselben Kirchen und Klöster, die Bernardino einst gesehen hat, und man vermeint noch den Widerhall von Bernardinos Schritten hier zu hören.

Die Landschaft ist noch die gleiche, sogar die Gesichter der Menschen hier verraten noch den gleichen Typ der schlauen, geschwätzigen, in gegnerische Parteien zersplitterten *Senesi*, die er tadelte, verspottete – und liebte! All das gibt einen passenderen Hintergrund ab für seine Porträts als das schönste Museum. Hier hat man noch das Gefühl, der Heilige könne jeden Augenblick vorbeikommen.

Auch ist auf dem Land um Siena die Erinnerung an ihn noch ganz frisch und lebendig, besonders an den wilden, einsamen Hängen des Monte Amiata, wo er sein Noviziat verbrachte. Der Bauer, der uns den Pfad zu den Ruinen seiner abgelegenen Klause, *Il Colombaio*, zeigte, führte, wie einst der Heilige, einen Esel mit, weil er Reisigholz holen wollte, und er sprach mit so liebevoller Vertrautheit von ihm wie von einem nahen Verwandten, der kürzlich erst gestorben ist.

Vom Kloster, das in einer kleinen Bergmulde hoch über dem gewundenen Flußbett der Orcia gelegen war, stehen nur noch der Glockenturm[3] und ein paar verfallene Mauern; im Kreuzgang wachsen Steineichen und Wacholdergestrüpp; Thymian und Wermutkraut haben den Fußboden überwuchert. Unser Führer zeigte uns eine Stelle, von der man die Grundmauern des Kirchenschiffs und der Zellen noch ausmachen konnte, und eine windgeschützte Lichtung, wo die Mönche ihren Weinberg, ihren Olivenhain und ihren Gemüsegarten angelegt hatten. Früher, so erzählte er, kam der Gemeindepfarrer von Seggiano in regelmäßigen Abständen dort hinauf und las die Messe an einem Feldaltar, der im Gras vor den Ruinen der Kirchenmauer aufgebaut war. Da kamen dann die Bauern des nächstgelegenen Hofs in einer Prozession mit dem Kruzifix der Kirche heraufgezogen. Es war erst ein paar Jahre her, daß dort zum letzten Mal die Messe gelesen worden war, nämlich als die Bauern nach einer Reihe verheerender Hagelschläge beschlossen hatten, den Heiligen Bernardino um Hilfe anzurufen. „Und danach hat es nicht mehr gehagelt." Der Bauer berichtete uns auch noch, daß vor nicht allzu langer Zeit ein frecher Bursche sich eine Kapuze über den Kopf gestülpt habe und in der Abenddämmerung auf den Glockenturm geklettert sei, und daß die Bauern, die ihn von ferne sahen, aufgeschrien hätten: „San Bernardino ist wiedergekommen!" Seine Frau, erzählte unser Führer weiter, hätte noch monatelang nach diesem Ereignis Angst gehabt, ihm das Essen aufs Feld hinauszubringen. Auf unserem Rückweg nach *Seggiano* wies er uns schließlich auf einen riesigen grauen Felsblock neben dem Pfad hin. „Man sagt, daß die Lausbuben von Seggiano einst immer Steine gegen die Fußknöchel des Heiligen Bernardino warfen, aber eines Tages, als er an dieser Wegbiegung angekommen war, löste er sich plötzlich in Nichts auf, und die Steine trafen nur einen nackten Felsen." Seitdem heiße er *il masso di San Bernardino*, San-Bernardino-Fels.

Dieses Buch stützt sich zum Teil auf die Biographien Bernardinos, die seine Zeitgenossen verfaßten,[4] greift aber auch auf die Erkenntnisse zurück, die spätere Biographen zusammengetragen haben, und speziell auf neues, wichtiges Material, das in letzter Zeit im *Archivum Franciscanum Historicum*, in den *Studi Francescani*, vor allem im *Bollettino di Studi Bernardiniani* veröffentlicht wurde ebenso wie in den kritischen und biographischen Abhandlungen, die zum 500. Todestag des Heiligen von Wissenschaftlern und Historikern des Franziskanerordens verfaßt wurden.[5] Ebenfalls zum 500. Todestag wurde in Siena eine Ausstellung veranstaltet, die *Mostra Bernardiniana*, für die man nicht nur zahlreiche weniger bekannte Darstellungen des Heiligen, sondern auch etliche seiner Manuskripte und seiner persönlichen Habseligkeiten zusammengetragen hatte.[6] Die neueren Biographien, die ich konsultiert habe, darunter die einzige in englischer Sprache von A. G. Ferrers Howell, *1913*, sind in der allgemeinen Biographie aufgeführt, während sich Arbeiten, die sich speziell mit der Epoche befassen, und Monographien, die für einzelne Kapitel wichtig sind, jeweils in den Anmerkungen zu den einzelnen Kapiteln am Schluß des Buches aufgeführt sind.

Die Hauptquelle für jede Biographie Bernardinos müssen immer seine eigenen Worte sein: Seine lateinischen Predigten, die er selbst für seinen persönlichen Gebrauch und für seine Mitbrüder niederschrieb, vor allem aber seine Predigten in der Volkssprache, die auf Wachstäfelchen während der Predigt mitstenographiert worden waren und erst vor relativ kurzer Zeit vollständig veröffentlicht wurden. Tatsächlich war der Gebrauch einer Schnell- oder Kurzschrift zu Bernardinos Zeiten durchaus nichts Ungewöhnliches, aber es gab kein einheitliches System. Vielmehr erfand jeder Stenograph mehr oder weniger seine eigenen Kürzel und vermischte diese mit den allgemein gebräuchlichen, so daß es viele individuelle Kurzschriften gab. Dazu kommt noch, daß die Orthographie dem persönlichen Geschmack überlassen blieb und die Fertigkeit der jeweiligen Schreiber sehr unterschiedlich war, wie man unschwer bei der Lektüre speziell dieser Predigten feststellen kann. Der Mann, der zum Beispiel die Predigten niederschrieb, die der Heilige 1427 in Siena hielt, ging mit großer Akribie und großer Begeisterung vor, während derjenige, der 1424 die Predigten in Florenz mitschrieb, ganz offensichtlich nicht mitkam. „Er gab viele schöne... Parabeln und schöne, nützliche Lehren", notierte er, „über die Dinge des Gewissens, die ich als Schreiber nicht aufschrieb wegen ihrer Länge und der Kürze der Zeit. Ich schrieb nur auf, was er über das Allerheiligste Evangelium sagte." Und er beendete seine Niederschriften mit den Worten: „Ich, der Schreiber, konnte nicht mehr aufschreiben wegen Mangels an Täfelchen, um darauf zu schreiben."[7]

Cannarozzi meint im Vorwort zu seiner wissenschaftlichen und sorgfälti-

gen Edition der bis dahin unveröffentlichten Prediten des Heiligen, daß die
Passagen, die seiner Gemeinde besonders zu Herzen gingen oder die sie am
meisten interessierten, am vollständigsten niedergeschrieben wurden; aber
das ist nur eine Vermutung. Jedenfalls sieht es so aus, als ob zahlreiche Parabeln und andere Geschichtchen aus dem Predigtzyklus von 1425 in Florenz und auch aus dem, den er später im selben Jahr in Siena gehalten hat,
fehlen würden, was natürlich ein immenser Verlust für uns ist. Doch selbst
wenn die Transkriptionen der Predigten in vielen Fällen in ihrer Qualität
schwanken und oft unvollständig sind, ist immer noch mehr als genug Material auf uns gekommen, um uns eine durch und durch lebendige Vorstellung
des Menschen Bernardino und seiner Zeit zu geben.

Für jede Epoche gilt, daß die in Worte gefaßten und auch niedergeschrie-
benen Vorstellungen und Ideen nur die äußere Kruste eines nicht greifbaren
Corpus von niemals formulierten Fantasien, Glauben und Ängsten sind –
wie überkommene Bauernregeln, die nie als Tatsachen in Frage gestellt werden – so tief verwurzelt und so allgemein als selbstverständlich hingenommen, daß die Menschen sich selten die Mühe machten, ihnen Ausdruck zu
verleihen, ja, sich auch kaum bewußt waren, daß sie sich ständig ändern, die
aber ihre Vorstellungswelt prägen und ihr Verhalten bestimmen. Eben diese
Vorstellungen – den imaginativen Hintergrund, der das „Klima" eines Zeit-
alters bildet – bringt Bernardino ans Licht, und zwar mit einer Klarheit und
Lebendigkeit wie es keinem anderen Schriftsteller seiner Zeit vergönnt war.
Den Rahmen zu seinem Zeitgemälde bilden die Chroniken von Villani, die
Novellen von Sacchetti und Sermini, private Briefe von Ser Lapo Mazzei,
Traktate über das häusliche Leben oder über den Handel von Fra Giovanni
Dominici oder dem Kaufmann Paolo da Certaldo, vor allem aber die realisti-
schen und ungeschminkten toskanischen Familienchroniken des 14. und
15. Jahrhunderts. Doch als Sozialhistoriker ist Bernardino einmalig. Sicher
hätte er über diese Bezeichnung gelächelt, denn sie wäre ihm wahrscheinlich
banal vorgekommen im Vergleich zu seiner Sendung als Prediger. Wenn er
auch einer der bedeutendsten Volksprediger seiner Zeit war, sollte er doch
unbedingt auch als Historiker gelesen werden. Sein Interesse galt in erster
Linie den Herzen der Menschen, und so war es auch das Herz, das er an-
sprechen wollte. Und da jede Facette des menschlichen Daseins für ihn von
Interesse oder Bedeutung war, entwarf er schließlich Bilder, so detailliert
und farbenfroh wie die in den Missalen der Zeit. Es ist, als ob eine Folge von
Miniaturen zu einer Art Wochenschau des frühen 15. Jahrhunderts insze-
niert worden wäre, eine sorgfältige, wahrheitsgetreue Dokumentation seiner
Zeit. Da sind die jungen Stutzer von Siena, „alle voller Kikeriki", die hübschen Mädchen, die ganze Tage auf der Altane ihres Hauses damit verbrachten, ihr Haar immer und immer wieder zu waschen und in der Sonne zu
bleichen. Da sind die Geldprotze von Kaufleuten, die sich nach einem der
leidenschaftlichsten Aufrufe des Predigers, für die armen, eingekerkerten
Schuldner, *povaretti prigioni*, Kleider zu spenden, ganze zwei Unterhem-

den, zwei Unterhosen und ein Paar durchgelatschter Schuhe vom Herzen
rissen. Da ist die ganze Welt unredlicher Händler und Kaufleute, Wucherer
und Glücksspieler, ungebildeter Priester und eifernder Mönche, ungerechter
Amtsträger und der Parteifanatiker, der elenden Gefangenen, der Pestkranken und Hungerleider. Da ist auch die Welt der Frauen: *Monna Pigra* und
*Monna Sollecita*, Frau Faul und Frau Hurtig, die sich gegenseitig wegschubsen, um einen guten Platz für die Predigt zu ergattern, die alte Witwe „mit
ihrem Gärtchen, in dem viele duftende Kräuter wachsen, Petersil, Thymian
und auch Basilikum"; die Frau, die, wenn sie zur Beichte geht, immer nur
die Sünden ihres Mannes beichtet; das junge Mädchen, „das, sobald es nur
ein Pferd trappeln hört, sogleich ans Fenster rennt und alles sehen und wissen will"[8]; die Mutter, die ihr Kind mit Affenliebe verwöhnt, und die kor-
rupte Kupplerin. Sie alle werden nicht nur mit dem leidenschaftlichen Eifer
eines großen Reformators beschrieben, sondern auch mit der Ironie und
dem Mitgefühl des Mannes, der trotz all seiner Heiligkeit so vieles gemeinsam hatte mit den Menschen, zu denen er sprach.

Bernardino wurde immer wieder mit dem jovialen Florentiner Kaufmann
Franco Sacchetti verglichen, der rund 50 Jahre vor ihm seine Novellen geschrieben hatte, denn sie gleichen sich nicht nur in ihrer Freude an einer guten Geschichte und im Gebrauch eines kernigen toskanischen Dialekts. Vor
allem gleichen sie sich darin, daß sie beide das Leben lieben, so, wie es eben
ist, hart, sinnenfroh, erdverbunden, aber doch aufgehellt durch einen Hauch
von Poesie, und daß sie die Menschen selbst lieben, über die sie sprechen. Sie
beschreiben die derben, knauserigen, streitsüchtigen, witzigen, schwatzhaf-
ten Männer und Frauen, die man in jeder beliebigen Ortschaft in der Toskana antrifft. Immer freuen sie sich, wenn sie den Nachbarn eines aus-
wischen oder ihnen saugrob kommen können, stets sind sie zu einem guten
Schabernack bereit, einem handfesten Streit vor Gericht oder einer guten
Mahlzeit unter einer Weinlaube, die mit dem herben toskanischen Wein her-
untergespült wird, immer schnell zur Reue bereit und ebenso schnell bereit,
von neuem zu sündigen. Vielleicht waren sie deshalb Bernardino gegenüber
so unbefangen, weil er sie alle so gut verstand.

Bedeutende Persönlichkeiten wie Dichter, Staatsmänner, Heilige, sind
den Anschauungen ihrer eigenen Epoche voraus, aber ein Teil von ihnen
bleibt doch immer noch der eigenen Zeit verhaftet. Bernardinos Vorstellung
von Gott gehört der Ewigkeit an, aber in seinem Urteil über die Welt, in der
er lebte, war er ganz und gar Kind seiner Zeit, einer Zeit der Unruhe und des
Übergangs. Auch wenn sein gesunder Menschenverstand und sein Realismus ihn vor den schlimmsten Auswüchsen des Aberglaubens bewahrten,
auch wenn er den populären Prophezeiungen über das nahe bevorstehende
Jüngste Gericht mit ungewöhnlicher Skepsis gegenüberstand, so teilte er
doch mit dem einfachsten Mitglied seiner Gemeinde den Glauben an Zeichen und ungewöhnliche Erscheinungen, an die physische Gegenwart von
Engeln und Teufeln: Gut und Böse nahmen auch für ihn die Erscheinungs-

form an, in der er sie sich vorstellte. Wenn er auch stets leidenschaftlich Stellung gegen die althergebrachte Überzeugung seiner Mitbürger bezog, Rache sei eine zwingende moralische Pflicht, Parteienhader sei eine unumgängliche Notwendigkeit, wenn er auch die unzulängliche Bildung der Mönche ebenso bekämpfte wie den Müßiggang des Adels, wenn die Ansichten, die er über die Ehe und über die Würde der Frau äußerte, auch sehr aufgeklärt und modern anmuten, so teilte er doch voll und ganz die grausamen Vorurteile seiner Zeitgenossen gegen Hexen, Wucherer und Juden und machte kein Hehl daraus. Er war auch darin ganz und gar ein Mann seiner Zeit, daß er sich lebhaft für alle Menschen in allen Arten von Berufen, Tätigkeiten und Lebensweisen interessierte. Er konnte sich zudem unglaublich gut anpassen, so daß er allerorts willkommen war. Über 40 Jahre lang wanderte er kreuz und quer durch Italien, und überall fühlte er sich zu Hause: sei es an den Universitäten von Padua oder von Florenz, in den dunklen, winzigen Werkstätten der Flickschuster, in den Läden der Apotheker oder Kornhändler am Marktplatz, in den Buchläden an der Piazza della Signoria, wo er nach seltenen Handschriften suchte; in den Palästen der Adeligen, zu denen er ja eigentlich seiner Herkunft nach gehörte, und für die er einmal eine Predigt verfaßte mit dem Titel: „Della vera nobilità"; selbst in Gefängnissen und Spitälern war er zu Hause; er sprach die kleinen Buben auf der Straße an und fragte sie, wie sie ihre Schleudern bastelten und damit umgingen; er wärmte seine müden Glieder am Kamin in der Hütte eines armen Bauern und hielt sogar mit den „Heuschrecken" der Zeit, den gefürchteten *soldati di ventura*, den Söldnern, zuweilen einen Schwatz auf der Landstraße und gestand ihnen, daß er zwar selbstverständlich ihren Beruf mißbilligte, aber trotzdem nur allzu gern einmal bei einer Schlacht zusehen würde, wenigstens ein einziges Mal in seinem Leben.

Dies Buch ist ein Versuch, Bernardino in die eine oder andere dieser ganz verschiedenen Welten zu folgen.

*Erstes Kapitel*

# Die falsche und die wahre Berufung

*La vraie éloquence se moque de l'éloquence.*
Pascal

I

Am Freitag, dem 15. August 1427, war die ganze Stadt schon vor dem Läuten der Sovana Glocke[1] des Doms von Siena, das immer mit dem Sonnenaufgang einsetzte, auf den Beinen. Lange vor Tagesanbruch hatte Fra Bernardino degli Albizzeschi auf der noch dunklen Piazza del Campo seinen Altar vor dem Palazzo Pubblico aufgebaut und beim Schein von zwei tropfenden Wachsstöcken die Messe gelesen. Die Bürger der Stadt waren aus ihren Werkstätten und Häusern, deren Fensterläden und Türen noch verriegelt waren, die steilen, engen Sträßchen zum Campo hinuntergeeilt, um nur ja einen guten Platz zu ergattern, denn es war Mariä Himmelfahrt, und im Morgengrauen sollte Bernardino vor den *Signori* des Rats predigen. Die Kanzel, geschmückt mit rotem Brokat, war schon aufgestellt, und die Würdenträger der Stadt hatten bereits daneben auf einer Tribüne, die mit kostbaren Teppichen ausgeschlagen war, Platz genommen; auf dem Platz selbst war eine niedrige Tuchbahn als Trennwand zwischen Männern und Frauen ausgespannt. Die Frauen waren in schickliche lange Mäntel gekleidet und trugen weiße oder schwarze Tücher auf dem Kopf; die Gewänder der Männer unterschieden sich je nach Rang und Stand: die Kaufleute trugen lange Mäntel, die jungen Edelleute kurze, farbenfrohe Röcke, die Handwerker kurze, graue Kittel. Als die Sonne über dem Platz aufging und ihre ersten Strahlen die Spitze der schlanken, rosaroten Torre Mangia des Palazzo Pubblico trafen und allmählich den ganzen Platz in honigfarbenes Licht tauchten, fing die Glocke des Doms zu läuten an. Als sie schwieg, erhob sich der Prediger, hielt eine Tafel mit dem Christus-Monogramm hoch und machte langsam das Kreuzeszeichen, und die ganze Gemeinde fiel auf die Knie. Dann begann er zu sprechen und beschrieb, „wie unsere glorreiche Mutter gen Himmel fuhr, und die Freude, mit der sie im Paradies empfangen wurde".[2]

Diese Szene ist nicht erfunden, sondern vielfach dokumentiert. Zwei zeitgenössische Künstler, Sano di Pietro und Neroccio di Bartolomeo, hielten sie in Gemälden fest[3], und wir besitzen zudem den außerordentlich detail-

lierten Bericht eines Augenzeugen, der sich der Wichtigkeit der Aufgabe, die
er sich vorgenommen hatte, voll und ganz bewußt war. Es war „ein armer
Tuchscherer",[4] mit Namen Benedetto di Maestro Bartolomeo, der „eine
Frau, etliche Kinder und... wenige Besitztümer hatte", wie er selbst von
sich schrieb. Bernardinos Predigten bewegten ihn so sehr, daß er mit Freuden ganze Stunden seines Tagewerks opferte, damit nur ja kein Wort davon
verloren ginge. Tag für Tag ließ er sich in einem Winkel des Campo nieder,
wo er ungestört war, nahm Wachstäfelchen und Griffel und schrieb in einer
Kurzschrift, die er sich selber beigebracht hatte, mit, was der Prediger sagte.
„Nicht das kleinste Wort", betonte er, „kam aus diesem heiligen Mund, das
ich nicht niedergeschrieben hätte". War die Predigt vorüber, „ging er mit
seinem Stoß Wachstäfelchen heim in seine Werkstatt und übertrug alles, was
er notiert hatte, sorgfältig in ordentliche Schrift auf Pergament, so daß er am
selben Tag die Predigt zweimal geschrieben hatte, bevor er wieder für den
folgenden Morgen einen Stoß Täfelchen neu mit Wachs beschichtete; erst
dann machte er sich an seine eigentliche Arbeit."[5]

Gleich beim allerersten Mal hatte Bernardino ihn mit seinen scharfen, hellen kleinen Augen entdeckt und sprach ab und zu extra für ihn etwas langsa-
mer, ja manchmal, wenn er eine Stelle besonders hervorheben wollte, lehnte
er sich sogar vor und wendete sich direkt an ihn. Am ersten Tag hielt er ihn
offenbar für einen öffentlichen Berichterstatter, einen *abbachista*. „Du da,
Du abbachista, hast Du dieses Argument aufgeschrieben?" Doch dann
merkte er, was der Mann in Wirklichkeit im Sinn hatte und sprach ihn noch
einmal an: „Notiere, wie Du es letztes Mal gemacht hast, und dann schreibe
es nochmal ab, denn das Schreiben wird es Dir gut ins Gedächtnis einprä-
gen." Allmählich begann sich der Prediger ganz und gar auf seinen getreuen
Chronisten zu verlassen. Häufig machte Bernardino ihn auf eine besonders
wichtige Stelle eigens aufmerksam: „...Du, der Du dort schreibst, notiere
das gut auf"; „Du, der Du schreibst, merk' wohl darauf"; „Da antwortete
der Heilige Petrus: (doh! höre das gute Wort, Schreiber, und schreib' es
auf)." Wenn er ein lateinisches Zitat verwendete oder sich auf eine Stelle aus
der Bibel bezog, versäumte Bernardino es nie, ihn darauf hinzuweisen:
„Weißt Du, wer das gut wußte? Pavolozo... [Paulchen] Und deshalb, Du,
der Du schreibst, schreib' es richtig, denn ich werde es Dir so sagen, daß Du
es kapierst, und ich werde es Dir nachher noch einmal sagen, damit Du es
richtig mitschreiben kannst." Und so schrieb Benedetto Wort für Wort nieder, auch alles, was Bernardino sagte, wenn er abschweifte oder wenn er
seine Predigt kurz unterbrach, weil etwas auf dem Platz seine Aufmerksamkeit erregte. Gerade dadurch ersteht die Szene so lebendig vor unseren Augen. „Halt, wart' ein wenig, da kommt mir grad ein Ausspruch in den Sinn,
den Gregor zu unserem Thema gemacht hat." Oder ein Hund rennt über
den ganzen Platz und lenkt die versammelte Gemeinde ab. „Gebt dem Hund
eins drauf, jagt ihn vom Platz, jagt ihn dort hin, gebt ihm eins mit dem
Schuh drauf... so, das reicht: laßt ihn laufen."[6] Auch wenn die Glocke vom

großen Glockenturm, dem *Mangia*, die Stunde läutete, unterbrach Bernardino seine Predigt mit den Worten: „Lassen wir erst die Glocke läuten."[7] Auch andere Einwürfe sind ebenso getreulich niedergeschrieben. Bernardinos Kanzel stand in der Nähe der Fonte Gaia, des Stadtbrunnens.[8] Dort trafen sich immer die Bauern und die Makler und stritten und feilschten endlos über die Preise von Weizen, Wein und Vieh. Bernardino fand, daß sich das nicht gehörte, während er predigte, und er rief ihnen zu: „Ihr dort am Brunnen, die Ihr mit Euren Waren schachert, verschwindet und schachert woanders! Hört Ihr schlecht, Ihr da drüben am Brunnen?" Über tausenderlei Kunstgriffe verfügte er, um die Aufmerksamkeit seiner Zuhörer auf sich zu ziehen. „Jetzt will ich Euch ein sehr schönes Gleichnis erzählen. Hört gut zu, denn es wird Euch sicher gefallen." Sobald er merkte, daß jemand nicht aufpaßte, sprach er ihn sofort darauf an. „Das ist ja allerhand! Da sehe ich eine Frau, die, wenn sie mich anschauen würde, nicht dorthin schaute, wo sie jetzt hinschaut! Paß' auf mich auf, sage ich!" Wenn etwas von dem, was er sagte, seiner Gemeinde nicht gefiel, bemerkte er sofort die Zeichen der Unruhe. „Ich merke gut, wenn Ihr mir nicht gern zuhört, und zwar an verschiedenen Zeichen: Ihr wendet den Kopf hierhin und dorthin, Ihr dreht Euch weg, Ihr greift mit der Hand an den Kopf."[9] Doch er bestand darauf, daß sie ihn wenigstens bis zum Schluß anhören sollten. „Geh' nicht, mach' Dich nicht davon, warte, weil Du vielleicht Dinge hörst, die Du nie mehr hören wirst." Wenn am Ende die Aufmerksamkeit sichtlich erlahmte – schließlich dauerten seine Predigten manchmal geschlagene vier Stunden, und seine Gemeinde hörte sie im Stehen an oder kniete während der ganzen Zeit auf dem Boden – beugte er sich vor und zog aus seiner Kutte ein Schriftstück heraus. „Hört Euch mal diesen Brief an, den ich heute früh bekommen habe!" Alle sperrten das Maul auf und lehnten sich vor. „Da sieh einer an, ein ungelesener Brief ist Euch wichtiger als Gottes Wort!"[10] Nach so einer Zwischenbemerkung gab er sich selbst eine Maulschelle und rief: „A casa!" [zurück zur Sache] und nahm den Faden seiner Predigt wieder auf.

Der Mönch, der da auf der Piazza del Campo sprach, hatte ursprünglich nicht Volksprediger werden wollen. Ungefähr 26 Jahre vor dieser Zeit, im Frühling 1401, wanderte er als frommer, aber noch unentschlossener Mann durch die Berg- und Hügellandschaft zwischen Siena und Massa Marittima, die damals noch mit dichten Wäldern und mit undurchdringlichem Gehölz von Zwergeichen, Myrthensträuchern, Wacholder und Lorbeerbüschen bewachsen war. Wie er selbst berichtet, hatte er sich damals fest vorgenommen, „wie ein Engel zu leben, nicht wie ein Mensch", das heißt als Einsiedler. Deshalb hatte er sich eine *schiavina*, also ein Pilgergewand aus derbem Stoff, gekauft und eine Bibel, die er in Ziegenleder einband, um sie gegen Regen zu schützen. So streifte er in den Hügeln umher, um einen geeigneten Platz für seine Klause zu finden. „Ich ging", so erzählt er, „erst auf diesen Hügel, dann wieder auf einen anderen, einmal in diesen Wald, dann in einen anderen... und suchte, wo ich aufbaumen könnte... und ich sprach immer

wieder zu mir selbst. ‚Ach, hier ist gut sein!' Und dann: ‚Ach, hier ist es
noch besser!'" Da er sich nicht entscheiden konnte, beschloß er am Ende,
nach Hause zurückzukehren, um herauszufinden, ob er es überhaupt aus-
hielt, so ein enthaltsames Leben zu führen. Er dachte, er würde den Versuch
am besten damit beginnen, daß er sich von bitteren wilden Kräutern er-
nährte, ohne Öl und Salz. So verließ er die Stadt durch das Westtor, der
Porta Follonica [die bei der Erweiterung der Stadtmauer zerstört wurde],
bückte sich und pflückte eine Distel. Fürs erste, dachte er bei sich, könnte er
es sich erlauben, die Erde abzukratzen und sie zu waschen, und dann, so
berichtet er, „im Namen des gebenedeiten Jesus fing ich mit einem Mundvoll Disteln an, stopfte sie in den Mund und begann zu kauen. Ich kaute und
kaute, sie wollten nicht runtergehen. Weil ich sie nicht runterbrachte, sagte
ich mir: ‚Also probieren wir's mit einem Schluck Wasser.' Denkste! Das
Wasser ging runter, die Distel blieb in meinem Mund". Er versuchte es noch
einmal, aber die stachelige Pflanze blieb ihm im Hals stecken. „Weißt Du,
was ich Dir sagen will? Mit einem Mundvoll Disteln legte ich jede Versuchung ab; denn... das war eine Versuchung. Erst das, was später kam, war
die wahre Berufung." Einer seiner Zuhörer warf ein: „Aber die Hl. Väter
von früher zur Zeit der *santi padri*, wie haben die es denn geschafft? Die
lebten ja von wilden Kräutern... und der Heilige Franziskus, was machte
er, der 40 Tage lang fastete und gar nichts aß?" – „Er konnte es", antwortete
Bernardino, „ich könnte es nicht."[11]

Nahezu 26 Jahre brauchte er, bevor er diese Geschichte erzählen konnte,
in der er so offen über sich selber spottete. Inzwischen hatte er zu seiner
wahren Berufung gefunden und war einer der größten Volksprediger Italiens
geworden.

Von seiner Jugend sind eigentlich nur die Ereignisse erwähnenswert, die
ihn dieser Berufung entgegenführten. Bernardino war der Sohn der Nera
degli Avveduti und des Tollo degli Albizzeschi, eines Sieneser Adeligen, der
als Gouverneur der befestigten Stadt Massa Marittima in die Maremma geschickt worden war. Dort erblickte Bernardino am 8. September, dem Tag
Mariä Geburt, im Jahr 1380, dem Todesjahr der Heiligen Katharina von
Siena, das Licht der Welt. Im Alter von sechs Jahren hatte er schon beide
Eltern verloren, und von da an verbrachte er Kindheit und Jugend nahezu
ständig in der Obhut von Frauen. Seine erste Ziehmutter war Diana, die
Schwester seiner Mutter, die ihn bis zum elften Lebensjahr bei sich behielt.
Dann wurde er nach Siena zu Bruder und Schwägerin seines Vaters geschickt, zu Cristofano und Pia Albizzeschi. Auch hier wurde er vor allem
von zwei Frauen erzogen: Die eine war seine Cousine Tobia, die andere
seine Tante Bartolommea. Beide waren gütige, fromme Witwen, die sich
vorbildlich an den Verhaltenskodex hielten, der damals Selbstdisziplin und
würdiges Betragen von Frauen, die ihren Mann verloren hatten, verlangte.
Sie waren stets hochgeschlossen gekleidet, denn sie trugen immer das traditionelle Witwengewand, den langen, dunklen Mantel, der vom Kopf bis zu

den Füßen reichte und ihr Gesicht nahezu verbarg. Viele Jahre später sagte
Bernardino in einer Predigt an die Frauen von Siena: „Ihr seid nicht mehr,
wie Ihr einst wart. Ich sehe heute eine Witwe gehen... mit blumenge-
schmückter Stirn, den Mantel aus dem Gesicht nach hinten geschlagen,
weißt' schon, so, daß man ihre Wange sieht. Und wie sie sich ihre Stirn her-
richtet! So macht es eine Hure."[12]

Monna Bartolommea hatte die Frömmigkeit Marias, Monna Tobia eher
die der Martha. Bartolommea gehörte dem Dritten Orden der Augustinerin-
nen an und gab sich Kontemplation und Gebet hin. Sommer wie Winter
schlief sie auf Stroh, stand um Mitternacht von ihrem Lager auf, um zu beten, und war schon wieder auf, wenn die schwere Glocke des Doms im
Morgengrauen läutete. Tobia war viel jünger, hatte aber offensichtlich eine
unglückliche Ehe hinter sich, denn sie meinte, eine Rückkehr in den Ehe-
stand sei, als ob man „drei Schritte zurück" gehe, und sie erklärte, sie wolle
„ihr armes Fleisch" nie wieder verkaufen. Auch sie gehörte dem Dritten Orden an, aber dem der Franziskanerinnen, und sie widmete ihre ganze Zeit
den sieben Werken der Barmherzigkeit: sie pflegte die Kranken, sie brachte
Gaben in die Spitäler und Gefängnisse, und alle, die um Almosen baten, fanden bei ihr ein offenes Herz und offene Türen. „Wenn ein Armer an Deine
Tür klopft", ermahnte sie Bernardino, „gib ihm einen Laib Brot, aber stecke
ihn so im Geheimen unter seinen Mantel, daß Du sozusagen nicht einmal
von Dir selbst dabei beobachtet wirst." Bernardino hatte sie sehr gern; als sie
starb, befand sich Bernardino weit weg in einer Kirche in Mailand, und mitten in seiner Predigt erschien sie ihm in einer Vision: Er sah sie gen Himmel
fahren wie eine Heilige.

Der Junge wurde freilich nicht ausschließlich von diesen tugendreichen
Frauen erzogen. Wie andere Knaben in diesem Alter auch, so erzählt er,
machte er „Armbrüste und Schleudern und anderen Unsinn... und ich fand
alles großartig". Zunächst ging er auf die Lateinschule von Maestro Onofrio
di Loro, dann auf die Rhetorikschule des berühmten Maestro Giovanni da
Spoleto. Ein hübscher Junge war er, nicht groß, aber lebhaft und schlank,
energisches Kinn, blondes Haar, Nase und Mund fein geschnitten und dazu
sehr sanfte und liebenswürdige Augen. So konnte er der Aufdringlichkeit
eines der jungen Stenze nicht entgehen, die Siena den Ruf eingebracht hatten, daß dort mehr Homosexualität getrieben wurde als in allen übrigen
Städten Italiens. Es scheint aber, daß er sich ganz gut selber zu helfen wußte,
denn statt einer Antwort gab er dem Burschen, der ihm nachstellte, einen
gewaltigen Kinnhaken. Jahre später, als Bernardino auf der Piazza del
Campo predigte, sah einer seiner Klosterbrüder denselben Mann, wie er in
Tränen aufgelöst Bernardinos Predigt lauschte.[13]

Als Bernardino herangewachsen war, studierte er an der Universität kanonisches Recht, was damals nicht nur als Voraussetzung für eine Karriere innerhalb der Kirche galt, sondern generell für jedes einflußreiche Amt. Großes Vergnügen bereitete ihm die Dichtung, während er, wie er selbst berich-

tet, „ich mich an der Bibel oder an anderen heiligen Schriften nicht ergötzen konnte – vielmehr schlief ich immer dabei ein, wenn ich sie las". Er erzählt auch, daß ihm einmal jemand vorschlug, er solle doch Mönch werden, aber „ich machte mich lustig über ihn und auch über die Klosterbrüder und sagte, wenn Gott mich dazu beriefe, würde ich gehen, sonst aber nicht".[14]

Obwohl er nach außen hin nicht viel anders lebte als seine Freunde, trat er mit 18 Jahren der Bruderschaft *I Disciplinati di Santa Maria della Scala* bei, einer Vereinigung junger Flagellanten, die ihre Versammlungen um Mitternacht in den unterirdischen Gewölben unter dem großen Hospital auf dem Domplatz abhielten. Sein Antrag auf Aufnahme wurde genau geprüft, denn es handelte sich um eine aristokratische Bruderschaft, die ihre Mitglieder mit Sorgfalt auswählte. In der Nacht des Gründonnerstag des Jahres 1398 wurde er aufgenommen. In der niedrigen, gewölbten Kapelle, in die er hinabstieg, gab es nichts als einen nackten Steinaltar und an den Wänden entlang eine Reihe von Kirchenbänken. Dort saßen die Mitglieder der Bruderschaft in schwarze Mäntel gehüllt, *buffe*, d. i. Kapuzen mit Masken, die das Gesicht verbargen, über den Kopf gezogen, und beobachteten ihn schweigend durch die schmalen Sehschlitze. Er überreichte dem Prior, wie es Brauch war, als Geschenk eine große Wachskerze, die ein Pfund wog, nahm an der rituellen Fußwaschung teil, und dann, als die Kerzen nach und nach verlöschten, hörte er in der Dunkelheit und in der Stille das Klatschen der Ledergeißeln auf den nackten Schultern der Flagellanten. Als die Züchtigung vorüber war, erhoben sich Stimmen und vereinten sich zu einer *laude penitenziale*, einem Lobgesang der Bußfertigkeit:

> Peccator, ch'ora qui siete, – con Madre Maria piangete,
>   ch'è con tanta avversità:
> ch'ella vede il suo figliuolo – pendere in croce con duolo,
>   e verun conforto non ha...
> „Figliuol mio angelicato, mai non facesti peccato,
>   e se' in tanta estremità!"
> Per la gran doglia infinita, cade in terra tramortita,
>   che sentimento non ha.[15]

Abend für Abend ging Bernardino zu den Zusammenkünften der Flagellanten, bis er zwei Jahre später zum ersten Mal seine wahre Berufung erkannte. Im Jahr 1400 ging der Schwarze Tod wieder durchs ganze Land. Die Seuche wütete beinahe ebenso heftig wie bei ihrem ersten Ausbruch ein halbes Jahrhundert zuvor und ergriff auch Siena, nachdem angeblich Pilger auf dem Weg nach Rom zum Heiligen Jahr sie eingeschleppt hatten. Das Spital war so überfüllt mit Leichen und Sterbenden, daß der Prior versuchte, den entsetzlichen Gestank auszuräuchern und zur Desinfektion in jedem Raum ein Feuer anzünden ließ. Doch vergeblich. Der Gestank wurde mit dem Rauch durch jede Tür, durch jede Fensterritze hinausgetragen, und die Krankheit breitete sich von Haus zu Haus, von Straße zu Straße aus. Im Spital starben innerhalb der ersten paar Wochen neun Priester, sieben Ärzte, fünf Schreiber und Beamte und 96 Krankenwärter und Bedienstete. Niemand war bereit, an ihre Stelle zu treten. Niemand pflegte die Sterbenden, niemand begrub die Toten. Der Prior ließ einen Aufruf ergehen, in dem er um Hilfe bat, und Bernardino mit zwölf seiner Freunde, von denen noch keiner 20 Jahre alt war, meldete sich freiwillig zum Dienst im Spital. Vier Monate lang, so lange, bis die Seuche mit Einbruch des Winters abklang, setzte er keinen Fuß mehr aus den Krankensälen. Damals, in den langen, kahlen Räumen, wo es nicht genug Essen, Medikamente, Wäsche, Krankenwärter, ja nicht einmal Strohlager gab, damals, zwischen dem Gestank der Leichen und den Schreien und Klagen der Sterbenden, erfuhr Bernardino den Wert der einzigen Gabe, die er noch zu verschenken hatte: Einen Blick voller Mitleid. Und in all den Jahren, in denen er predigte, ermahnte er seine Gemeinde: „Kannst Du keinen Laib Brot hergeben? Nein? Nun, dann gib eine Krume Brot. Kannst Du keinen Wein hergeben? Nun, dann gewässerten Wein. Kannst Du einem Kranken nicht helfen? Dann sei wenigstens barmherzig zu ihm. Zeige ihm Dein Mitleid."[16]

Nachdem er das Spital verlassen hatte, schwebte Bernardino selbst zwischen Leben und Tod. Vier Monate lang lag er krank im Haus eines Freundes darnieder. Nach seiner Genesung war der Wendepunkt seines Lebens bereits nahe. Ein ganzes Jahr lang pflegte er seine Tante Bartolommea, die blind und taub geworden war, bis zu ihrem Tod. Während dieser ganzen Zeit war seine Seele in Aufruhr und er bekannte: „Weißt Du, wie unsere Seele ist, wenn sie etwas nicht erkennt, das in sie eingedrungen ist? Sie ist wie das Meer, wenn es stürmt, oder wie Wasser, wenn es voll Schlamm ist."

Nun war er sich wirklich sicher, daß er berufen war, in einen Orden einzutreten, doch noch konnte er sich nicht entscheiden, in welchen. Sollte er dem Bettelorden der Augustiner beitreten, wie seine Tante ihm geraten hatte, und dessen Kloster Lecceto nur ein paar Meilen weit entfernt lag? Oder sollte er lieber in einen der später gegründeten Predigerorden eintreten, den der Dominikaner oder der Franziskaner?

Ungefähr zu dieser Zeit unternahm er eine Reise nach Norditalien, die ihn vermutlich in seiner Entscheidung bestärkte. Vicente de Ferrer, ein spanischer Dominikaner, befand sich damals auf der Höhe seines Ruhms und predigte im Piemont. Bernardino reiste also nach Alessandria, um ihn dort zu hören. Von allen Predigern der Zeit war er wohl der einzige, der den jungen Mann durch seinen Charakter und durch die Art, wie er predigte, beeindrucken konnte. Obgleich er nur Spanisch und Lateinisch sprach, teilte sich seine Begeisterung seiner Zuhörerschaft mit, und seine persönliche Anziehungskraft war so stark, daß alle wie gebannt lauschten. Er predigte nicht in Kirchen, sondern von einer Kanzel aus, die im Freien auf einem Platz oder auch auf offenem Feld errichtet war. Obenauf flatterte ein Fähnchen, das die Windrichtung anzeigte, damit seine Hörer sehen konnten, wo sie sich am besten aufstellten. Die Themen seiner Predigten erschöpften sich nicht in ab-

strakten Erörterungen der Kirchenlehre, sie bezogen sich vielmehr direkt
auf das Alltagsleben seiner Gemeinde. So sprach er über den Klatsch und
Streit des Tages und rief die Menschen zu Buße und Gebet auf. Wo immer er
hinging – es lag ihm vor allem daran, Frieden zu stiften. So brachte er, außer
einer langen Prozession von Büßern, die ihm von Stadt zu Stadt folgte, nicht
nur Chorknaben mit, die zur Messe sangen, nicht nur Priester, die die
Beichte abnehmen konnten, sondern auch einen Notar, der die zahlreichen
Versöhnungsversprechen, zu denen es durch seine Predigten kam, in aller
Form zu Papier brachte. Diese Mischung aus Inbrunst und nüchternem
Menschenverstand war später auch für Bernardino charakteristisch.

Obwohl Scharen von Bußfertigen den Dominikaner nach der Predigt um-
ringten, gelang es dem jungen Bernardino, allein mit ihm zu sprechen. Was
sie einander sagten, wissen wir nicht; aber als Vicente sich am nächsten Morgen von seiner Gemeinde verabschiedete, ermahnte er sie, Gott zu danken,
denn sie hätten bei sich „einen jungen Mann, der in ein paar Jahren in ganz
Italien berühmt sein wird und dessen Sendung große Frucht tragen wird…
und wenn ich auch älter bin als er, wird er doch vor mir von der Kirche
geehrt werden".[17]

In dieser Zeit der Unentschlossenheit wohnte Bernardino in einem kleinen Haus nahe an einem der Stadttore, *casa degli orti* genannt, weil es mitten
in den Gemüsegärtchen voller Lauch, Zwiebeln, Rosmarin und Salbei stand,
die ein wenig vom toskanischen Bauernland in die Stadt hereinbrachten.
Hier verbrachte er seine Tage in Einsamkeit und im Gebet, und hier, wo er
über die Stadtmauern hinweg die Sieneser Mondlandschaft sehen konnte, die
sich mit ihren nackten Lehmhügeln, den *crete Senesi*, fahl und windge-
peitscht vor ihm ausbreitete, überfiel ihn die „Versuchung", als Eremit zu
leben; aber er widerstand ihr. Ein paar Monate später kam dann die wahre
Berufung.

Eines nachts, als er in seinem kleinen Betraum eingeschlafen war, träumte
ihm, er sei außerhalb der Stadt in Fonte Nuova und sähe ein großes Haus in
Flammen stehen. Feuer und Rauch schlugen aus den Fenstern. Nur ein Fenster hatte das Feuer noch nicht erreicht: in dem stand ein Mönch mit ausge-
breiteten Armen und rief den Heiligen Franziskus um Hilfe an. Und wirklich, diese eine Kammer wurde verschont, während das ganze übrige Haus
ein Raub der Flammen wurde.[18]

Bernardino glaubte den Traum deuten zu können: allein der Orden der
Franziskaner könne ihn vor den Flammen erretten, die die Fleischeslust und
der Teufel schürten. Sogleich verschenkte er alles, was er besaß,[19] und am
8. September 1402 wurde er in San Francesco in Siena als Novize aufgenommen und in die Ordenstracht eingekleidet, die ihm teuer war, weil der Heilige Franziskus, wie er sagte, ihr die Form des Kreuzes gegeben hatte. „Denn
wie [der Heilige Franziskus] in sich den gekreuzigten Christus Jesus hatte,
so wollte er als Kleid das Kreuz tragen, aus Liebe zu Ihm." Am 8. September wurde das Geburtsfest Mariens gefeiert und dieser Tag war auch der

Geburtstag Bernardinos. Den gleichen Tag wählte er im folgenden Jahr für seine Profess und ein weiteres Jahr später für seine erste Messe und seine erste Predigt.

Als er 25 Jahre später zum Jahrestag dieses Ereignisses in Siena predigte, erklärte er seinen Zuhörern, welch große Bedeutung dieses Datum für ihn hatte: „Ich möchte, daß Ihr wißt, daß ich an dem Tag, den wir heute haben, geboren bin, und an demselben Tag, den wir heute haben, wurde ich wiedergeboren: denn heute sind es 25 Jahre, daß ich die Mönchskutte anzog, und heute sind es 24 Jahre, daß ich Armut, Keuschheit und Gehorsam gelobte. Deshalb bete ich zu Gott, daß ich einst auch an diesem Tag sterben darf."[20]

Die kleine Bruderschaft, in die er als Novize geschickt wurde, lebte streng nach den Regeln der Observanz an einem abgelegenen Platz oberhalb Seggianos an den Hängen des Monte Amiata. Er wurde *Il Colombaio*, der Taubenschlag, genannt wegen der vielen Ringeltauben, die in den umliegenden Wäldern ihre Nester hatten. Die Gegend ist noch heute ganz unberührt – nur die tiefer gelegenen Hänge wurden später mit üppigen Olivenhainen, die heute wieder verwildert sind, und ein paar steinigen Weinbergen bepflanzt. Je weiter man den Berg hinaufklettert auf dem Pfad, der zu dem Kloster führt – ein mühsamer Aufstieg, den Bernardino oft zurückgelegt haben muß – desto weniger Bäume gibt es; bald besteht die Vegetation nur noch aus vereinzelten Wacholder- und Ginsterbüschen, und der Wind bläst ungehindert über die nackten Berggipfel. Zur Zeit Bernardinos muß das, wie ein früher Biograph beschreibt, „ein sehr geheiligter und sehr rauher Ort", *devotissimum et asperrimum*, gewesen sein. Wald und Macchia überwucherten die Berghänge, das Tal war ein einziger Sumpf und die Straße war ein steiniger Pfad, ausgetreten von den wenigen Menschen und Tieren, die ihren Weg hierher gefunden hatten. Das Kloster selbst hatte, wie andere Gründungen der Franziskaner, in den ersten Jahren lediglich aus ein paar primitiven Hütten bestanden, die sich um eine kleine Kirche aus grauem Stein scharten. Wie die Legende erzählt, hatte einst ein Mönch versucht, sich ein wenig bequemer einzurichten; da erschien ihm der Heilige Franziskus in einer Vision und machte ihm Vorwürfe, weil er *Madonna Povertà* damit beleidigte. Zur Zeit von Bernardinos Novizitat gab es jedoch bereits ein kleines Wohnhaus aus unbehauenem Stein, das an einem einigermaßen geschützten Südhang errichtet war. Dort hatten die Mönche so viel Macchia gerodet, daß sie einen kleinen Weinberg, einen Olivenhain, ein Weizenfeld und ein Küchengärtchen anlegen konnten. Im Sommer litten jedoch ihre Felder unter der Trockenheit, und im Winter waren die Mönche oft monatelang vom Schnee eingeschlossen.

Manch einer der strengen Minoritenbrüder oder der Mitglieder des Dritten Ordens hatte dort oben eine Zeit der Zurückgezogenheit verbracht. Unter ihnen der Selige Giovanni della Verna, der aus Siena geflohen war, um den Ehrungen zu entkommen, mit denen ihn seine Mitbürger überschütteten; der Sieneser Pietro Pettinaio, Mitglied des Dritten Ordens, und der Selige Giovanni Colombini, der Gründer der *Gesuati*, der „Narr in Christo", *pazzo per Cristo*, der bergauf, bergab über all die steilen Hügel und durch die tiefen Täler gewandert war. Ein anderer Mönch, Bruder Guido da Salvena, war von einer heiligen Einfalt, die der des Frate Ginepro in den *Fioretti* des Heiligen Franziskus gleicht. Von ihm wird berichtet, er sei einmal in hohem Alter von einem jungen Mönch in seiner Zelle überrascht worden, als er dort bitterlich weinte; und wie der Junge nach dem Grund seiner Tränen fragte, forderte Guido ihn auf, näher zu kommen, nahm seinen Stock und verprügelte ihn gehörig. „Ich habe das getan", erklärte er dann, „damit Du Dir besser merken kannst, was ich Dir jetzt sagen werde." Und er weissagte, welch Unheil dem Franziskanerorden durch den Fanatismus der Brüder bereitet werden würde, die sich abgesondert und die Sekte der *Fraticelli* gegründet hatten.[21]

Im Colombaio ertrugen die Klosterbrüder Hitze und Kälte, Hunger und Durst, und Bernardino lernte sogar das ständige Zusammensein mit den Mitbrüdern zu ertragen, für ihn die härteste Prüfung des Klosterlebens, wie er selbst einmal zugab: „Manche sind melancholischer Natur, andere von cholerischem Charakter, andere heiter; manche sind jung, andere alt; und sich ihren Launen anzupassen, ist beschwerlich." Ganz offensichtlich fühlte sich einer seiner Mitbrüder durch Bernardinos trockenen und ätzenden Sieneser Humor tief gekränkt; bei Bernardinos Tod nämlich sahen die anderen Brüder ihn weinen und hörten ihn murmeln: „Vater, Vater, vergib mir, daß ich gegen Dich gemurrt habe."[22]

Wie seine Mitbrüder auch, widmete Bernardino sich der Pflege der Kranken in den Nachbardörfern, und wenn die Zeit der *questua* [Almosensammlung] gekommen war, in der die Mönche regelmäßig von Tür zu Tür gingen und um Nahrung oder Almosen bettelten, von denen manch armes Kloster seinen Lebensunterhalt bestreiten mußte, dann lief auch er mit einem Sack über der Schulter barfüßig von Hof zu Hof. Manchmal warfen die Dorfbuben spitze Steine gegen seine nackten, schmalen Knöchel oder machten sich über seine zerlumpte, kurze Kutte lustig. Einmal lud ihn eine Frau ein, zu ihr ins Haus zu kommen und versuchte, ihn mit allen Mitteln zu verführen. Sie ließ nicht von ihm ab, bis Bernardino die *disciplina*, seine Geißel, nahm und sie kräftig verdrosch. Es kam auch vor, daß eine Hausfrau ihn stundenlang an der Tür warten ließ, oder, wie einmal geschehen, einen hartgewordenen Laib Brot aus dem Fenster nach ihm warf.[23]

Ein Jahr später – wieder am Tag Mariä Geburt – legte Bernardino die Profess ab, und nach zwei Jahren wurde er zum Priester geweiht, las seine erste Messe und hielt sogleich seine erste Predigt in der kleinen Pfarrkirche von *Seggiano*. Er war so aufgeregt, daß er beinahe ohnmächtig wurde, als er auf die Kanzel steigen wollte. Er war so heiser, seine Stimme war so leise, daß man ihn kaum hören konnte. Aber er hielt durch.

Ein paar Wochen später, an einem heißen Sommertag, warf er seine Kutte ab und lud sich ein schweres hölzernes Kreuz auf die bloßen Schultern, und so, halbnackt, führte er zwei seiner Mitbrüder den steilen Bergpfad hinunter und betete um Gottes Gnade, bis sie in *Seggiano* angekommen waren und dort das Kreuz aufstellten. „Als die Dorfbewohner sie sahen, liefen sie in die Häuser und riefen, daß die Mönche vom Colombaio übergeschnappt sind." Aber die Neugier trieb sie schon bald wieder zurück, und als Bernardino anfing, über die Leidensgeschichte Christi „mit solchem Feuer der Liebe" zu predigen, waren sie alle zu Tränen gerührt. Und als die Brüder sich auf den Heimweg zum Kloster machten, „folgten ihnen alle, die ihn gehört hatten, und weinten."[24]

Danach hören wir eine Zeitlang nichts mehr davon, daß er gepredigt hätte. „Er lebte im Verborgenen", schreibt sein zeitgenössischer Biograph, Maffeo Vegio, „und sein Name war zu dieser Zeit unbedeutend und unbekannt". Trotz seiner Jugend aber wurde er Guardian des Klosters *Il Colombaio*, und 1405 ernannte der neue Generalvikar des Franziskanerordens ihn offiziell zum Prediger. Diese Jahre, in denen er zu den Brüdern und den Dorfbewohnern in den toskanischen Klöstern und Ortschaften, die er besuchte, sprach, waren vermutlich seine Lehrzeit als Prediger. Manchmal hielt er wohl unterwegs auch an und sprach zu kleinen Gruppen der ländlichen Bevölkerung vor Kapellen und Bildstöcken am Weg, auf dem Dreschboden, in Burghöfen, ja sogar in Ställen und Scheunen, wo heute oft noch sein Emblem davon zeugt, daß er hier einmal geweilt hat. Die Bauern auf dem Feld, von ebenso kümmerlichem Wuchs und halb verhungert wie ihr Vieh, gekleidet in Sachen aus grober, ungebleichter Wolle, hoben den Kopf, um die kleine Gruppe vorbeiziehen zu sehen. Vorneweg führte ein barfüßiger Mönch ein graues Eselchen, das mit einem einfachen Klappaltar, einem Bündel Predigten und ein paar heiligen Büchern bepackt war. In der Staubwolke, die sie aufwirbelten, folgte ein kleiner Mönch, der so schmächtig war, daß seine kurze Kutte in losen Falten an ihm herunterschlotterte wie an einer Vogelscheuche und gegen seine dünnen Knöchel schlug. Doch er ging erhobenen Hauptes, sein weiches, blondes Haar umrahmte seine Tonsur und leuchtete manchmal in der Sonne auf wie ein Heiligenschein, und er blickte mit sanften und humorvollen Augen um sich. „Povertade va leggera, Vive allegra e non altera." (Armut reist leicht, lebt froh und ohne Stolz.) dichtete Jacopone da Todi. Bis in die letzten Tage seines Lebens ging Bernardino barfuß: das war für ihn ein Symbol dafür, daß er alle irdischen Bindungen abgelegt hatte. „Wenn Du ins ewige Leben eingehen willst, entblöße die Füße, das bedeutet: entblöße Dich von irdischen Gefühlen... Schuhe... sind von toten Tieren gemacht: sie sind aus Leder. Zieht sie aus, zieht sie aus!"[25]

Es muß auch in dieser Zeit gewesen sein, daß sich Bernardino die Natürlichkeit und Leichtigkeit der Worte aneignete, die seinen Predigten in der Volkssprache ihre charakteristische Würze verleihen. Er lernte, wie man die Aufmerksamkeit der Bauern mit einem anschaulichen Bild oder einer aufregenden Geschichte fesselt, und um sie zu amüsieren, scheute er sich nicht, vertraute Geräusche nachzuahmen. So zum Beispiel das Summen einer Schmeißfliege in einem leeren Faß, „und sie flog und flog, um herauszukommen, us us us. Und der Bauer, der das hörte, rannte sofort weg, weil er glaubte, daß es eine kleine Trompete sei, denn es war Kriegszeit, und er rannte... und schrie: ‚Zu den Waffen, zu den Waffen, zu den Waffen! Der Feind ist da!'... und dabei war es nur eine Schmeißfliege." Oder das Quaken eines Frosches im Weiher: „Weißt Du, wie der Frosch macht? Der Frosch macht qua qua qua qua!" Oder er beschrieb, wie eine Mutter ihr Kind entwöhnen will und deshalb einen bitteren Extrakt auf die Brustwarze reibt: „... und ... wie es das schmeckt, dreht es sofort das Gesicht weg von der Brust, macht tpu tpu tpu und spuckt aus".[26] Auch Spitznamen erfand Bernardino, um das Publikum zum Lachen zu bringen: Eine schlampige Hausfrau nannte er *Madama Aruffola* (Madame Wirrkopf), ein Mädchen, das immerzu im Fenster hing, *Monna Finestraiuola* (Fräulein Fenstergukker). Wenn einer ihr schöne Augen machte, nannte er das *balestrare* (wörtlich: mit der Armbrust schießen), während die jungen Männer, die ihr Blicke zuwarfen, *pieni di chicchirichì* (voller Kikeriki) waren.

Auch die Bilder, die er wählte, waren so, daß ein Bauer sie verstehen konnte. Wenn ein Mann dem Esel eine schwere Last auf den Hals oder über den Schwanz aufpackt, kann das Tier sie nicht tragen: Sie muß an der richtigen Stelle aufgeladen werden. So packt Gott jedem Menschen seine Bürde dort auf, wo er sie am besten tragen kann. Für den Engel des Todes, der beim Jüngsten Gericht die Sünder straft, benützte er das allen vertraute Bild vom Schnitter: „Hast Du noch nie zugeschaut, wie einer Heu macht? Er stellt die Sense auf die Erde, stützt sich darauf und hält den Griff in der Hand; und während er so dasteht, überlegt er: ‚Wo soll ich meine Sense ansetzen?' und ist noch unentschieden. Aber wenn er sich entschieden hat, setzt er die Sense an und schwingt sie im Kreis."

Wenn er die Zuhörer aufforderte, über das, was er gesagt hat, nachzudenken, empfahl er ihnen, sie sollten wiederkäuen wie ihr Vieh. „Wenn Du heimgehst in Dein Haus oder in Deine Werkstatt oder in den Weinberg, ...dann käue alles wieder beim Gehen... rùguma, rùguma!" Und wenn er sie mahnte, zur Messe zu gehen, sagte er: „Das Schaf blökt und weidet mitten unter den Blumen, und so sollst auch Du... mitten unter den Blumen der Messe weiden." Punkt für Punkt erklärt er ihnen, wie sie sich während des Gottesdienstes verhalten sollten. Der Bauer darf nicht vor der Kirchentür stehen bleiben und mit diesem und jenem über das Rindvieh reden „und fragen: ‚Wie geht's Deinem Ochsen? Wieviel hast Du gepflügt?... Wieviel mußt Du in Deinem Weinberg noch hacken? u. s. w.', denn so kommt er nie vor der Wandlung in die Kirche." Und Bernardino erzählt: „Es war einmal ein Heiliger, Giovanni Elemosinario, der, als die Kirche leer war, hinaustrat und in den Meßgewändern, so wie er am Altar gestanden hatte, auf den Platz ging, und die Leute dachten, daß er den Verstand verloren habe. Aber der Heilige sagte: ‚Ich bin Euer Hirte und muß Euch leiten. Ihr kommt nicht in die Kirche und tut nicht, was Ihr sollt, also will ich, weil ich Euer Hirte bin, bei den Schafen bleiben und sie hüten."[27]

Bernardino wußte auch, wie sehr das Leben der Bauern von der Saat- und Erntezeit bestimmt war, und er richtete sich danach. Wenn er zur Weinlesezeit kam, bei der jede Stunde Tageslicht ausgenützt werden muß, hielt er seine Predigten eben zur Nachtzeit oder vielmehr zu so früher Morgenstunde, daß die Predigt beim ersten Dämmerschein schon fast zu Ende war.

Einmal predigte Bernardino außerhalb der Stadtmauern von Siena an einem Ort, der heute noch *L'Alberino* (der kleine Baum) heißt, weil, einer Legende zufolge, der Heilige Franziskus hier einstmals seinen Stab in die Erde gesteckt hat, der ausschlug und anderntags zur Steineiche herangewachsen war; ein anderes Mal, am Tag des Heiligen Onofrio, als ein Haufen Pilger und andere Leute, die nur eine fröhliche Landpartie im Sinne hatten, den ganzen Hügel in der Nähe der Kapelle des Heiligen überschwemmte, kletterte er in einen Olivenbaum und hielt der erstaunten Menge durch die Zweige hindurch eine Moralpredigt.[28] Bald darauf predigte er zum ersten Mal in Siena selbst, aber in der ersten Zeit fiel es ihm schwer, die Aufmerksamkeit seiner Gemeinde auf sich zu ziehen. Etliche Jahre lang litt er an einer Halskrankheit, vermutlich einem Abszeß an den Stimmbändern, so daß er nicht laut genug reden konnte. Dieses Leiden verschlimmerte sich so sehr, daß er drauf und dran war, darum zu bitten, von seiner Predigerpflicht entbunden zu werden. Eines schönen Tages jedoch wurden seine Gebete erhört und er war geheilt – und zwar so vollständig und anhaltend, daß einer seiner frühen Biographen überzeugt war, es könne sich nur um ein Wunder gehandelt haben. Eine Feuerkugel sei eines Nachts herniedergefahren und habe den Hals des Heiligen, als er im Gebet auf den Knien lag, berührt und ihn für immer geheilt.[29] Von Stund an war seine Stimme, wie alle seine Zuhörer einmütig bezeugen, ungewöhnlich melodisch, klar und weittragend und so außerordentlich modulationsfähig, daß ein Zeitgenosse schrieb: „Einmal sanft und süß, dann wieder traurig und feierlich, und so anpassungsfähig, daß er damit machen konnte, was er wollte."[30]

Aber da war noch ein Hindernis, das es zu überwinden galt: Der Inhalt seiner Predigten schien so einfach und simpel, schien sich nur mit den gewöhnlichen Ereignissen des täglichen Lebens zu befassen, daß seine Zuhörer meinten, es lohne sich kaum, ihm zuzuhören. „Sie wunderten sich über seine ungewöhnliche und unerhörte Art zu predigen", und zuweilen hörten sie ihn, trotz all der Mühe, die er sich gab, nicht einmal bis zum Ende an. Dreimal schon hatte er enttäuscht und verbittert erklärt, daß er niemals mehr predigen würde, doch dann lud er sich wieder „demütig die beschwerliche Last auf". Viele Jahre später noch, als große Menschenmassen kamen, um ihn predigen zu hören, ging er so manches Mal nach der Predigt „in großer Niedergeschlagenheit, als ob er zur Hinrichtung geführt würde", weg, weil er sich nur all dessen bewußt war, was er *nicht* hatte sagen können.

Kurz nach seiner Ernennung zum Prediger wurde er von *Il Colombaio* in eine kleine Klause bei Siena geschickt; sie lag oben auf einem waldigen Hügel in der Nähe von St. Onofrio[31] und da sie zum Ospedale della Scala gehörte, war es für ihn ein Leichtes, die Klause zum Geschenk zu erhalten. (Als Gegenleistung stiftete er dem Spital jährlich als symbolische Gabe eine pfundschwere Wachskerze, denn als Franziskaner durfte er ja keine Besitztümer annehmen.) So konnte er sich mit seinen Mitbrüdern ans Werk machen und dort mit eigenen Händen ein neues Kloster bauen, *pauperculum nidulum*, ein kleines Nest für kleine Arme. In dieses kleine Kloster, das *La Capriola* genannt wurde, in Siena aber einfach *l'Osservanza* hieß, kehrte Bernardino, wann immer er konnte, zurück *ad appollaiarsi* (um sich auf die Stange zu setzen), sich auszuruhen; noch heute trägt es die Spuren seines Geistes und Wirkens. Der Ort ist so typisch toskanisch wie kaum ein anderer: man blickt nach Siena hinüber über die sanft abfallende Hügellandschaft, die damals fast ganz bewaldet war und auf der sich heute Weinberge und Olivenhaine erstrecken. Zu Bernardinos Zeit war er weit genug entfernt von der Stadt, um ein Ort der absoluten Ruhe und des vollkommenen Friedens zu sein; gleichzeitig aber war er nahe genug, so daß Bernardino die Stadtmauer, den Torbogen der Porta Ovile, die hohe Torre Mangia sehen konnte und die Glocken der Kirchen läuten hörte. Dies war seine eigentliche Heimat, hierher gehörte er mehr als in die rauhe Wildnis des Monte Amiata. Von hier aus brach er auch immer wieder einmal auf, um zu predigen, so 1410 im Dom von Siena und möglicherweise auch in Ferrara und Padua, bevor er 1417 in ein anderes Kloster auf dem Hügel von Fiesole bei Florenz versetzt wurde, das mitten in einem Zypressenwald lag, von wo aus man das ganze Arnotal überblickte. Wie *Il Colombaio* befolgte es streng die Regeln der Observanz. Die Mönche lebten in Klausur, und nur einmal in der Woche durften jeweils zwei von ihnen hinausgehen, um ihr täglich Brot zusammenzubetteln. Ein Zeitgenosse berichtet davon: „Wenn die Leute ihre hölzernen Sandalen hörten, liefen Frauen und Mädchen an Fenster und Türen, um die Heiligen Brüder der Osservanza mit Verehrung zu betrachten, und die Mütter sagten zu ihren Töchtern: ‚Lernt von den Mönchen der Osservanza, wie man gemessen geht, die Augen zu Boden geschlagen.'"[32]

Hier traf Bernardino zwei Männer, die seine Schüler und seine engsten Mitarbeiter werden sollten, Fra Giovanni da Capistrano und Fra Giacomo della Marca, und hier war es auch, wo er durch den Traum eines Novizen des Klosters seine eigentliche große Berufung erkannte. Eines Nachts, als Bernardino in Florenz unterwegs war, sprang dieser Novize unvermittelt von seinem Strohlager auf und rannte die schmalen Korridore des Klosters auf und ab und weckte alle seine Mitbrüder damit auf, daß er laut rief: „Bernardino, Bernardino! Verbirg die Talente, die der Herr Dir geschenkt hat, nicht länger; geh' und predige in der Lombardei!" Diese Szene wiederholte sich drei Nächte lang, und als die Mönche sich beklagten, daß sie im Schlaf gestört würden, erklärte der Novize, daß eine unwiderstehliche Eingebung ihn zwinge, also zu sprechen.[33]

Vielleicht hätte Bernardino nicht gehorcht, wenn der Vorfall sich früher ereignet hätte; doch nun war er bereit und er selbst muß gefühlt haben, daß er bereit war. Deshalb machte er sich wie gewöhnlich in Begleitung eines Mitbruders und mit seinem Eselchen auf den Weg gen Norden zu seiner Mission.

2

Die genaue Route, auf der er nach Norden zog, ist nicht bekannt,[34] aber er scheint seine Reise zunächst in Ferrara unterbrochen zu haben, wo die Pest wütete, dann nach Genua gekommen zu sein, wo er einen Zyklus von Adventspredigten hielt und einen betrunkenen Hochstapler entlarvte, einen gewissen Giovanni Vodadeo, der, nur in Lammfelle gekleidet, die Gutgläubigkeit der Leute ausnützte. Im Jahr darauf (1418) predigte er wieder in Genua und auch in Mantua und anschließend besuchte er viele Städte in Ligurien und im Piemont, wo er auch mit Mitgliedern verschiedener häretischer Sekten disputierte; vor Jahresende erreichte er Mailand, das damals vom letzten Herzog des grausamen und ehrgeizigen Geschlechts der Visconti regiert wurde, von Filippo Maria, einem hinterhältigen, abergläubischen und bigotten Tyrannen.[35]

Mailand war damals eine blühende Stadt von ca. 200000 Einwohnern; seine drei Hauptkirchen waren Sant'Ambrogio, Sant'Eustachio und San Vittore al Corpo, denn der Dom war noch nicht vollendet. Bernardino wagte es jedoch nicht, die Kanzel einer dieser Kirchen zu besteigen, sondern sprach statt dessen in einem Kirchlein vor der Stadtmauer. Sein späterer Biograph, Maffeo Vegio, damals zwölf Jahre alt, war von seinem Praezeptor mitgenommen worden, um „*bonum illum fraterculum*" sprechen zu hören, und er war tief beeindruckt von dessen natürlicher Würde, seiner groben, schäbigen Kutte, von seiner Gabe, abstrakte Ideen allgemein verständlich zu machen und von seiner wunderschönen Stimme.[36] Auch anderen müssen diese besonderen Eigenschaften aufgefallen sein, denn Bernardino wurde im folgenden Frühjahr aufgefordert, wiederzukommen und den Predigtzyklus für die ganze Fastenzeit zu halten. Während einer der ersten Predigten sah Bernardinos Gemeinde, wie der Heilige mitten in seiner Rede plötzlich von einer Vision ergriffen wurde, der Vision von der Himmelfahrt seiner Cousine Tobia. Als der Kurier, den man deshalb in die Toskana schickte, mit der Bestätigung zurückkam, daß diese Vision tatsächlich genau in dem Augenblick über ihn gekommen sein mußte, als Tobia starb, verbreitete sich schnell die Nachricht, daß ein neuer Seher in die Lombardei gekommen sei. Von nun an konnte sich Bernardino des Erfolgs seiner Sache sicher sein. Die Mailänder, die von Natur aus fromm waren und alles wunderbar fanden, was neu war, strömten in die kleine Kirche „wie die Ameisen".[37] Als Ostern herannahte, wurde es schwierig, genügend Priester zu finden, die die Beichte abnahmen und die Heilige Kommunion austeilten. Viele Menschen wurden von Bernardino bekehrt, unter ihnen auch ein Ritter aus Monza mit Namen Cristoforo, der dem Visconti daraufhin nicht länger dienen wollte und in den Orden der Observanz eintrat; er wurde später seliggesprochen.

Bei diesen Predigten stellte Bernardino zum ersten Mal die Goldtafel mit dem berühmten Christusmonogramm zur Schau, damit die Gemeinde es verehren könne. Während des ganzen Predigtzyklus ging er kein einziges Mal auf weltliche Ereignisse ein oder auf die Sünden der Stadt, in der er predigte; er sprach vielmehr nur von der göttlichen Liebe: „hoch wie die Hoffnung, lang wie der Glaube, breit wie die Barmherzigkeit."[38] Eines Tages jedoch beklagte sich jemand aus der Gemeinde bei ihm und forderte ihn auf, mehr auf irdische Dinge einzugehen, vor allem auf die Sünde des Wuchers, der, wie er sagte, die Mailänder besonders ergeben seien. Als er fort war, erkundigte Bernardino sich, wer der Unbekannte sei – und erfuhr, daß es sich bei dem Mann um den unbarmherzigsten Wucherer der ganzen Stadt handelte, der hoffte, Bernardino werde mit seiner Redegabe all seine Konkurrenten dazu bewegen, ihre Wuchergeschäfte aufzugeben.[39]

Selbst der argwöhnische Herzog Filippo Maria entwickelte ganz gegen seinen Willen eine gewisse Hochachtung vor diesem weltfremden Prediger und lud ihn ein, wiederzukommen. Wahrscheinlich hat er diese Einladung anläßlich eines der späteren Besuche Bernardinos in der Lombardei bedauert. Man schrieb das Jahr 1439, und inzwischen waren 20 Jahre seit dem ersten Besuch vergangen. Eine große Zahl derer, die Bernardino beim ersten Mal bekehrt hatte, waren in alle Winde verstreut oder durch den Despotismus des Tyrannen Visconti, der sich von seinen Untertanen beinahe wie ein Gott verehren ließ, korrumpiert. Das konnte Bernardino natürlich nicht dulden und so forderte er in einer seiner ersten Predigten dieses Jahres in Gegenwart des Herzogs die Mailänder nachdrücklich dazu auf, nicht länger Caesar zu geben was Gottes sei. Bereits am nächsten Tag überbrachte man ihm die Drohung, daß der Herzog ihn foltern lassen würde. Aber auf Bernardino machte dies nicht den geringsten Eindruck und so versuchte man eben, ihn zu bestechen: Höflinge erschienen vor seiner Zelle und boten ihm eine Schüssel mit 500 Golddukaten an. Er schickte sie jedoch lachend zurück und sagte: *tanto me ne fazo stima sicut de muscis*, „sie machen mir nicht mehr Eindruck als wenn sie Fliegen wären."[40] Der Herzog schickte das Geld zum zweiten Mal und ließ ausrichten, wenn Bernardino es nicht für sich selbst haben wolle, könne er es ja für seine Klosterbrüder verwenden. Wieder lehnte der Prediger ab. Als aber die Höflinge des Herzogs einen dritten Versuch machten und vorschlugen, er solle die Münzen doch dazu verwenden, unglückliche Gefangene aus dem Schuldgefängnis zu befreien, nahm er sie beim Wort, führte die Gesandten des Herzogs als Zeugen mit sich und kaufte mit Hilfe der Golddukaten einige Gefangene frei. Nach dem Bericht von Surio verscheuchte Filippo Maria von diesem Tag an „all seinen Argwohn, all seinen Haß ... und hielt [Bernardino] ... in großen Ehren."[41]

Diese Geschichte trug sich jedoch erst zu einem späteren Zeitpunkt von Bernardinos Predigerlaufbahn zu. In den 15 Jahren, die seinen ersten Predigten in Mailand folgten, erhob er seine Stimme in allen bedeutenden Städten Nord- und Mittelitaliens, aber auch in zahlreichen Dörfern und Weilern. Manch ein Kloster, manch eine Kirche, die zu seinen Ehren gegründet wurde, Bildstöcke oder Reliquien oder auch nur der Nachklang einer Legende zeugen von der Spur, auf der er wandelte. Allein die Entfernungen, die er zurücklegte, sind eindrucksvoll, zumal wenn man sich klarmacht, daß er bis in die letzten Monate seines Daseins immer zu Fuß ging und es ablehnte, sich auch nur einmal von seinem Eselchen tragen zu lassen. Überall, wo er auf eine Gemeinschaft der Franziskaner traf, verbrachte er die Nacht dort, aber manchmal nahm er auch Herberge auf einem Bauernhof oder in der Schutzhütte eines Schäfers oder auch in den großen Abteien oder Hospizen, die sich wie Burgen an den Straßen nach Rom erhoben und die das Privileg hatten, Pilger, Prediger und Wanderer gastlich aufzunehmen: „Jedes Mal, wenn Du einen Pilger beherbergst, beherbergst Du Christus." Oft waren diese einsam gelegenen Abteien, die mitten in den fruchtbaren Oasen standen, die sie dem Brachland abgerungen hatten, der beste Ort, wo man die neuesten Nachrichten von ganz Europa in Erfahrung bringen konnte: Man hörte dort von Kriegen und Verträgen, von einer Papstwahl, einer Fürstenhochzeit, einer neuen Pestepidemie oder einer guten Ernte. „Oh, seht Ihr nicht", fragt Bernardino in einer seiner Predigten, „wenn ein Brief von einem König in Siena ankommt, was für eine Freude es ist, hinzugehen und diesen Brief anzuhören?"

Wenn Bernardino schließlich nach einem langen Tagesmarsch bei Einbruch der Nacht in einer Stadt angelangt war und dort Unterkunft gefunden hatte, zog er sich gewöhnlich früh zurück; fast die ganze Nacht hindurch überarbeitete er seine Predigt und bereitete sich für den folgenden Tag vor. Lange vor Tagesanbruch war er dann schon auf dem Platz und baute dort seinen Altar auf, um vor Sonnenaufgang noch bevor der Arbeitstag begann die Messe zu lesen und anschließend zwei oder drei Stunden lang zu predigen. Wenn die Sonne höher stieg, die Läden aufmachten und die Hausfrauen zu ihrer Hausarbeit heimwärts eilten, machte sich die kleine graue, schmächtige Gestalt wieder auf den Weg.

Zwischen 1419 und 1421 hielt er fast jeden Tag eine Predigt und durchwanderte den größten Teil der Lombardei, die sanften grünen Ebenen und die weitläufigen Städte des Veneto, besuchte wahrscheinlich Lugano und Bellinzona, überquerte darauf die Alpen über den Paß, der heute noch seinen Namen trägt, und predigte auf dem Rückweg nach Süden an den Ufern des Gardasees. In Bergamo, wo er nur eine kleine und unaufmerksame Gemeinde um sich versammeln konnte, griff er zu einer harmlosen kleinen Kriegslist: „Hört, meine Freunde", sprach er, „ich lade Euch alle am Sonntag zur Predigt ein und bitte Euch, so viele Leute mitzubringen, wie ihr könnt, Männer, Frauen, Junge, Alte... Bauern, Handwerker..., weil ich

Euch einen besonderen Brief vorlesen muß, der mir vom Himmel geschickt wurde und der sicherlich vom Heiligen Geist geschrieben und von Gott direkt an die Kirche von Bergamo gerichtet ist." Als sich am Sonntagmorgen die Neugierigen in der Kirche nur so drängten, zog er ein großes Pergament aus seiner Kutte, auf das er mit einer schön gemalten Initiale den Brief an die Gemeinde von Pergamon aus der Apokalypse abgeschrieben hatte. Diesen Text legte er seiner Predigt zugrunde, die offensichtlich so eindrucksvoll war, daß von dem Tag an seine Kirche immer überfüllt war.[42]

1422 predigte er zum ersten Mal in Venedig, der Stadt, die er pries, weil sie eine starke und beständige Regierung besaß und weil es dort keinen Parteienhader gab. Hier wohnte er lieber in dem kleinen Kloster der Observanten als in dem reichen der Konventualen der Frari Kirche; doch seine Predigten hielt er, weil keine Kirche für die herbeiströmende Zuhörerschar groß genug war, auf dem Campo San Polo [ganz in der Nähe der Frari Kirche, d. Ü.]. Von Zeit zu Zeit ruderte er auch ganz allein über die Lagune zu dem von grünen Zypressen bestandenen Inselchen San Francesco del Deserto, wo er das Kloster besuchte, das der Heilige Franziskus selbst auf dem Rückweg vom Heiligen Land gegründet hatte.

Den Venezianern predigte er am häufigsten über das Thema, das ihnen am meisten am Herzen lag, nämlich über den Handel. Sein Erfolg bei ihnen war so groß, daß der Doge Tommaso Mocenigo versprach, ihm jeden Wunsch zu erfüllen. Da erbat Bernardino sich als Geschenk die Gründung eines Karthäuserklosters auf der Insel Sant'Andrea al Lido und die Gründung eines Pestspitals auf Santa Maria di Nazaret, einer anderen kleinen Insel der Lagune. Beide Wünsche wurden ihm erfüllt.

Bevor er Venedig verließ, prophezeite er zwei Ereignisse, die tatsächlich beide eintrafen: daß die Schiffe Venedigs über die Berge segeln würden und daß venezianische Pferde übers Meer gehen würden. Die erste Prophezeiung erfüllte sich, als 1438 etliche venezianische Schiffe über Land zum Gardasee gebracht wurden, um die Grenzen des Veneto gegen den Herzog von Mailand zu schützen, die andere, als 1464 venezianische Truppen die Türken in Morea [am Peloponnes, d. Ü.] bekämpften.[43]

Während dieser Zeitspanne sprach Bernardino nahezu in jeder Stadt des Veneto: in Verona und Vicenza, Bassano und Treviso, Conegliano, Belluno, Feltre, und er wanderte, einer Überlieferung zufolge, nach Osten bis nach Pola und Pirano in Istrien. In Padua hielt er einen Zyklus von 60 Predigten, und er wandte sich nicht nur an die Menschenmenge, die überall, wo er auftauchte, zusammenströmte, sondern auch an die Mitglieder des Rats, an Professoren und Studenten der hochberühmten Universität und er gab freimütig zu, wie stolz und glücklich er darüber war. „An keinem anderen Ort", soll er später gesagt haben, „habe ich es gewagt, so tiefe Wahrheiten zu predigen wie in Eurem Padua, und der Grund dafür ist, daß ich wußte, daß ich hier von den gelehrtesten Doktoren und von Männern gehört würde, die in jeder Wissenschaft bewandert sind, wo ich doch anderswo nicht verstan-

den worden wäre und Gefahr gelaufen, für einen Ketzer oder einen aufge-
blasenen Ignoranten gehalten zu werden."[44]

Genau das passierte freilich dann, als er zu der Menge in Bologna sprach:
ein ungebildeter Bettelmönch fing an, gegen ihn anzupredigen und bezichtigte ihn der Ketzerei. Dessen ungeachtet war auch hier die großartige San
Petronio Kirche wieder nicht groß genug, um die Menschenmassen zu fassen, die Bernardino hören wollten, und er mußte im Freien auf dem Platz
vor der Kirche predigen. Ähnlich großen Zulauf hatte er bei zwei Zyklen
von Fastenpredigten, die er 1424 und 1425 in Florenz in *Santa Croce* hielt.

Es wäre zwecklos und noch dazu äußerst schwierig, Bernardinos Reiseroute genau bis in jede Stadt, in der er predigte, zu verfolgen – zu viele Orte
rühmen sich, auch ohne hinlängliche Beweise, daß er sich dort aufgehalten
habe. Erst im Jahr 1432 gönnte sich Bernardino eine Ruhepause und zog sich
nach *La Capriola* zurück, um dort seine Predigten zu überarbeiten und nie-
derzuschreiben. Bis dahin hatte er ganze 28 Jahre lang nahezu tagaus tagein
gepredigt.

Wo er sich auch zeigte, immer strömte die ganze Bevölkerung in hellen
Scharen zusammen, um ihn zu hören. Die Glocken der Dome verkündeten
den Gläubigen den Beginn seiner Predigt, und dann öffnete aber auch kein
Laden seine Türe, bevor sie zu Ende war. So müde er auch gewesen sein
mochte, wenn er irgendwo ankam, so unermüdlich war er, sobald er einmal
zu sprechen angefangen hatte. Dann sagte er wohl manchmal zu seinen Zuhörern: „Ich glaube ganz gewiß, daß Eure Gebete der Grund dafür sind, daß
Gott mir Kraft geschenkt hat und daß diese Gebete meiner Schwäche abge-
holfen haben." Manchmal schrieb er seine Kraft einfach seiner Freude am
Predigen zu. „Ich werde fett davon", sagte er, „und wiege, nachdem ich gepredigt habe, ein Pfund mehr als zuvor."[45] Wenn die Predigt zu Ende war,
bewegte sich stets ein langer Zug durch die Straßen: Vorneweg der Rat und
die Würdenträger der Stadt, in ihrer Mitte Bernardino, der die Standarte mit
seinem Emblem trug, und hinterdrein alles Volk. War er dann in das Haus
eingetreten, in dem er wohnte, empfing er häufig Menschen, die durch seine
Predigt eine innere Wandlung durchgemacht hatten. Der eine kam und gelobte, er wolle nie wieder einer Partei angehören oder an einem Bürgerkrieg
teilnehmen; ein anderer, um ihm zu sagen, er habe mit seiner Geliebten
Schluß gemacht und sich mit seiner Frau ausgesöhnt; ein Wucherer suchte
ihn auf, um zu berichten, daß er all sein unrecht erworbenes Gut zurücker-
stattet habe, und der Besitzer einer Spielhölle schließlich, um ihm zu sagen,
daß er ein für allemal seine Spieltische weggeräumt habe. Ein reicher Bürger
brachte Bernardino eine Geldkatze voller Goldstücke für seine Armen; eine
schöne junge Frau wollte ihm unter Tränen all ihre Schönheitsmittelchen
und ihren Schmuck, ja sogar ihr langes blondes Haar schenken. Selbst nachdem er weitergezogen war, wirkten seine Worte nach: Die vordem leeren
Kirchen füllten sich wieder mit Gläubigen; Geizige schnürten ihre Geldbör-
sen auf und stifteten an Spitäler und Gefängnisse; Verbrecher und Huren be-

schlossen, für den Rest ihres Lebens in einem Kloster Buße zu tun; reiche
Leute, die ihre Schuldner ins Gefängnis hatten werfen lassen, erließen ihnen
ihre Schulden und schenkten ihnen die Freiheit; Männer, die einander un-
versöhnliche Blutrache geschworen hatten, versöhnten sich auf einmal. „Wir
waren so voller Frömmigkeit, nachdem wir ihm zugehört hatten", berichtete
ein Chronist aus Viterbo, „daß wir uns alle wie Heilige fühlten."

Was war das Geheimnis von Bernardinos Erfolgen? Zum Teil waren sie
zweifelsohne darauf zurückzuführen, daß seine Zuhörer jedes seiner Worte
verstanden. Das klingt so einfach, doch Bernardino hatte sich diese Fähigkeit unter großen Mühen aneignen müssen. Obgleich er aus adeligem Hause
war und noch dazu ein Gelehrter, obwohl er zu einer Zeit predigte, in der
die scholastische Tradition die Prediger dazu anhielt, schwerverständliche
und kunstvolle Ansprachen zu halten, war er der Ansicht, daß er so predigen müsse, daß auch der Einfachste unter den Zuhörern jeden seiner Sätze
verstehen konnte. „Sag' es klar, ganz klar!" mahnte er, „damit jeder, der zuhört, zufrieden und erleuchtet von dannen gehe und nicht völlig durcheinander im Kopf." Und er erzählte die Geschichte des Bettelmönchs, der seine
Predigt „so fein, so fein spann, ...feiner als Eure Töchter das Garn spinnen", daß am Ende ein Mitbruder, „ein so naiver, ungebildeter Bruder, einer
von den naiven, ungebildeten Gesellen, daß es schon ein Durcheinander
war, so naiv und ungebildet war er", nichts zu sagen wußte als: „Er sprach ja
von den höchsten Dingen und den vornehmsten Dingen, die ich je gehört
habe. Er sprach so hoch, daß... ich rein gar nichts verstanden habe!"

Keiner von Bernardinos Zuhörern hätte von ihm etwas Ähnliches behaupten können. Immer wieder betonte er, daß Klarheit die erste Pflicht eines
Predigers sei. „Wickle Deine Rede nicht ein,... nenn' ein Brot ein Brot...
sprich mit der Zunge aus, wovon Dein Herz voll ist."[46]

Einmal erklärte er, daß es seiner Meinung nach drei Dinge gebe, *da appe-
tire più che tutte l'altre*, die „begehrenswerter seien als alles andere": die
„schöne" Beredsamkeit, tiefe Gelehrsamkeit und ein tugendhaftes Leben.
Die Beredsamkeit wiederum bestehe im Grund aus drei Dingen: „Klar sprechen..., kurz sprechen..., schön sprechen." Unter Klarheit verstand er:
„Die Kunst des Vortragenden, die hohen Dinge des Himmels und der Sterne
und der heiligen Theologie und Astrologie so anschaulich darzustellen, das
heißt in solchem Stil und so klar für unseren Verstand, daß wir meinen, sie
mit Händen greifen und berühren zu können." Kurze Rede war für ihn die
Sprache des Engels. „Der Engel spricht nur das, was nötig ist, und nicht
mehr. Lies, als... der Engel Gabriel zur Jungfrau Maria trat, wie kurz er da
sprach... Nur das Wesentliche und das, was nötig war."[47] Zum „Schön
sprechen", also in gepflegter Form, sagte er: „Es schmeckt Dir ja auch besser, einen guten Wein... aus einem klaren und schönen Glas zu trinken, als
aus einer häßlichen und trüben Schale. Und dabei ist es doch derselbe
Wein."[48]

Immer und immer wieder kam er mit neuen Formulierungen darauf zu-

rück, daß der Prediger Licht bringen müsse. „Das Predigen des Evangeliums... erleuchtet den Geist" oder: „Als Gleichnis nehmen wir die Sonne,
die von allen Dingen, die wir kennen, das leuchtendste ist. Diese Sonne hat
in sich drei Dinge, nämlich... das Licht... die Hitze... die Kraft – so wie
das Wort Gottes." Ein anderes Mal fügte er hinzu: „Die Menschen, die das
Wort Gottes nicht haben, sind, auch wenn sie immer zur Messe gehen, wie
eine Welt ohne Sonne." Er ging sogar soweit, daß er sagte, wenn jemand nur
so viel Zeit erübrigen könne, entweder die Predigt anzuhören oder die Messe
zu besuchen, „dann sollst Du lieber die Messe sein lassen als die Predigt." In
unseren Ohren mag das merkwürdig klingen, doch man darf nicht vergessen, daß damals die Ungebildeten keine Ahnung hatten, was in der Messe
vor sich ging, und daß die einzige Möglichkeit, es ihnen beizubringen, war,
ihnen alles in der Volkssprache zu erklären. „Sag' mir: wie könntest Du an
das Heilige Sakrament des Altars glauben, wenn da nicht die Predigt gewesen wäre, die Du darüber gehört hast?... Weiter: wie wüßtest Du, was
Sünde ist, wenn nicht durch die Predigt? Alles, was Du weißt, kommt von
den Worten, die Du mit Deinen Ohren gehört hast."[49]

Niemals verwendete Bernardino drastische Theatereffekte, wie manche
seiner Predigerkollegen, die z. B. unvermittelt einen Totenschädel oder ein
Skelett hochhielten, um ihre Gemeinde an den unausweichlichen Tod zu
erinnern, oder unter der Kanzel einen Mann versteckten, der das Geheul der
Verdammten vorzutäuschen hatte oder in die Trompete stieß, um den Tag
des Jüngsten Gerichts anzukündigen. Auch heizte er nicht absichtlich die
Gefühle der Massen auf, schon weil er nicht daran glaubte, daß solche Emotionen wirklich wirksam waren oder gar lang anhielten. „Tränen passen zu
Frauen und Kindern", meinte er, „die leicht von den Märchen der Dichter
und den Nachrufen auf die Toten bis ins Herz gerührt sind. Ich erinnere
mich, viele Menschen, auch böse, gesehen zu haben, die in Tränen ausbra-
chen, als sie die Leidensgeschichte Unseres Herrn hörten... und dann habe
ich gesehen, wie sie zu ihren alten Lastern zurückkehrten. ... Es wäre heil-
samer, wenn sie nicht über die Leidensgeschichte Christi weinen würden,
sondern über deren Ursache, nämlich ihre eigenen Sünden."[50]

Freilich erläuterte er den Sinn seiner Predigten immer gern mit Anekdoten
und Parabeln. „Redner und Prediger darf man nicht dafür tadeln", so seine
eigenen Worte, „daß sie, nur um uns Dinge zu zeigen, die hoch über uns
sind, zu kräftigen und anschaulichen Beispielen greifen, denn darin liegt die
Kunst, klar zu sprechen." Manchmal lockerte er die Predigt mit imaginären
Dialogen und lebhaften, frischen kleinen Szenen auf – mit Zwiegesprächen
zwischen Käufer und Verkäufer, Bauer und Städter, Mann und Frau, zwischen zwei ungebildeten Priestern oder zwei schnatternden Gevatterinnen,
ja oft zwischen ihm, dem Prediger selbst, und einem erfundenen Gesprächs-
partner in seiner Zuhörerschaft. „,Wart' ein bißchen.' ,Warum, weshalb?'
,Da sind Soldaten.' ,Und was wollen sie machen?' ,Nichts als Böses.' ,Ihr
da, wo wollt Ihr hingehen?' ,Wir wollen dorthin nach Siena gehen.' ,Und

was wollt Ihr da?' ‚Wir wollen uns an ihrem Hab und Gut erfreuen, das so schön ist, in ihren Häusern wohnen, wo sie es so behaglich haben, wir wollen ein wenig auf ihre Kosten leben, um uns für die schlechten Zeiten schadlos zu halten, die wir durchgemacht haben.'"[51]

Einst verglich er einen Prediger mit „einem Fechter, der einmal mit der Spitze des Rapiers angreift, einmal mit der Schneide, einmal mit der flachen Klinge, einmal von der Seite, dann von vorn, dann von rückwärts."[52] Auch er stach zu und traf, vor allem aber versäumte er nie, seine Hörer zum Lachen zu bringen. Er machte sich über die verschiedenen Formen ihres Aberglaubens lustig und über ihre Torheiten, über die langen Schleppen und die Hüte der Frauen („Ihr schaut ja aus wie Käuze, Eulen und Uhus") oder über ihre unerträgliche Zanksucht. Er zog aber auch über den närrischen Mönch her, der sich von einem Glücksspieler sein ganzes Geld abknöpfen ließ, und über das liebestolle Mädchen, das unbedingt einen Zauber suchte, um einen Mann zu kapern. Und seine Hörer erkannten sich selbst und ihre Nachbarn in den beschriebenen Personen wieder und lachten – lachten und merkten sich, was sie gehört hatten.

Kaum langte Bernardino an einem Ort an, verriet ihm ein Instinkt, den er sich selber nicht erklären konnte, so ziemlich alles, was dort vorging. „Immer wenn ich in eine Stadt komme, weiß ich sogleich über alles Gute und Schlechte, das dort begangen wird, Bescheid, ... über alles, was duftet und über alles, was stinkt... und nicht etwa nur durch Beichtgeständnisse. ...Wie soll ich das erklären? Als ich noch weltlich war, glaubte ich, alle Dinge der Welt zu wissen, alles Gute und alles Böse. Nun, nach allem, was ich seither dazugelernt habe, wußte und kannte ich damals nichts. Als ich Beichtvater geworden bin, habe ich noch viel mehr dazugelernt. Aber seit ich aufgehört habe, die Beichte abzunehmen, habe ich so viel von dieser Welt erfahren, ... daß Du auch finden wirst, es ist wirklich genug."[53]

Dennoch verließ er sich nicht allein auf diesen, seinen Instinkt, sondern bereitete sich gründlich vor; bevor er in eine Stadt kam, war er mit ihren Bräuchen, aber auch mit ihren Problemen vertraut. Er wußte, welche Stadt von Parteienhader entzweit oder von einem Tyrannen unterdrückt wurde, welche in letzter Zeit von feindlichen Truppen überfallen oder von der Pest heimgesucht worden war. So, wie er auf seinen Wanderungen durch die Felder und Berge der Sieneser Landschaft seinen Zuhörern immer bewiesen hatte, daß er Bescheid wußte über die unvorhersehbaren Gefahren, die Ernte oder Weinlese bedrohten, so machte er sich in Venedig vertraut mit den Bräuchen der kleinen Händler, die ihre Läden am Rialto hatten, und in Mailand mit denen der Waffenschmiede, die Kürasse und Kettenhemden herstellten. In der Lombardei predigte er hauptsächlich gegen den Bürgerkrieg, in Venedig über Handel und Wucher, in der Toskana gegen Sodomie und Habsucht. Er versuchte sogar immer schon vorher die Dialekte der verschiedenen Gegenden zu erlernen und gestaltete eine allzu abgedroschene Geschichte ab und zu einmal dadurch lebendiger, daß er einen witzigen

Wortwechsel in der richtigen Mundart brachte, so zum Beispiel, wenn er einen Pilger in breitem Mailänder Dialekt antworten ließ: *„Donde se', compagnione?"* *„So' da Milano, mi."* *„Che mestiere fai?"* *„Mi so' far de' fustani."*[54] Seine Geschichten schöpft er häufig aus bekannten Quellen wie den *Dialoghi* des Heiligen Gregor, der *Legenda Aurea* oder aus dem *Novellino*, einer Sammlung volkstümlicher Geschichten; mindestens eine kommt aus *1001 Nacht* und einige, darunter auch die bekannte Geschichte von Ghino di Tacco, stammen aus dem *Decamerone*. Da Bernardino über einen so trockenen Humor verfügte, einen so scharfen Blick für das Wesentliche einer Geschichte hatte, zog er niemals salbungsvoll oder pedantisch die Moral daraus, sondern er drückte jeder einzelnen Geschichte seinen Stempel auf. Die Heiligen und die Kirchenväter behandelt er mit herzlicher und fast respektloser Vertraulichkeit. Der Heilige Joseph ist „der fröhlichste Alte, den es je gab auf der Welt... Und die närrischen Maler malen ihn immer als melancholischen Alten, den Kopf in die Hand gestützt." Paulus ist *Pavolozzo nostro* (unser Paulchen), Hieronymus *barba canuta* (Weißbart), Alexander von Hales *Alisandro gentile* (der liebenswürdige Alexander). Er zitierte oft Worte von ihnen, aber am liebsten gebrauchte er doch die Worte des Evangeliums. In seinen mittleren Jahren sagte er vom Evangelium: „Es gab früher eine Zeit, da ich es nicht predigte... eine Zeit, da ich es ausquetschte, wie ich es eben verstand, und ich sah es niemals Früchte bringen. Seit 15 Jahren nun habe ich gesehen, daß es so besser ist." Aus den Evangelien zu zitieren, sagte er, „ist, als ob Du auf einer Wiese voller Blumen bist, bald pflückst Du diese Blume, bald eine andere und dann wieder eine andere, und so machst Du Dir ein Kränzchen daraus."[56]

Aus all dem darf man aber keine vorschnellen Schlüsse ziehen. Zu leicht verfällt man in den Fehler, die umgangssprachlichen und volkstümlichen Wendungen in Bernardinos Predigten, die Anekdoten und Parabeln, mit denen er sie lebensnah machte, die drastischen Aussprüche, bei denen man meint, seine Stimme zu hören, überzubewerten, so daß man zu glauben beginnt, seine Predigten in der Volkssprache seien nichts als brillante Improvisationen, ans Gefühl appellierende Reden eines mittelalterlichen Erweckungspredigers gewesen. Nichts könnte mehr an der Wahrheit vorbeigehen. Bernardino war in der strengen scholastischen Tradition der *ars concionandi* (Kunst zu predigen) erzogen worden und sagte sich nie ganz los davon. Alle seine Predigten, ob sie nun in der Volkssprache gehalten werden sollten oder für seine Mitbrüder auf Lateinisch niedergeschrieben wurden, waren nach dem im Mittelalter verbindlichen Schema angelegt: Als Erstes das *pro-thema* (Anrufung Gottes und der Heiligen), dann das *thema* (Text aus der Heiligen Schrift), dem ein kompliziertes System von Gliederungen und Untergliederungen zur Entwicklung des Themas folgte, die dann zu Zusammenfassung und Schlußfolgerung überleiteten. Für uns heute klingt dieser Aufbau gekünstelt und langweilig: Die zwölf Edelfräulein der Jungfrau Maria, von denen jede eine ihrer Tugenden darstellte; die sieben Sünden Magdalenas;

*le dodici leggi della mercanzia dell'amor divino,* „die zwölf Gesetze der Ware der Liebe Gottes", und so fort – diese Allegorien scheinen plump und manchmal auch nahezu geschmacklos. Doch sie entsprachen dem Geschmack jener Zeit, und in der mittelalterlichen Rhetorik bildeten sie das unentbehrliche Gerüst jeder Rede, die zum einen die Monotonie auflockerten, zum anderen eine unentbehrliche Gedächtnisstütze sein konnten, wenn der Augenblick gekommen war, die einzelnen Teile der Predigt zusammenzufassen und zum Ende zu kommen: „Nun bringe ich die Ernte dessen ein, was ich heute früh gesagt habe..."; „Und jetzt trage ich schließlich den Schatz des Gesagten zusammen...". Es konnte auch vorkommen, daß der Prediger noch hinzusetzte, daß jeder, der etwas nicht verstanden habe („Vielleicht habe ich es nicht gut erklärt und er hat es nicht gut begriffen"), nach der Predigt zu ihm kommen solle „...und ich werde es so erklären, daß er zufrieden sein wird."

Bernardino nahm seine Berufung zum Prediger so ernst, daß sie für ihn mit keiner anderen Verpflichtung vereinbar war. Er war ein Mann in mittleren Jahren, als er sagte: „Ich habe auf jede andere Tätigkeit verzichtet...". Er weigerte sich sogar, die Beichte abzunehmen oder zu taufen und sprach mit Paulus: „Der Herr hat mich nicht gesandt, auf daß ich taufe, sondern um sein Wort zu verkünden." Als er schon berühmt geworden war, kamen viele, um ihn in rein weltlichen Dingen um praktischen Rat zu fragen, doch er verweigerte sich ihnen. „Kommt da doch einer, der Streit mit seinem Weib hat, und sagt zu mir: ‚Um der Liebe Gottes willen, mach' doch, daß diese Sache in Ordnung kommt zwischen mir und ihr.' Und ein anderer: ‚Ich habe von dem und dem Geld zu kriegen: er quält mich, er macht sich lustig über mich, er hält mein Geld gewaltsam zurück, und ich bin in arger Bedrängnis.' Gut, was soll ich da machen? Ich bin weder *podestà* noch Stadthauptmann... Desgleichen kommt der Sohn, den der Vater aus dem Haus gejagt hat, zu mir... Wenn die Frau von ihrem Mann verstoßen worden ist, taucht sie bei mir auf. Wenn die Frau dem Ehemann durchgeht, kommt wieder der Mann zu mir. Und so kommen zuweilen solche zu mir, die mir lauter unwichtiges Geschwätz erzählen wollen, und sie fangen ihre Geschichten bei Adam und Eva an." Ein Mann kam sogar zu ihm, um sich über die Verkommenheit des Pfarrers seiner Gemeinde zu beschweren. „Ihr wollt, daß ich Papst bin und Bischof und Rektor und Sprecher der Kaufmannsgilde zugleich und daß ich alles mache, was deren Amt ist. Nein, ich kann nicht alles zugleich tun, ich nicht! Jeder walte seines Amtes... Wenn Du zu den *Signori* [der Stadtregierung] gehen mußt, dann komm' nicht zu mir, der auch nichts für Dich tun kann..., der ich statt dessen studieren sollte und eine schöne kleine Predigt *(predicozza)* zur höheren Ehre Gottes vorbereiten könnte."[57]

Bernardino vertrat die Meinung, nicht alle Prediger seien für ihre hohe Berufung geeignet. Es gebe, sagte er, dreierlei Arten von Predigern. „Manche haben das richtige Leben, aber nicht die richtige Lehre... andere die Lehre, aber nicht das Leben", und schließlich gebe es ein paar wenige, die beides hätten. „Und von denen kann man sagen: ‚Derjenige, welcher [die Lehre] in der Praxis vorlebt und sie predigt, der wird dereinst im Himmelreich groß genannt werden.‘" Ein guter Prediger, forderte Bernardino, müsse sich immer an seine Gemeinde, die sich aus allen Arten von Zuhörern zusammensetzt, anpassen können; er muß die Gebildeten überzeugen, die Emotionen der gefühlsbetonten Menschen bewegen und verstockten Sündern Angst und Schrecken einjagen. Aber vor allem muß er den Mut haben, die Wahrheit auszusprechen, „denn wenige sind so dumm und blind, daß sie nicht den Schmeichler von dem Mann, der die Wahrheit verkündet, unterscheiden könnten".[58]

Diese Eigenschaften machten Bernardino zu einem der größten Volksprediger Italiens: er war nicht so sehr ein scharfsinniger Theologe oder ein originärer Denker, sondern ein Mann, der sich nie fürchtete, die Wahrheit auszusprechen, und der die Herzen der Einfachen und der Gebildeten gleichermaßen zu bewegen vermochte. Auch darin folgte er der Tradition seines Ordens, denn Papst Innozenz III. hatte dem Heiligen Franziskus aufgetragen, „Buße zu predigen allen Menschen", nicht aber wie dem Heiligen Dominikus, die Ketzerei zu bekämpfen und die Theologie auszulegen. „Von unserem Vater", bekannte Bernardino, „dem Heiligen Franziskus, habe ich gelernt, der in seiner *regola a' predicatori* sagt: ‚Sprecht zu den Menschen von Tugend und Laster, von Glorie und Verdammnis.‘"[59] Viele Prediger der Zeit folgten Augustins Definition eines Predigers als *divinarum Scripturarum tractator et doctor* und benützten den Text der Epistel oder des Evangeliums des jeweiligen Tages nur als Ausgangspunkt, von dem aus sie lange, gelehrte und für ihre Zuhörer oft völlig unverständliche theologische und philosophische Erörterungen vom Stapel ließen. Bernardino brach mit dieser Tradition. Er benützte den Text als Ausgangspunkt, von dem aus er einfache Probleme der Lebensführung illustrierte und erklärte, Tugenden und Laster beschrieb, so daß alle Menschen, die ihn gehört hatten, nach Hause gingen und genau wußten, was Gott ihrer Meinung nach von ihnen wollte. In dieser Beziehung war Bernardino ein Erneuerer, der in der direkten Nachfolge des Heiligen Franziskus eine neue Schule der Predigt entwickelte – und seine Methode wurde von seinen Schülern weitergeführt.

Eine weitere charakteristische Eigenschaft Bernardinos war die tiefe Freude über seine Berufung. Selbst wenn er gerade dabei war, die Sünde mit harten Worten zu verdammen oder eindringlich zur Buße zu mahnen, immer klingt der Ton der lauteren Freude durch. „Ach, man kann doch nicht ohne Freude leben! Ein Student kann niemals etwas studieren oder erlernen, wenn er keine Freude an Büchern hat; so kann ein Prediger nie und nimmer gut predigen, wenn er keine Freude am Reden hat."[60]

Diese Freude, *diletto*, die mitreißendste aller Gaben, ist etwas sehr Franziskanisches, ebenso wie Bernardinos spontanes und ansteckendes Vergnügen an den Schönheiten dieser Welt. Im Vergleich mit der Herrlichkeit des

Paradieses sei die Erde freilich nur „der Pferdestall Gottes", aber ihre Schönheit bezauberte ihn ebenso wie den Heiligen Franziskus selbst. Eine Legende erzählt, daß Leute den kleinen Bernardino einmal in einem Kirsch-
baum hocken sahen und hörten, wie er den Kirschen predigte, sie sollten
ihrem Schöpfer dankbar sein, „denn er hat Euch so schön zum Anschauen
gemacht, ganz ohne Euer Zutun, und so süß im Geschmack und so geliebt
von den Menschen". Ein andermal – so heißt es – habe er in Ermangelung
einer anderen Gemeinde von den Zweigen eines Feigenbaums aus zu den
Weinreben gepredigt.[61]

In späteren Jahren beschrieb er mit unendlicher Freude bis in jede Kleinig-
keit die Schönheit der Blumen, Bäume und Pflanzen der waldigen Hügel um
Siena, in denen sich die Hand Gottes offenbart hat. Bernardino fragt: „Warst
Du schon einmal in Vinegia (Venedig)? Da zieht manchmal des Abends ein
Lüftchen auf und berührt die Wellen, und das macht einen Klang, und das ist
die Stimme, die Wasser haben." Und an anderer Stelle: „Weißt Du, was es
heißt, die Natur zu verstehen? Wenn Du durch die Erscheinungen der Natur
Gott erkennst... und wenn Du aus den sichtbaren Dingen eine Leiter baust,
um zum ewigen Leben aufzusteigen."[62]

Über 500 Jahre sind vergangen, aber Bernardinos Predigten haben noch
heute die Frische der frühen Morgenstunde, zu der die Gläubigen sie damals
hörten. Bei aller Frömmigkeit sind sie nie feierlich oder gar trocken; seine
Stimme ist immer herzlich, und er findet oft Gelegenheit zu lachen. Massimo Bontempelli bringt das Quattrocento auf folgenden Nenner: „Lorenzo
il Magnifico ist der Geist des Jahrhunderts, Gerolamo Savonarola ist sein
Zorn, Bernardino... sein Herz."[63]

# Zweites Kapitel

# Die Frauen

*Che dirai tu delle donne di Siena;*
*Che ne dirò? che le fur fatte in cielo.*
*Acconce, sconce, in cuffia, in treccia, in velo,*
*Formose sono, e la città n'è piena.*

Was sagst du zu den Frauen von Siena? Was
ich dazu sage? Daß sie im Himmel gemacht
sind. Mit Putz, ohne Putz, mit Haube, Zopf
oder Schleier. Wunderschön sind sie, und
die Stadt ist voll von ihnen.

Antonio Cammelli (1446–1502)

I

Die lebendigsten Portraits hat Bernardino von den Frauen von Siena und
von Florenz gezeichnet. Wir sehen sie vor uns, als hätten wir sie heute früh
erst auf dem Campo oder auf der Piazza Santa Croce getroffen, wie sie in
ihren farbenfrohen Gewändern flinken Schritts ihren Geschäften nachgehen.
Wir begegnen all den Frauen und Mädchen seiner Gemeinde: den feinen
Damen in ihren Schleppgewändern mit ihren grotesk aufgetürmten Hüten
und Haubengebilden, den frommen alten Betschwestern in langen, schwarzen Mänteln, den stämmigen Bäuerinnen mit ihren Körben, in denen sie ihre
Waren feilbieten, den hübschen jungen Mädchen, die ihren Verehrern über
die Tuchbahn hinüber, die damals quer über den Platz zwischen Männern
und Frauen gespannt war, während der Predigt verliebte Blicke zuwerfen.
Für jede einzelne von ihnen hatte er im rechten Moment einen Blick, ein
Lächeln oder auch ein mißbilligendes Stirnrunzeln. Immer, wenn während
der Predigt ihre Aufmerksamkeit zu erlahmen drohte, hatte er eine kleine
Geschichte für sie zur Hand, in der sich jede von ihnen wie in einem Spiegel
wiedererkennen konnte. So erzählte er von der zerbrechlichen alten Dame,
die, wenn ihr gerade danach war, an einem einzigen Tag zu Fuß weiter kam
als ein kräftiges Mannsbild zu Pferd, von der reuigen Hure, die, als sie so
nebenbei seiner Predigt zuhörte, plötzlich wie vom Donnerschlag gerührt
ihre eigenen schlimmen Sünden erkannte, zu Boden stürzte, nur noch
„Gnade" rief und verschied. „Ich glaube fest", sagte Bernardino, „daß sie
schnurstracks in den Himmel kam"[1]. Für die feinen Damen hatte er die Ge-

schichte von *Madonna Saragia* (Kirsche) auf Lager, einer furchtbar gefräßigen Frau, die immer recht kultiviert wirken wollte. Sie befahl einem ihrer Pächter, ihr einen Korb reifer Kirschen zu bringen, „schöne, große aus den Marken", und fing gleich an, während er noch dastand und ihr zuschaute, sich eine Handvoll nach der anderen in den Mund zu stopfen. Als dann wenig später ihr Mann heimkam, führte sie mit spitzen Fingern ein paar Kirschen zum Mund und begann daran zu knabbern – „sieben Bisse für eine Kirsche" –. Dann wandte sie sich an den Bauern und fragte ihn leutselig: „Wie ißt man die Kirschen denn da draußen bei Euch auf dem Land?" Darauf er: „Madonna, grad' so, wie Ihr sie halt gegessen habt jetzt in Eurem Zimmer, eine Handvoll nach der anderen!"

Mag sein, daß Bernardino all diese Frauen deshalb so gut verstand, weil er selbst von lauter Frauen erzogen worden war, vielleicht aber auch deswegen, weil seine Gemeinde zum größten Teil aus Frauen bestand. Von denen wieder kamen manche aus echter Frömmigkeit auf den Campo, manche nur deshalb – da machte er sich keine Illusionen – weil seine Predigten in Mode gekommen waren, und dann wieder viele nur deswegen, weil es eben kaum gesellige Zusammenkünfte gab, zu denen man als ehrbare Frau überhaupt hingehen konnte. Obwohl er schon ganz früh am Morgen predigte, eilten immer ein paar von ihnen zum Campo noch bevor die Glocke die Gemeinde zur Predigt rief, nur um einen guten Platz zu ergattern. Gerade diese Weiber brachten ihn fast zur Verzweiflung. „Also wißt Ihr, Ihr habt einen so großen und schönen Platz, daß es immer noch früh genug ist, wenn Ihr Euch mit dem Schlag der Glocke auf den Weg macht; und ich verspreche Euch, daß jede von Euch einen guten Platz findet. Und kommt nicht mitten in der Nacht, wie Ihr es jetzt immer macht, denn dann schlaft ihr viel zu kurz und in der Predigt fallen Euch die Augen zu." Da diese Frauen so früh kamen, versuchten die Nachzüglerinnen sich dann immer mit den Ellbogen einen Weg nach vorne zu bahnen. „*Madonna Pigara* (Madame Faul) langt an und wünscht noch vor *Madonna Sollecita* (Madame Hurtig) Platz zu nehmen." Dann hörte man auf dem ganzen Platz nichts als ihr Gekreisch. „O *donne*, wie schändlich führt Ihr Euch auf, am Morgen, wenn ich die Messe lese, und Ihr vollführt einen Krach, daß mir ist, als hörte ich einen Haufen Knochen klappern, so laut schreit Ihr! ‚Giovanna!' ruft da die eine, ‚Catarina!', die andere, ‚Francesca!', die nächste. Das ist mir eine schöne Andacht, mit der Ihr da der Messe lauscht!"[2]

Endlich ging dann doch die Predigt an, und die Frauen, die zu früh aufgestanden waren, schlummerten sanft ein, sobald die warmen Sonnenstrahlen den Platz trafen – auch wenn sie sich noch so sehr die Augen rieben oder sich in die Arme zwickten. „Ich sehe da zwei Frauen beieinander sitzen und schlafen, und die eine ist das Kopfkissen für die andere... Ihr lieben Frauen, wenn Ihr spinnen würdet und dabei einschlafen, so würde Euch das Garn reißen. Ich habe gesponnen und will nun anfangen zu weben." Und wenn der Platz auch noch so groß war, die Menschenmenge noch so dicht, Bernardinos scharfen, kleinen Augen schien nichts zu entgehen. Sprach er wieder einmal vom Abgrund der Hölle, in den Luzifer stürzte, und erwischte dabei eine Schläferin, rief er ihr zu: „Oh, Du Schlafmütze, paß' nur auf, daß Du nicht in denselben Abgrund stürzt!" Ein andermal ermahnte er mit erhobener Stimme eine der Frauen: „Holla, Du Schlafmütze, mach', daß Du aufwachst, paß' auf, was ich Dir zu sagen habe. Hast' mich verstanden, Du Schläferin?" Er bemerkte auch genau, ob sie mit Mann und Töchtern gekommen waren oder nicht. „Die kluge Frau hat heute ihre Tochter mit zur Predigt mitgebracht, die da, die nicht so brav ist, hat sie im Bett gelassen." Einer anderen wieder befahl er: „Frau, geh' schnell und ruf' Deinen Mann...!" „Ach, ich hab' ihn doch schon gerufen!" „Ich sag' Dir, geh' und ruf' ihn." „Ja, aber wenn dann mein Platz weg ist?" „Der wird dann schon nicht weg sein, ganz bestimmt. Es ist ja Platz genug hier." „Ja, aber ich komme doch gar nicht raus hier!" „Und ich sage Dir, geh' jetzt und hol' ihn her!"[3]

Zu Bernardinos Zeiten war es auch durchaus üblich, daß die Kirchen als Ort für Volksbelustigung dienten, so für Tanzveranstaltungen oder Glücksspiele.[4] Die Kirche war ja – und das gilt bis in die jüngste Zeit hinein – meist das einzige Gebäude im Dorf, das der ganzen Bevölkerung Platz bot, und so wurden in ihr sogar religiöse Schauspiele parodiert und zwischen Weihnachten und Drei König das Narrenfest gefeiert, *la festa dei pazzi*, in dem die alten römischen Saturnalien noch fortlebten. Für diese zwölf Tage wurde in der Kirche feierlich ein *arcivescovo dei pazzi* („Erzbischof der Narren") konsekriert, der falschen Ablaß an „Büßer" erteilte, die als Pulcinella oder Harlekin verkleidet waren, Exkremente zu Weihrauch verbrannten und auf den Altären würfelten.[5] Natürlich brachten die Andächtigen auch zu Bernardinos Predigten ihre plärrenden kleinen Kinder mit, aber sie fanden auch nichts dabei, Würfel, Falken und Jagdhunde mit bimmelnden Glöckchen anzuschleppen. „Das Kind plärrt, der Falke flattert umher, die Glöckchen bimmeln." Vor allem aber kamen Männer wie Frauen, um miteinander ihren Spaß zu haben. „Da gibt es doch welche, die sind so frech und schamlos, daß sie sogar in der Kirche junge Männer anhimmeln", mahnte Bernardino, „daß sogar die Mutter eines Mädchens noch ihre eigene Tochter verkuppelt... und sie auf der Kirchenbank sitzen läßt, wo der Freier sie mit offenem Maul anstarrt und jede Bewegung, die sie macht, verfolgt... Pfui, Schande über Euch, Ihr Ehrlosen, Schande! Die eine sagt: ,Ach, sie geht doch so andächtig zur Kirche!' Seht, seht, glaubt Ihr wirklich, daß sie andächtig ist, wenn sie sich so beträgt und ihrem Bewunderer Zeichen macht? Und er, er erzählt überall herum: ,Ich hab' mich in der Kirche in sie verliebt!'"[6]

Und wie der Prediger dann diese jungen Galane beschreibt! „Mit schulterlanger Pagenfrisur, in kurzem Rock und langen geschlitzten Strumpfhosen dazu... wetzen sie die Kirchenbänke mit ihren Falken und Hunden an der Leine entlang..." „Der eine steht hier, der andere dort, der eine legt seinem Kumpan den Arm um die Schulter, der andere hängt sich ein, und überall lassen sie ihre Blicke umherschweifen; wenn dann die Frau aufsteht und zum *Ospedale* geht [in die Kapelle von Santa Maria della Scala], um sich dort die Absolution zu holen, gehen die jungen Männer Arm in Arm vor die Kirche, stellen sich im Spalier davor auf, und die Frauen gehen mitten durch, und der eine grinst, der andere macht ein Zeichen... Du machst ein Hurenhaus aus der Kirche mit Deinen frechen Blicken, Deinen obszönen Zeichen, Deinem Grinsen. Dann bleib lieber ganz zu Hause!"[7]

Harsche Worte fand Bernardino aber auch für die Frau, die sich nur für solche Auftritte in der Öffentlichkeit herausputzte, zu Hause hingegen schlampig herumlief: „Wenn sie in die Kirche geht, dann ist sie aufgetan und angemalt, in prächtigem Kopfputz, so daß sie wie *Madonna Smiraldina* (Madame Smaragd) aussieht, [d. h. wie eine richtige Dame] und zu Hause läuft sie wie eine Schlampe herum. Schäme Dich..., denn Du solltest schöner und ziemlicher zu Hause in Deiner Kammer aussehen bei Deinem Mann als unter so viel Volk im Bischofspalast." Dennoch scheint er wohl mehr für Martha übrig gehabt zu haben als für Maria. „Hast Du einen kranken Mann daheim? Ja!... Dann laß' ihn nicht allein, nur um zur Predigt zu kommen. – Hast Du Kinder? Ja! – Laß' sie nicht allein... Sorge erst dafür, daß alle Dinge im Haus verrichtet werden, die nötig sind, und dann erst komm' zur Predigt." Allerdings vergaß er nicht zu betonen, daß die, die nun einmal gekommen waren, sich anstrengen sollten, daß ihnen kein einziges Wort entgehe, vor allem, wenn er von der Jungfrau Maria sprach. „Seid ganz Ohr, denn wenn sie es könnten, würden selbst die Steine kommen, um zuzuhören." Nach der Predigt schärfte er jeder einzelnen von ihnen ein, daß sie die frohe Botschaft an die Alten, die Kranken und die Kinder weiterverkünden sollten, die zu Hause bleiben mußten. „Ich werde aus jedem einen Prediger machen und aus Euch Frauen eben Predigerinnen!"[8]

Zur Zeit Bernardinos waren die Frauen von Siena in ganz Europa für ihre Schönheit, Grazie und Eleganz berühmt. *Dolce 'l guardo, il parlar e dolce 'l viso* (süß ihr Blick, ihre Sprache und süß ihr Antlitz) beschrieb sie der Dichter Antonio Cammelli – allerdings merkte er auch an, es sei ein Jammer, daß solche Anmut an solche Schweine wie die Männer von Siena vergeudet werde, denn er war der Stadt nicht gerade freundlich gesonnen.[9] Aeneas Silvius Piccolomini, der spätere Papst Pius II., Verfasser der *Storia dei due amanti*, erzählt, daß Kaiser Sigismund 1432 bei seiner Ankunft in Siena einem seiner Edelleute zugerufen habe: „Habt Ihr jemals in Eurem Leben Frauen gesehen wie diese? Ich weiß fast nicht, ob sie menschliche Wesen oder nicht doch Engel sind."[9a] An anderer Stelle schrieb der zukünftige Papst, diese Zauberwesen seien „voller Witz und Grazie", könnten „tanzen und Instrumente spielen, sogar lateinisch schreiben und auch in Versen dichten."[10]

Bernardino selbst schätzte solche Gaben ebenfalls, aber er übertrieb sie nicht. „Die Schönheit einer Frau ist eine gute Gabe Gottes; wenn sie brav ist, steht sie ihr gut an... Ich sehe es gern, daß Du geschmückt und vornehm

bist, doch mit Klugheit in allen Dingen und immer auf sittsame Weise."¹¹
Die kunstvoll aufgebauten hohen Hüte und Hauben, die damals in Mode
waren, standen sicher einer hübschen jungen Frau ganz allerliebst zu Gesicht, an einer häßlichen Alten sahen sie jedoch wohl eher grotesk aus. Als
Kaiser Friedrich III. im Jahre 1460 durch die Toskana zog und die Damen
von Florenz und Siena zu Gesicht bekam, schrieb er: „Sie schienen alle
wahrhaftig von der Hand Andrea Mantegnas gemacht und nach der phanta-
sievollen Vielfalt ihres Kopfputzes zu schließen, scheinen sie allen Nationen
anzugehören; sie sehen aus wie Engländerinnen, Französinnen oder Nieder-
länderinnen, ja wie Inderinnen, Araberinnen oder Chaldäerinnen."¹²
    Bernardino betrachtete diese Modekreationen jedoch mit völlig anderen
Augen. „Auf Euren Köpfen tragt ihr so viel eitles Zeug", rief er aus, „daß es
mich schaudert. Einige Hüte sehen aus wie Zinnen, andere wie ein Schiffs-
aufbau oder ein Turm – so hoch wie dieser" – und er zeigte dabei auf den
Rathausturm über dem Campo, wo sie versammelt waren. „Auf all diesen
Zinnen sehe ich das Banner des Teufels wehen... Da seh' ich eine, die hat
den Kopf voller Kutteln, die wieder hat einen Pfannkuchen drauf, die da ein
Tranchierbrett. Die eine schlägt den Rand nach oben, die andere nach unten... Könntet Ihr Euch nur selbst einmal sehen, Ihr schaut aus wie Uhus,
Eulen und Käuze... Oh Weib, Du hast ja einen Abgott aus Deinem Kopf
gemacht!"¹³
    Von all den Modetorheiten der Zeit fand kaum etwas Bernardinos Zustim-
mung. So waren zum Beispiel überweite Ärmel, die er *ale* (Flügel) nannte,
en vogue, und zwar geschlitzt und mit Silberborte eingefaßt oder aus Samt
mit Reliefmustern. Der Aufwand, der damit getrieben wurde, betrübte ihn
zutiefst. „Man kann kaum sagen, daß die *cioppa* der Damen [das lange Über-
kleid] seitlich noch zwei Mäntel hat" – aber, so warnte er sie, wenn es wieder
Krieg gibt, und die gefürchteten Freischärler in die Stadt kommen, „dann
werden Euch Eure Flügel schon gestutzt". Manchmal hielten die Frauen sich
diese Riesenärmel über den Kopf, wenn ein Regenschauer sie überraschte,
aber, schalt Bernardino: „Ihr schlagt den einen über die Schulter, den anderen über die andere, weil sie Euch im Wege sind. Das heiß' ich, Gedanken
und Dinge sinnlos vergeuden!"¹⁴
    Ebenso verschwenderisch und sündhaft waren seiner Meinung nach die
langen Schleppen, die jede modisch gekleidete Dame „hinter sich her-
schleifte wie eine Schlange". Er nannte sie eine Erfindung des Teufels selbst.
„Gott schuf Mann und Frau ohne Schweif... Sagt mir, Ihr Frauen, was
macht die Schleppe einer Frau, wenn sie im Sommer auf der Straße geht?
Den Staub wirbelt sie auf. Und im Winter beschmiert sie sie mit Straßenkot.
Gibt die Herrin sie dann ihrer Magd zum Säubern, wie viele Verwünschun-
gen wird diese ihr nachschicken und ihre Herrin eine Sau heißen."¹⁵
    Dann gab es noch die *pianelle*, Schuhe mit vielen übereinandergeleimten
Ledersohlen und hohen, bunten Absätzen. Wenn eine Frau eine zu klein ge-
ratene Tochter hat, „möchte sie, daß sie groß aussieht und läßt sie spannen-

hohe *pianelle* tragen und dazu noch einen hohen Kopfputz, so daß sie wie eine ganz andere aussieht... und vom Kopf bis zum Zeh um eine halbe Elle größer zu sein scheint."[16] Ein geistreicher Zeitgenosse bemerkte witzig, die Sieneser Damen seien „zu einem Drittel aus Holz!"[17]

Wie alle Frauen wollten sie natürlich immer mit der neuesten Mode gehen. Bernardinos Kommentar dazu: „Du sagst zu Deinem Mann: ‚Ich möchte eine *cioppa* (ein langes Übergewand), und zwar möchte ich, daß sie so geschnitten ist wie die von der und der und daß sie ebenso lang auf dem Boden schleppt'... ‚Du sollst sie haben'... Und nach ein paar Tagen merkst Du, daß so viel Stoff Dich so drückt, daß Dir die Schultern wehtun davon, und Du sagst: ‚Ich kann sie nicht anziehen'... und schon läßt Du sie nach der neuen Mode ändern." Anschließend erzählte Bernardino dann die Geschichte einer Frau, die an einer Hure ein Kleid nach einem neuen Schnitt sah, es sich auslieh und ihrer Tochter überzog, um so ihrer Schneiderin das Modell zeigen zu können. „Wenn ich Dein Mann wäre", rief der Prediger, „ich würde Dich mit Händen und Füßen grün und blau schlagen, daß Du es so schnell nicht vergißt. Schämst Du dich nicht, Deiner Tochter die Gewänder einer Hure anzuziehen und auch Dich selbst so zu kleiden?"[18]

Ein einziger flüchtiger Blick auf die äußere Erscheinung einer Frau genügt, meinte Bernardino, um ihren inneren Wert zu beurteilen. „Auch den Laden des Tuchmachers erkennt man an seinem Ladenschild. Und woran erkennt man einen Mönch?... Daran, daß er schwarz, grau oder weiß ist. An seinem Zeichen. Das Äußere verrät das Innere. Damit will ich sagen, daß ich, wenn eine Frau das Kleid einer Dirne trägt, noch nicht weiß, ob ihr Charakter auch so ist, aber ihr Äußeres scheint mir doch ein übles Zeichen..."[19]

Der verwerflichste Brauch von allen war in seinen Augen die feine Kunst, die die Sieneser Damen *delicatura* nannten – die Verwendung von Haarfärbetinkturen, Pomaden, Schönheitswässerchen und anderer Schönheitsmittel. Ganze Tage verbrachten sie oben auf den Dachterrassen, um ihr schönes blondes Haar aufzuhellen. Bernardino fragte: „Warum setzt Du Dich hin, um Dein Haar zu bleichen, das Haar in der Sonne zu trocknen, machst es naß und läßt es trocknen, machst es naß und läßt es wieder trocknen?" Offenbar waren die Florentinerinnen nicht besser, denn er schimpfte: „Sie wäscht sich das Haar dreimal in der Woche und dann verbringt sie den ganzen Tag damit, es an der Sonne trocknen zu lassen. Und zwar nicht an einem verborgenen Ort, sondern auf den Plätzen und Straßen." – „So vergeht die Zeit", fuhr er fort. „Wenn sie die Zeit, die sie auf die Schönheit ihres Körpers verwendet, auf ihre Seele verwenden würde, müßte sie die Heilige Katharina selbst werden!"[20] Er erzählte uns auch, daß die Damen, um ihre Haut weißer zu machen, neben der Eselsmilch auch Schwefel und Sublimat (= Quecksilberchlorid) benutzten, die oft einen ekelhaften Gestank verbreiteten. „Der einen stinkt der Mund vom Schminken, die andere strömt Schwefeldunst aus, die eine beschmiert sich mit dem, die andere mit jenem;

und Ihr umgebt Eure Ehemänner mit allen Arten von Gestank, daß Ihr sie zu Sodomiten macht. Wie viele von Euch haben nicht verfaulte Zähne vom vielen Polieren?... Haltet Euch vor Augen, daß dies das Werk des Teufels ist, um Dir und Deinem Mann den Hals zu brechen, und um Deine und seine Seele zu bekommen. Wundere Dich nicht, wenn Dein Mann Deinen Anblick nicht erträgt. Du selbst bist schuld daran."[21]

Am meisten kränkte Bernardino, daß all dies eine Art Betrug war, die Ablehnung von Gottes Schöpfungsplan. „Hasse Dich nicht selbst, denn damit würdest Du Deinen Herrgott hassen... Er ist der Schöpfer und Er versteht sein Handwerk... Er hat eine klein gemacht, und Du stellst sie auf Stelzen und läßt sie groß erscheinen; Er hat sie schwarz gemacht, und Du schminkst und beschmierst sie, um sie weiß erscheinen zu lassen; Er hat sie gelb gemacht, und Du malst sie rot an; so korrigierst Du Gott, den guten Maler..."[22]

Nicht von ungefähr waren in den Jahren, in denen Bernardino predigte, in Siena und auch in Florenz eine Reihe von Luxusgesetzen, *leggi suntuarie*, verabschiedet worden. Mit ihrer Hilfe suchten die Kommunen die Verschwendung, die mit der Mode getrieben wurde, einzuschränken. Diese Gesetze schrieben unter anderem vor, daß Stoffe, Zierat und Schmuck einen gewissen Wert nicht überschreiten durften, aber sie waren inkonsequent und daher natürlich ineffektiv. So waren beispielsweise Schleppen in Siena von Juni bis Mitte September gesetzlich verboten, im Winter hingegen waren sie erlaubt, so lange die Trägerin sie über den Arm drapierte. Im Jahr 1427 wurden sie dann ganz verboten, was vielleicht nicht zuletzt auf Bernardinos Einfluß zurückzuführen war. Es dauerte jedoch nicht lange, und sie waren wieder zugelassen, allerdings durften sie eine gewisse Länge nicht überschreiten. Im Jahr 1412 wurde ein Statut erlassen, das den Frauen von Siena untersagte, Kleider aus Seide, Samt oder Brokat zu tragen. Sie protestierten aber anscheinend so heftig dagegen, daß das Gesetz bereits nach einem einzigen Monat wieder aufgehoben wurde.[23] Nachdem Bernardino ihnen zugestanden hatte, daß ihre *pianelle* „zwei Finger hoch sein dürften", gaben einige vor, „sie hätten verstanden, zwei Fingerlängen hoch."[24] Und nachdem es verboten worden war, Gold- und Silberkränzchen im Haar zu tragen, flochten sich die Frauen eben dafür Perlenschnüre ein. Hermelin durfte in Florenz ausschließlich von Rittern und Adeligen und ihren Damen getragen werden – zumindest in der Theorie, und Feh (das Fell der kleinen grauen und weißen Eichhörnchen, *menu vair*, Grauwerk genannt) nur von Rittern, Adeligen, hohen Amtspersonen und Doktoren; in Siena hingegen war es nur erlaubt, Kragen oder Ärmel mit Hermelin zu besetzen. In der Praxis jedoch trug jedermann diese Pelze, der sie sich leisten konnte. Insbesondere war es völlig unmöglich, den Wert der Stoffe für Frauenkleider auf eine bestimmte Summe zu begrenzen. Für Reliefsamt auf Seidengrund wurden restriktive Gesetze erlassen, ebenso für die prächtigen orientalischen Damaste und Brokate, die aus Silber- und Goldfäden gewebt und mit Edel-

steinen besetzt waren und in allen Farben des Regenbogens schillerten; solche Stoffe gehörten häufig zur Aussteuer der Braut. Und wenn wir uns Bilder aus der Zeit ansehen, so stellen wir schnell fest, daß die Frauen häufig
Gewänder aus diesen wunderbaren Stoffen trugen – Statuten hin, Statuten
her. In der Tat gaben die Gesetzgeber der Stadt in eben dem Jahr, als Bernardino auf dem Campo diese Luxusgewänder anprangerte, zu, daß sie macht-
los waren und erklärten öffentlich, daß Männer im Kampf gegen die „Maß-
losigkeit der Frauen in Modefragen sowieso immer unterliegen müssen, da
diese, kaum daß eine Mode gesetzlich verboten wird, eine neue entdeckten,
die noch schlimmer und weitaus kostspieliger ist!"[25] Andererseits waren es
eben diese Gesetzgeber, die solche Verschwendungssucht auch noch förder-
ten, indem sie beispielsweise Nello di Francesco, einem jungen, unterneh-
mungslustigen Sieneser Handwerker, der die Seidenherstellung in seiner
Heimat eingeführt hatte, jährliche Subventionen gewährten. Auf diese Weise
reduzierten sie den Import von kostbaren Stoffen aus Florenz, Lucca und
Venedig erheblich und boten der Damenwelt von Siena die Möglichkeit, ihre
Seidenstoffe zu Hause einzukaufen.[26]

Abgesehen von den finanziellen Belastungen, die sich daraus für das wirt-
schaftliche Gefüge des Stadtstaats ergaben, war es für einen Vater außerordentlich schwierig, seine Töchter unter die Haube zu bringen, denn ihre
Aussteuer schloß nicht nur solche prächtigen und teuren Gewänder ein,
sondern auch Schmuck und feine Wäsche. „Wie soll ich den Luxus beschreiben", fragt Bernardino, „den wir nicht nur in den Palästen der Großen an-
treffen, sondern ebenso in den Häusern der gewöhnlichen Bürger? Denkt
nur daran, wie breit und weich die Betten sind. Dort findet Ihr Bettücher
aus Seide und Leinen mit Goldstickerei, prunkvolle bemalte Überdecken,
die zur Sinnenlust aufreizen, dazu noch vergoldete, bemalte Bettvorhänge."
Wie er behauptete, wurden diese Dinge meist von unredlich erworbenem
Geld gekauft, nur daß die Besitzer das allzu gern vergaßen. „Du wirst Deine
Tochter einem zur Frau geben; aber weder der, der sie nimmt, noch sein Vater oder seine Mutter machen sich Gedanken darüber, woher ihre Habe
kommt, die sie als Aussteuer mitbringt. Doch oftmals, oder besser, in den
allermeisten Fällen, ist sie aus Raub und Wucher, aus dem Schweiß der Bauern, dem Blut der Witwen... und der Waisen gemacht. Nähme man so ein
Gewand und würde es ausdrücken und wringen, dann könnte man Blut von
lebendigen Menschen herausquellen sehen."[27]

Bereits der Gedanke an die Geburt einer Tochter mußte Vätern Angst einjagen, weil sie dann später für eine große Aussteuer aufkommen mußten –
und die Preise auf dem Heiratsmarkt stiegen Jahr für Jahr. 1384 war ein
wohlhabender Florentiner Kaufmann, Lapo Niccolini, noch mit einer Mitgift im Wert von 700 Gulden für seine erste Frau zufrieden gewesen. Als er
aber zwanzig Jahre später nochmals heiratete, verlangte er von seiner zweiten Frau 1000 Gulden. Und um die Mitte des 15. Jahrhunderts, als Alessandra Macinghi Strozzi eine Tochter verheiratet hatte, schrieb sie, daß sie sie

einem einfachen Handwerker hatte zur Frau geben müssen, der zwar reich, aber ohne bedeutende Beziehungen war, weil sie nur eine Mitgift von 1000 Gulden hatte aufbringen können. „Denn der, der sich eine Frau nimmt, will Geld", bemerkte sie ganz nüchtern und bezeichnete die Braut einfach als „Ware".

Überdies blieben viele junge Männer lieber unverheiratet, denn sie scheuten sich, für den Luxus aufkommen zu müssen, den eine Braut später verlangen würde. „Es gibt viele", so Bernardino, „die sich keine Frau nehmen und auch keine nehmen wollen wegen der zusätzlichen Kosten." Um die Mitte des 15. Jahrhunderts war die Situation in Florenz so ernst geworden, daß Leon Battista Alberti sich in seinem berühmten Traktat *Della Famiglia* verpflichtet fühlte, allen Vätern nahezulegen, nur denen von ihren Söhnen einen Erbteil des Familienbesitzes zu hinterlassen, die „noch im richtigen Alter" geheiratet hatten.[29] In Wirklichkeit war es vielen jungen Männern jedoch ganz recht, daß sie eine triftige Ausrede hatten, nicht zu heiraten, denn ihre Neigungen gingen in ganz andere Richtungen. Bernardinos Aufzählung der Eigenschaften, nach denen eine kluge Mutter ihren zukünftigen Schwiegersohn aussuchen sollte, sind daher höchst aufschlußreich: Sie sollte nicht nur auf die offen zutage tretenden guten Charaktereigenschaften sehen wie Ehrlichkeit und Fleiß, eine friedliebende und gottesfürchtige Natur, sondern vor allem auch aufpassen, daß der Auserwählte keine schlimmen Laster habe, kein Spieler, Wirtshaushocker oder Säufer sei, „der zu Hause anmaßend wie ein Drache ist", auch sollte er weder ein Hexenmeister noch ein Sterndeuter sein und schon gar nicht ein Sodomit. „Da gibt es doch welche", sagt Bernardino, „die haben ein schönes Eheweib, klug, redlich und anständig, und der Teufel schleicht sich in die Augen ihres Mannes ein. Wegen des bösen Lasters der Unzucht kann er es nicht ertragen, sie anzusehen, und es läßt sie ihm wie einen nichtsnutzigen Bauerntrampel erscheinen."[30]

2

Bernardinos Predigten gegen den Leichtsinn und die Eitelkeit der Frauen – beliebte Themen aller Prediger seit den Tagen Tertullians und des Heiligen Hieronymus – klingen verhältnismäßig wenig originell. Doch wenn er über die Ehe predigt und über die Beziehung zwischen Mann und Frau, dann hören wir sein wahres Ich sprechen, klingt sein Humor, sein Mitgefühl, sein gesunder Menschenverstand, seine warme Menschlichkeit durch, die er dem Leben und seinen Unzulänglichkeiten entgegenbrachte. Fünf von seinen Moralpredigten in der Volkssprache widmete er den Fragen der Ehe.[31] *Prediche scuopremagagne*, „Predigten, die verborgene Übel enthüllen", nannte er sie, und er drückte sich darin ohne alle Umschweife aus. Die meisten Übel in der Ehe, sagte er, rühren von „einer fetten, wahnsinnigen Unwissenheit, und die wieder komme oft bloß daher, daß die meisten Prediger nur höchst ungern an dieses heikle Thema gingen, sei es, weil sie Angst hatten, verlacht oder kritisiert zu werden, sei es, weil sie selbst keine reine Weste hatten. „Was sollst Du dann aber tun, Bruder Bernardino?" fragte er sich selbst. „Wenn Du aus Angst vor den bissigen Bemerkungen eines Grünschnabels, aus Scham oder anderen Gründen schweigst, wirst Du verdammt. Denn es ist Deine Pflicht zu predigen, und Du mußt die Leute auf den Weg des Heils zurückführen... Sprich offen und laß die Leute reden, was sie wollen."[32]

Wenn er solche Themen aufgreife, sagte er, wolle er sich verhalten „wie der Gockel, der mit hocherhobenen Flügel auf den Misthaufen steigt, um sie nicht zu besudeln... so wie der Gockel auf den Mist, so werde ich auch in den Abschaum der Sünde steigen... und in meiner Predigt werde ich so offen und ehrlich sprechen, daß ich mich selbst dabei ganz und gar nicht besudeln werde... Und Du, schlaf' nicht ein, Frau, sondern gibt acht, daß Du die Sünden hörst, die Du begangen, aber nicht gebeichtet hast. Denn ich habe beschlossen, Dir alle die Sünden, die Du begangen hast, vor Augen zu führen, damit Du Dich davor hütest." Mit erstaunlicher Offenheit erklärte er seinen Zuhörern bis in die letzten Einzelheiten die Ehepflichten bis hin zu der Frage, welche Praktiken zu welchen Zeiten erlaubt waren. Nachdem er diese Regeln dann alle aufgezählt hatte, ergänzte er, daß natürlich für jede Frau doch immer noch *Madonna Discrezione* die beste Führerin in der Ehe wie im Leben überhaupt sei. „Diese wird Dich lehren, wie viel und wann und wie, und wenn Du ihrem Rat folgst, wirst Du niemals sündigen. Aber wenn Du sie nicht verstehst, möchte ich Dich gern an ihre Schwester verweisen, ... Sie heißt *Madonna Conscienzia.*"[33]

Streng ging er in seinen Predigten mit den Frauen ins Gericht, die ihre Unwissenheit als Ausrede benützten, um ihren ehelichen Pflichten nicht nachkommen zu müssen. „Dasselbe sage ich bei jedem Handwerk und Gewerbe." Er äffte eine junge Braut nach, die sich entschuldigen wollte: „Oh, oh, ich hab's nicht gewußt und weiß nix!" und gab ihr zur Antwort: „Nur weil Du nichts wußtest, ist Deine Sünde noch lange nicht entschuldigt. Die Jungfrau, die einem Mann gegeben wird, hat diesen Beruf erwählt und muß wissen, wie er geht, und zwar ehrbar und keusch. Und wenn sie was anderes tut, das sage ich Dir, dann sündigt sie gewiß. Doch ihre Mutter hat weit mehr gesündigt als die Jungfrau, weil sie sie vorher nicht gelehrt hat, was sie wissen sollte. Sie so hinauszuschicken, ist, als ob man jemanden auf ein Schiff setzt und ihm keinen Zwieback mitgibt". Es gibt sogar Frauen, entrüstete sich Bernardino, die „ihre Töchter nicht zur Predigt mitbringen wollen, und sie sagen, daß es nicht gut ist, wenn sie viele von den Dingen lernen, die dort ausgesprochen werden... und sie behaupten: ‚Sie wissen nicht einmal, was Sünde ist.' Oh je, Du weißt ja nicht, was Du redest! ... Laß' sie doch lernen, wovor sie auf der Hut sein muß ... Glaubst Du vielleicht, daß Sünden keine Sünden sind, wenn man sie nicht kennt?"[34]

In der Toskana war es damals noch gang und gäbe, daß ein junges Mädchen nicht lange nach seinen persönlichen Wünschen gefragt wurde, sondern daß das Oberhaupt der Familie den Ehemann aussuchte. Was zählte waren der Status und der starke Zusammenhalt der Familie, nicht das Glück eines einzelnen Mitglieds. Aber daß hier wie in manch anderen Dingen Theorie und Praxis bereits da und dort auseinanderklafften, geht nicht nur aus Bernardinos Predigten, sondern auch aus zahlreichen anderen Dokumenten der Zeit hervor. Nur – welcher Seite soll man Glauben schenken? Liegt die Wahrheit in den Strafpredigten und Moraltraktaten und den saftigen Erzählungen eines Sacchetti oder Sermini, oder in den persönlichen Briefen und den Familienchroniken? Wahrscheinlich ist letzteren mehr zu trauen, aber es gibt eben viel zu wenige davon, und die meisten sind zu fragmentarisch, um ein abgerundetes Bild zu gewährleisten. Jedenfalls aber war Bernardino einer der ersten Mönche, der forderte, daß ein Mädchen bei der Wahl seines Ehemannes auch ein Wort mitzureden habe. Genüßlich berichtete er von einem Fall, in dem ein Mädchen seinen Willen durchsetzte. Ein recht klein geratener Mann wurde von seinen Brüdern zu seiner Zukünftigen, einer schönen, stattlichen Frau, gebracht und ihr vorgestellt. „Schließlich fragte man ihn: ‚Na, gefällt sie Dir?‘ Und er sagte: ‚Und ob sie mir gefällt!‘ Aber das Mädchen sah seine schmächtige Gestalt und rief aus: ‚Aber mir gefällst Du nicht!‘ Seht Ihr, das geschah ihm wirklich recht.“[35]

Bernardino war auch ganz sicher einer der ersten, der sich für das Recht der Frau auf gute und zuvorkommende Behandlung einsetzte und seine Stimme gegen die körperliche Züchtigung erhob, die in den Statuten der meisten Städte noch ausdrücklich vorgesehen war. Sowohl in Siena als auch in Florenz durfte ein Mann sein Eheweib wegen des geringsten Vergehens prügeln. Daß dieses Recht nicht nur auf dem Papier stand, macht uns Bernardinos Beschreibung der Ehemänner deutlich: „Oh, Ihr Irren an der Kette, so viele gibt es unter Euch, die besser mit einem Huhn zurechtkommen, das jeden Tag ein frisches Ei legt, als mit ihrer eigenen Frau. Denn sobald sie ein Wort mehr sagt, als ihm recht erscheint, packt er sogleich den Stock und fängt an, sie zu verprügeln, und das Huhn, das den ganzen Tag unaufhörlich gackert, mit dem hast Du Geduld, damit Du das Eilein kriegst!“[36] Bernardino vertrat die Meinung, daß „ein kluger Mann seine Frau niemals schlagen darf, was für einen Fehler sie auch macht. Denn das sage ich Dir, Ehemann, gib der Frau keine Schläge, weil Prügel die Frau nie und nimmer besser machen. Wenn Du ihr mit guten Worten ihren Fehler zeigst, erreichst Du mehr.“ Und weiter: „Deine Frau mußt Du ehren... Die Frau braucht Hilfe in ihrer Schwachheit... Wenn sie merkt, daß man sie geringschätzt, macht sie mehr schlecht als recht.“[37]

Zudem behauptete er, – und das war damals ein absolut neuer und unerhörter Gedanke – daß ein Ehemann nicht das Recht habe, von seiner Frau Tugenden zu verlangen, die er selbst nicht besaß. „Wie wünschst Du Deine Frau?“ fragte er einen jungen Mann. „Ich will, daß sie ehrlich ist.“ „Aber Du bist unehrlich: das wird nicht gut gehen. Und was noch?“ „Ich will, daß sie nicht trinkt.“ „Und Du steckst ständig im Wirtshaus. Du kriegst sie nicht.“

„Ich will nicht, daß sie gefräßig ist." „Und Du frißt ständig *fegatelli* (Leber-
chen)." „Ich will, daß sie fleißig ist." „Und Du bist ein Tagedieb." „Ich will,
daß sie friedfertig ist." „Und Du schreist herum, wenn Dir auch nur ein
Strohhalm vor die Füße gerät." „Ich will, daß sie gut ist, schön, klug und
mit jeder Tugend begabt." „Dazu sage ich Dir: Wenn Du willst, daß sie so
beschaffen ist, dann sorge erst einmal dafür, daß Du selbst so bist!"

Er legte den angehenden Ehemännern auch nahe, daß es für ein junges
Mädchen, das bisher sein ganzes Leben in der eigenen Familie verbracht hat,
schwer ist fortzugehen. „Sobald es verheiratet wird, geht das Mädchen an
einen anderen Ort, in eine ganz andere Umgebung, kann mit niemandem
reden als mit völlig fremden Menschen, verläßt Vater und Mutter, Brüder
und Schwestern und Verwandte nur aus Liebe zu dem Mann, den sie genommen hat. Der Mann muß ihr aus all diesen Gründen sehr viel Verständnis
und Rücksicht entgegenbringen", schloß er, „und seine Liebe allein muß
größer sein als die von allen anderen zusammen."[38]

Er verlangte von den Frauen nicht, daß sie Idealgestalten wie Beatrice oder
Griselda werden sollten, sondern lebenstüchtige, tolerante und liebende
Ehepartner. „Frau und Mann müssen durch die tiefste Freundschaft der Welt
verbunden sein... wenn einer von ihnen gut ist, der andere schlecht, werden
sie nie miteinander zurechtkommen, aber wenn sie beide gut und einander in
wahrer und guter Liebe zugetan sind, dann wird zwischen ihnen solch eine
Freundschaft entstehen, daß es wie ein Paradies auf Erden ist." Waren Mann
und Frau in der Ehe echte und gleichberechtigte Partner, war die völlige Unterwerfung, die bis dahin von der Frau verlangt worden war, nicht mehr nötig. So sagte Bernardino: „Im Fleisch ist der Mann stärker als die Frau, und
sie soll ihm in allem zu Gehorsam sein, was ehrbar und recht ist... Aber im
Geist ist die Frau dem Mann ebenbürtig." Und weiter erklärt Bernardino:
„Gott schuf das Weib aus einem Knochen Adams, aber nicht aus einem
Knochen seines Fußes, damit er sie unterjoche und mit Füßen trete. Und er
machte sie auch nicht aus einem Knochen seines Kopfes, damit sie den Mann
unterjoche. Er machte sie aus einem Knochen seiner Brust, einer Rippe nahe
dem Herzen... um Dir zu verstehen zu geben, daß Du sie mit wahrer Liebe
lieben sollst als Deine Gefährtin."[39]

Worte wie diese zeigen uns, wie weit Bernardino bereits dem Geist der
Renaissance angehörte; etwas mehr als hundert Jahre später schrieb Baldas-
sarre Castiglione aus diesem Geist heraus in seinem *Cortegiano*: „Eine Frau
darf nicht mehr wie Ware in eine Ehe verschachert werden, denn sie hat das
gleiche Recht auf Leben und Glück wie der Mann. Sie muß die Freiheit haben, herauszufinden, was sie will, einen Mann zu wählen nach ihrem Geschmack."

Andererseits müssen wir jedoch zugeben, daß Bernardinos Liste der Aufgaben, die eine gute Ehefrau im Haus zu erfüllen hatte, recht eindrucksvoll
ist. „Sie kümmert sich um den Kornspeicher und hält ihn sauber, sie pflegt
die Ölkrüge... Sie betreut das Pökelfleisch. Sie läßt spinnen und weben. Sie

verkauft die Kleie und von dem Erlös kauft sie Tuch. Sie überwacht die Weinfässer und schaut, ob ihre Reifen nicht zerbrochen sind oder ob sie irgendwo auslaufen. Sie besorgt das ganze Haus." Weiter beschreibt er dann, wie das Leben eines Mannes aussieht, der nur eine Dienstmagd oder eine Geliebte hat und keine Frau, die ihn versorgt. „Wenn der reich ist... und Öl hat, läuft es aus... Im Bett, weißt Du, wie der schläft? Er schläft in einer Grube, und wenn er einmal ein Bettuch aufs Bett getan hat, nimmt er es nicht wieder weg, bevor es nicht in Fetzen ist... In dem Zimmer, in dem er ißt, ist der Boden voll von Melonenschalen, Knochen, Salatabfällen, und alles läßt er auf dem Boden liegen ohne daß wenigstens einmal aufgekehrt wird. Der Tisch, weißt Du, wie der ist?... Das Tischtuch... wird nie abgenommen bis es nicht durchgeweicht ist. Die Holzteller wischt er flüchtig aus und der Hund leckt und schleckt sie sauber... Weißt Du, wie er lebt? Wie ein Vieh... Die Frau ist es, die weiß, wie man das Haus besorgt."[40]

Bernardino hörte nicht auf zu betonen, daß eine gute Ehefrau mehr wert ist „als alle Edelsteine der Welt". „Kannst Du mir sagen, was das Schönste und Nützlichste in einem Haus ist? Viele Dienstboten zu haben, die gehorsam sind und gut gekleidet? Nein, das ist es nicht. Oder schöne Dinge zu haben, Silber, Samt und Seide? Das ist es auch nicht. Ist es, gehorsame, kluge und liebe Kinder zu haben? Das ist es auch nicht. Oh, was ist es, was ist es denn dann? Es ist, eine schöne, stattliche Frau zu haben, gut, klug, ehrlich, enthaltsam... Wenn sie voller Nächstenliebe, Treue, Bescheidenheit, Rechtschaffenheit, Duldsamkeit ist... und Dir dazu noch Kinder gebären kann, oh, wie groß muß dann Eure Zuneigung sein... und doch... das allererste, das Du suchen sollst, ist die Güte, und dann erst kommt alles andere; aber zuvörderst die Güte." „Wenn sie ihren Mann wahrlich liebt, macht sie sich solche Sorgen, wenn Du einmal krank bist, beinahe wie Du selbst... Sie schläft nicht, zieht sich nicht aus und ißt wenig und schlecht. Und ich sage auch, daß der Ehemann niemals nach Hause zurückkommt, ohne daß die gute Ehefrau ihm von den Augen abliest, ob er froh oder traurig ist. Wenn sie sieht, daß er froh und glücklich ist, ist sie auch froh und glücklich; wenn sie sieht, daß er traurig ist, wird sie auch traurig und tröstet ihn, so gut sie kann. Bei ihr kann er alle seine Sorgen abladen."[41]

Allerdings wußte Bernardino nur zu gut, daß die Wirklichkeit diesem Idealbild einer Ehe nur selten entsprach. In einer der ergreifendsten Stellen beschrieb er den krassen Gegensatz zwischen dem triumphalen Ritt der jungen Braut durch die Stadt zum Haus ihres frischgebackenen Ehemanns und dem, was sie dann dort erwartete. „Sie reitet zu Pferd dorthin in ihrem Brautschmuck, begleitet von Musik in ihrem Triumph. Die Leute laufen zusammen, wenn sie durch die Straßen kommt, und die Straße ist bestreut mit Blumen. Sie trägt ein Kleid voller Zierat und Silberborten, Schmuckgehänge, die Finger voller Ringe. Sie ist geschminkt, ihr Haar ist gekämmt und hochgesteckt: auf dem Kopf trägt sie Girlanden und einen Schleier und allenthalben glänzt sie von Gold. Sie kommt zu Pferd mit so großem Triumph, des-

gleichen noch nie jemand gesehen hat." Hier tat der Prediger so, als würde er
sich selbst unterbrechen und riefe ihr zu: „Ach, wie hoch, glaubst Du, bist
Du gestiegen?" Und dann fährt er in seiner Erzählung fort: „Dann erreicht
sie das Haus des Ehemanns und wird mit einem großen Fest empfangen.
Während der ersten drei Tage scheint er ganz in sie vernarrt und behext von
ihr... Nach einer Woche findet die *ritornata* statt, und sie kehrt ins Elternhaus zurück... Und wie es Brauch ist, wird während dieser ganzen Zeit gefeiert... Aber wenige Tage nur soll das dauern... Ist sie schön, gleich wird
der Ehemann eifersüchtig. Ist er ein schöner junger Mann, dann wird *sie*
eifersüchtig. Und so beginnen für sie bald Kummer und Pein... Vielleicht
findet sie Stiefkinder vor und liebt sie so wenig, daß sie ihnen selbst das Essen neidet... Findet sie eine Schwiegertochter vor oder kommt nach ihr eine
ins Haus, dann dauert der Friede nur kurz. Oh, oh, oh, ist eine Schwiegermutter da, darüber will ich Dir gar nichts erzählen: Du weißt ohnehin Bescheid! Wenig Friede: kurz dauert für Dich diese schöne Zeit."[42]

Schließlich breitete er sich über das Schicksal aus, das eine junge Ehefrau
häufig durchmachen mußte: daß nämlich ihr Mann nach diesen ersten kurzen Tagen ihr gegenüber völlig gleichgültig wurde. „Sie kann Kinder bekommen, sie ist eine gute Hausfrau, kümmert sich um alles, ist sympathisch,
groß und schlank, jung, aus guter Familie, bringt eine gute Aussteuer mit –
und hat als Ehemann einen, der sich nicht mehr aus ihr macht, als wenn sie
eine Strohpuppe wäre. Oh, wieviel Mitgefühl verdient sie! Weißt Du, was
ich Dir sage? Wenn sie das mit Geduld erträgt, so genügt das allein schon,
daß sie das ewige Leben erlangt." „Wißt, Frauen, daß ich auf Eurer Seite
bin... weil Ihr Eure Männer mehr liebt als Eure Männer Euch lieben."[43]

## 3

Nach den Frauen waren die Mütter an der Reihe. Auch ihnen hatte Bernardino viel zu sagen. Wie für seinen Zeitgenossen Ser Lapo Mazzei, war für
ihn die Mutter in einem Haushalt wie „der Mast auf einem Schiff: Sie muß
standhalten, und wenn es noch so stürmt". Zu einer Zeit, da es für ganz nor-
mal angesehen wurde, daß eine Frau, selbst wenn sie von zarter Konstitution
war, zwölf oder vierzehn Kinder zur Welt brachte und mit fünfunddreißig
schon eine alte Frau war, vergegenwärtigte sich Bernardino, wie hart ihr Leben manchmal sein konnte. „Wenn sie schwanger ist, hält sie die Mühsal der
Schwangerschaft aus; dann hält sie die Mühen der Geburt aus, sie müht sich
ab, die Kinder zu betreuen, sie aufzuziehen... Dazu hat sie die Mühe, ihren
Mann zu betreuen, wenn er es braucht und wenn er krank ist: Sie hat die
Mühe, das ganze Haus zu versorgen. All diese Mühen, siehst Du, sie ruhen
allein auf der Frau, und der Mann geht davon und singt sich ein Liedlein.
Und doch... Du Ehemann... sieh' zu, daß Du ihr hilfst, ihre Mühen zu
tragen." Einmal erzählte er von einer Frau, die voll Wehmut zu ihm kam:

„Es kommt mir vor, als machte der Herrgott was ihm gefällt, und ich sage ja auch nicht, daß er nicht gut macht was er tut. Aber die Frau allein hat alle Mühen mit den Kindern: Sie trägt sie aus, sie bringt sie zur Welt, sie zieht sie auf – und das oft unter allergrößten Entbehrungen. Hätte nicht Gott wenigstens einen Teil dem Mann aufladen können, wenigstens beim Gebären!" Und Bernardino sagte, er habe ihr geantwortet: „Mir scheint, daß Du sehr Recht hast."⁴⁴

Aber wie mitfühlend Bernardino auch über die Lasten und Mühen einer Mutter denken mochte, so kompromißlos waren seine Ansichten über ihre Pflichten. So verurteilt er aufs schärfste, daß Adel und wohlhabende Bürger das Neugeborene zu einer *balia*, einer Amme, wegzugeben pflegten, häufig in ein fernabgelegenes Bauerngehöft, von wo das Kind dann erst nach ein paar Jahren zurückkehrte. „Manchmal gebt Ihr es einer Sau zum Stillen", sagte er, „bei der das Kind natürlich viele von den Gewohnheiten seiner Amme annimmt... und wenn es dann zu Dir nach Hause zurück kommt, sagst Du: ‚Ich weiß nicht, wem Du gleichst; von uns gleichst Du niemandem!'" Kinder seien wie Pflanzen, meinte er: Wenn „jemand einen Pfirsichkern von den schönen Pfirsichbäumen in San Gimignano nimmt und ihn in die Erde von Siena steckt, dann wird er elende und schrumpelige Früchte hervorbringen. Du hast zwar den guten Kern hergebracht, aber nicht den guten Boden dazu."

Unverkennbar ist, wie zärtlich Bernardino zu kleinen Kindern war und wie gut er sie und ihr Verhalten verstand. Ganz sicher hat er oft Mütter mit ihrem Kind beobachtet. „Sie wickelt und wickelt es, macht es sauber, wäscht es, wenn es nötig ist; sie wiegt und singt es in den Schlaf, wenn es weint; sie unterhält es mit allerhand Spielzeug; sie ruft es zu sich und lockt es manchmal mit einer Kirsche." Er beschreibt einen ganz kleinen Buben, der im Straßenschlamm hinpurzelt, „und er ist klein und kann nicht wieder aufstehen, wenn ihm nicht jemand hilft. Er weint und ruft: ‚Mamma, Mamma, hilf mir!' und die Mamma hilft ihm und zieht ihn aus dem Dreck."⁴⁵ Wenn Bernardino durch die Straßen Sienas ging, schaute er immer gerne zu, welche Spiele die Kinder spielten. „Hast Du nie gehört, wenn sie den ganzen Tag schreien: ‚Brot und Kerzen... Kerzen und Brot?' Und manchmal legen sie sich auf den Boden und spielen tot, mit Kreuzen aus Rohr." Wenn er größere Buben traf, blieb er stehen und fragte sie, wie sie das mit ihren Schleudern machten: „Gelt, das eine Ende vom Strick schlingst Du um den Finger und machst es dann so und schleuderst sie im Kreis herum und herum..."⁴⁶

Dessen ungeachtet gab sich Bernardino Kindern genauso wenig wie Erwachsenen gegenüber irgendwelchen Gefühlsduseleien hin. Den Eltern, die sich nur äußerlich um ihre Nachkommenschaft kümmerten und dabei vergaßen, ihren Charakter zu bilden, machte er klar, daß sie all die Sorgen, die dann auf sie zukommen würden, selbst zu verantworten hätten: „Schau die Torheit der Väter und der Mütter an, die ihren Kindern mit vier oder sechs Jahren beibringen: ‚Sag' dies und sag' das, *messer sì* und *messer no* (Ja, mein

Herr, nein, mein Herr) und mach' einen Diener und sag' *gran mercé, mes-sere* (großen Dank, mein Herr) und die ihnen sagen: ‚Wenn Dir Geld gege-ben wird... nimm's nicht an, etc.' Das ist ja ganz gut. Dann aber, wenn sie zehn oder zwölf sind und bessere Unterweisung nötig hätten, dann vernach-lässigen sie sie, ...und auf diese Weise bekommt Ihr die frechsten Jugendli-chen der Welt... und das alles nur wegen der Kälte Eurer Elternliebe."

Ein *valentissimo uomo*, ein sehr erfahrener Mann, sagte er, habe ihn ein-mal darauf aufmerksam gemacht, daß ein Kind mehr Sünden im Alter zwi-schen acht und 15 begehe als zu irgendeiner anderen Zeit in seinem Leben. In diesem Alter seien Kinder einfach von Natur aus notorische Lügner, Diebe und Angeber. „Sie sind gerade erst Däumlinge, doch bereits *camere di vanità*, Paläste der Eitelkeit, vor allem die Mädchen." Dazu begingen sie häufig die Sünde der Gotteslästerung und fluchten, weil sie natürlich alles nachplapperten, was sie aufschnappten. „Eure Kinder sind noch kaum trok-ken hinter den Ohren und haben den Mund schon voller Flüche... und das ist ausschließlich die Schuld... des Vaters und der Mutter und aller, die sie erziehen und zurechtweisen sollten... weil sie nicht genug Acht geben auf ihre Sünden und sie mit ihrer Unwissenheit entschuldigen. Sie sagen: ‚Sie sind doch noch Kinder!'"[47]

Sieben *obbligazioni*, „Pflichten", sollten gute Eltern ihren Kindern bei-bringen: nämlich Liebe, Furcht, Respekt, Gehorsam und Geduld, gutes Benehmen und Hilfsbereitschaft. Doch: *„il primo obbligo è l'amore"*. Aber auch dabei erlaubte er sich keine falsche Sentimentalität und gab sich keinen Illusionen darüber hin, daß diese Gefühle immer von selbst kämen. Dazu zitierte er das Gleichnis des Heiligen Johannes Chrysostomos vom Baum, in dem der Saft auch immer nur von den Wurzeln in die Zweige fließt, nie aber zurück.[48] Offenbar war ihm selbst nicht bewußt, daß eine so strenge Er-ziehung, wie er sie empfahl, wohl kaum dazu angetan war, große Zuneigung und Zärtlichkeit der Kinder gegenüber den Eltern zu erzeugen. Die absolute Autorität eines Vaters über seine Kinder, die sowohl in der *patria potestas* des Römischen Rechts als auch in den Traditionen des Germanischen Rechts festgeschrieben war und dem Mann die Gewalt über Leben und Tod seiner Kinder gab, so lange sie „dasselbe Brot teilten", wurde in der Gesellschaft, in der Bernardino lebte, von niemandem auch nur in Frage gestellt. Söhne und Töchter redeten ihre Eltern mit *messer padre* und *madonna madre* an und durften sich in ihrer Gegenwart nicht ohne ausdrückliche Erlaubnis hinsetzen. Fra Giovanni, ein berühmter Prediger in Florenz, gab den Eltern folgenden Rat: „Mindestens zweimal am Tag sollen die Söhne mit aller Ehrerbietung zu Deinen Füßen niederknien... und um den Segen bitten... und wenn sie diesen Segen empfangen haben, sollen sie das Haupt senken, und wenn sie es wieder erheben, sollen sie die Hand des Vaters, der sie gesegnet hat, küssen... sie dürfen sich nicht anmaßen, in Gegenwart von Vater und Mutter zu sprechen, auch wenn ihnen schon der Bart sprießt, sondern nur zuhören und antworten."[49] Körperliche Züchtigung war selbst-

verständlich nicht nur zulässig, sondern das einzig Richtige. „Der Sohn",
schrieb Giovanni an anderer Stelle, „ist der Besitz von Vater und Mutter *(è
cosa del padre e della madre)*, und deshalb dürfen sie ihn schlagen, so oft sie
wollen."[50] Die Prügelstrafen, die auf keinen Fall nur auf Kinder beschränkt
werden sollten, sondern „die auch noch Söhne mit 25 nötig haben", hätten
überdies einen doppelten Effekt. Verdienten die Kinder die Strafe nämlich,
würden sie lernen, was Gerechtigkeit ist; verdienten sie sie nicht, dann
könnten sie lernen, was Geduld ist. Bernardino war ganz derselben Meinung. Seine Theorie lautete: „Du, Vater, darfst nie Deinen Sohn anlächeln.
Erhalte Dir seine Ehrfurcht und laß' ihn bei der Mutter Trost suchen". Der
Vater soll „mit dem Stock nicht sparen", aber immer des eingedenk sein, daß
die Strenge eines weisen Vaters größeren Respekt erntet als die Prügel eines
dummen Vaters. Eltern sollten darauf bestehen, daß die Kinder sich immer
gut benehmen und sich immer bereit zeigen zu helfen. „Laßt sie sagen *messer sì, messer no* und sich verneigen. Es ziemt sich, daß Vater und Mutter die
Kinder wie Sklaven halten: Laß' Dich in kleinen wie in großen Dingen von
ihnen bedienen. Laß' sie Dir die Schuhe ausziehen, die Füße waschen und
den Rücken abreiben... die Nachtmütze holen und die Pantoffeln und anderes mehr... nicht um Deinetwillen, sondern um ihretwillen." Es gehörte
auch zu den Vaterpflichten, die Söhne zur Messe mitzunehmen und ihnen
beizubringen, daß „sie sich vor unehrenhaften Geschäften und vor dem
Glücksspiel hüten", sie vor schlechten Gewohnheiten zu bewahren und vor
„schlechtem Umgang". „Wenn Du Deinen Sohn bei anderen jungen Männern mit ihren Schurkenstreichen und schlechten Gewohnheiten mitmachen
oder sie hinter Frauen herlaufen siehst, und wenn er heimkommt wie ein
wundes Schwein und wenn er Dich anbrüllt, wenn er wenig ißt, noch weniger schläft, dann weißt Du, daß er verliebt ist... Wenn Du ihn dann aus
Nachlässigkeit nicht züchtigst, begehst Du eine Todsünde." Und wenn der
Vater alt geworden war, blieb es die Pflicht des Sohns, auch seine Grillen
hinzunehmen. „Die Menschen sind nicht wie die Ochsen, deren Fleisch mit
den Jahren immer zäher wird... Wenn er krank ist, widerborstig und heftig,
ertrage ihn... Wenn Du siehst, daß er vergeßlich wird und kindisch, sieh es
in rosigem Licht."[51]
Von Töchtern wurde noch bedingungslosere Unterwerfung erwartet. Sie
durften nicht nur so lange geschlagen und eingeschüchtert werden, bis sie in
einen verhaßten Ehebund einwilligten, sondern man konnte sich ihrer auch
entledigen, zumal wenn sie häßlich oder mißgebildet waren, und sie einfach
ins Kloster stecken. „Ich habe gehört", sagte Bernardino, „daß Ihr, wenn
Ihr eine habt, die blind, lahm oder mißgestaltet ist oder sonst einen körperlichen Fehler hat, sie gleich zu einer Dienerin Gottes macht: ihr steckt sie in
ein Kloster... Und wenn sie erwachsen sind, verfluchen sie Vater und Mutter und sagen: ‚Sie haben mich hierher gebracht, damit ich keine Kinder
kriege, aber ich werde welche haben, ihnen zum Trotz!'"[52]
Auch diesen Brauch verdammte Bernardino rückhaltlos. Doch von eini-

gen Randbemerkungen abgesehen, beschäftigte er sich nicht mit der Erziehung im Kloster. Er beschränkte sich ausschließlich darauf, Müttern zu sagen, wie sie ihre Töchter zu Hause erziehen sollten – d. h. mit einer Disziplin, die der eines Klosterordens kaum nachstand. Wenn er auch nicht so weit ging wie sein Zeitgenosse, der Prediger Giovanni Dominici, der forderte, ein kleines Mädchen müsse mit drei Jahren von ihren Brüdern getrennt werden, „der Vater dürfe seinen weiblichen Kindern nie ein freundliches Gesicht zeigen, damit sie sich nicht in das männliche Gesicht verlieben", so verlangte er doch ausdrücklich, daß eine Tochter vom zwölften Lebensjahr an keinen Augenblick müßig sein dürfe und stets der Aufsicht der Mutter unterstellt sein solle. Die erste im Haus sollte sie sein, die aufsteht, und so hart und viel arbeiten müssen, daß sie weder Zeit noch Lust verspürte, aus dem Fenster zu schauen. Und wenn sie mit ihrer Mutter in die Frühmesse ging, sollte sie sich so in ihrem Mantel vermummen, daß man auch nicht ein Stückchen von ihrem Gesicht erspähen konnte. Die Aufgabe der Mutter war es, ihr die Gebete beizubringen (das Pater Noster und das Ave Maria waren fünfmal beim Aufstehen und beim Zubettgehen aufzusagen, zu den Mahlzeiten das Tischgebet), darauf zu achten, daß sie keine Lügen erzählte und nie den Namen des Teufels in den Mund nahm und sich bekreuzigte, wann immer sie aus dem Haus ging. Bildung und Lektüre der Frau verpönte er nicht in Bausch und Bogen, ja, er gab zu, daß es zu seiner Zeit Frauen gab, „die gelehrter waren als mancher Mann"; aber er bestand darauf, daß es sich dabei nur um Ausnahmen handele, und daß es auch dabei bleiben solle. Der Hauptzweck jeglicher Bildung bestand für die meisten Mädchen darin, „sie von Eitelkeit zu läutern". „Wollt Ihr Eure Frauen ehrbar machen? Laßt sie lesen lernen. Denn ich warne Euch, ganz ohne Unterhaltung können sie nicht leben, und wenn sie diese Unterhaltung in der Heiligen Schrift suchen, umso besser für Euch; aber wenn sie sich nicht dafür interessieren, werden sie sich mit nichtigen Eitelkeiten vergnügen."[53]

Der Hauptinhalt der Erziehung war und blieb jedoch bei einem Mädchen stets die Vorbereitung auf die Ehe, für die sie Gehorsam, Fleiß und Geschick in allen Hausarbeiten lernen mußte. „Lehre sie nähen, zuschneiden, spinnen, kehren, kochen, sich selbst und den Brüdern das Haar waschen, große Wäsche machen, bei Tisch aufwarten. Paß' auf, daß sie nicht dann, wenn sie zu ihrem Ehemann gezogen sind, nicht einmal wissen, wie man zwei Eier kocht!" Er wurde nicht müde, den Müttern immer wieder einzuschärfen: „Muß im Haus gekehrt werden? Laß' sie es tun. Habt Ihr Geschirr zum Spülen? Laß' sie es spülen... ,Aber da ist doch die Dienstmagd!' – Und wenn sie schon da ist: Laß' sie es machen, nicht, weil es nötig wäre, daß sie es macht, sondern damit sie sich darin übt. Laß' sie die kleineren Kinder betreuen, ihre Windeln und sonst alles waschen. Wenn Du sie nicht daran gewöhnst, alles zu tun, dann wird sie einmal ein gutes Stückchen Fleisch ... wenn sie keine Liebe zum Haushalt hat, wirst Du sehen, daß sie dumm und vergeßlich wird und sich allen Eitelkeiten hingibt, sich schniegelt, schminkt... sich kämmt... und immer an der Haustür oder am Fenster hängt *(sempre usciaiuola o finestraiuola)*."[54]

Niemals sollte ein Mädchen auch nur einen Augenblick lang sich selbst überlassen sein. „Mutter, habe ein Auge auf Deine Tochter, wenn sie nicht still zu Hause spinnt oder kocht, sondern bei jedem Geräusch lauscht und zum Fenster rennt... Wenn Du sie nicht züchtigst... wirst Du schon sehen, daß sie Dir Schande machen wird... aber wenn Du sie wirklich strafen willst, fühl ihr den Puls... und sag' zu ihr: ,Oh, was für ein Gesicht hast Du heute! Oh, Du hast Fieber...' Dann schick' nach dem Barbier und laß' ihn drei Quartel Blut abnehmen, und das wird ihre Hitze ein wenig dämpfen."

Jeder Einfluß von außen war gefährlich: „Laß' Deine Tochter niemals allein... und wenn sie in ein Zimmer geht, geh' immer mit ihr. Zu Festen und Hochzeiten, paß' auf, wie Du sie dahin gehen läßt... Mit Dienstboten laß' sie keinen Umgang haben. Laß' sie nie zu viel mit Verwandten reden; wenn sie dann schwanger ist, wunderst Du Dich, wie das möglich war. Vertrau' ihr nie im Haus von Verwandten. Laß' sie nie und nimmermehr allein, auch wenn sie nur miteinander plaudern. Sorg' dafür, daß sie nie und nimmermehr mit ihren Brüdern zusammen schläft, wenn diese größer geworden sind; denn der Teufel ist raffiniert, *e cetera*... Vertrau' sie selbst dem Vater kaum an, wenn sie schon groß genug ist, einen Mann zu nehmen."[55]

Vor allen anderen Dingen muß eine Mutter sich hüten, ihre Tochter je allein zu Hause zu lassen, nicht eine einzige Stunde lang. Denn, so sagt er, kaum ist sie aus dem Haus, schon klopft eines der alten Weiber an die Tür, die die professionellen Kupplerinnen von Siena sind, vielleicht nur unter dem Vorwand, sie wollten dem Mädchen die Haare waschen oder aber sie hat „am Arm ein Körbchen, in dem sie stets Fläschchen zum Schminken herumtragen". Zuerst macht sie dem Mädchen viele Komplimente, *ella la loda*, und sagt: „Wie siehst Du denn aus! Du schminkst Dich nicht, Du schmückst Dich nicht. Du bist das schönste Kind dieser Stadt und sitzt hier als Schandfleck, wie ein Schaf. Ich werde Dich eigenhändig herausputzen. Und so erreicht sie, daß sie vor Freude hüpft." Und dann wird sie ihr noch erzählen: „Ich bringe Dir eine gute Nachricht: da ist einer, der Dir das Beste in der Welt will, nämlich wahre Liebe."[56]

In der Theorie klangen die Ermahnungen zur steten Wachsamkeit ja ganz schön; in der Praxis waren sie natürlich nicht durchführbar, zumal beim einfachen Volk. Und weil Italiener von Natur aus zu Kindern lieb und zärtlich sind, blieben diese strengen Regeln nur zu oft unbeachtet. Bernardino räumt ein, daß es zwar zur Vaterrolle gehöre, sich Respekt zu verschaffen, desgleichen aber zur Mutterrolle, das Kind danach zu trösten. „Habe Furcht vor Deinem Vater, Liebe zu Deiner Mutter." So beschreibt Bernardino eine zärtliche, aber törichte Mutter, die „ihrem Bübchen... wenn es etwas will, gleich alles gibt: wenn es weint, drückt sie ihm eine Feige in die Hand, obwohl sie weiß, daß es davon Bauchweh kriegt, wenn es sie ißt."

An anderer Stelle sprach er auch mißbilligend von dem Brauch, kleine

Mädchen *alle madonne* zu schicken, womit gemeint war, daß sie an Feiertagen reiche Sieneser Damen auf der Straße belästigten, „ihre Diener und Pagen am Ärmel zupften und um kleine Münzen bettelten". Daraus, daß Bernardino die Dummheit der Mütter so häufig und nachdrücklich anprangerte,
kann man mit einiger Sicherheit schließen, daß es nicht wenige Mütter gab,
die ihren Töchtern erlaubten, abends oft zu den Nachbarn auf ein Fest zu
gehen, und die nicht nur alles Geld ausgaben, das sie hatten und noch mehr,
nur um sie herauszuputzen, sondern die tatsächlich glaubten, daß sie bessere
Aussichten hatten, einen guten Mann zu finden, wenn sie gut tanzen und
hübsch singen konnten.[57]

Indes, es scheint, als ob Bernardino sogar nach weltlichen Moralvorstel-
lungen Recht gehabt hätte. Im Grund hielten die Männer bei ihrer Braut immer noch nach den gleichen althergebrachten Tugenden Ausschau, die die
Kirche forderte. Giovanni Morelli, ein Zeitgenosse Bernardinos, gibt seinem
Sohn tatsächlich den Rat, auch den Charakter von Mutter und Großmutter
der Braut, die er erwählt hatte, zu ergründen, „ob sie eine ehrbare und zu-
rückhaltende Frau gewesen ist, die Mutter von der Mutter." Und er fügte
hinzu, daß die Braut selbst vor allem „friedfertig sein müsse, nicht arrogant
oder stolz, und daß sie, nach Frauenart, vernünftig und verständig sein
müsse... nicht zu anmaßend... nicht so eitel... daß sie zu allen Feiern und
Hochzeiten rennt."[58] Sogar im Jahr 1469 noch, als die Sitten schon viel freier
geworden waren, hätte sich Marietta Strozzi ums Haar noch um ihre eigene
Hochzeit gebracht. Sie war die Tochter einer höchst ehrbaren Frau, der
Alessandra de' Bardi, aber sie hatte zu viel Freiheit genossen – und sie hatte –
das war das Schlimmste – eines Abends bei einer Schneeballschlacht mit ein
paar jungen Männern mitgemacht, *avevano giocato a gettarsi la neve con lei.*
„Ich bekenne Dir, daß man sie ein schönes Mädchen nennen kann oder viel-
mehr eine schöne Frau und daß sie eine gute Mitgift hat", schreibt der ältere
Bruder des jungen Mannes, der ihr den Hof machte, „aber es gibt so viele
Dinge, die schwerer wiegen als die guten. Sie war schon früh verlassen, ohne
Vater, ohne Mutter,... es wäre kein Wunder, wenn da nicht der eine oder
andere Makel wäre."[59]

4

Für eine Kategorie von Frauen forderte Bernardino die Einhaltung der
strengsten Vorschriften, wie sie aus dem Mittelalter überliefert waren.
Witwe zu werden, war im 14. Jahrhundert alles andere als erstrebenswert.
Möglicherweise war das Idealbild einer Witwe, das Bernardino gab, von den
beiden frommen Frauen, die ihn aufgezogen hatten, nämlich Bartolommea
und Tobia geprägt, aber es spiegelte auch die öffentliche Meinung seiner Zeit
wider. „Die Witwe", erklärte Bernardino, „die weiß, wie sie sich benehmen
soll, ist eine halbe Heilige." Ganz offensichtlich war er jedoch nicht der An-

sicht, daß viele Frauen seiner Gemeinde diesem sittlichen Maßstab entsprachen. Aus der Art seiner Ratschläge sieht man, daß er vielmehr von der Annahme ausgeht, daß sie unablässig von Versuchungen bestürmt werden, insbesondere von Eitelkeit, Müßiggang und Fleischeslust. Müßiggang solle
man, meinte er, am besten dadurch bekämpfen, daß man jede Stunde mit
einer kleinen Aufgabe ausfülle, am besten mit einer Arbeit für die Armen.
„Nähe und arbeite... für die Armen. Gott findet mehr Gefallen an Dir,
wenn Du den Armen ein selbstgenähtes Hemd schenkst als das Geld für
zwei." Eitelkeit und Fleischeslust müssen durch unaufhörliche Selbstbeherr-
schung erstickt werden. Witwen sollten genügsam sein bei Speis und Trank,
nie sollten sie nackt in einem Federbett schlafen, sondern voll angezogen auf
Stroh. „Also sorg' dafür, daß Du nie in Federn schläfst... Iß gut und trink'
gut, und Du wirst schlecht enden." Zu ihrem Putz und zu ihrem Besitz
meinte er: „Die Witwen sollen der Lehre des Heiligen Hieronymus folgen:
Wenn der Ehemann begraben wird, muß sie all ihre Eitelkeit mit ihm begraben – den Kopfputz, die schönen Kleider, den Schmuck, die hohen Schuhe
und all den Wirrwarr der Unkeuschheit." Sie sollte die Augen selbst mitbe-
graben, d. h. sie sollte sie immer bescheiden senken. Überdies durfte eine
Witwe nur mit einem ganz bestimmten Kreis von Menschen Umgang haben.
„Sie muß immer die Gesellschaft reifer und weiser Frauen von unbeflecktem
Ruf suchen." „Du darfst nie zu vertraulich zu Männern sein, auch nicht zu
Priestern und Mönchen... aber wenn Du zur Beichte gehen willst oder Rat
suchst, geh' zu einem, der reif und erfahren ist in Verstand und Sitte...
Auch rate ich Dir, daß Du außer Haus auf der Hut bist; treibe Dich nicht
herum." Abschließend rät er ihr, zur Frühmesse nur im Morgengrauen zu
gehen, wenn niemand sie sehen könne. In allen Dingen solle sie weise,
keusch und einsam sein.

An eine junge, schöne Witwe, meinte Bernardino, werde sich bestimmt
nach kurzer Zeit eine alte Kupplerin heranmachen, und gewiß werde sie
noch aufdringlicher sein als die Heiratsvermittlerinnen, die auf der Lauer lagen, um die jungen Mädchen zu ködern. „Sie hat nichts im Sinn, als sich mit
Deiner Haut fett zu machen", indem sie für sie eine zweite Ehe arrangiert.
Zuerst kommt sie unter dem Vorwand ins Haus, „Dir Rosenkränze und Ko-
rallenamulette zu verkaufen, als nächstes, sobald Ihr allein seid, wird sie
jammern: ‚Es tut mir so leid, daß Du so früh schon Witwe geworden bist.
Wie viel schöne Zeit geht Dir verloren!... Oh, Töchterchen...! Du bist
jung, Du bist schön... Du könntest Dir einen Mann nehmen... Auch gibt
es einen jungen Mann, der Dir gut ist. Und deshalb würde ich Dir zuraten.'
Hüte Dich vor solchen Schmeichlerinnen,... Hüte Dich!... Werft sie aus
dem Haus... schmeißt sie die Treppe hinunter und, um der Liebe Gottes
willen, versucht, wenn es Euch gelingt, Witwe zu bleiben."[61]

Die verbreitete Ansicht, daß eine Witwe nicht wieder heiraten sollte, war
nicht nur religiös begründet, vielmehr spielten auch finanzielle Überlegun-
gen dabei eine Rolle. So war es Brauch, daß eine kinderlose Witwe samt

ihrer Mitgift wieder in den Schoß ihrer Familie zurückkehrte, damit so das Familienvermögen zusammengehalten wurde. Ihre Stellung dort war meist alles andere als beneidenswert; obwohl vorausschauende Väter bereits in ihrem Testament einen Teil des Familienvermögens für einen solchen Fall bestimmten, fand Bernardino es doch nötig, die Verwandten zu beschwören, sich der Witwe gegenüber nicht so aufzuführen, „wie es die Hunde tun, wenn sie miteinander raufen, sobald sie einen anderen Hund sehen…"[62] Kurz, die relative Unabhängigkeit, die sie als Ehefrau erworben hatte, war verloren, und zwar für immer. Sie war nun wieder ebenso der Willkür ihres Vaters unterworfen wie früher als Kind, und sie war wieder bis zu jeder Krume Brot, die sie aß, jedem Fetzen Stoff, den sie trug, von ihm abhängig bzw. von ihren Brüdern, falls der Vater schon gestorben war. Wenn die Witwe Kinder hatte, erging es ihr kaum besser. Dann blieb sie nämlich in der Familie ihres verstorbenen Mannes, wo sie aber auch der Willkür des neuen Familienoberhauptes unterworfen war und selbst bei der Erziehung ihrer Kinder oft kaum Mitspracherecht hatte. Und das, obwohl man von ihr erwartete, daß sie die Kinder strenger erzog als andere Mütter, um die fehlenden körperlichen Züchtigungen durch den Vater wettzumachen. Für die Witwen, sagte Bernardino, „schickt es sich, heiter und zugleich männlich streng zu sein, wenn sie die Kinder zurechtweisen, und ihnen Verehrung und Furcht einzuflößen." Und an anderer Stelle: „Sie muß eine Frau werden, die halb Mann ist… ihre Söhne und Töchter halte sie unter dem Absatz ihrer Holzpantinen… sie soll… ihre Söhne züchtigen… Mit dem Besen und mit der Hand soll sie sie erziehen, wenn sie im rechten Alter sind."[63]

Wenn man bedenkt, was einer verwitweten Frau alles abverlangt wurde, überrascht es eigentlich nicht, daß viele junge Witwen nichts sehnlicher wünschten, als sich um jeden Preis wieder zu verheiraten, und daß sie deshalb zu Hause recht lästig und unumgänglich waren. Von einer jungen Witwe erzählt Bernardino: „Sie beklagt sich bei ihrer Schwiegermutter und bei ihren Schwägerinnen und sagt: ,Meine Magd ist unverschämt zu mir… ich kann nicht ein Wort zu ihr sagen, ohne daß sie mir zwei dagegen sagt… als ob ich ihr Esel wäre…' Und ebenso über den *mezaiuolo*, den Pächter: ,Man merkt genau, daß kein Mann im Haus ist!' Manchmal schaut sie auch auf ihre Kinder und sagt: ,Ach, meine armen verlassenen Kinder, wer wird Euch leiten… was wird aus Euch werden? Alles gerät Euch zum Nachteil.' Kurz, Du willst einen Ehemann? Also geh' und nimm Dir einen!"

Er riet ihr freilich, die Risiken einer neuen Ehe wohl zu bedenken. Es war nicht gerade ermutigend, wie er sie sah: „Wenn Du alt bist und nimmst Dir einen Jungen zum Mann… hast Du keinen guten Tag mehr, er wird Dich sitzenlassen, Dich mit Schmähungen überschütten und insbesondere das Geld, das Du ihm als Mitgift mitgebracht hast, wird er verprassen. Und wenn Du jung bist, nimm niemals einen Alten zum Mann, sonst entstehen Dir daraus tausenderlei Scherereien… Er wird so eifersüchtig sein, daß Du niemals ausgehen kannst, ohne daß Dir gründlich eingeheizt wird (eine *ris-*

*caldatoia* abkriegst)... Wenn Du eigene Kinder hast und Stiefkinder vorfin-
dest, werden sie sich nie und nimmer vertragen. Wenn Du Deine eigenen
mehr liebst als seine oder sie öfter liebkost, wirst Du Ärger bekommen...
Was Du auch tust, wenn Du Dich wieder verheiratest, wirst Du keinen guten Tag mehr haben."

Zeigte sich eine Witwe jedoch trotz allem immer noch entschlossen, ihre
Absicht auszuführen, war Bernardino der erste, der sie darin unterstützte,
sie solle sich nicht von der öffentlichen Meinung einschüchtern lassen.
„Wisse, daß jeder, der auf dieser Welt lebt, tue er auch noch so viel Gutes,
...nicht verhindern kann, daß man Schlechtes von ihm redet." Und er
erzählte die Geschichte „von einer vornehmen Frau in Rom, die Witwe war
und dazu jung und reich... und sich doch von Herzen wünschte, sich einen
Mann zu nehmen, zuerst aber herausfinden wollte, was die Leute dazu sagen
würden, und das folgendermaßen anstellte: Sie ließ ein Pferd schinden und
befahl einem ihrer Knechte: ,Steig' auf dieses Pferd und reite durch ganz
Rom.' Am ersten Tag liefen alle Römer auf die Straße, um den seltsamen
Anblick zu sehen. („Glücklich der, der herzulaufen konnte, um dieses ge-
schundene Pferd zu sehen!") Am zweiten Tag waren es schon viel weniger
Leute – und am dritten kam fast niemand mehr. ,Also', sagte sie zu sich selbst
,Ich kann mir ruhig einen Mann nehmen; denn wenn die Leute über mich
reden wollen, werden sie es nur kurze Zeit tun und es bald müde sein, und
nach zwei oder drei Tagen wird es niemand mehr geben, der von meinen
Angelegenheiten spricht.' Und wie sie dachte, tat sie." Und so war es denn
auch.[64]

All diese Geschichten, wie übrigens auch fast alle Unterweisungen der
Frauen durch Klosterbrüder, gehen von der Annahme aus, daß sie früher
oder später der Versuchung erliegen müßten. Es war einmal, berichtete Bernardino, *un servo di Dio*, ein heiliger Mann, der hatte eine Frau aus einem
Freudenhaus, *da un luogo meretrizio*, wieder auf den Pfad der Tugend geführt... und „behielt sie im Auge..., und dachte niemals schlecht von ihr",
und er begann zu überlegen, wie er sie am besten auch in Zukunft vor der
Versuchung bewahren könne. „,Laß' uns eine Klause errichten', schlug die
Frau vor, ,in der Du mich einmauern sollst, damit ich nicht wieder in die
gleiche Sünde verfalle. Aber Du wirst mich manchmal besuchen kommen
und mich im Gutsein bestärken.' Und so hielten sie es... Er ließ ihr eine
Klause errichten... und nur ein kleines Loch frei, um mit ihr plaudern zu
können, und so lebten sie fromm und tugendsam. Es geschah aber, daß in
kurzer Zeit der Teufel zu schnauben begann und die Lust in ihnen erweckte,
so daß sie versuchten, einander durch einen Ritz in der Mauer zu sehen,
wenn sie miteinander redeten, und jedem von ihnen kamen eben die Gedanken, die einem manchmal kommen. ,Sei auf der Hut!'... sagten sie schließlich zueinander, ,sie reden dies und das über uns.' Endlich faßte die Frau
Mut und sprach: ,Ach, ich würde sagen, daß Ihr, wenn Ihr herkommt, auch
hereinkommt.'... und er ging hinein. Und als sie einander ins Angesicht sa-

hen, fingen sie an zu lachen. Nun, um es kurz zu machen, am Ende war sie schwanger. Sag' mir, wie kam das? Es kam, weil sie nicht achtgegeben haben. Das will ich Dir sagen, Witwe."[65]

5

Nach all diesen Moralpredigten und Ermahnungen dürfen wir uns wohl fragen, welche Meinung Bernardino wirklich über die Frauen hatte. Es läßt sich nicht leugnen, daß seine Ansichten noch immer Spuren einer sehr alten Widersprüchlichkeit verraten, die vielleicht zwangsläufig aus den gegensätzlichen Bildern vom weiblichen Geschlecht herrühren, die die kirchliche Lehre im Mittelalter prägten. Die Kirche lehrte einerseits, daß die Frau Maria war, die Mutter Gottes, aber auch Eva, Adams Weib. In der Gestalt der Maria war sie Gegenstand der Verehrung, in der Gestalt der Eva dagegen mußte man sie als potentielles Werkzeug des Teufels fürchten. In allen Traktaten und Moralpredigten, die sich an Frauen wendeten, zeigt sich diese Widersprüchlichkeit. Nie konnten die Männer wirklich entscheiden, ob die Frauen nun viel besser waren als sie selbst oder aber viel schlechter. Obwohl sie natürlich wußten, daß ihre Frauen und Töchter im Alltag weder Heilige noch Hexen waren, so hielt sich doch von der mittelalterlichen Vorstellung die *teoria* am längsten, daß sie eine besondere Rasse Mensch seien, die man in Abgeschiedenheit und Unterwerfung halten müsse, ungeachtet der Tatsache, daß es in der Praxis vielen Frauen gelang, ein höchst aktives und erfülltes Leben zu führen. Es war die traditionelle Vorstellung des Bösen in ihnen, die Bernardinos Mahnpredigten zugrundelag, während seine moralisch hohe Auffassung von der Frau vom Bild der mütterlichen Hingabe bestimmt war. Da hatte er das Idealbild der Frau vor Augen, dem alle Frauen nacheifern konnten, wenn sie nur wollten, nämlich *die* Mutter, das Vorbild aller Mütter. „Maria", so wandte er sich an die Frauen, „...hat Euch aus Schmach, Unfruchtbarkeit und Schwachheit erlöst... Wenn man sagt: ‚Es war die Frau, die unseren Sturz in den Tod verschuldete', so antworte ich, daß das stimmt, doch sie war es auch, die uns befreite und erlöste. Ein anderer mag sagen: ‚Ach, wenn Du es recht bedenkst, war die Frau der Ursprung allen Übels.' Aber ich entgegne Dir: Die Frau war der Ursprung alles Guten."[66]

Bernardinos Achtung vor der Frau ebenso wie seine wahrhaft zärtliche Güte, die er trotz aller Kritik an den Tag legte, beruhte auf einem seiner tiefsten Gefühle: der Liebe und Verehrung, die die Muttergottes von frühester Kindheit an in ihm erweckt hatte. Darin war er ein echter Bürger von Siena, *vetus civitas Virginis*. Schon als Kind hatte man ihm sicher die Geschichte erzählt, wie Siena durch die Hilfe Marias vor einem Sieg der Florentiner in der Schlacht von Montaperti bewahrt worden war, und er wird auch häufig Duccios großes Gemälde der Jungfrau, *La Maestà*, gesehen haben, das gleich nach seiner Vollendung in großer Prozession durch die ganze Stadt getragen und dann auf dem Hochaltar des Doms aufgestellt worden war, damit die Muttergottes über ihr Volk wache. „*Tutta vostra città ricoprirà col suo sacro mantello.*" (Sie wird Eure ganze Stadt schützend in ihren heiligen Mantel hüllen.) Am stärksten scheint jedoch die Darstellung der Madonna seine Fantasie gefesselt zu haben, die sie in himmlischer Glorie von Engeln und Erzengeln umgeben zeigt. Dieses Bild schmückte die Wand der Porta Camollía, des befestigten Stadttors nach Florenz. Hierher kam er als junger Mann fast jeden Tag. Wenn seine Tanten ihn dann fragten, wo er gewesen sei, so erzählte er ihnen gern zum Spaß, er habe seine *bella amica e castissima fidanzata* besucht, „seine schöne Freundin und keuscheste Braut". „Ich konnte nachts keinen Schlaf finden, wenn ich ihr Angesicht nicht gesehen hatte."[67]

In der ersten seiner berühmten Predigten, die er 1427 in Siena hielt, berichtete er seiner Gemeinde von einer Vision, die er nachts zuvor gehabt habe. Darin war ihm Siena mit seinen vier Stadttoren erschienen und die glorreiche Jungfrau Maria, die Mutter Jesu Christi, die vor ihrem Sohn stand und ihn mit demütigen Gebeten anflehte und also sprach: „Ach, mein lieber Sohn, ... ich möchte, daß Du die Stadt Siena, die mich als Fürsprech erwählte, vor aller Gefahr und Not bewahrst." In seiner Vision, erzählte Bernardino, wurde die Bitte der Jungfrau sogleich erhört, und es wurden vier Engel zum Schutz der vier Tore von Siena entsandt.[68]

All seine Predigten über die Jungfrau Maria sind vom Atem der Poesie geprägt, von einer Frische und Freude, von goldenem Leuchten, das an die *fondi d'oro* eines Simone Martini oder Vecchietta denken läßt oder an die Marienkrönung des Fra Angelico. „Maria kommt, wie sie gerufen ward; sogleich steigt sie auf von der Erde und erhebt sich in die Lüfte, dorthin, wo die Wolken sind. Sie schwebt höher und höher und erreicht die erste Himmelssphäre, die des Monds. Und sie schwebt noch höher und erreicht die Himmelssphäre Merkurs... noch höher hinauf schwebt sie und erreicht den Himmel der Sterne... Noch höher hinauf schwebt sie, bis zur obersten Himmelssphäre, dem Empyreum, dem Paradies. Da gibt es so viel Jubel... so viel Glanz, so viel Freude, so viel Tanz, daß es schon eine Wonne ist, nur daran zu denken... Sie wird von den Engeln gerufen, und sie schwebt hinauf. Sie wird von den Erzengeln gerufen, und sie schwebt noch höher hinauf. Sie wird vom Chor der Virtutes gerufen... vom Chor der Dominationes... vom Chor der Throni... sie schwebt immer höher hinauf. Sie wird vom Chor der Cherubim gerufen, von den Seraphim. Alle Chöre rufen Maria zu: ‚Veni, veni'."[69]

Aber nicht nur in der Glorie beschrieb Bernardino sie. Sie war für ihn allwissend und allmächtig, die Verkörperung selbst aller Schönheit und Anmut, gleichzeitig aber auch die „Mutter aller Auserwählten und aller Verstoßenen", unendlich zart und voller Erbarmen. „Aus Liebe zu Gott liebte sie alle Geschöpfe Gottes", nicht nur als Geschöpfe, sondern weil ihnen „ein so großes Mysterium innewohnte."[70]

In te misericordia, in te pietate,
in te magnificenza, in te s'aduna
quantunque in creatura è di bontate.[71]

Sie wußte um alles, was Mutterschaft auf Erden mit sich brachte. Als Jesus
noch ganz klein war, *piccolino, piccolino*, „trug sie ihn stets auf dem Arm...
weil er so klein war und weil sie so arm waren." „Sie war so arm, daß sie von
ihrer Hände Arbeit lebte... als sie mit ihrem Sohn Jesus aufbrach, um ihn
nach dem Brauch einschreiben zu lassen, ... hatte sie weder Wickelbänder
noch Windeln für ihn; aber dafür riß sie ein paar Streifen von ihrem eigenen
Kleid ab, und als Windeltuch nahm sie einen Schleier und... machte ein fe-
stes Wickelkissen für ihn." Sie kannte auch den übermenschlichen Schmerz,
ihn „am Holz des Kreuzes" zu sehen, „dies, ihr eigenes Fleisch und Blut,
mit dem sie in diesem Leben 33 Jahre lang gelebt hatte... Maria... konnte
den Blick nicht von ihm wenden."[72]

Am liebsten von allen Tugenden sprach Bernardino über die Demut der
Muttergottes. „Wir lesen, daß der Teufel nur wegen seines Hochmuts vom
Himmel stürzte und Maria wegen ihrer Demut gen Himmel fuhr." Erst die
Kirche, sagte er, fügte dem englischen Gruß „Ave" später den Namen „Maria" hinzu. „Der Engel sprach ihn nicht aus. Und warum sprach ihn der Engel nicht aus? Von allen Gründen... will ich Dir nur einen nennen. Bedenke, wenn einer zu einem jungen Mädchen spricht... rein und scheu, daß
sie allein schon, wenn Du sie beim Namen nennst, vor Furcht zittert. Und
deshalb nannte der Engel sie nicht beim Namen." Als ihr die große Botschaft verkündigt wurde, war sie zunächst bestürzt und verwirrt. Und alle
Engel und Heiligen im Himmel... „verharrten im Gebet, daß sie ‚ja‘ sagen
möge"; alle Propheten der Vorhölle „erwarteten voller Freude, daß sie ‚ja‘
sagen möge". Ebenso „der heilige Gabriel", der Verkündigungsengel: Alle
flehten und riefen Maria an. Und schließlich „antwortete sie dem Engel in
großer Demut... Zuerst wandte sie die Augen des Geistes zu Gott in seiner
Herrlichkeit, zu den leeren Sitzen des Paradieses, damit sie sich wieder füllten; sie wandte die Augen zu den Propheten der Vorhölle; von Mitleid bewegt, antwortet sie: ‚*Ecce ancilla Domini...*‘ Und als sie das Wort gesprochen hatte, hob sich der Engel so voller Freude fort, weil er an die Wonne
der Engel des Paradieses und der Propheten in der Vorhölle dachte. Der
ganze Himmel stand Kopf vor Freude. Kaum hatte sie diese Worte gesprochen, war der Sohn Gottes, Jesus, ...im Bauch der Jungfrau Maria: es war
ein klein Ding, dieser winzige Körper, wie ein Nadelöhr oder eine Nadel-
spitze."[73]

So brachte Bernardino die Geschichte der Verkündigung allen Frauen seiner Zuhörergemeinde nahe. Und wenn der Angelus, „der nach der Jungfrau
Maria so heißt", geläutet wurde, erinnerte er sie, daß dieser Glockenklang,
den sie Tag für Tag hörten und auf den sie oft nicht achteten, die Stimme der
Muttergottes selbst war, die sie da grüßte. „Wisse, wenn Du die Jungfrau

Maria grüßt, daß sie Dich sogleich wieder grüßt. Denk' nicht, daß sie eine dieser rohen Bauerndirnen ist, von denen es nur zu viele gibt... Sie grüßt Dich jeden Abend, wenn Du die Ave-Maria-Glocke da droben vom Bischofspalast hörst. Willst Du dann wirklich so ungezogen sein, daß Du sie nicht wiedergrüßt?"[74]

# Drittes Kapitel

# Kleine Händler und große Kaufherren

*A fine di riposo sempre affanno*
*e zappo in acqua, e semino in su rena;*
*e la speranza mi lusinga e mena*
*d'oggi in domane, e così passa l'anno.*
*E son canuto sotto questo inganno*
*senza poter ricogliere un dì lena.*

Für etwas Ruhe mühe ich mich immer ab
Und hacke im Wasser und säe auf Sand;
Und die Hoffnung lockt mich und leitet
mich
Vom Heute zum Morgen, und so vergeht
das Jahr.
Und ich bin weiß geworden in diesem Wahn
Ohne dafür einen einzigen glücklichen Tag
zu ernten.

Benuccio Salimbeni[1]

*Gli uomini avari dormono con poco sonno.*

Der Geizige findet wenig Ruhe im Schlaf.

San Bernardino

Bernardino verbrachte einen großen Teil seines Lebens in einer Gesellschaft, deren Wertmaßstäbe ganz andere waren als seine eigenen, aber er glaubte dennoch, wenigstens den Versuch machen zu müssen, Einfluß auf sie auszuüben: es war die Welt der Händler, der Großkaufleute von Florenz und der weniger bedeutenden Kaufleute von Siena, die die Zügel der Macht in der Hand hielten, sowohl in der Kommune als auch in ihren Gilden; auf der anderen Seite stand die bescheidene Klasse der Ladenbesitzer und Handwerker, die sich in ihren kleinen Läden und Werkstätten für den nackten Lebensunterhalt abrackerten. Samt ihren Frauen und Töchtern machten sie den Großteil seiner Zuhörergemeinde aus. Ihre Herzen mußt er erreichen und gewinnen, die harte Kruste von Habsucht und Konkurrenzdenken, von Geiz und Stolz durchdringen. Von großem Nutzen war es dabei für Bernardino, daß er in jungen Jahren nicht nur kanonisches, sondern auch römisches Recht studiert hatte. Das erleichterte ihm, in dieser besonders schwierigen Zeit des Übergangs vom weniger komplizierten Wirtschaftssystem des Mittelalters zum modernen Kapitalismus Normen aufzustellen, nach denen die Angehörigen dieser Klassen sich richten sollten. Seine Vorstellungen von Recht und Unrecht beruhten auf den Lehren des Thomas von Aquin und des Duns Scotus. Doch gleichzeitig war er sich der raschen Veränderungen bewußt, die sozusagen vor seinen Augen stattfanden, und er versuchte, das Neue, wo immer er eine Möglichkeit sah, mit den Grundprinzipien der Kirche in Einklang zu bringen. Nicht weniger als 23 seiner Predigten in lateinischer Sprache widmete er dem Thema des Wirtschaftslebens.[2] Hinzu kamen drei Predigten in der Volkssprache, in denen er 1424 und 1425 zu den Florentinern über unredlichen Handel sprach; 1425 schließlich predigte er in Siena drei- oder sogar viermal über „*Restituire*"[3] [Gemeint ist die Rückerstattung von Zinsen. Die Kirche verbot damals strikt, Geld gegen Zins oder Wucher zu verleihen, d. Ü.] Dazu kommt noch eine Predigt in Siena aus dem Jahr 1427: „*Dei mercatanti e de' maestri, e come si dee fare le mercanzie*", „Von den Kaufleuten und Handwerksmeistern und wie man Handel treiben soll." Folgende Worte stellte er ihr voran: „Glaubt mir, daß dies eine der nützlichsten Predigten ist, die Ihr von mir gehört habt... und wir werden sehen, daß man kein gutes Leben führen kann, wenn Handwerk und Gewerbe nicht redlich betrieben werden."[4]

Zu der Zeit war der Stern Sienas, das einst zu den reichsten Städten Italiens zählte, bereits im Sinken begriffen. Im 13. Jahrhundert waren die großen Kaufmannsgeschlechter der Stadt, wie insbesondere die Salimbeni, die Cacciaconti, die Malavolti, die Tolomei und das Handelshaus, das sich *la Grande Tavola dei Buonsignori* nannte, die Bankiers von Päpsten und Königen gewesen. Die sienesischen Kaufleute reisten damals ein paarmal im Jahr zu den großen internationalen Messen in der Champagne, um ihr Grautuch und auch Safran zu verkaufen, vor allem aber, um Geldgeschäfte abzuwickeln, denn Siena hatte eigenes Münzrecht, und die Sieneser verstanden sich besonders gut auf Wechselgeschäfte. Was sie von den Messen dann zurückbrachten, war feines flämisches Tuch und allerlei Gewürze aus dem Orient. Keine der Gilden Sienas erreichte jemals die Bedeutung der Florentiner *Arte della Lana* [Tuchergilde] – was zum Teil auf den Wassermangel und die kargen Weiden des Territoriums von Siena zurückzuführen war –, doch sie waren alle fest etabliert. Siena war fast vollständig in den Händen der bürgerlichen Kaufleute; weder Rechtsgelehrte und Ärzte noch die Arbeiterklasse wurden zu einem Amt in der Kommune zugelassen.[5] Aber mit der Verbannung der aufrührerischen Angestellten der Tuchergilde nach Florenz (auf die wir im 6. Kapitel zurückkommen werden) gruben sich die Sieneser selbst das Wasser ab; sie selbst verursachten dadurch den Untergang ihres wichtigsten Handelszweiges und trugen gleichzeitig zum Aufstieg ihrer verhaßten Rivalin Florenz bei. Von da an beherrschte das Lamm, Gildenzeichen der *Arte della Lana* von Florenz, den internationalen Wollmarkt, und Florentiner Bankiers füllten mit ihren Anleihen die Kassen des Papstes und der Könige

von England und Frankreich, während Siena zur unbedeutenden Provinz-
stadt absank, die es seit jener Zeit geblieben ist, abgeschnitten von allen
wichtigen Ereignissen und Geschäften in Europa. In der zweiten Hälfte des
14. Jahrhunderts sind im Laufe von 30 Jahren immerhin noch 6000 Namen
in der Mitgliederliste der Kaufmannsgilde eingetragen, und etliche Familien,
wie die Salimbeni und Tolomei, waren selbst im Vergleich mit den Kaufleuten von Florenz und Venedig noch immer reich. Obwohl sie sich in mancher
Hinsicht recht knausrig gebärdeten, waren sie fast verschwenderisch, wenn
es darum ging, ihren Bürgerstolz zu demonstrieren. So ließen sie Kirchen
und Paläste, Türme und Brunnen errichten. Auch veranlaßten sie, daß die
Piazza del Campo gepflastert wurde. Sie war erst ein paar Jahre, bevor Bernardino dort zum ersten Mal predigte, fertig geworden, und gilt heute als
der schönste Platz in ganz Italien.

Venedig und Florenz, die beiden anderen Städte, in denen Bernardino
über den Handel predigte, gehörten damals zu den reichsten Handelszen-
ren Europas. Die mächtige Seerepublik, die von einer kleinen und stabilen
Oligarchie regiert wurde, hatte ihre größte Blüte erreicht: ihr risikoreicher
Handel mit dem Fernen Osten, ihre wohlhabenden Niederlassungen in der
Levante, ihre Banken, ihr perfekt organisiertes System der Altersversorgung
und anderer wohltätiger Einrichtungen – all das machte Venedig, wie Bernardino immer wieder hervorhob, zum italienischen Musterstaat. Andererseits war Venedig eine der Städte, deren Bewohner sich fast ausschließlich
der Kunst des Geldverdienens hingaben, in der es die meisten Geldwechsler
gab und Kaufleute, die internationalen Handel trieben.

Auch Florenz erlebte eine Blütezeit. Nachdem der Konkurs seiner drei
größten und dazu zahlreicher kleinerer Bankhäuser eine lange Zeit wirt-
schaftlicher Instabilität und sozialer Unruhen nach sich gezogen und die Pest
die Bevölkerung drastisch reduziert hatte, war Florenz 40 Jahre lang von einer kleinen Gruppe von Kaufleuten der *Arti Maggiori* regiert worden und
ging gerade in die Hände des ersten Medici, Cosimos d. Ä. über, unter dessen weiser Regierung die Stadt es erneut zu großem Wohlstand und hohem
Ansehen bringen sollte. Von den riesigen Geldsummen, die der Handel ein-
brachte, wurde ein beträchtlicher Teil für die öffentlichen Bauten verwendet.
Imposante Paläste und Kirchen, die heute noch die Stadt zieren, wurden davon errichtet und große Sammlungen von Skulpturen und Gemälden, Handschriften und Codices zusammengetragen. Die Produkte mancher Gilden,
wie der *Arte della Seta* (der Seidengilde), der Gilden der Goldschmiede, der
Lederer und der Holzschnitzer, waren selbst Kunstwerke. Es gab zahlreiche
soziale Einrichtungen für Alte, Kranke und für Findelkinder, dazu etliche
gute Schulen, eine Universität, viele Ärzte und Advokaten und – fast zu
viele – Notare. Nach außen bot Florenz den Anschein von Ordnung und
Stabilität.

Aber unter dieser glatten Oberfläche schwärte die Eiterbeule der Korruption, wenn man Bernardino glauben schenken darf. Abgesehen von der Ver-

schwendungssucht der Frauen und dem Hang der Männer zur Unzucht prangerte Bernardino in seinen Predigten als Hauptsünden dieser Stadt des Handels vor allem die Sünden an, die als Folge des Geldscheffelns auftreten: Habgier, Konkurrenzneid, Genußsucht, Hochmut und Geiz. „In der Apokalypse schreibt Johannes... daß er einen Engel sah, der rief: ‚Nieder, nieder, nieder mit Babylon! Dreimal nieder um ihrer drei großen Sünden willen: Hochmut, Geiz und Prunksucht.‘"

Um seiner Gemeinde die Bedeutung des Worts ‚Sünde‘ näherzubringen, versuchte Bernardino es wie immer mit einer Parabel. Er sei einmal zusammen mit einem Mann, so erfand er, namens Gioioso [Bruder Fröhlich] den Monte Morello nördlich von Florenz hinaufgestiegen, und sie beide hätten auf die Stadt hinuntergeschaut. „‚Was siehst Du?‘ – ‚Ich sehe ein schönes, vornehmes Haus, das einem reichen Bürger von Rang und Namen gehört. Er ist ein großer Kaufmann. Das ganze Haus ist voller Güter und Waren... Ich sehe seine schöne Frau und viele schöne Kinder, wie die Orgelpfeifen von Santa Croce und seine Knechte, Mägde, Sklaven; viel Geschäftigkeit, Briefe von überall her; er wird für sein öffentliches Wirken geehrt... Gefüllt sind seine Kornspeicher, voll seine Keller, groß die Viehherden; das Haus ist in bester Ordnung und makellos, blitzblank, bemalt, mit schönen Zimmern geschmückt eccetera!‘ Als Bruder Fröhlich dann in die andere Richtung blickte, sah er ein Schiff, das den Hafen von Pisa ansteuerte, mit vollen Segeln vor dem Wind... voll beladen mit Waren, mit Wolle, Seide, Korn, Tuch... ‚Ich sehe dort‘, fuhr Gioioso fort, ‚viele fröhliche Kaufleute... die singen, spielen, Musik machen mit Zimbeln, Tromben und Trompeten und Kastagnetten, weil sie den Hafen schon sehen!‘ Dann schaute Gioioso nach links. ‚Gioioso, mein, was siehst Du dort?‘ ‚Ich sehe ein schönes Haus, das wie ein Palast ist... und ich sehe dort einen Jüngling voll großer Freude auf seine jungvermählte Frau warten... Ich sehe dort die neue Herrin, geleitet von zwei edlen Rittern. Sie kommt hoch zu Roß, ist in Seide gekleidet und schön herausgeputzt für ihren Gemahl.‘"

All dies sah Gioioso. Und dann hob der Prediger den Schleier der Zukunft und ging schonungslos ein auf das, was all diese Freuden, all dies Glück und all den Wohlstand nur allzu bald zerstören würde.

Das Haus des Kaufmanns wird von der Pest heimgesucht, die erst seinen Ältesten hinwegrafft, dann ihn selbst: „Ich sehe ihn als Toten, sein Hab und Gut in alle Winde zerstreut, die Faktoren verwalten es schlecht, sein Weib verläßt das Haus, ... diejenigen, die seine Schuldner sind, sagen, daß sie seine Gläubiger sind... Alles löst sich in Rauch auf." Das Schiff, das mit Waren beladen ist, ist dem Sturm preisgegeben; und die fröhliche, unbeschwerte Gesellschaft, die auf ihm reiste, ist von Panik ergriffen. „Ich sehe sie einander ihre Sünden beichten; ich sehe, wie sie dem Heiligen Jakob und dem Heiligen Antonius und dem Heiligen Nikolaus von Bari Gelübde tun; ich sehe das führerlose Schiff an einem Felsen zerschellen... das Wasser schlägt über ihm zusammen, es geht unter mit Mann und Maus und der

Ware." Sogar das Haus, in dem die Hochzeit gefeiert wurde – („was meinst Du dazu, mein Gioioso?' ‚Es scheint mir, daß dies die besten Verhältnisse sind, die Du mir gezeigt hast, und die sichersten, geweiht durch das Sakrament der Heiligen Kirche.') – wird von Unglück heimgesucht. „Ich sehe die Frau mit ihrem Mann zanken; sie haben keinen einzigen guten Tag miteinander; sie haben böse Kinder und sie sind verzweifelt, weil die Guten von ihren Kindern sterben. Du dachtest, es sei ein Haus des Friedens und der Ruhe, und es ist doch ein Haus der Drangsal."[6]

Über dieses Thema redeten alle Prediger seit den Tagen des Predigers Salomo gern: über die Eitelkeit aller menschlichen Freuden, allen voran des Reichtums. „Je mehr ein Mensch besitzt, desto mehr begehrt er. Je älter der Geizhals wird, desto jugendlich frischer wird sein Geiz. Und so groß ist das Feuer der Habsucht, daß es ihm Knochen, Herz und Leben ausdörrt; nie wird sein Hunger gestillt."

Alle Predigten Bernardinos über den Handel und das Böse, das er schürt, machen eins deutlich, daß er sich gleichzeitig an ganz verschiedenartige Menschen wandte, zu denen er auch auf ganz verschiedenem Niveau sprach. Einmal breitete er seine Argumente vor intelligenten, kultivierten Geschäftsleuten aus, die ihren Handel auf internationaler Basis betrieben, deren moralische Probleme – wenn sie überhaupt welche hatten – sich meist um vertrackte Wechselgeschäfte oder um Wucher, *„usura"*, drehten. Ein andermal plauderte er *alla buona*, ganz einfach, wie er es gerne tat, wenn er nicht auf der Kanzel stand, mit den einfachen Krämern und Handwerkern, die in den kleinen, dunklen Läden um die Plätze herum oder zu Füßen der Päläste der großen Herren zu Hause waren. Wie gut er diese Leute kannte, merkt man schnell, und bald haben wir das Gefühl, als würden wir sie auch kennen: pfiffige und gerissene kleine Leute, immer bereit, sich gegenseitig übers Ohr zu hauen, immer auf der Lauer nach einer günstigen Gelegenheit, den Nachbarn auszustechen. Aber man hat nicht das Gefühl, daß Bernardino ihnen wirklich böse ist, wenn er sie schilt und ihnen ihre kleinen Tricks vorhält. Hinter seiner Schelte hört man Untertöne des Schmunzelns und des Mitleids – niemals jedoch eine Spur von Herablassung oder gar von Verachtung. Es sind eben die Sünden der kleinen Leute, die ihre Ellbogen benützen, um Brot für ihre Kinder zu ergattern, die sich gegenseitig wegschubsen, um gute Sicht zu haben, wenn etwas in der Stadt los ist, und sei es nur ein Trauerzug oder ein Verbrecher auf dem Weg zum Galgen; sie sind derb und findig in all ihrer Schlauheit, und sie arbeiten schwer und verdienen wenig, sind sparsam, nehmen geduldig alles hin, stets dankbar für ein gutes Wort, einen harmlosen Spaß.

So skizziert sie Bernardino mit wenigen, knappen Strichen, ganz und gar realistisch und unsentimental, doch nie ohne Wärme. Ein Panoptikum unehrlicher Händler breitet er vor uns aus: Hier der Tuchhändler, „mit zweierlei Meßellen, die eine zum Verkaufen, die andere zum Einkaufen". „Wenn Du das Tuch kaufen willst, zieht er es so straff, damit es länger wird, daß es beinahe zerreißt." Dort der Kornhändler mit falschen Gewichten, der Metzger, der das Vieh erst mit Wasser vollpumpt, bevor er das Fleisch verkauft, der Apotheker, der das Rezept des Doktors fälscht, und der Schankwirt, der den Wein jedes Mal überschwappen läßt, wenn er dem betrunkenen Zecher das Glas neu füllt, und ihm dann auch das, was er verschüttet hat, auf die Rechnung setzt. Bernardino beschreibt den Krämer, der zu wenig herausgibt, wenn seine Kundin eine *„donnicciuola"* ist, ein armes, kleines Weiblein, „das nicht viel Hirn im Kopf hat und glaubt, die Münzen sind die, die Du ihr vorzählst: ‚Nimm, nimm… eins, zwei, drei, fünf, sieben, acht, zehn, 13, 14, 17, 19 und 20.' Und sie geht nach Hause und fängt an, sie quatrino für quatrino nachzuzählen und merkt erst dann, daß man sie um drei *soldi* übers Ohr gehauen hat." Und hier die Geschichte vom Mann, der Safran kaufen wollte und sieht, daß der Kaufmann ihn angefeuchtet hat, damit er schwerer wiegt. Deshalb fordert er ihn auf, ihn in sein Haus zu liefern und dort auf die Waage zu legen; wie der Kaufmann mit dem Safran dort anlangt, gibt der Käufer vor, daß er eiligst weg müsse und überredet den Kaufmann, ihm den kleinen Sack „versiegelt" dazulassen und später zu wiegen. „‚Laßt ihn ein Weilchen da und kommt dann zurück…' – Glaubt mir, kaum ist jener aus dem Haus, läßt er doch den Safran aus dem Sack holen und in den Backofen stecken… und als er wieder trocken ist, läßt er ihn dorthin zurückfüllen, wo ihn jener gelassen hat." Und als der Kaufmann zurückkehrt, bezahlt der Käufer weniger dafür. Aber der Safran ist verdorben, weil er viel zu stark getrocknet wurde. „Und so ist jeder, der betrügen wollte, selbst der Betrogene."[7]

Ganz besonders zuwider war Bernardino die Feilscherei, weil dabei jeder log und fluchte, was er nur konnte. Er beschrieb einen Mann, der beim Schuhmacher ein paar Schuhe erstehen wollte. Beide lügen drauf los, sobald sie nur den Mund aufmachen. „‚Was willst Du für die Schuhe da?' – ‚20 *soldi* will ich dafür.' ‚Beim Evangelium, das geb ich Dir nicht dafür.' – ‚Geh', nimm sie doch, ich versprech' Dir, daß sie wirklich tadellos sind, ehrlich.' Und dabei lügt er schon wie gedruckt! ‚Was willst Du als untersten Preis dafür?' ‚Ich will sie nicht billiger abgeben: Beim Evangelium, ich hätt' schon 18 *soldi* dafür kriegen können.' Da hast Du schon wieder einen Meineid, denn das ist nicht wahr. ‚Willst Du 15 dafür?… Ich gebe Dir nicht mehr als 15 *soldi* dafür.' – Auch er lügt. Auch Du würdest genau so lügen. ‚Also gut, dann gib mir halt 18 *soldi*, die ich schon oft dafür gekriegt hab'. – ‚Beim Evangelium, die geb' ich Dir nicht.' – ‚Beim Evangelium, dann kriegst Du sie eben nicht.' Und dann endlich wird der eine sie für 17 hergeben, der andere sie für 17 nehmen, nachdem jeder von ihnen etliche Male geschworen und gelogen hat, was das Zeug hält."[8]

Mit solchen und anderen Geschichtchen versuchte Bernardino die Menge zu fesseln und seine Unterweisungen lebendig zu machen. Wenn er sich aber an Personen von Stand und Bildung wendete, wählte er ein anspruchsvolleres geistiges Niveau. Er nahm die moralischen Prinzipien des Handels unter die Lupe. In der Frage des Privateigentums folgt er Duns Scotus. Vor dem Sündenfall gehörte alles allen, aber danach war Privatbesitz zur Notwendigkeit geworden: *„propter exclusionem negligentiae, propter exclusionem malitiae, propter exclusionem inimicitiae"*, d. h. um Nachlässigkeit, Bosheit und Feindseligkeit auszuschließen, die seiner Meinung nach jeder Versuch, die Güter dieser Erde gemeinschaftlich zu besitzen, nach sich ziehen würde. Aber in einer der umstrittensten Fragen der Zeit, der des *„giusto prezzo"*, des gerechten Preises, folgte er den Lehren des Thomas von Aquin. Thomas ging mit seiner Lehre vom Wert der Dinge von den Worten des Heiligen Augustin im „Gottesstaat" aus, daß der Mensch die Dinge nicht nach ihrem Platz in der Ordnung der Natur bewertet, sondern nach seinen Bedürfnissen. Ein lebendes Wesen ist höherstehend als leblose Materie, aber wer hätte nicht lieber seine Speisekammer voller Fleisch statt voller Mäuse? Und kann nicht ein Pferd oder ein Edelstein mehr wert sein als ein Sklave? Thomas von Aquin folgert, daß die Preise nach dem Bedarf des Menschen festgesetzt würden und daß es keinen Warenaustausch gäbe, wenn der Mensch keinen Bedarf hätte. Diese Vorstellung, daß der Wert einer Sache darin besteht, daß sie Bedarf stillen kann, und daß er folglich als Grundlage für die Festsetzung ihres Preises dient, wurde von Bernardino übernommen. Doch er differenzierte noch weiter: Er sagte nämlich, der Wert besteht aus drei Elementen: *virtuositas* (Nützlichkeit), *raritas* (Mangel) und *complacibilitas* (Erwünschtheit). *Virtuositas* wird definiert als das Ziel, die menschlichen Bedürfnisse zu stillen, *complacibilitas* bedeutete ohne jeden hedonistischen Unterton den subjektiven Wunsch nach einem Gut statt nach einem anderen.[9]

Kurzum, Bernardino vertrat dieselbe Meinung wie Thomas von Aquin in seinen Schriften, daß nämlich der „gerechte Preis" entweder durch Gesetz festgelegt wird oder durch Angebot und Nachfrage und daß dieser vom Hersteller einer Ware akzeptiert werden muß, ganz gleich, ob er die Herstellungskosten deckt oder nicht, ob er daran verdient oder verliert.[10] Folglich ermahnte er die toskanischen Kaufleute, daß es nicht nur Sünde sei, für Ware mehr zu verlangen als sie wert ist, sondern auch, Ware unter ihrem wirklichen Wert einzukaufen in der Hoffnung, damit später einen guten Schnitt zu machen. „Wenn zum Beispiel ein Bauer einen Edelstein besitzt und nicht weiß, was er wert ist, und Du gibst ihm dafür, was Du willst und verkaufst ihn dann für den Preis, den er wirklich wert ist, glaubst Du vielleicht, das ist keine Sünde? Doch, doch und Du bist verpflichtet, den Gewinn zurückzuerstatten." – „Und Ihr Buben da, das geht jetzt Euch an, jedes Mal, wenn Du siehst, daß einer von Euch etwas von zu Haus' mitgehen läßt, weißt', so ein bißchen vom Zinnzeug, damit Ihr dann *ferlini*[11] draus machen könnt oder, und das gilt genauso, wenn einer mal einen Stein aus einem Ring bricht, der einen Gulden wert ist, und ihn an jemanden verkauft, der weiß, wieviel er wert ist, und ihm nur 15 *soldi* dafür gibt, wer, glaubst Du, sündigt da? Da sündigt der, der kauft, ebenso wie der, der verkauft." Sünde war es nach Bernardino auch, wenn man die Konkurrenten unterbot, wie das da-

mals in den Städten üblich war, denn in jeder Straße hatten immer nur
Handwerker oder Kaufleute vom gleichen Gewerbe ihre Werkstätten oder
Geschäfte, so wie noch heute auf einem orientalischen Basar üblich. „Nun,
ist es rechtens, daß einer hergeht und einen Ballen Ware für 50 Gulden ein-
kauft und für 40 verkauft?... Weißt Du, was der gemacht hat? Der hat einem seinen Gewinn weggenommen, der die Ware mit vollem Recht für 50
hätte verkaufen können. Ich sage, daß dies schlimmer ist als Wucher."[12]

Und schließlich berief sich Bernardino noch auf einen Artikel des kanonischen Rechts aus dem 12. Jahrhundert und betonte nachdrücklich, daß niemand von einem Fremden mehr verlangen dürfe als von Einheimischen, einen unwissenden „Bauerntölpel" ausnehmen oder die Lage eines Mannes,
der die Ware dringend braucht, ausnützen dürfe.[13] „Du mußt die Ware dem,
der ihren Wert kennt, zum gleichen Preis verkaufen, wie dem, der ihn nicht
kennt." Und unvermittelt überrumpelte er die Gemeinde mit der Frage:
„Oder hat denn niemand von Euch hier so was schon einmal getan?"[14]

Mit der Frage nach dem *giusto prezzo* war ein ethisches Prinzip verknüpft,
denn es ging hier auch um das Ideal der Mäßigung, um die Abstinenz von
Unmäßigkeit in allen Lebensbereichen. „In allen Dingen", schrieb Thomas
von Aquin, „besteht das Gute in ‚*la misura*‘, im rechten Maß."[15] Dieses steht
so recht im Einklang mit dem Temperament der Toskaner. „Wißt Ihr", so
schrieb Ser Lapo Mazzei in einem Brief an den reichen Prateser Kaufmann
Francesco di Marco Datini, „daß Gott die Mäßigung will und nichts Unmä-
ßiges hat dieser ewigen Gerechtigkeit je gefallen."[16]

Auch für Bernardino war dieser Sinn für Mäßigung ein wesentliches Element einer christlichen Lebensweise. So folgerte er einerseits, daß der Handel erlaubt sei, so lange er in angemessenem Rahmen betrieben wird und
„für einen ehrlichen Zweck", zum Beispiel damit ein Mann seine Familie erhalten, zum Wohle seiner Stadt oder zur Unterstützung der Armen beitra-
gen kann.[17] Andererseits war er zutiefst empört, wenn Leute, die bereits
reich waren, mit dem Handel nur noch mehr Reichtümer anhäufen wollten.
„Wenn einer es tut, um seine Familie zu unterhalten oder um seine Schulden
abzutragen oder um seine Töchter zu verheiraten, dann sage ich, daß sein
Tun rechtens ist. Was aber sagen wir zu demjenigen, der keinen Bedarf hat
und sich doch so arg abrackert, hier was tut, dort was tut, dies und das
tut...? Ich sage, wenn er es nicht für die Armen tut, begeht er eine Todsünde." Es sei sicher, daß so ein Mann „nie so viel besitzt, daß es ihm nicht
doch immer kümmerlich erscheint... Ist hier jemand unter Euch, der so viel
besitzt, daß es ihm genügt? Wenn ja, soll er den Finger heben. Ach, Ihr hebt
den Finger nicht, kein einziger hebt ihn!" Die Sünde läge bereits in der Absicht, sagte Bernardino, in der Gier nach Reichtum um des Reichtums willen, „im Anhäufen von Gütern über Gütern", denn das sei nichts anderes als
Habsucht. „Ein Tor mag sagen: ,Das ist mein eigen, ich hab' es redlich erworben, und wenn etwas davon übrigbleibt, dann begehre ich es für mich
selbst.‘ – Du bist ein Tor, Du verwaltest die Güter doch bloß."[17]

Man kann sich gut vorstellen, welche Wirkung solche Worte auf eine Zuhörerschaft hatten, die hauptsächlich aus großen und kleinen Kaufleuten bestand, denn der Heilige zerstörte seelenruhig mit ein paar Sätzen wie diesen
(falls seine Zuhörer sich entschlossen hätten, ihm zu gehorchen), die ganze
Motivation und Einsatzbereitschaft aller Handelsgesellschaften, ohne die die
Kommune nie so reich geworden wäre! Noch während Bernardino und
manch andere Volksprediger Armut als Tugend priesen und das Geldverdie-
nen als Sünde verdammten, bahnte sich bereits eine neue geistige Strömung
an. Eben zu dieser Zeit schrieb Poggio Bracciolini seinen Dialog: *„Sull'ava-
rizia"* (Über die Habsucht), in dem er nicht nur die dem Menschen angeborene Gewinnsucht verteidigte, sondern auch „diese ungeschliffenen, bäueri-
schen und scheinheiligen Parasiten" [die Klosterbrüder] heftig kritisierte,
„die umherwandern, immer auf der Jagd nach Eß- und Trinkbarem unter
dem Vorwand der Religion, ohne eigene Arbeit und Mühe, den anderen Armut und Verachtung des Besitzes predigend." – „Denn wir werden unsere
Stadt nicht gründen", sagte Bracciolino weiter, „auf diesen Larven von Männern." Und er fährt fort mit der Erklärung, daß, wenn jeder sich damit be-
gnügen würde, nur so viel zu produzieren, wie er selbst benötigte, „alle
Pracht und Herrlichkeit aus den Städten verschwinden würde; alle Schönheit
und aller Schmuck wären weg, keine Tempel würden mehr errichtet und
keine Bogengänge, alle Kunst würde aufhören... Der Staat braucht das
Geld wie Nerven, die ihn aufrecht halten, und wenn es viele Habsüchtige
darin gibt, müssen diese als seine Basis und sein Fundament angesehen werden."[19]

Wie sehr unterscheidet sich diese Welt von der des Bernardino! Er kannte
solche Theorien wie die des Poggio Bracciolino; das geht aus verschiedenen
Äußerungen hervor, die darauf Bezug nehmen. Er aber blieb bei seiner Einstellung. Nur *den* Handel billigte er, der seiner Meinung nach dem Gemeinwohl diente. Er definierte das ganz unmißverständlich. Erstens ließ er Ex-
port und Import gelten. So sagte er z. B.: „Wie man klar sieht, wächst hier in
Siena kein Pfeffer: es nützt dem Gemeinwohl, welchen herzubringen...
Ebenso ist es mit der Wolle aus San Matteo [d. h. Wolle aus Spanien, Mal-
lorca und Afrika, die in San Matteo in Spanien umgeschlagen wurde, d. Ü.],
aus Frankreich und England und vielen anderen Ländern; dort gibt es genug
davon, hier nicht. Ebenso, wenn es Waren dort nicht gibt, sollen sie von hier
dorthin gehen. All dies ist für das Gemeinwohl und rechtens." Zweitens ließ
er gelten, daß diese Waren nach ihrem Eintreffen en gros verkauft werden
durften, und billigte den Kaufleuten, die sie „aus fernen Landen mit größter
Anstrengung und Mühsal und Gefahr" hergebracht hatten, Gewinn daraus
zu. Auch dem Mann, der *en gros* eingekauft hatte, gestand er zu, die Ware
*en détail* mit Gewinn weiterzuverkaufen... *„con discrezione"*, in Maßen.
Und schließlich ließ er Gewinn noch bei der Weiterverarbeitung dieser Waren gelten, „wie zum Beispiel bei der Wolle, aus der man Tuch macht", bei
der Verarbeitung von Leder, ganz generell bei den Arbeiten aller Mitglieder

der verschiedenen Gilden. „Alle jene können und dürfen an ihrer Arbeit verdienen."

Nicht der Volkswirtschaftler, sondern der Moralist Bernardino machte sich allerdings Sorgen über eine Folge des internationalen Handels, daß nämlich die Männer so lange von ihren Frauen getrennt waren. „...Du setzt Deine Frau großer Schande aus, zumindest... Und so wie sie in Gefahr ist, der Sünde anheimzufallen, so auch Du... Und weil ich sehe, daß die Gefahr am höchsten ist, weißt Du, was ich Dir rate, Frau? Jedesmal, wenn Dein Mann für lange Zeit weit weggehen will, sieh zu, daß Du mitgehst."[20] Doch es sieht nicht so aus, als ob dieser Ratschlag der Tugend oft befolgt worden wäre.

Weiter zählte Bernardino dann all die verschiedenen Zeiten und Orte auf, da Handel zu treiben grundsätzlich Unrecht war: An Feiertagen, „in den Kirchen, in den Klöstern, in den geweihten Friedhöfen", während der Fastenzeit, „und schlimmer als Todsünde ist es, wenn Du die Messe versäumst, um Handel zu treiben". Dann zählte er alle Leute auf, denen es überhaupt verboten war, Handel zu treiben, nämlich „den Priestern, Bettelmönchen, Mönchen, Äbten, Prälaten, Klosterschwestern... unter der Strafe der Todsünde... Sie dürfen ruhig ihre Ernte verkaufen, Öl, Wein, Getreide... aber Handel damit zu treiben, nein, auf gar keinen Fall." Und er fügte hinzu, daß der Priester oder auch der Ordensbruder, der sich auf diese Weise bereicherte, „schlimmer, viel schlimmer ist als das stinkende Vieh."[21]

Schließlich verurteilte er natürlich jede Art von Betrug, die bereits beschriebenen kleinen Schwindeleien der Krämer ebenso wie den Betrug großen Stils der Kaufherren, der nicht so leicht durchschaubar war, weil zu ihrem Geschäft der Handel mit ausländischen Wechselbriefen *(cambi)* und auch Wuchergeschäfte gehörten.

Hier darf man allerdings nicht vorschnell urteilen, denn es handelt sich um eine der strittigsten Fragen der Zeit. Oftmals trat ein Kaufmann, der der Tucher- und der Seidengilde angehörte, zusätzlich noch der *Arte del Cambio*, der Wechslergilde, bei, was bedeutete, daß er gleichzeitig Bankier wurde. Verlor er in einem Jahr Geld im Handel, so konnte er das Loch mit den Gewinnen aus dem Wechselgeschäft wieder stopfen. Er belieferte seine ausländischen Kunden über seine Filialen im Ausland mit Geld oder mit Ware, ohne daß dabei ein wirklicher Geld- oder Warentransfer stattfand, wohl aber bei jeder Transaktion eine Provision für ihn heraussprang. *Cambiali*, Wechsel in Form ganz normaler Briefe (im Gegensatz zu formellen Dokumenten, die von einem Notar aufgesetzt wurden) waren bereits gang und gäbe, und es war allgemein bekannt, daß An- und Verkauf derselben hohe Gewinne einbringen konnten, wenn das Risiko auch hoch war. „Ich will lieber 12 % an Warengeschäften verdienen", schreibt 1390 Domenico di Cambio, ein toskanischer Kaufmann an seinen Firmenpartner, „als 18 % an Wechselgeschäften."[22]

Wenn jemand der *Arte del Cambio* beitrat, konnte es leicht geschehen, daß man ihn des Wuchers bezichtigte. Und das bereitete gottesfürchtigen Kaufleuten damals oft Gewissensbisse, was zum Teil darauf zurückzuführen ist, daß überall widersprüchliche Meinungen zu diesem Thema herrschten. Die Kirche vertrat dabei eine völlig eindeutige und kompromißlose Haltung: Jede Art von Zins, der für Geld verlangt wurde, galt bereits als Wucher. *Date mutuum nihil inde sperantes*, gebt Darlehen ohne etwas dafür zu erwarten, war die christliche Maxime. Zu Bernardinos Zeiten hat sich jedoch niemand daran gestoßen, wenn ein Gläubiger von seinem Schuldner *un dono*, ein Geschenk annahm (vorausgesetzt, es war auch als solches deklariert) oder in bestimmten Fällen auch *una ricompensa*, eine Entschädigung, wenn das Darlehen erst nach dem vereinbarten Termin zurückgezahlt wurde.[23] Dieses Hintertürchen wurde mit der Zeit allerdings immer häufiger genutzt. Doch Bernardino nahm einen ausschließlich moralischen Standpunkt ein: Allein die *„intenzione"* gab den Ausschlag, und schon die leiseste Hoffnung, aus einem Darlehen einmal Gewinn zu ziehen, machte die ganze Sache *„usurario"*, zu einem Wuchergeschäft. „Hilf niemandem in der Absicht, daß er Dir ein andermal auch wieder helfen wird, denn das wäre Wucher... Hoffe auf irgendwas, das keinen Geldwert hat, aber wenn Du etwas verleihst und vertraglich festlegst, daß Du etwas daran verdienst oder auch nur darauf hoffst... Korn oder Wein oder irgendwas anderes, das einen Geldwert hat, dann ist das ein *contratto usuraio*, ein Wuchervertrag."[24] Das ist der Geist der Bibel, nicht der des Handels. Bernardinos Lehre gründete einerseits auf dem Satz des Aristoteles, daß Geld von Natur aus steril ist[25], andererseits auf dem christlichen Prinzip, daß es ein Akt der Nächstenliebe und der Hilfsbereitschaft ist, etwas zu verleihen – für das man natürlich keine Gegenleistung verlangen darf. „Alexander von Hales sagt", zitiert Bernardino, „daß, selbst wenn der Apostel Petrus auf die Erde zurückkäme, so könnte er nicht verfügen, daß es zulässig ist, auch nur ein % zu nehmen; und Du hältst sogar acht oder zehn % für erlaubt."[26]

Solange die Kirche solche Prinzipien aufrechterhielt, mußten Theorie und Praxis zwangsläufig auseinanderklaffen. Die meisten Stadtkommunen lösten das Problem der Geldgeschäfte dadurch, daß sie den Juden, denen nicht wie den Christen die Hände gebunden waren, Lizenzen erteilten. Christen hatten auch keinerlei Skrupel, sich erst mit solchen Geschäften an sie zu wenden und sie dann dafür zu verachten. Sie legten ihr Geld bei den Juden an, ohne „wissen zu wollen", was die Juden damit anfangen, um dann wieder, ohne „wissen zu wollen" woher, den Gewinn einzukassieren. Ja, die Stadtkommune von Florenz ging so weit, nicht nur Geldverleiher offiziell zuzulassen und ihnen Lizenz zu erteilen, sondern sie belegte diese Geschäfte auch mit einer Steuer.[27] Bernardino erklärte, daß dies in keiner Weise zu rechtfertigen sei. „Ihr seid alle mitsammen Wucherer", sagte er zu den Florentinern. Außerdem waren auch fast alle Kaufleute – ob sie nun der *Arte del Cambio* angehörten oder nicht, auf die eine oder andere Weise an Geschäften beteiligt, die in Bernardinos Augen zumindest dubios waren. Dazu zählte er Termingeschäfte, den Verkauf von Ware *(mercatanzia)* und Wechseltransaktionen *a termine*, als Termingeschäft, wobei mit der Fluktuation der Wechselkurse zwischen dem Zeitpunkt der Auftragserteilung und der Zahlung spekuliert wurde. Das sei ein verkapptes Darlehen, meinte er: „...ed è usura."[28]

Zu einem wichtigen Thema mußte Bernardino Stellung nehmen, schon weil die Zahl derer, die davon betroffen waren, so groß war. Dabei handelte es sich um die Schuldverschreibungen, die die Regierungen der Stadtstaaten Venedig, Florenz und Genua auflegten. Diese Republiken erhoben von ihren Bürgern häufig Zwangsanleihen, *prestanze* genannt, die sie auch verzinsten (so wie heutzutage Staatsanleihen ausgegeben werden) – aber sie nannten das zur Tarnung „freiwilliges Geschenk". Die Frage war nun, ob die Gläubiger des Staats, die diese Zinsen annahmen, dadurch Partner in einem Wuchergeschäft wurden. Bernardino vertrat die Ansicht, das sei nicht der Fall, und zwar deswegen nicht, weil die Anleihen ja nicht freiwillig gegeben wurden. Sünde jedoch sei es, wenn man dem Staat freiwillig Geld leihe in der Vorstellung bzw. Hoffnung, dafür Zinsen zu erhalten.

Bernardino bekämpfte auch eine andere sehr beliebte Einrichtung, die 1425 in Florenz gegründet worden war, *Monte delle Doti* genannt. Eltern konnten eine Art Aussteuerversicherung für ihre Töchter abschließen, indem sie dem Staat Geld liehen, das 15 Jahre später zweckgebunden als Aussteuer der Tochter mit Zins und Zinseszins zurückgezahlt wurde. Wenn jedoch das Kind in der Zwischenzeit starb, was bei der hohen Kindersterblichkeit damals nicht selten vorkam, verfiel das Kapital samt Zinsen dem Staat. Bernardino wies darauf hin, daß solche Verträge doppelt verwerflich waren, handelte es sich doch sowohl um Wucher als auch um Spekulation. Vespasiano da Bisticci hat uns eine hitzige Debatte beschrieben, die in seinem Buchladen über dieses Thema zwischen dem großen Prediger und einem berühmten Florentiner Magistrat, Giannozzo Manetti, stattfand. Bernardino fand, „daß diese Art von Vertrag schlimmer sei als der eines Juden, der Geld verleiht, mit seinem roten Teppich auf dem Zahltisch." „So löste er alle vorgetragenen Zweifel", schloß Vespasiano, „mit sehr starken Argumenten und mit großer Menschlichkeit, so daß Messer Giannozzo und alle, die anwesend waren, zufriedengestellt wurden."[29]

Bernardino war in seinen Ansichten kompromißlos, so daß seine Zeitgenossen nach Vespasianos Zeugnis von ihm sagten: „Der Heilige Bernardino ist in bezug auf diese Verträge viel strenger als der Erzbischof Antonio"; neuere Forscher hingegen halten ihn für einen der weitblickendsten Volkswirtschaftler des Mittelalters.[30] Tatsächlich legte er in seinen Predigten eine bemerkenswert detaillierte Kenntnis der damaligen Handelsgepflogenheiten an den Tag. Er weiß um die Tageskurse der Florentiner Geldwechsler, kennt genau die Gesetzgebung des Staats, durch die die Bestechlichkeit der Amtsdiener unterbunden werden sollte, er weiß auch Bescheid, wie die Geldwechsler ihr Geschäft auf dem Marktplatz betrieben und durchschaute – wie wir gesehen haben – all die kleinen Tricks der Händler und ihrer Kunden. Über all das spricht er mit demselben trockenen Humor, mit dem nüchternen Scharfsinn, die auch seine Einstellung zu fast allen anderen weltlichen Dingen charakterisiert. Er nimmt die Schwächen der menschlichen Natur so hin, wie sie sind.

So erzählt er eine glaubwürdige Geschichte von einem Priester und einem Wucherer auf dem Land. „Es war einmal ein Dorfpriester, ein einfühlsamer Mann von hellem Verstand, und der hatte in seiner Gemeinde einen reichen Wucherer, und der konnte nicht schreiben und nicht lesen und ist niemals zur Beichte gegangen. Und dieser Priester bekam allmählich Mitleid mit ihm, und... da fragte er ihn, ob er das Vaterunser aufsagen könnte. Der Wucherer antwortete: ‚Messer, nein, ich habe es nie auswendig lernen können.‘ Da sagte der Priester: ‚Was? Du bist 60 Jahre alt und kannst das Vaterunser nicht aufsagen?‘ Da sagte dieser: ‚Hundertmal hab’ ich es schon lernen wollen und nie hab’ ich es fertiggebracht. Mit Freuden würde ich eine hübsche Summe zahlen, wenn Ihr mir es beibringt.‘ Sagte da der Priester: ‚Gut, ich werde es Dir mit Freuden beibringen.‘ Es vergingen einige Tage, und der Priester ließ etliche arme Männer der großen Stadt aussuchen und ging zu dem Wucherer und sprach: ‚Du hast viel Korn; ich will, daß Du um Gottes Lohn 20 Sack davon diesen 20 armen Männern leihst, und sie werden sie Dir zur Erntezeit zurückgeben.‘ Da sagte der Wucherer: ‚Mit Freuden‘ – nicht weil er Mitleid mit den Armen hatte, sondern weil er von Würmern befallenes Korn verleihen und neues, gutes dafür zurückbekommen wollte. – ‚Nun gut‘, sagte der Priester, ‚ich schicke danach: laß’ Dir ihre Namen sagen, damit Du nachher weißt, von wem Du es zurückfordern mußt.‘ Und er schärfte den armen Männern ein, was sie sagen sollten. Und er schickte den ersten, der um das Getreide bat; und der Wucherer fragte ihn: ‚Was ist Dein Name?‘ ‚Mein Name ist *Paternoster*.‘ – ‚Nun geh’ mit Gott‘, und er gab ihm das Korn. Der Zweite: ‚*Quiesincoelis*‘, der Dritte: ‚*Sanctificetur*‘. Der Vierte: ‚*Nomentuum*‘. Und so Wort für Wort das ganze Paternoster durch, und sie nahmen das Korn mit... Der Wucherer, der nicht schreiben konnte, prägte seinem Gedächtnis ihre Namen ein, einen nach dem anderen, in der richtigen Reihenfolge, vom ersten bis zum letzten; und als die Zeit der Ernte gekommen war, ging er zu den braven Leuten, die er alle vom Sehen gut kannte, und forderte sie auf, ihm das Korn zurückzugeben, das er ihnen geliehen hatte. Sie sagten, daß sie es nicht könnten; und zuletzt sagten sie, daß sie es vom Priester hätten und auf sein Wort. ‚Ich hab’ es Euch geliehen: und von Euch will ich es wieder.‘ Es entstand ein großer Streit.“ Die Angelegenheit wurde schließlich vor den *podestà* gebracht, der fragte, wie alles zugegangen sei, und nach dem Priester schickte, der die ganze Sache erklärte. „Da antwortete der Wucherer: ‚Es ist nicht wahr, daß er mir es [das Paternoster] beigebracht hat, aber ich würde eine hübsche Summe zahlen, wenn er mir es beibringen würde.‘ Sagte da der Priester: ‚Nun gut, sag’, von wem Du Korn zu fordern hast.‘ Da sagte dieser: ‚Erstens von *Paternoster*, zweitens von *Quiesincoelis*, dann von *Sanctificetur*; und so sagte er das ganze Paternoster auf. Da sprach der *podestà*: ‚Du närrischer Tor, ... Du hast eben das Paternoster fehlerlos aufgesagt. Und so war der Wucherer sein Korn los und lernte das Vaterunser.‘"³¹

Diese Geschichte ist charakteristisch für Bernardino. Doch manchmal überkommt ihn einfach eine gefühlsmäßige tiefe Abscheu vor allem Geld, und die bloße Vorstellung, wie die Armen den protzigen Kaufleuten und den habgierigen Wucherern ausgeliefert sind, überwältigt ihn; dann verfällt er in einen ganz anderen Ton. Trotz all seines zur Schau getragenen Gleichmuts gab es für Bernardino doch zwei Sorten von Menschen, die er überhaupt nicht ausstehen konnte – das waren die Hexen, und dann vor allem alle diejenigen, die hinter dem Geld her waren. Er brachte es kaum fertig, auch sie in seine christliche Nächstenliebe einzuschließen. Setzen wir die sie betreffenden Passagen aus Bernardinos Predigten zusammen wie kleine Mosaiksteinchen, so fügen sie sich zu seinem Bild vom reichen Kaufmann, vom Geizhals, vom Wucherer. Für ihn waren sie die erbärmlichsten Kreaturen auf der Welt.

Natürlich macht er einen Unterschied zwischen dem Kaufmann, der, wenn er auch noch so geldgierig ist, in erster Linie seinem eigenen Seelenheil schadet, und dem Wucherer, der außerdem Hunderte von anderen Menschen in Not und Elend stürzt. Wenn er Kaufleute beschreibt, beschäftigt er sich hauptsächlich damit, welche Mühen und Ängste sie freiwillig auf sich nehmen, nur um immer mehr Geld zu scheffeln – und am Ende bleibt nichts als eine „Hand voll Staub". Er fängt damit an, einen reichen Kaufmann zu beschreiben, der nach und nach ein Vermögen anhäuft. „Ich sehe da durchwachte Nächte, ich sehe da Sorgen und Ängste... Ich kenne viele, die Reichtümer zusammenscharren und dabei Hunger und Durst, Kälte und Hitze über jedes Maß leiden: Manchmal reist Du zu Land, manchmal zu Wasser, bei Regen, Schnee und Sturm, nicht einmal im eigenen Haus ruhst und rastest Du; Du hast Deine Ländereien, Du hast Weinberge, überall mußt Du sein, und in ... größter Angst und Sorge. ... Ich frage Euch alle miteinander: Ist hier jemand, der sich sicher ist, daß er alle seine Habe behalten wird, die er jetzt hat, daß sie ihm nicht weggenommen wird?" Aber niemand antwortet, und der Prediger schließt: „Oh, oh, Du siehst, daß ich die Wahrheit spreche!"

Ein andermal erzählt Bernardino von einem stolzen jungen Kaufmann, dem jedes Unternehmen gelingt, und der eines Nachts in seiner Kammer zu sich selber spricht. Diese Geschichte gehört vielleicht zu Bernardinos lebendigsten Erzählungen, vor allem auch deswegen, weil er sie mit einem so menschlichen Nachsatz beendet. „‚Meine Seele‘, sagt er voller Freude zu sich selbst, ‚Du hast viele Dinge angehäuft, Du hast die Speicher voller Korn, die Keller voller Wein, Du hast viele Ländereien, Du hast Geld, Du bist jung, Du hast schöne Kleider: es fehlt Dir an nichts. Was, sterben? Du wirst nie sterben.‘ Und wie er noch diese Worte zu sich selber sagt, spricht eine Stimme zu ihm: ‚Du lügst ja abscheulich.‘ Und ich glaube, das war, als er ins Bett ging, vielleicht, als er sich gerade die Schuhe auszog."[32]

Wenn er jedoch nicht von den Kaufleuten, sondern von den Wucherern spricht, merkt man, daß Bernardino dieselbe unüberwindbare, fast blinde Aversion gegen sie hegte wie viele seiner Zeitgenossen auch. Ebenso wie Dante machte er kein Hehl daraus, daß für ihn Wucher geradezu eine Schmähung der Güte Gottes darstellt. *„Usura offende la divina bontade."*[33] Keine Bosheit war zu groß, als daß man sie nicht schon während der vorangegangenen zwei Jahrhunderte dem Wucherer zugetraut hätte: Den ganzen lieben langen Tag hockte er auf dem Marktplatz, wo ihn jeder sehen mußte. Vor sich auf dem Tisch hatte er seinen prallen Geldsack liegen und das dicke Schuldbuch. 20 %, ja häufig 40 % Zinsen verlangte er,[34] und als Sicherheit forderte er manchmal den geflickten Rock, der einem armen Mann noch geblieben war, oder den Mantel oder das Bett einer Witwe. Die Armen sahen in ihm die Verkörperung von Grausamkeit und Habsucht und, falls er ein Jude war, dazu noch einen Ungläubigen. In Siena war es verboten, „daß ein Wucherjude sich in einem Haus oder Palast aufhält oder wohnt, die am Campo der Stadt Siena liegen oder an den Straßen und Gassen in seiner Nähe", denn seine Anwesenheit wäre eine offene Beleidigung der Jungfrau Maria, der Stadtpatronin.[35] Selbst wenn der Wucherer ein getaufter Christ war, waren ihm die Sakramente und ein Begräbnis in geweihter Erde verwehrt,[36] was ganz im Sinne Bernardinos war. Er gab sogar offen zu, daß er wohl imstande war, sich mit grausamen Söldnern anzufreunden (wie wir gesehen haben) und im Gefängnis mit Dieben und Mördern zu plaudern, daß er es aber nicht über sich brachte, mit einem Juden zusammen zu essen oder zu trinken, den „wir zwar allgemein als Geschöpf Gottes lieben können, nicht aber als Individuum".[37]

Für Bernardino ist der Wucherer ein Mann, der von Gott abgefallen ist. „Er hat seine Gulden zum Abgott erkoren... Er glaubt, daß es nichts Höheres gibt als das Dach seines Hauses." „Er hat sein Handwerk von seinem schlechten Vater gelernt, und da er kein anderes kennt, übt er es aus bis er stirbt und fährt dahin in Verdammnis." So lange sie leben, „...sind die Wucherer vom Stamme der Barbiere, die die Männer rasieren, vielmehr sie schröpfen, bis daß das Blut herausspritzt". „Er nagt an den Knochen der Armen; ob er schläft, wacht, ißt, trinkt oder sonst was tut, immer und zu jeder Zeit arbeiten seine *denari* und nagen an den Knochen seiner Schuldner." Und Bernardino schließt: „Der Tod eines Wucherers gleicht dem Tod eines Schweins, denn sein Lebtag richtet das Schwein nur Schaden an... wenn es aber tot ist, sind alle froh."[38]

So war es denn üblich, daß ein Geizhals, wenn er dem Höllenfeuer entkommen wollte, im letzten Augenblick eine Klausel in sein Testament einfügte. Diese besagte dann, daß alles Geld, das er unrechtmäßig verdient hatte, denjenigen, denen er es abgenommen hatte, zurückgegeben werden sollte, *pro remedium animae*; und wenn das nicht möglich war, sollten die

Armen in Gott es bekommen. Diesem Thema widmete Bernardino vier seiner Predigten. Der wichtigste Punkt war dabei immer, daß so eine Wieder-
gutmachung in aller Öffentlichkeit und vor allem ohne Verzug vorgenommen werden sollte. Wenn der Geizhals nämlich bis zum Tag seines Todes
damit wartete, „macht sich sein Sohn lustig über das, was der Vater ihm zu
tun auftrug", und spricht also: „Wenn mein Vater im Himmel ist, braucht er
sowieso nichts. Wenn er in der Hölle ist, helfen ihm alle guten Werke, die ich
für ihn tue, auch nichts mehr."

Daß der Wucherer in der *casa calda*, in der Hölle landen würde, bezwei-
felten weder der Prediger noch seine Zuhörer, und so gingen die erschreck-
lichsten Geschichten über das letzte Stündchen des verstockten Geizhalses
um. Hier ist eine der makabersten: „Es war einmal vor nicht allzu langer
Zeit in der Lombardei ein alter Mann, der hatte kein Weib, keine Kinder,
keine nahen Verwandten, die waren alle schon tot. Als er merkte, daß er tod-
krank war, schloß er sich mit einer Magd in sein Haus ein, und er wollte
nicht beichten, weder seine Seele auf den Tod vorbereiten noch seine irdischen Angelegenheiten ordnen, denn er war überzeugt, daß er niemals sterben würde. Da kamen etliche entfernte Verwandte, die schon auf das Erbe
warteten. Unter dem Vorwand, ihn zur Beichte zu überreden, kamen sie mit
sechs Lastenträgern in sein Haus und sie trugen ihm alles vor seinen ungläubigen Augen fort. Da half sein Gezeter wenig, denn seine Zunge war schon
dick geschwollen, so daß man ihn nicht mehr verstand. Zu guter Letzt zogen
sie ihm noch das Hemd vom Leib und ließen ihn so auf dem Stroh liegen.
Und wie sie ihm noch seine rosa Strümpfe auszogen, der eine zog, der andere schrie, holte der Teufel seine Seele in die Hölle."[39]

Geschichten wie diese waren tief im toskanischen Volksglauben verankert;
in ihnen spiegeln sich die mittelalterlichen Vorstellungen von Tod und ewi-
ger Vergeltung wider. Es ist erstaunlich, wie sehr die Bilderwelt von Dantes
*Inferno*, ja sogar der Wortlaut seiner Verse in die Alltagssprache eingedrungen waren. Die Schreckensbilder der Hölle, die sich auf den Fresken so vie-
ler Kirchen finden, führten dem Volk die Höllenqualen, die seine Fantasie
bewegten, plastisch vor Augen. Wenn Bernardino über die Teufel sprach, die
die Wucherer in die Hölle schleppten, stellte sich seine Gemeinde die Szene
so vor, wie sie Dante beschrieben und Vecchietta und Traini auf ihren Fresken dargestellt hatten. Sie sahen die Geizigen, wie sie sich ohnmächtig in den
Klauen von gnadenlosen Ungeheuern winden und mit ihren aufgedunsenen
Wänsten samt ihren prallen Geldkatzen in die Flammen geworfen werden.[40]

*L'Anonimo* erzählt in einer Geschichte von einer merkwürdigen Szene,
die sich nach einer dieser Predigten zugetragen haben soll. Ein bekannter
Wucherer saß nahe unter der Kanzel, und es sah so aus, als ob der Prediger
mit seinen Blicken und Gesten immer nur auf ihn wies. Die Hörer fingen an,
einander anzustoßen, zu flüstern, auf ihn zu zeigen und zu lachen, während
der Wucherer sich ganz klein machte und „das Ende der Predigt heiß ersehnte". Endlich, *Domine dante*, nach Gottes Willen, war sie vorbei, und

der Wucherer eilte zur Tür von Bernardinos Zelle und rief den anderen Mönchen, die er dort traf, zu: „Wahrlich, das ist ein heiliger Mann, und Gott hat
ihm meine Verderbtheit offenbart... Heute hat er mir alles Schlechte gesagt,
das ich getan, gesprochen oder gedacht habe!" Die Mönche erklärten ihm,
daß Bernardino sich nicht speziell auf ihn bezogen habe, sondern ganz allgemein über Wucher gesprochen. „Aber ich hab' es doch gesehen", antwortete
der Wucherer, „daß er mit dem Finger auf mich gezeigt und mich immerzu
angeschaut hat... Und das hat er durch den Heiligen Geist getan, um meine
Seele zu retten." Dann ging er hin, erstattete all seinen unrechtmäßig erworbenen Besitz zurück und verehrte Fra Bernardino bis zu seinem Lebens-
ende.[41] Man muß allerdings einräumen, daß Bernardinos Urteil über die
Kaufleute, auch dann, wenn es nicht um Wucher ging, nicht immer gerecht
war. Natürlich stimmt es, daß sie oft die ärmeren Mitglieder in ihren Gilden
unterdrückten, daß ein Abgrund klaffte zwischen dem Lebensstil eines
großen Kaufherrn, der in seinem steinernen Palast lebte, wo Fürsten und
Prälaten ein- und ausgingen, und dem armseligen Leben der Handwerker,
die zusammengepfercht in engen Häusern oder in ihren dunklen Läden und
Werkstätten wohnten. Aber Bernardino erwähnt so gut wie nie die guten
Eigenschaften, die diese Kaufleute, als Klasse gesehen, zweifellos besaßen:
Unternehmungsgeist und Mut, geistige Aufgeschlossenheit für alles Neue,
dazu ihre Bereitwilligkeit, die Künste aktiv zu fördern, ihr starkes Verant-
wortungsgefühl gegenüber dem Staat und ihren großen Bürgerstolz; hinzu
kam ihre religiöse Gesinnung, die, wenn auch nicht ganz frei von Eigennutz,
der ihnen zur Lebensregel geworden war, doch aufrichtig und tätig war.

Die Gesellschaft, in der er seine Predigten hielt, war noch immer von einem eigentümlichen Zwiespalt geprägt: auf der einen Seite die gierige Jagd
nach Geld, auf der anderen Seite, vielleicht als eine Art Gegenreaktion, ein
nahezu mystischer Kult mit der Armut. So kam es manchmal vor, daß eine
unvermittelte Bekehrung, wie in der eben wiedergegebenen Geschichte, einen Menschen völlig umkrempelte. Genau dies wollte Bernardino erreichen
durch sein eigenes Vorbild und durch seine Unterweisungen. Doch die Zeit
arbeitete gegen ihn. Schon in den Jahren, in denen er seine Predigten hielt,
gewann die neue kapitalistische Welt Gestalt.

# Viertes Kapitel

# Die Armen

*Povertade innamorata*
*Grand'è la tua signoria!*

Geliebte Armut,
Groß ist Deine Macht!

Jacopone da Todi

Auf Orcagnas Fresko „Triumph des Todes" in Santa Croce [Nach der Flut-katastrophe von 1966 nur noch als Fragment im Museum von S. Croce erhal-ten, d. Ü.] stehen links im Eck vier Bettler: Einer ist blind, einer alt, einer verkrüppelt, einer nur hungrig. Sie alle vier stellen die personifizierte Armut dar. Drei blicken auf zur Gestalt des Todes, der mit seiner Sense über die Menschheit kommt; nur der Blinde reckt seinen Kopf empor, um ange-strengt auf das zu lauschen, was er nicht sehen kann. Während die reichen Kaufleute, die Prioren und schönen Damen auf der anderen Seite des Fres-kos voll Entsetzen vor dem Tod zurückschaudern, strecken die Bettler ihm die Hände entgegen und scheinen zu fragen, warum er so spät erst kommt. Wie Jahrhunderte vorher und nachher saßen und standen diese Gestalten auch zu Bernardinos Zeiten an allen Straßenecken, an jeder Kirchentür, ver-stoßen von der Gesellschaft, Menschen, die ihr Leben ausschließlich von Al-mosen fristeten – *la poveraglia.*

Wie groß war wohl ihr Anteil an der Gesamtbevölkerung der Städte, die Bernardino kannte? Schwer zu sagen. Wenn wir uns aber die Welt vorstellen wollen, in der Bernardino lebte, dürfen wir nicht vergessen, wie unvorstell-bar groß allein das physische Leid war, das er ständig vor Augen hatte, wie viele von den Menschen, zu denen er predigte, nicht einmal genug zu essen hatten.

Durch den Niedergang des Handels war Siena, diese Stadt ohne Fluß, ohne Hafen, völlig verarmt und konnte der Konkurrenz des mächtigen Florenz nicht standhalten. Hinzu kamen immer wieder Überfälle durch Söldnerheere und die Dezimierung der Bevölkerung durch die häufig auftre-tenden Pestepidemien; Bernardino selbst erlebte drei.[1] Das vorrangigste Problem gegenüber allen anderen Problemen der Stadt war: Wie konnten die Hungernden gespeist werden? Gegen Ende des 13. Jahrhunderts hatte die Kommune das Land um den Monte Amiata und die weiten Küstenebenen der Maremma annektiert und den kleinen Hafen Talamone von den Benediktinern der Abtei San Salvatore erworben, um die Ernährung der Bevölkerung sicherzustellen. Die Prioren der Stadtrepublik glaubten, daß sie die Maremma mit ihren Sümpfen und ihrem Brachland zurückverwandeln könnten in ein Land voll goldener Weizenfelder wie zu Zeiten der alten Etrusker und Römer und träumten von Maultierkarawanen, die ihre kostbare Weizenlast, die von fremden Schiffen nach Talamone gebracht worden war, in die Stadt transportierten.[2] Doch dieses Wunschdenken blieb weit hinter der Wirklichkeit zurück. Der Import von Weizen mußte stark eingeschränkt werden, denn die Stadt hatte kein Geld; der landwirtschaftlichen Nutzung der Maremma stand ein unüberwindliches Hindernis entgegen: es gab einfach nicht genug Menschen. Nichts war unversucht geblieben, um das neue Land zu besiedeln: Den *forestieri*, den Fremden, wurde in den kleinen neugeschaffenen Landkommunen das Recht zur Ansiedlung gewährt. Grund und Boden wurden ihnen gratis zur Verfügung gestellt, um darauf Häuser zu bauen oder Weinberge anzupflanzen, ja sogar Arbeitskräfte wurden gestellt, die den neuen Siedlern beim Hausbau und beim Anlegen ihrer Felder helfen sollten, so daß „die Maremma Siena zu Lob, Ehre und Vorteil gereicht und so wichtig ist, daß sie urbar gemacht und mit Menschen gefüllt wird, *ut hominibus impleatur.*"[3] Der Versuch war zum Scheitern verurteilt. Nur allzu wenige verspürten Lust, weit abgelegenes Land zu bebauen, um dann zusehen zu müssen, wie der größte Teil der Ernte hinter den Stadttoren von Siena verschwand. Außerdem wurde die Bevölkerung in den kleinen Landgemeinden ständig von Malaria und Pest heimgesucht, dazu von den regelmäßigen Raubüberfällen der „Heuschrecken", der Söldnerhaufen. Nur wenige dieser Kommunen konnten diesen Gefahren standhalten. Vor allem bedrückten sie die ungeheuren Steuern und Abgaben, die ihnen auferlegt wurden. Kurz, Siena schlachtete die Gans noch bevor sie angefangen hatte, goldene Eier zu legen. So nahm die Bevölkerungszahl dieser kleinen Landstädtchen ab, anstatt anzuwachsen. Grosseto z. B. hatte zu Anfang des Jahrhunderts 1200 Einwohner, und im Jahr 1370 zählte man nur noch 100; in Magliano war die Zahl der Haushalte von 400 auf 40 zurückgegangen, in Talamone von 50 auf ganze acht. Die Felder lagen brach, weil keine Menschen mehr da waren, die sie bestellten. Wo einst 40000 moggia als Ertrag erzielt worden waren, erntete man jetzt kaum 500.[4] Die Bauern auf dem Land litten nun ebenso Hunger wie die Städter.

Im Gerichtsarchiv von Siena gibt es einen Bericht, der für viele stehen kann: gerichtliche Ermittlungen, den Tod eines Mannes von Abbadia San Salvatore am Monte Amiata betreffend. Angeblich war er durch Hexerei getötet worden. In Wirklichkeit war er ums Leben gekommen, weil er sich noch die ganze Strecke bis an die Küste nach Grosseto hinunter geschleppt hatte, als er vor Hunger schon zu geschwächt war, nur um Weizen für seine Familie aufzutreiben. Nachdem er mit dem schweren Sack auf dem Rücken den ganzen Weg in sein kleines Bergdorf zurückgewandert war, legte er sich, kaum daß er angekommen war, ins Bett und starb „an Erschöpfung und

Entbehrung". In einem anderen Jahr, so hören wir, war in demselben Bergdorf bereits im Februar der Weizenvorrat für das ganze Jahr aufgezehrt, so
daß es dort eine Hungerrevolte gab und ganze Familien fluchtartig ihre Häuser verließen, *„et per alienas terras mendicant"*, d. h. um in fremden Landen
zu betteln.[5]

Eine Miniatur in der Chronik des Domenico Lenzi, eines Florentiner Ge-
treidehändlers, zeigt, wie die hungernden Armen von Siena mit Gewalt aus
der Stadt getrieben werden. Das Pendant dazu zeigt selbstgefällig, wie im
Gegensatz dazu in Florenz die Kaufleute an *ihre* Armen am Stadttor Brot
verteilen. Man darf aus diesen beiden gegensätzlichen Bildern natürlich nicht
den Schluß ziehen, daß es den Florentinern besser erging; nur war der Maler
eben Florentiner. Das Territorium, d. h. das zu Florenz gehörige Land mit
den kleinen Städten und Dörfern, war beinahe den gleichen schlechten Bedingungen ausgesetzt, wie das der Kommune von Siena. Obwohl so viele
prachtvolle Burgen und Villen in der Umgebung von Florenz gebaut worden
waren, gab es dort lange noch nicht genug Bauern, die das Land hätten be-
stellen können. Das kann man aus jeder beliebigen Verkaufsurkunde der Zeit
entnehmen: Riesige Flächen des verkauften bzw. erworbenen Lands mußten
von einem einzigen Bauern versorgt werden. Weil einfach nicht genügend
Arbeitskräfte zur Verfügung standen, lagen viele Felder brach, ja sogar auf
bebauten Feldern wurde der Weizen häufig nicht einmal abgeerntet oder er
blieb den ganzen Sommer über ungedroschen auf den Dreschböden liegen,
während gleichzeitig die Stadtkommune von Florenz nicht genug Brot für
ihre Bürger beschaffen konnte. Dazu kam, daß die Landbewohner sich bit-
ter über die exorbitanten Steuern und Abgaben beklagten, mit denen die
Stadt sie und ihre Erzeugnisse belegte. „Der *contado* ist noch mehr entkräf-
tet und in noch größerer Gefahr als die Stadt", schrieb 1376 ein Chronist,
„und es gibt keinen Landmann, der nicht mit Freuden Florenz angezündet
hätte."

Auch die Städte waren voll hungriger und wutgeladener Menschen. Aus
Bernardinos eigenen Worten, die er im ersten Zyklus von Fastenpredigten an
die Florentiner richtete, wissen wir, was ein unparteiischer Beobachter von
der Art und Weise dachte, wie dieser *popolo minuto* behandelt wurde: „Wie
zahlreich sind die Schreie Eurer Armen, die von Euren Amtsdienern unterdrückt werden! Sie schreien zum Himmel. Wenn Ihr die Unterdrückung
und schweren Arbeiten kennen würdet, mit denen Eure Obrigkeit Eure
rechtlosen Einwohner bis aufs Blut drangsaliert, würdet Ihr vielleicht Abhilfe schaffen. Aber vielleicht kennt Ihr sie ja und wollt gar keine Abhilfe
schaffen, weil Ihr das Gleiche oder gar noch Schlimmeres tun wollt, wenn
Ihr einmal an der Reihe seid."[6]

Für die Städter war es ein Privileg, einer Gilde anzugehören, aber nicht
alle Gildenmitglieder hatten auch dieselben Rechte. Die Konsuln der Gilde,
ihr Schatzmeister und ihr Notar, die aus dem Kreis der Unternehmer und
Handwerksmeister gewählt wurden, kontrollierten die Politik der Gilde. Sie

waren sozusagen die Aristokratie der Gilde, zu der auch die jüngeren Männer (meist Mitglieder derselben Familie) zählten, die zunächst als Lehrlinge
an ihrer Seite arbeiteten, um dann nach einer gewissen Zeit zu entsprechen-
den Positionen aufzusteigen; sie alle waren wohlhabend und hatten keine
Sorgen. Doch unter ihnen standen die zahllosen *sottoposti*, Untergeordnete,
einfache Weber und Spinner, Färber und Kardierer, Träger und Laufbur-
schen, die den Konsuln Gehorsam schwören mußten und sich nicht zu einer
eigenen Vereinigung zusammenschließen durften. Sie hatten viele Pflichten,
aber keinerlei Rechte und mußten sich abarbeiten für geringen und noch
dazu unsicheren Lohn. Nur zu oft war das Geld, das sie fürs Spinnen bekamen, der reinste Hungerlohn, „...und auch, manchmal", sagte Bernardino,
„zahlen sie in Waren, so daß sie fast die Hälfte des Geldes verlieren."[7] Doch
es gab keinerlei Rechtsschutz für sie. Wir haben gesehen, daß in Siena ihr
erster Versuch, sich gegen diese Zustände aufzulehnen, mit Verbannung bestraft wurde, und daß ähnliche Revolten in Florenz die Rädelsführer an den
Galgen brachten. Als nach dem berüchtigten Ciompi-Aufstand (genannt
nach den niedrigsten Arbeitern der Florentiner *Arte della Lana*, der Tuchergilde) diese Männer schließlich im Jahr 1376 erreichten, daß sie sich in drei
neuen Gilden zusammenschließen durften, die sie „*Le Arti del Popolo di
Dio*" nannten, machten die Unternehmer einfach die Betriebe zu. „Die
Leute waren rasend vor Hunger, weil die Werkstätten fast alle geschlossen
waren", schrieb ein Chronist, „und wenn sie offen waren, wurde dort nicht
gearbeitet; und die Tuchergilde wollte nichts unternehmen."[8]

Selbst in guten Jahren bestand die Kost dieser Leute fast ausschließlich aus
Brot und Kohl, gewürzt mit ein paar Tropfen Olivenöl. In schlechten Jahren, wenn Brot und Öl knapp waren, war Hunger ihr täglicher Gefährte.
Noch tiefer auf der sozialen Leiter standen die Arbeitslosen und Arbeitsun-
fähigen. Die litten noch mehr Hunger. Da waren die ungelernten Bauern,
die ihre unfruchtbaren Felder im Stich gelassen hatten und in die Stadt geflohen waren, aber das Geld nicht besaßen, um sich in eine Gilde einzuschrei-
ben; oder die Sklaven, die gerade erst von ihren Herren freigelassen worden
waren; Söldner, die darauf warteten, daß der nächste Krieg oder eine Fehde
in der Bürgerschaft ausbrach (worauf sie allerdings meist nicht lang zu warten brauchten!); Prostituierte, Gaukler, Hausierer und gewöhnliche Krimi-
nelle. Von einem solchen Mann, dem die Armut jede Hoffnung und jedes
Schamgefühl geraubt hatte, erzählte Bernardino, wie er nachts auf dem
Marktplatz von Siena Mehl stahl – und dabei stellte er den Fall nicht als eine
besondere Ausnahme dar, sondern als etwas ganz Alltägliches. Die Stadt
hielt dort sechs Schweine, die die Abfälle auf dem Platz wegfressen sollten,
und die als „Antonius-Schweine" bekannt waren. „Er hängte sich eine Tasche um die Hüften und nahm eine Schelle mit und kroch auf allen Vieren,
und als die Leute diese Schelle hörten, meinten sie, daß er eines von den
Schweinen des Heiligen Antonius sei."[9]

Menschen, die so arm und heruntergekommen waren wie dieser Mann, fürchteten die Regierenden der Stadt zu Recht, denn sie waren stets bereits, sich jedem Aufstand anzuschließen, bei jeder Hungerrevolte mitzumachen. Dann plünderten sie nicht nur die Häuser der reichen Bürger, sondern auch die Speicher der Kommune und den Kornmarkt, schmissen die Getreidekörner gegen die Fenster des Priorenpalasts und verhöhnten die Priori dafür, daß sie nicht einmal fähig waren, sie mit Brot zu versorgen. Deswegen warnte der umsichtige Kaufmann Giovanni Morelli alle wohlhabenden Grundbesitzer davor, mehr Nahrungsmittel in ihren Stadthäusern zu lagern, als die eigene Familie und Dienerschaft brauchte, und riet ihnen: „Sei nicht darauf aus, daß Deine ganze Ernte, wenn Du viel hast, Dir ins Stadthaus gebracht wird: Laß' Dir das kommen, was Du brauchst, und auch das nicht auf einmal, sondern immer nur in kleinen Mengen." Denn, so erklärte er: „Wenn der Arme sieht, daß Du Korn zu verkaufen hast und daß Du es aufhebst, damit es mehr wert wird, wird er Dich beschimpfen und verfluchen, Dich ausrauben oder Dein Haus anzünden... und er wird den ganzen *popolo minuto* gegen Dich aufhetzen, was das Gefährlichste dabei ist."[10]

Die Hungrigen zu speisen war unter solchen Umständen die erste Pflicht für jeden Herrscher und für jeden wohlhabenden Privatmann, und sie wurde auch wirklich von öffentlichen Institutionen ebenso erfüllt wie von reichen Privatpersonen – auch wenn es nur eine Art Selbstschutz war. In Florenz wie in Siena konnte man täglich um die Mittagszeit Scharen von Bettlern an den Toren der Spitäler und Klöster zusammenströmen sehen, wo Laienbrüder jedem einen Napf voll Suppe austeilten. In den Rechnungsbüchern der meisten reichen Grundbesitzer ist eine bestimmte Menge der Erträgnisse ihrer Höfe für die Armen abgebucht sowie für kirchliche Einrichtungen; in Pestzeiten wurde auch Wein gratis an die Kranken verteilt; und nicht zuletzt bestimmte jeder Reiche in seinem Testament Legate für solche Zwecke.

Auch die anderen „Werke der Barmherzigkeit" wurden nicht vernachlässigt: Die Nackten kleiden, die Kranken pflegen, die Pilger beherbergen, die Gefangenen besuchen, die Toten begraben. Jeder Prediger legte den Menschen diese Pflichten ans Herz, unzählige Kunstwerke führten sie ihnen bildlich vor Augen, und so waren die Werke der Barmherzigkeit Teil des Alltagslebens geworden. 1336 gab es, nach Villani, in Florenz nicht weniger als 1000 Spitalbetten, deren Kosten durch private Spenden getragen wurden; es gab Hospize für Pilger, Findelkinder und Alte und dazu noch den *Monte delle Doti*, der mittellosen Mädchen zu einer Mitgift verhalf. Zahlreiche Handelsgesellschaften sammelten nicht nur jeden Tag das Kleingeld in einer Sparbüchse, das dann jeden Donnerstag, jeden Samstag und an Feiertagen an die Armen verteilt wurde, sondern sie führten in ihren Geschäftsbüchern ein eigenes Konto, *il conto di messer Domeneddio*, auf dem ein bestimmter Prozentsatz des Gewinns des Unternehmens verbucht wurde, der für Almosen bestimmt war. In anderen Gesellschaften war wieder ein gewisser Teil des Grundkapitals vom Zeitpunkt der Firmengründung an für wohltätige Zwecke bestimmt, und dieses Konto, „Gottes Zins", wurde genauso geführt

wie das der übrigen Firmenpartner, so daß dieser Kapitalanteil an Erfolg
oder Mißerfolg der Firma teilhatte.[11]

Auch in Siena gehörte das Verteilen von Almosen schon lange vor Bernardinos Zeit zur festen Tradition. Das große Hospital Santa Maria della Scala,
in dem er während einer Pestepidemie die Kranken pflegte, war schon im
13. Jahrhundert von den Stiftsherren des Doms gegründet worden. Darin
gab es nicht nur Krankensäle, sondern auch ein Heim für Findelkinder, eine
Pilgerherberge und ein Asyl für elternlose Mädchen, die vom Hospital eine
Mitgift erhielten, wenn sie das heiratsfähige Alter erreichten. Es war Brauch,
daß am Ostersonntag auf dem Domplatz für sie ein Bankett abgehalten
wurde. Dort konnten die Freier sie betrachten, während sie an der Tafel saßen, und beim Prior um die Hand des Mädchens anhalten, das einer gewählt
hatte. Die Hochzeit fand dann in der Kapelle des Hospitals statt.

Wie bei vielen ähnlichen Einrichtungen dieser Art stammten die Einkünfte
in erster Linie von den Erträgen der Ländereien, die dazu gehörten. Immer
wieder vergrößerte sich ihr Vermögen auch durch testamentarische Stiftun-
gen reicher Bürger. Zu Bernardinos Zeiten war das Hospital von Santa Maria della Scala längst nicht mehr so vermögend wie vorher, nicht zuletzt, weil
ein Teil seiner Einkünfte für die Verteidigung seiner Ländereien gegen die
Söldnerheere verwendet werden mußte. Dem Hospital „geht es finanziell
sehr gut“, stellte Bernardino fest, „und es ginge ihm noch besser, wenn ihm
das, was ihm gehört, nicht weggenommen würde.“ Die Bürger müßten sich
darum kümmern, sagte er, daß es nie an Almosen für das Hospital fehlte.
„Heh, Ihr Bürger, sorgt für dieses Hospital! Sorgt dafür, daß immer Almosen dafür gegeben werden und daß sie nicht weniger werden.“[12]

Er appellierte auch an seine Gemeinde, das Leprakrankenhaus zu unterstützen, das gerade erst außerhalb der Stadtmauer errichtet worden war. Bevor es solche Leprosorien gab, war das Schicksal eines Aussätzigen das
schlimmste, das einen Menschen treffen konnte. Er wurde aus seiner Heimatstadt verbannt und durfte nie mehr dorthin zurückkehren. In den Tagen
des Heiligen Franziskus durfte in Assisi jedermann, der innerhalb der Stadtmauern einen Aussätzigen antraf, diesen gemäß den Statuten der Stadt mit
Steinen und Schlägen vertreiben.[13] So wanderte er elend im Land umher, fri-
stete sein Leben von Almosen und mußte ein Glöckchen um den Hals tragen, das jeden, der vorbeiging, davor warnte, sich ihm zu nähern. Doch
seine Lebensumstände wurden auch dann kaum besser, nachdem diese
Siechkoben für Aussätzige eingerichtet worden waren: Sobald der Kranke
das Spital betrat, nahm ihm ein Priester die Beichte ab und besprengte ihn
mit Weihwasser, „bestreute sein Haupt mit Erde vom Kirchhof“, als ob er
schon gestorben wäre und sprach dazu: „Stirb der Welt und werde Gott neu
geboren.“

Alle reichen Leute fühlten sich im eigenen Interesse sowohl als auch aus
wahrer Tugend dazu verpflichtet, zum Unterhalt solcher Einrichtungen für
die Armen und Kranken beizutragen. Die Kirche lehrte, daß niemand das

Recht habe, mehr für sich zu behalten als er selbst für seinen täglichen Bedarf benötigte. Alles, was darüber hinausging, gehörte Gott. (Die Florentiner Wirtschaftssachverständigen nannten diesen Teil vom Einkommen einer Privatperson *l'avanzo* oder *il sopravanzo della vita*, den Überschuß, nach dessen Höhe auch die Steuer festgesetzt wurde.) Wenn so eine Bestimmung natürlich auch recht großzügig ausgelegt werden konnte, wurde das Prinzip als solches doch von jedermann anerkannt: Jeder, der reich war und kein Almosen gab, brachte seine irdische Existenz ebenso in Gefahr wie sein Seelenheil im Jenseits – er bestahl die Armen.

In seinen Predigten sprach Bernardino dies immer offen oder in Andeutungen an wie so viele andere Prediger seiner Zeit auch. Aber war das wirklich alles, was er mit dem Begriff „Barmherzigkeit" meinte? Ganz sicher nicht. Für ihn hatte der Begriff ebenso wie für seinen Lehrer, Franz von Assisi, eine viel tiefere Bedeutung. Barmherzigkeit erschöpfte sich für ihn nicht in einer materiellen Spende, sondern sie war, was er *la limosina del cuore*, Almosen des Herzens, nannte. „Erbarmen", pflegte er zu sagen, „ist das Salz jedweder Tugend, die ein Mensch haben kann."[14] Unter Erbarmen verstand er nicht nur eine vorübergehende, oberflächliche Gefühlsregung, auch nicht, daß man sein Gewissen mit einer Spende von Almosen erleichterte, sondern die Bereitschaft, sich mit dem Leidenden zu identifizieren, und durch ihn wieder mit Gott selbst. „Die einen behaupten", sagte Bernardino, „daß der Heilige Franziskus die Stigmata nur in der Seele empfangen habe, die anderen haben wieder gesagt, daß er nur äußerlich davon gezeichnet war: Und ich behaupte, daß er sie innen und außen hatte. Und ich sage, daß derjenige, der die Wunden unseres Herrn nicht im Inneren seiner Seele trägt, Christus nicht angehört." Die *Vollendung* der Nächstenliebe, erklärte er, ist nicht mehr und nicht weniger als die Bereitschaft, sein Leben mit dem des anderen zu tauschen. „Die Vollendung besteht darin, daß Du, wenn Du einen Aussätzigen siehst, so viel Mitleid für ihn empfindest, daß Du lieber selbst sein Leid auf Dich nehmen möchtest, als daß er es tragen müßte."[15]

Durchdrungen vom Gedankengut des Heiligen Franziskus, empfand auch Bernardino die mystische Anziehungskraft, die das Ideal der Armut ausübte. *„Povertade innamorata, grand'è la tua signoria!"* (Geliebte Armut, groß ist Deine Macht!) Für die, die sich diesem Glauben hingaben, waren die Armen das, was die Reichen nie sein konnten, *gli amici di Dio*, die Freunde Gottes. „Ich höre oft von Euren großen *Gastmahlen*, die Ihr den reichen Herren und Damen der eleganten Welt ausrichtet", schrieb Ser Lapo Mazzei an den wohlhabenden Kaufmann Francesco Datini, „... aber vergeßt nicht, manchmal auch die Armen kommen zu lassen, damit sie ein so schönes Haus sehen und sich an Deinen Speisen und Getränken erquicken, damit Gott Euch nicht vorwerfen kann: ‚Hättest Du nur einmal auch *meine* Freunde in das Haus eingeladen, das ich Dir gegeben habe!'"[16]

In Umbrien und in der Toskana hatte diese Lehre den größten Widerhall gefunden. In Siena hatte seit jeher ein starker Hang zur Mystik bestanden,

ungeachtet der Gewalttätigkeit, der Ausschweifung und der rücksichtslosen
Geschäftstüchtigkeit und Schlauheit, die ebenfalls typisch waren für die
Bürger dieser Stadt. In diesem geistigen Nährboden war Bernardino verwurzelt. Eben in Siena hatte ein paar Jahre zuvor Giovanni Colombini, der in
seiner Jugend ebenso reich und lebenslustig gewesen war wie Franz von Assisi, all seine irdische Habe verschenkt und die *Compagnia dei Poveri Gesuati* gegründet, deren Mitglieder auf die Straße gingen, um für die Armen in
Gott Brot und Wein zu erbetteln. Als er im Val d'Orcia als Wanderprediger
den Bauern das Evangelium verkündete, wurde er von religiöser Leidenschaft erfaßt, die, wie er sagte, „der Seele ein so großes Fest ist, ...daß
manchmal, wenn ich so in Leidenschaft schreie, auch der Körper aufschreien
muß, weil er so viel Feuer, so viel Liebe nicht ertragen kann".

> *Povertà, povertà, il tuo linguaggio non s'intende,*
> *Viva la santa povertà dei nostri cuori.*[17]

Pazzo per Cristo, toll vor Liebe zu Christus, verteilte Giovanni Colombini nicht nur all sein Land an seine armen Bauern dort, sondern er forderte
seine Ordensbrüder auf, ihn an einem Strick durch die Straßen von San Giovanni d'Asso, seinem Heimatdorf, hinter sich herzuziehen, ihn zu geißeln
und der Menge, die zusammenlaufen würde, zuzurufen: „Das ist der Mann,
der Euch verhungern lassen wollte, der Euch jedes Jahr den alten, von Mehl-
würmern befallenen Weizen lieh und dann von Euch dafür den neuen, guten
zurückverlangte... einen Scheffel für einen Gulden! Schlagt ihn nur fest,
diesen grausamen Feind der Armen!"[18]

Es war auch in Siena, wo die Heilige Katharina von Siena selbst in der
Extase ihrer himmlischen Visionen und trotz der großen Mühe, die ihr der
umfangreiche Schriftwechsel mit Päpsten und Königen bereitete, nie versäumte, ihre tägliche Runde in der Stadt zu machen, um da und dort bescheidene Taten der Barmherzigkeit zu vollbringen. Sie pflegte eine alte,
kranke Prostituierte, besuchte Spitäler und Gefängnisse, ja sogar gegen den
Willen ihrer Familie das Leprakrankenhaus außerhalb der Stadtmauer. Sie
bat ihren Vater um Erlaubnis, von den Vorräten im Haus etwas an die Armen verschenken zu dürfen, und wann immer sie konnte, tat sie es auch
heimlich. Noch vor Morgengrauen huschte sie dann mit einem Säcklein
Mehl oder einem kleinen Krug Öl durch die leeren Gassen wie eine gute Fee,
stieß da und dort eine Tür auf (denn „es ist Brauch bei den Armen", wie ihr
Biograph erklärt, „die Türen angelehnt zu lassen"), stellte ihre Gaben auf die
Schwelle, und verschwand lautlos. Eine Geschichte, die man sich von ihr
erzählt, erinnert an die bekannte Rosenlegende der Heiligen Elisabeth von
Thüringen. Obwohl Katharinas Vater ihr erlaubt hatte, viele von seinen Vorräten zu verschenken, so hatte er doch anscheinend in seinem Keller „ein
gewisses Fäßchen" mit ganz besonders gutem Wein, „*ottimo*", an das niemand gehen durfte; aber Katharina hatte „Flaschen und Flaschen von diesem
Wein an arme Kranke" verschenkt (bekanntlich galt alter Wein als die beste

Medizin). Aber der Tag kam, an dem der Vater dieses Faß anzapfen wollte, und es kam ans Licht, daß das Faß leer war. Da geriet er außer sich vor Wut und er beschuldigte einen nach dem anderen im Haus, daß er sich nicht an sein Verbot gehalten habe. Da ging Katharina in den Keller hinunter, kniete neben dem Faß nieder und betete zu Gott, er möge wieder ein bißchen Wein in das Faß schicken, „und siehe da, der Wein sprudelte reichlich aus dem Fäßchen... und sie brachte den Wein ihrem Vater und sagte nichts von dem Wunder".[19]

Das war eine Geschichte so recht nach Bernardinos Herzen. Denn Leute, die ihre Almosen „*con pompa e vanagloria*", aus Prahlerei und Eitelkeit, gaben oder „auf dem Marktplatz, wo viele Leute sind... damit sie auch ja gesehen werden", die den Kirchen goldene Kelche und großartige Brokatparamente stifteten oder Kapellen errichten ließen, auf denen überall ihr Wappen prangte, die warteten vergebens auf seinen Beifall. „Und warum, glaubst Du, daß sie es dort anbringen? Aus keinem anderen Grund, als damit es bekannt wird, wer sie gestiftet hat." Auch die berechnende Hausfrau erntete nicht viel Lob, wenn sie Almosen gab und gleichzeitig einen Gegenwert für das, was sie gegeben hatte, erwartete. „Manchmal schenkst Du einer armen Frau etwas und sagst dann: ‚Hilf mir ein bißchen, das Bett zu machen', und Du läßt sie das Haus saubermachen, Wasser holen oder manchmal sogar spinnen... Das nennt man Almosen der Frau Schmarotzerin. Und dann sagst Du: ‚Ich spende Almosen.' Nein, Du hast es verkauft."

Wenn solche Männer und Frauen nicht bereit waren, seinen Armen zu helfen, dann hielt er ihnen vor, daß selbst der Heilige Franziskus „alles aufgab, das, was er hatte, und das, was er hätte haben können. Er hätte vielleicht eine Frau haben können... und drei oder vier Kinder: vielleicht hätte er zwei oder drei Häuser haben können... Bedenke... wie viele Kinder, glaubst Du, hat der Heilige Franziskus?... Ja, es sind so viele, daß es überall auf der Welt welche gibt, sogar im Land der Sarazenen... Die, die alles aufgeben, was sie auf dieser Welt besitzen und dem Leben Jesu nachfolgen aus Liebe zu ihm... die sind die wahren Herren der Welt. *Viva el Signore del mondo!* Mögen die sich selig preisen, die Ihm ihr Reittier geben können, wenn Er zu Fuß geht... die Ihn in ihrem Haus bewirten können."[20]

Auf der anderen Seite war Bernardino als nüchtern denkender Mann weit davon entfernt, jeden Bettler zu idealisieren oder jeden Reichen zu verdammen, bloß weil er reich war „*La povertà* (Die Armut)", sagte er, „*è più sicura che la ricchezza* (ist sicherer als der Reichtum), – wenn sie freiwillig ist, aber es wäre falsch zu sagen, daß alle Reichen ein böses Ende nehmen und alle Armen ein gutes, denn es gibt Reiche, die erlangen ihr Seelenheil, und Arme, die sich selbst der Verdammung ausliefern."[21] Dazu kam, daß er trotz all seines franziskanischen Mitleids im übrigen durch und durch konventionell und orthodox in seiner Überzeugung war, daß in einer intakten Sozialstruktur den Reichen ebenso wie den Armen ein Platz bestimmt war. „Wenn Gott sieht, daß eine Seele eher durch Reichtum gerettet werden kann als durch Armut, dann verleiht ihr Gott Reichtümer... Gott beruft jeden von uns zu dem Stand, der am besten zu ihm paßt." „Die Reichen und die Armen sind ein und derselbe Körper, also Glieder eines Körpers. Die Reichen sind nötig für den Staat und die Armen sind nötig für die Reichen."[22]

Persönlich lebte Bernardino in ebenso strenger Armut wie der Heilige Franziskus selbst, doch forderte er von anderen Männern oder Frauen nicht mehr, als sie zu geben imstande waren. „Vielleicht könntest Du sagen: ‚Gott fordert von mir etwas, was ich nicht kann.' Nun bedenke ein wenig, was Gott von uns fordert. Ganz wenig nur fordert er von uns. ...Er will nicht, daß Du Dich schindest." Andererseits darf die Armut auch wieder keine Ausrede dafür sein, daß man kein Almosen gibt. „Oh Du, der Du sagst: ‚Ich habe nichts zu geben', Dir antworte ich, daß Du, selbst wenn Du nackt bist, etwas hast, was Du geben kannst und geben sollst und daß Du vor Gott keinerlei Ausrede hast... Habt Ihr im Sommer schon einmal an den reichen Tau gedacht, den Ihr am Morgen vorfindet, wenn die Tage heiß sind? So kommt es manches Mal vor, wenn Du zu einem bedürftigen Kranken sprichst, daß Du ihm zwar nicht mit Gütern dieser Welt beistehen kannst, ihm aber doch mit Deinen Worten Trost spendest, so daß er ganz erfrischt scheint." Brot, das man Kranken und Gefangenen gibt, sagte Bernardino, ist Brot der Engel, „damit erwirbt man das ewige Leben", und ein Glas Wasser öffnet den Weg zum ewigen Leben. „Wieviel kostet das ewige Leben? – Es ist wohlfeil. – Was kostet es? Wieviel? – Nur einen Becher frischen Wassers. ...Also kann man das ewige Leben mit einem Becher frischen Wassers erwerben und sogar mit weniger als einem ganzen Becher voll: Es reicht schon eine kleine Neige, wenn sie nur mit Liebe gegeben wird."

Wenn Bernardino von Almosen spricht, spürt man stets, daß er weiß, was ein Bettler empfindet. Das kam sicher nur daher, weil er selber auf der Straße gebettelt und in der Kälte vor den Türen der Reichen gewartet hatte. Einmal hatte ihm ja eine ungehaltene Hausfrau einen harten Laib Brot aus dem Fenster an den Kopf geworfen. „Das schmerzte sehr", sagte er wehmütig; „vielleicht gab sie es nicht gern". Und er fügte hinzu: „Einen armen Mann freut ein Glas Wasser, das ihm ohne langes Überlegen mit Freuden gegeben wird, mehr als ein Schoppen Wein, der ihm nur zögernd und mißmutig gereicht wird."[23]

Ihm gefiel vor allem die Wohltätigkeit, die spontan und freudig ausgeübt wurde, la compassione cordiale, das Mitleid, das von Herzen kommt. „Wenn Du Almosen gibst, dann gib sie fröhlich. ...Wenn ein Armer an Deine Tür kommt und Almosen erbittet um Gottes Lohn, dann sag' ihm: ‚Aber ja, natürlich, sehr gern, sei willkommen.' Und zeig' ihm dabei ein fröhliches Gesicht, gib schnell und ohne Zögern." In einer anderen Predigt sagt er: „Weißt Du warum [Du mit Freuden geben mußt]? Weil man sagt: Spiritus tristis dessicat ossa, ein trauriger Geist trocknet die Knochen aus. Das bedeutet, wenn ein Armer an Deine Tür klopft, und Du ihm Almosen gibst mit Verdruß, Zaudern und ohne Freude, dann ist das ganze Verdienst, das Du Dir mit dieser Wohltat erwirbst, schon vertan, bevor Du die Tür erreichst." Er verglich den reichen Mann, der wartete bis er auf dem Sterbebett lag, bevor er Almosen gab, „mit dem kleinen Buben, der eine Birne hat und erst hineinbeißt und sie dann erst der Mutter gibt und sie nicht vorher hergeben wollte". Darauf erzählte er die Geschichte von der Frau, „die gewohnt war, Almosen zu geben". Es geschah ihr einmal, daß sich ein halbnackter Armer, der etwas brauchte, um seine Blößen zu bedecken, gerade in dem Moment an sie wandte, als „der Priester sagte: *Sequentia Sancti Evangelii.* Sie überlegte bei sich: ‚Was soll ich tun? Soll ich ihn warten lassen oder das Evangelium versäumen? Wenn ich ihn warten lasse, wird er vor Kälte sterben.' So ging sie geschwind in einen Winkel der Kirche, entledigte sich ihrer Unterkleider und gab sie dem Armen. Und siehe, ein Wunder geschah! Sie kehrte zum Altar zurück: Der Priester war noch beim gleichen Wort!"[24]

Bernardino unterschied auch zwischen dem Mitleid, das einfach aus einem „Instinkt der Natur" entspringt und das er eine rein physische Reaktion auf den Anblick von Schmerz und Armut nannte, „wie wenn zum Beispiel ein Kind weint, weil es seine Mutter weinen sieht, aber gar nicht weiß, warum" – und wahrer Barmherzigkeit, die aus Verstehen entspringt: „Wenn Du einen Kranken siehst, einen Bedürftigen, …einen Mühseligen; sofort, noch bevor er Dich um Almosen oder um Hilfe gebeten hat… weißt Du schon, was er braucht, ohne erst zu fragen. … ‚Ich sehe, Du brauchst dies, Du brauchst das.' Es ist Nächstenliebe, die Dich sehen macht und verstehen. Deswegen sagt der Prophet David: *Beatus qui intellegit.*"[25]

Von allen Bedürftigen in ganz Siena waren die *„povaretti prigioni"*, die armen Gefangenen, die unglücklichsten und sicherlich diejenigen, die in Bernardino das größte Mitleid erregten. Und das mit Recht, denn die Zustände in den Gefängnissen waren zu seiner Zeit fürchterlich, und ebenso wie in der Welt draußen gab es zwei verschiedene Rechte: eines für die Reichen und eines für die Armen. Die Gefängnisse hatten drei Abteilungen: eine für politische Gefangene, eine für gemeine Verbrecher und für Ketzer und eine für arme Schuldner und Leute, die kleinere Missetaten begangen hatten. Aber die Gefangenen aller drei Kategorien waren wieder unterteilt in Privilegierte, *agevolati,* und Nicht-Privilegierte, *non agevolati.* Die einen durften sich durch Extraabgaben etwa einen zweiten Strohsack oder eine Kante Brot als besonderen Luxus erkaufen, während die anderen völlig von Almosen abhängig waren oder sich winzige Geldbeträge verdienten, wenn sie die niedrigsten Arbeiten im Gefängnis verrichteten oder, falls sie des Schreibens mächtig waren, gegen Entgelt Schreibarbeiten übernahmen. Der Obergefängnisaufseher mußte der Kommune allein für das Privileg dieses Postens die enorme Summe von 300 *lire* im Jahr zahlen, denn er konnte mit einem regelmäßigen Einkommen aus dem Gefängnis rechnen: fünf *soldi* vier *denari* Steuer von jeder Person, die eingeliefert oder entlassen wurde, dazu einen *soldo* sechs *denari* pro Tag von jedem „privilegierten" Gefangenen. Der einzige Nachteil dieses Berufs: Gelang es einem seiner Schutzbefohlenen zu fliehen, drohte ihm der Galgen. Aber wer sollte den Versuch schon wagen? Die Stadt war so klein und so voller Spione, daß jeder Flüchtige ziemlich sicher ergriffen wurde, bevor er nur das Stadttor erreicht hatte; die hohe Stadtmauer war sowieso kaum zu überwinden. Selbst wenn einer wirklich aus der Stadt entkam, wußte er nur zu gut, daß er danach wie ein gehetztes Tier würde leben müssen, denn wenn ihn der Hunger an die Türen der Bauern trieb, mußten diese ihn pflichtgemäß ohne Verzug an die *Signoria* ausliefern; versteckten sie ihn und es kam heraus, mußte das ganze Dorf zur Strafe die exorbitante Summe von 1000 Gulden zahlen. Der verbannte Ketzer oder „Verräter" (was oft nichts anderes bedeutete, als daß der Mann eben einer anderen Partei angehörte als der, die gerade an der Macht war) war ein Gesetzloser, im wahrsten Sinn des Wortes: außerhalb des Gesetzes, ein Mensch ohne bürgerliche Grundrechte und ohne Rechte vor Ämtern und Gerichten, so, als ob er gar nicht auf der Welt wäre.[26] Kaum ließ sich ein Flüchtiger in einer Gegend blicken, ging der Lärm los: Die Kirchenglocken läuteten Sturm, der öffentliche Ausrufer stieß in sein Horn, die Dorfbewohner griffen zu den Waffen, und die Menschenjagd konnte beginnen.

Mit so einem Schicksal vor Augen versuchten nur sehr wenige Gefangene den Ausbruch. Die *non agevolati* waren meist einfache Leute, die sich kleine Vergehen zuschulden hatten kommen lassen. Die wirklich Kriminellen und Räuber, Fälscher, Ketzer und Hexen wurden mit dem Tod oder mit Verbannung bestraft, zumindest aber wurde ihnen ein Glied abgehauen; die kleineren Missetäter, die es sich leisten konnten zu bezahlen, kamen mit einer Geldstrafe davon. So blieben neben denen, die nichts hatten, nur die politischen Gefangenen und die Schuldner übrig, die Jahr um Jahr ihr Leben in den Gefängiszellen absaßen. Empört tadelte Bernardino die Männer, die die Ärmsten dort aus Gleichgültigkeit oder aus Habgier vermodern ließen. „Oh Du, der Du einen Mann im Gefängnis sitzen läßt, weil er Dir drei Gulden schuldet und ihn dahinsiechen läßt, was willst Du denn von ihm? Willst Du sein Fleisch? Geh', so hab' doch Mitleid mit ihm um der Liebe Gottes willen."[27]

Das Bild, das Bernardino von den Lebensumständen dieser Gefangenen zeichnet, wird auch in anderen Dokumenten der Zeit bestätigt: man ließ sie sowohl körperlich als auch seelisch völlig verwahrlosen. „Einstmals", so erzählte er, „ging ein Kaplan ins Gefängnis, der ihnen die Beichte abnahm, ihnen die Kommunion austeilte, die Messe für sie las und sie in ihrer Drangsal tröstete; jetzt aber haben sie keine Hilfe, keine Unterweisung, wie man ein gutes Leben führt, keinen Trost. Auch sind sie so sehr verwahrlost, daß sie nicht einmal Brot haben, nicht einmal etwas, um darauf zu schlafen. Ja, noch schlimmer, ich höre, daß ihnen das Wasser weggenommen worden ist... Da habt Ihr aber eine gute Tat vollbracht, denn den Dirnen, denen habt Ihr es gelassen!" (Der Stadt war das Wasser knapp geworden, und so wurde es dem Gefängnis abgedreht, nicht aber in dem Puff daneben.) „Wenn sie dort Brot brauchen, muß man ihnen welches von draußen bringen, ebenso wie Wasser, Wein und Feuerholz. Und deshalb, Ihr Frauen, lege ich Euch ans Herz, daß Ihr Mitleid mit ihnen habt: Schickt ihnen Streulager oder Matratzen, damit sie wenigstens ein Plätzchen zum Ausrasten haben, wenn sie gefoltert wurden. So bitte ich Euch auch, ihnen Wäsche, Unterhosen und Hemden zu schicken... Auch schickt ihnen etwas aus der Küche oder ein bißchen Wein, die eine dies, die andere das, jede, wie sie kann. Seid nicht herzlos zu ihnen, denn wenn sie Unrecht getan haben, erleiden sie jetzt die Strafe und sind dadurch gezüchtigt, daß sie so eingesperrt sind."

Vor allem erregten alle die Bernardinos Zorn, die ihren Geiz scheinheilig damit begründeten, daß die Hungernden selbst an ihrer Notlage schuld seien, weil sie gesündigt hätten. „Wie viele Gesetze macht Ihr zu Lasten der Armen!" rief er. „Was, meinst Du, ist die größere Sünde, wenn einer jemanden bestiehlt, dem es an nichts fehlt, oder wenn einer, dem es an nichts fehlt, dem nichts gibt, der dann aus Not stiehlt? Gewiß, es ist eines der Gebote Gottes: Non furaberis, Du sollst nicht stehlen! Doch sag' mir, welches ist die größere Sünde? ..." Und er gab seinen Zuhörern den Rat: „Laß' Dich nicht abschrecken, weil Du einen armen Bedürftigen siehst, der schlecht ist und voller Laster. Sieh nicht auf seine Laster, sondern immer nur auf seine Bedürftigkeit, geh' und... hilf ihm."[28]

Wenn er sich an die Frauen seiner Gemeinde wandte, verglich er Gott mit einer Mutter: „Er macht es wie die Frau mit ihrem Kindchen: Wenn es etwas will, gibt sie es ihm: Wenn es weint, drückt sie ihm eine Feige in die Hand... nicht zum Essen, nein, sondern um es zu beruhigen, und wenn es nicht mehr schreit, sagt sie zu ihm: ‚Mein liebes Kind, gib mir diese Feige, mein kleiner Liebling, gib sie mir; wenn Du sie mir nicht gibst, bin ich nicht mehr Deine Mamma; gib sie mir, mein Schatz!' Wenn es ihr die Feige dann immer noch nicht hergibt,... sagt sie: ‚Geh' weg, denn Du bist nicht mein Sohn; geh', scher' Dich fort!' So macht es Gott mit dem, dem er Überfluß gegeben hat. Wenn er seinen Armen nichts gibt, jagt er Dich weg und sagt: ‚Geh' weg, denn Du bist nicht mein Sohn! Weg, scher' Dich weg!'"

Sogar die Vögel und das Vieh haben mehr Mitgefühl als die Menschen. „Schau die Schweine an, die so viel Mitleid miteinander haben, daß alle zusammenlaufen, wenn eines von ihnen quiekt, um ihm beizustehen, als ob sie helfen könnten... Ach Kinder, Kinder, wenn ihr die Schwalbenjungen raubt, was machen die Schwalben? Alle Schwalben scharen sich zusammen und bemühen sich, den jungen Schwälbchen zu helfen... Der Mensch ist schlechter als die Vögel."[29]

Diese Äußerungen Bernardinos sind ganz im Sinn des Franz von Assisi. Thomas von Aquin hatte zwar auch schon gelehrt, daß der Mensch seine Barmherzigkeit allem, was Gott geschaffen hat, zuwenden soll, da Gott selbst der eigentliche Gegenstand der Barmherzigkeit und gleichermaßen der Gegenstand des Glaubens ist. Das sollte auch für Kreaturen gelten, die nicht mit Vernuft ausgestattet sind, für Fische, Vögel, Vieh und Pflanzen. Liebe aber, die aus Barmherzigkeit entspringt (denn sie ist Freundschaft, eine wechselseitige Beziehung), schulden wir nur unserem Nächsten.³⁰ Franz von Assisi dagegen umging diese Schwierigkeit der Auslegung dadurch, daß er alle lebenden Kreaturen mit menschlichen Attributen ausstattete, auch mit einem menschlichen Gewissen und damit gleichzeitig mit dem Recht auf Erlösung und Liebe. In den Heiligenlegenden um Franziskus wimmelt es nur so von Tieren der Luft, der Erde und des Wassers. Da sind zum Beispiel „die Fische, die er dem Fischer weggenommen hat und ins Wasser zurückwirft und sie bittet, ‚achtzugeben, sich nicht noch einmal fangen zu lassen‘"; „ein Fasan, der dem Heiligen Franziskus überall nachhüpfte, wo er ging und stand", und ihm den Mantel wie eine Schleppe nachtrug, „als ob er ein Bischof sei"; „das Lämmchen, das, kaum hörte es die Mönche im Chor singen, sich vor dem Altar der Muttergottes hinkniete und blökte, als ob es mit menschlicher Vernunft begabt sei"; der Falke, der den Heiligen jede Nacht zu den Gebetsstunden weckte, ihn aber bis zum Morgengrauen schlafen ließ, als Francesco einmal krank war. Alle diese Tiere werden im Licht der Barmherzigkeit gezeigt, die die Liebe Gottes ist. „Schaut, mit den Tieren, nicht nur mit Menschen hatte er Mitleid!" rief Bernardino, der nur allzugern seiner Gemeinde diese Geschichten immer und immer wieder erzählte, und er fügte hinzu: „...und daran erkennen wir seine Heiligkeit".³¹ Einmal störte ihn „das Krähen und Gegackere" aus dem Hühnerhof, neben dem er predigte, und er bat die Gockel und Hennen freundlich, still zu sein, und – wie die Zikaden, die dem Heiligen Franziskus zu laut gesungen hatten – folgten sie seiner Bitte und hockten sich hin, „manche auf die Mauern, andere auf die Bäume und wieder andere auf die Dornsträucher" und waren ganz still und aufmerksam, bis er mit seiner Predigt fertig war.

Nur die Reichen waren taub, oder in Bernardinos Bildersprache: Sie waren blind. Da gibt es, sagt er „ein Nicht-Verstehen-Wollen, das den Geist mit Blindheit schlägt, so daß der Satte dem Hungernden nicht glaubt, so daß der Reiche dem Armen nicht glaubt." Die Armen bitten um Barmherzigkeit, aber nur die Hunde kläffen ihnen zur Antwort. „Oh Du, der Du im Haus so viel Korn angehäuft hast, daß die Speicher überquellen, die Kammern, Kisten und Kasten, und weil Du so viel hast, kannst Du es nicht ordentlich lagern, es verdirbt und die Würmer fressen daran und auch die Spatzen kriegen ihren Teil davon ab, und der Arme hätte es so nötig. Wie, glaubst Du, wird Gott Dir das entgelten? Weißt Du, was ich Dir sage? Als erstes sage ich Dir, daß dieses Korn nicht Dir gehört, sondern dem, der es braucht. ... Das gilt auch für Dich, Frau, die Du so viele Gewänder in Deinem Kasten hast, volle Truhen, die Kleiderstangen so beladen, daß sie sich biegen; glaubst Du etwa, Gott bezahlt Dich einmal dafür?" Elende Bettler kauern in Lumpen gehüllt auf der Straße, und die feinen Damen stolzieren an ihnen vorbei und wirbeln im Vorbeigehen den Staub auf mit ihren langen Schleppen und Ärmeln. „Oh, diese Ärmel, die so lang und weit sind, die so viel Stoff verschlingen, daß man zwei Mäntel daraus machen könnte... Oh weh, lacht nicht so höhnisch," fuhr er seine Zuhörerinnen an, „denn auch der Teufel

lacht mit!"³² In einer anderen Predigt fragte er: „Weißt Du, was die Motten
der Seele sind? Der verfluchte Geiz. Das ganze Jahr tust Du nichts anderes,
als Deine Kleider auszuschütteln und sie auf Stangen zu hängen, während
die Bettlerin vor Kälte erstarrt... Oh, wenn Du nur hören könntest, würdest Du es schreien hören: ‚Rache, Rache!' Und so schreien auch Deine
Kleiderstangen, wenn sie so beladen sind, daß sie ächzen unter ihrer Last. So
schreit Deine Truhe, wenn Du Kleider hineinstopfst. Und Du siehst, wie der
Arme vor Kälte stirbt und scherst Dich nicht darum. Weißt Du warum? Weil
Du selbst nicht frierst; Du füllst Deinen Bauch mit gutem Essen, mit gutem
Trunk, Du hast genug Kleider anzuziehen und sitzt oft am Feuer. Du denkst
nicht weiter als: Der Bauch ist voll, die Seele zufrieden. Und wie viele Hem-
den habt Ihr diesen armen Gefangen da hinunter geschickt, heh, Ihr Frauen?
Es ist mir zu Ohren gekommen, daß ungefähr zwei Unterhemden und zwei
Unterhosen und ein Paar durchgelaufene Schuhe geschickt wurden. Aber ich
glaube, daß Ihr zum Schluß in all Eurem schönen Kram sterbt, und der Teufel wird Euch holen."³³

Er erzählte seiner Gemeinde eine Geschichte, die schon sehr alt gewesen
sein muß, denn sie erinnert an Zeiten, da die Menschen, die nichts zu opfern
hatten, sich selbst und ihre Kinder der Kirche darbrachten. Es war einmal
ein Mann, der sein Lebtag stets Almosen gestiftet hatte, wann immer er im
Namen Gottes darum gebeten wurde, und „schließlich hatte er so viel gegeben, daß ihm nichts mehr geblieben war... und da kam einer zu ihm und bat
ihn um Almosen im Namen Gottes. Und da sagte er: ‚Ich habe nichts mehr
zu geben, ich... habe nichts außer mir selbst: Nimm mich.'"³⁴

# Fünftes Kapitel

# Unter der Anklage der Ketzerei

*Chi mi voleva fritto e chi arrosto.*
Die einen wollen mich geschmort, die anderen gebraten.

San Bernardino

Als Bernardino im Frühling 1426 in Viterbo einen Zyklus Fastenpredigten hielt, erreichte ihn eine unerwartete Vorladung: Papst Martin V. befahl ihm, unverzüglich in Rom vor ihm zu erscheinen.[1] Bernardino wußte sofort, warum er gerufen wurde. „Sie sagen", erklärte er seiner Gemeinde, „daß ich ein Ketzer bin, und in Rom geht das Gerücht um, daß ich auf dem Scheiterhaufen verbrannt werden soll. Deshalb bitte ich Euch, beim Allmächtigen Gott für mich zu beten." Dann schüttelte er mit Mühe die eifrigsten seiner Bewunderer ab, die ihn unbedingt begleiten und verteidigen wollten, und machte sich mit seinem kleinen Esel auf den Weg nach Rom.[2]

Der Grund für diese Vorladung war eine Neuerung, die er etliche Jahre zuvor bei seiner Gemeinde in Bologna eingeführt hatte, und die ihm bereits diverse Kritik an seiner Rechtgläubigkeit eingebracht hatte: Es handelte sich um eine Form besonderer Verehrung des Heiligen Namen Christi, die er in einem von ihm selbst erdachten Emblem versinnbildlicht hatte. Bernardino hatte immer hartnäckig bestritten, daß er damit einen neuen Kult einführen wollte, und erklärte, daß sich diese Verehrung des Namens Christi nicht nur in den Schriften des Paulus und der *„dottori"* (vor allem bei Duns Scotus) findet und in dem Choral *Jesu dulcis memoria* (der dem Heiligen Bernhard zugeschrieben wird)[3], sondern auch in den Lehren des Heiligen Franziskus. Seiner Gemeinde in Siena erzählte er, daß die Verehrung des Heiligen Franziskus für den Namen Jesu so groß gewesen sei, daß er einmal dem Heiligen Antonius von Padua erschien, als dieser über *„Gesù nazareno, re degli ebrei"* (Jesus von Nazareth, König der Juden) predigte, und ihm seinen Segen erteilte.[4] Mit Sicherheit hatte Bernardino die beiden Werke über das Leben des Heiligen Franziskus von Tommaso da Celano gelesen, „in denen die besondere Verehrung des Heiligen für seinen Erlöser beschrieben wird". „Stets trug er Jesus im Herzen", heißt es da, „Jesus trug er im Mund, in den Ohren, vor den Augen." Der Biograph fügte hinzu, daß der Heilige Franziskus, wenn er beim Essen saß und hörte, wie jemand den Namen Jesu aussprach, „die Nahrung des Körpers vergaß", oder wenn er ihn hörte, während „er unterwegs war, das Ziel seines Wegs vergaß und alle Kreaturen aufforderte, Gott zu preisen". Das einzig Neue an Bernardinos Lehren war, daß er den Namen Jesu in geschriebener Form, besser die Initialen in neu erfundener Anordnung und Umrahmung zum Gegenstand der Verehrung machte; doch diese Erfindung entsprach durchaus dem Zeitgeschmack. Er wußte nur zu gut, daß alle sichtbaren Symbole der Macht für die Menschen des 14. Jahrhunderts eine große und unmittelbare Faszination ausübten. So brachten Adelige ihr Wappen, Mitglieder von politischen Parteien ihre Abzeichen nicht nur auf Bannern und Rüstungen an, sondern an allem, was sie besaßen – an ihren Häusern und Geschlechtertürmen, auf ihrem Silber und Geschirr, an Sätteln, Kopfbedeckungen, Kleidern und, zu Bernardinos großem Mißfallen, sogar an den Kapellen und Altären, die sie errichten ließen, und an den Meßkelchen und Meßgewändern, die sie stifteten. Die Gilden versahen ebenfalls alles mit ihren Zeichen: ihre Läden, Banner, Produkte und Waren und die von ihnen gestifteten Altäre. Die *condottieri* der Söldnerheere stellten ihr Wappen auf ihren Standarten und Lanzen zur Schau. Alle Menschen trugen für jede Gelegenheit alle möglichen Amulette, Glücksbringer, Talismane und kabbalistische Siegel, denen sie Zauberkräfte zuschrieben. Nun wollte Bernardino anstelle all der Symbole des Kriegs, der Macht und des Aberglaubens ein erhabenes Symbol einführen, nämlich die Anfangsbuchstaben des Namens Jesu. „Dies ist meine Absicht", sagte er, „den Namen Jesu so zu erneuern und zu läutern wie in den frühen Tagen der Kirche."[5]

Das Monogramm, das er entwarf, bestand aus den drei Buchstaben YHS im Strahlenkranz der Sonne auf blauem Grund („denn *azzurro* bedeutet Glaube wie der bestirnte Himmel, und ohne Glauben gibt es keine Glorie für uns"). Die Sonne hat „zwölf Hauptstrahlen, wie die Flammen des Feuers", und zahlreiche „größere und kleinere Strahlen, wie Orgelpfeifen." Das Ganze ist von einem Schriftband umrahmt, auf dem zu lesen steht: *In Nomine Jesu omne genu flectatur, coelestium, terrestrium et infernorum.*[6] Der Ort, an dem so ein Name sein soll, sagte Bernardino, „sei eine Sonne... weil die Vernunft uns sagt, wir sollen ihn an den schönsten Platz tun, den es gibt".[7] Eine sehr hübsche Legende erzählt sein erster Biograph, Barnabò da Siena, von ihm: Genau in dieser Anordnung zeichnete Bernardino das Emblem auf ein grobes Stück Karton auf für einen armen kleinen Handwerker von Bologna namens Valesio, der in Tränen zu ihm kam. Die Bologneser hatten nämlich auf Geheiß des Predigers nicht nur ihre Spielbretter und Würfel in einen großen Scheiterhaufen geworfen, den sie „die Teufelsburg" nannten, sondern auch die schönen handgemalten Spielkarten, die *tarocchi*, die eine Bologneser Spezialität waren.[8] Valesio erklärte nun dem Heiligen, daß er einer der Handwerker sei, die diese Spielkarten malten und davon ihren Lebensunterhalt bestritten, und daß er und seine Kinder nun verhungern müßten. „Wenn das so ist", sagte Bernardino, „muß ich Dir etwas anderes geben, was Du verkaufen kannst", – nahm ein Stück Karton, zeichnete sein Emblem darauf und sagte Valesio, er solle das malen und es statt der Spielkarten verkaufen. Der Mann fand so viele Abnehmer, daß ihm das Brot nie mehr ausging.[9]

Das Christusmonogramm schmückte manchmal auch eine Standarte, die Bernardino vorausgetragen wurde, wenn er in eine Stadt einzog, in der er predigen sollte, oder auch eine Holztafel, die er auf dem kleinen Altar aufstellte, an dem er vor der Predigt die Messe las. Wenn er dann zu sprechen aufgehört hatte, hielt er diese Tafel empor, während er seiner Gemeinde den Segen erteilte. Ein Augenzeuge berichtet: „Als er so gesprochen hatte, ...zog *frate* Bernardino eine Tafel von circa einem *braccio* im Quadrat hervor, und darauf war der Name Jesu auf blauem Grund gemalt, mit einem goldenen Strahlenkranz und Buchstaben darum herum. Und das Volk kniete barhäuptig nieder, alle weinten, weil sie von Liebe zu Jesus ergriffen waren, und beteten ihn an und verehrten ihn in großer Andacht."[10]

So bürgerte es sich mit der Zeit ein, daß Bernardino überall dort, wo er gewesen war, seine „Sonne" zurückließ – nicht nur an der Fassade des Palazzo Pubblico in Siena anstelle des Visconti-Wappens, über Kirchenportalen und auf Altären, sondern auch über den Türen so mancher Privathäuser, und auch oben auf Dokumenten und Geschäftsbüchern, sogar auf Pflugscharen und Spinnrädern, auf Wiegen und Kochtöpfen, in Florenz sogar auf den Wickelkissen der Säuglinge, die an dem Tag getauft wurden. Die Soldaten trugen seine „Sonne", wenn sie in den Krieg zogen, die Schiffer, wenn sie zur See fuhren; Bernardino schlug sogar vor, daß Paten ihren Patensöhnen einen kleinen Gold- oder Silberanhänger schenken sollten, auf dem das Christusmonogramm eingraviert ist – „damit das kleine Kind ihn aus Andacht tragen könne, nicht weil er aus Gold oder Silber ist, sondern wegen der *virtù*, der Kraft, die dem Heiligen Namen innewohnt, und damit es, wenn es heranwächst, diese Andacht auch verstehen lernt... Ich meine nicht die Gravur oder die Farbe... und nicht das Zeichen, sondern das, was er bedeutet; denn der Name Jesu bedeutet für Dich Heiland, Erlöser, Gottes Sohn."[11]

Deutlicher kann man es kaum ausdrücken, und er wiederholte fast jedesmal, wenn er über dieses Thema sprach, daß nicht das Emblem als solches wichtig sei, vielmehr die Gedanken, die es hervorrief. „Wenn Du es oft mit den Augen des Körpers siehst, zeigst Du es dem inneren Auge des Geistes und nennst es oft aus Verehrung, Liebe, Glauben... so daß Du immer, bei jeder Gelegenheit, Jesus, Jesus im Herzen hast." Er versäumte allerdings nicht, darauf hinzuweisen, daß jeder Mensch aus dieser wie aus jeder anderen Verehrung nur das für sich gewinnt, was er selbst daraus schöpfen kann. „Nimm diesen Namen Jesus... laß' ihn einem Kindchen in der Wiege vorsprechen, das seinen kleinen Mund noch voll Milch hat, und es wird seine Süße schon spüren, aber nur wenig, wenig, weil es noch wenig versteht. Sprich Du ihn aus, Frau: ‚Jesus'. Du wirst eine andere Süße spüren als das Kindchen, weil Du spürst, daß dieser Name Dir im Herzen sagt, daß er der Erlöser ist, das heißt Gott und Mensch. Wenn ein frommer Mann ihn mit

Verehrung nennt, hat er auch mehr Süße davon… Wenn der Heilige Augustin oder der Heilige Bernhard ihn aussprechen… noch mehr… und so wird es auch im Himmel sein."[12]

Die Stellen in Bernardinos Predigten, die sich auf diesen Kult beziehen, zeugen von seiner tiefsten Empfindung;[13] manche zeigen auch, daß er selbst nicht immer gefeit war gegen Anwandlungen großer Trostlosigkeit. „Viele Male kommt es vor, daß die frommen Seelen sich ganz unerwartet von Traurigkeit und Überdruß bedrückt fühlen: sie haben keine Freude mehr an der Einsamkeit, Lesen bereitet ihnen Langeweile, Beten wird ihnen zur Last." Und er fährt fort, dieser Zustand des „bleiernen Schlafs" käme über sie, weil Jesus „sich von ihnen entfernt habe… Jesus ist nicht da… und Lazarus stirbt… Aber da kommt Jesus wieder, und sogleich steht Lazarus wieder auf."[14] Wenn man das Kruzifix betrachtet, sagte Bernardino ein andermal, bedeutet das, daß man an die Leidensgeschichte Christi erinnert wird, aber wenn man Jesu Namen hört, bedeutet das, daß man sich jeden Aspekt seines Lebens ins Gedächtnis zurückruft: Die armselige Krippe, die bescheidene Zimmererwerkstatt, die Buße in der Wüste, die Wunder der göttlichen Barmherzigkeit, das Leiden am Kalvarienberg, den Triumph der Auferstehung und der Himmelfahrt. „Was zeigt Dir dieser Name Jesu? Er zeigt Dir die Gottheit in der Menschheit."[15] „Könnte ich doch von unserem Herrn Jesu Christ durchtränkt sein", betete er, „wie das Tuch sich mit Farbe tränkt oder wie die Luft mit Licht."[16]

Welch große Wirkung seine Predigten über dieses Thema hatten, bei denen er sein Emblem zur Schau stellte, sieht man aus Briefen, die Sandro di Marco di Sandro Marcovaldi, ein toskanischer Kaufmann, 1424 an seinen Bruder, der in Ragusa Handel trieb, nach den Predigten Bernardinos in Prato schrieb. Sandro berichtete, wie sich nach einer dieser Predigten vor seinen Augen ein Wunder zutrug: Eine Frau, die vom Teufel besessen war, brach in laute Schreie aus („mit gellendem Gekreisch"), als der Prediger die geheiligte Tafel hochhielt, und dann, als alle auf die Knie fielen und „wie aus einem Mund ‚Erbarmen' riefen", stieg Bernardino mit der Tafel in der Hand von der Kanzel herab und trieb der Besessenen den bösen Geist aus, „und der besagte Dämon fuhr aus ihrem Körper. Und… alle brachen in Tränen aus, als ob sie geschlagen und gestoßen worden wären… Es hat Jesus gefallen", schrieb Sandro weiter, „…er hat uns einen Propheten gesandt… und er gleicht einem Heiligen Paulus wegen seiner Gelehrsamkeit und seiner Lehrweise, denn nie in unserem Leben haben wir so eine Beredsamkeit gehört… Und wenn alle Herzen der Sünder von härtestem Stein oder Stahl wären, er öffnet sie doch und bricht sie auf und bringt sie zur Umkehr auf den Weg des Heils im Namen Jesu." Er schließt seinen Brief mit dem Rat an seinen Bruder, das Emblem immer auf dem Leib zu tragen. „Und weil Du Dich in die Gefahren der Welt, des Meeres und des Teufels begibst, möchte ich, daß Du dieses tust."[17]

Man sollte meinen, daß diese Art von Kult und Devotionalienverehrung nicht gleich die Zensur auf den Plan hätte rufen sollen, nicht einmal aus der streng rechtgläubigen Ecke. Doch weit gefehlt! Nur allzu schnell wurde das alles zum Anlaß genommen, Bernardino der Ketzerei und des Götzendienstes anzuklagen. Unter ihnen taten sich besonders Augustiner und Dominikaner hervor, also Angehörige konkurrierender Predigerorden, und unter den letzteren wieder vor allem Manfredi da Vercelli, ein eifernder, fanatischer Dominikaner, den Bernardino selbst einmal – doch aus völlig anderen Gründen – der Ketzerei angeklagt hatte. Von seinem Orden unterstützt, verbreitete er überall in Bologna und Florenz, der Franziskaner Bernardino würde vom rechten Glauben abweichen, bis ihm sogar der Erzbischof von Florenz, der Heilige Antoninus, glaubte. Zunächst war Bernardino noch bereit, diese Anwürfe dem Neid der anderen zuzuschreiben, und begnügte sich mit der Antwort: „Ich muß diese Wahrheit verteidigen." Als er jedoch 1425 realisierte, mit welcher Geschwindigkeit sich die Anklagen gegen ihn verbreiteten, wurde er deutlicher: „Weil ich im vergangenen Jahr getadelt und verleumdet wurde für das, was ich über den Namen Jesu sagte, ... will ich dieses Jahr all denen, die nicht so sprechen, wie sie sollten, sehr viel mehr entgegenhalten. Denn ich sagte nicht, daß man die Farben, das Gold oder Silber anbeten solle, sondern das Wesenhafte dieses Namens, Jesus, Gott und Mensch." „Nicht die Buchstaben", wiederholte er, „nicht die Farben, nicht die Verzierungen; Gott, Gott, Gott."[18]

Ungeachtet dessen wurde die öffentliche Meinung in Florenz immer feindseliger, so daß schließlich der Erzbischof erklärte, seine Lehre sei eine „Lehre des Aberglaubens, gefährlich und dazu angetan, Ärgernis zu erregen".[19] Der Humanist Poggio Bracciolini, noch nie ein Freund der Observanten, ergriff mit Freuden diese Gelegenheit und schimpfte über „die Dreistigkeit dieser Männer, die nur den Namen Jesu anrufen und dadurch den Anstoß zur Gründung einer neuen ketzerischen Sekte geben und durch die ewige Wiederholung dieses Namens Beifall beim Pöbel und beim rohen Volk heischen, dem sie das letzte Scherflein herauslocken wollen".[20] Selbst Bernardinos Freund, der sanfte und gebildete Kamaldulenser, Ambrogio Traversari, hielt es für richtig, *fra* Alberto da Sarteano schriftlich zu raten, die Observanten sollten für eine gewisse Zeit lieber nicht in Florenz predigen.

Sehr viel direkter griff der Augustiner *fra* Andrea de' Bigli, der als Theologe und Historiker einen gewissen Ruf genoß, Bernardino an. Während er einerseits seiner persönlichen Bewunderung für Bernardinos Güte und Redekunst Ausdruck verlieh, veröffentlichte er gleichzeitig ein Pamphlet, in dem er auf die Gefahren seiner neumodischen Lehren und Sinnbilder hinwies und ihn sowie seine Schüler als „Stifter von Aberglauben und Ärgernis" apostrophierte.[21] Er fragte, warum es unbedingt nötig gewesen sei, ein neues Symbol zu erfinden, um die Andacht des Volks zu wecken, da doch die wahren Christen bereits das Kreuz hätten. Er erklärte, er sei entrüstet, Jesu Namen an jeder Straßenecke, an Schänken und sogar an Bordellen über der Tür angeschrieben zu sehen, und schloß, Bernardino möge doch einmal in sein

Herz sehen und sich selbst fragen, ob er dadurch, daß er den Heiligen Namen verwendete, um seine Redekunst noch glänzender erscheinen zu lassen, nicht gleichzeitig seiner eigenen Eitelkeit schmeichelte. Endlich wies er auch noch darauf hin, wie leicht es sei, die Vorstellungen der einfältigen Leute durcheinanderzubringen und dadurch eher Streit zu entfachen als Frieden zu stiften. In Sizilien, sagte er, sei es sogar so weit gekommen, daß es dank eines Schülers von Bernardino, des Fra Matteo di Messina, Leute gäbe, die sich weigerten, Almosen im Namen Gottes zu spenden, und die sich nur dazu herbeiließen, wenn man sie im Namen Jesu darum bäte; es gebe dort auch Leute, die, wenn sie sich bekreuzigten, dazu sagten: *„In nome del Padre e del Figlio e dello Spirito Santo e del buon Gesù."* An einem Ort habe jemand sogar die Predigt unterbrochen und gerufen: „Wenn Gott nicht Jesus ist, sprich nicht mehr von Gott!" Andrea de' Bigli setzte noch hinzu, es sei ihm zu Ohren gekommen, daß Bernardino einmal von der Kanzel herunter die Geschichte eines Mannes erzählt habe, der, als seine Seele vom Fegefeuer erlöst worden war, um Einlaß in den Himmel gebeten hätte im Namen der Heiligen Dreieinigkeit, jedoch erst dann eingelassen worden sei, als er den Namen Jesu nannte. Solche Lehren, sagte Fra Andrea, kämen der Irrlehre der Arianer gefährlich nahe.[22]

Erst die Häufung derartiger Anklagen veranlaßte letzlich den Papst, Bernardino nach Rom zu zitieren. Bernardino war sich durchaus bewußt, wie schwerwiegend die Anschuldigungen gegen ihn waren, als er der Vorladung Folge leistete. Der Papst empfing ihn mit großer Strenge, teilte ihm mit, daß sein Fall in öffentlicher Verhandlung ausführlich untersucht werden würde und daß er bis dahin in Rom bleiben, der Kurie zu Verfügung stehen und ihm seine Predigten aushändigen müsse, außerdem keine weiteren Predigten halten und auch seine Tafeln mit dem Heiligen Namen nicht ausstellen dürfe. Bernardino nahm diese Anordnungen kniend entgegen und schwieg. Dann ging er, ohne ein Wort zu seiner Verteidigung zu äußern, in seine Zelle im Observantenkloster von Aracoeli zurück.[23]

Die Zeit des Wartens, die dieser Unterredung folgte, muß für Bernardino bedrückend gewesen sein. Drei Jahre zuvor, als er sich das letzte Mal in Rom aufgehalten hatte, hatte er seine Tafel mit dem Christusmonogramm einer ehrfürchtigen und inbrünstigen Gemeinde auf dem Kapitol zur Schau gestellt. Nun aber mußte er auf seinen Wegen durch die Stadt sehen, daß das Christusmonogramm über den Türen herausgemeißelt war und an den Altären mit einem Tuch verhängt und daß seine Mitbrüder, wenn sie um Almosen an die Türen klopften, weggejagt wurden mit dem Ruf: *„Fora i Gesù,* weg mit diesen Jesussen!"[24]

Nicht selten ging ihm ein alter Freund aus dem Weg, wenn er ihm begegnete, weil er nicht mit einem gesehen werden wollte, der der Ketzerei verdächtig war; manchmal verhöhnte ihn der Pöbel auf der Straße und zählte ihm die Strafen vor, derer er sich zu gewärtigen hätte. „Die einen wollten mich geschmort, die anderen gebraten", sagte er lächelnd, als er nach Siena zurückkehrte. Man berichtete ihm sogar, daß in manchen Städten die Priester all denen die Absolution verweigerten, die eine seiner Tafeln aufgehoben hatten.

All dies berührte seinen Seelenfrieden nicht. „Die, die mich tadeln", zitierte er einmal in einer Predigt den Heiligen Franziskus, „tun mir mehr Gutes, als die, die mich preisen; die mich tadeln, helfen mir auf dem Weg nach oben, die mich loben, stoßen mich nach unten."[25] Die Tage in Rom verbrachte er mit Studien. Wenn die Mitbrüder ihn fragten, wie er denn die innere Ruhe zur Konzentration noch finden könne, antwortete er: „Immer, wenn ich in meine Zelle gehe, bleibt alles Unrecht, aller Schimpf, alles, was man mir zugefügt hat, draußen vor der Tür."[26]

In der Zwischenzeit taten sich Bernardinos Freunde zusammen, um ihn zu verteidigen, allen voran ein Observantenbruder, Experte im Kirchenrecht, den Papst Martin gerade erst zum Inquisitor gegen die *Fraticelli* ernannt hatte, die aufsässigen Abweichler vom Franziskanerorden. Dieser Giovanni da Capistrano war der Sohn einer Frau aus den Abruzzen und eines deutschen Adeligen; seines blonden Haars wegen nannte man ihn mit Spitznamen „*Giantudesco*". An Beredsamkeit, Frömmigkeit und Askese stand er Bernardino kaum nach, und gleich ihm hatte er sich dem Namen Jesu besonders verschrieben. Er erlebte seine Berufung zu einer Zeit, da er bereits ein hohes Amt in der Kommune von Perugia bekleidete und mit einer jungen Dame des Stadtadels verlobt war. Der Anlaß seiner Bekehrung war eine Vision, die er als Kriegsgefangener in einer Zelle in einem Turm erlebt hatte. „Als ich schlief", schreibt er, „hörte ich großen Lärm, von dem ich aufwachte, und ich sah einen Sonnenstrahl, der das Innere des Turms erleuchtete. Als ich den Kopf hob, um Gott zu danken, glitt ein Mönch mit durchbohrten Füßen über mich hin; als ich die Arme hob, um ihn zu fassen, entschwand er. Als ich den Kopf wieder senkte, merkte ich, daß ich kahl war, wie Ihr mich jetzt seht [d. h. mit der Tonsur der Minoriten]. Da erkannte ich, daß dieser Mönch unser Vater war, der Heilige Franziskus... und daß es der Wille Gottes sei, der Welt Lebewohl zu sagen und Ihm zu dienen."[27]

Giovanni hatte Bernardino im Kloster von Fiesole kennengelernt, und dort waren sie enge Freunde geworden. Sobald er davon hörte, daß sein Mitbruder in Ungnade gefallen war, unterbrach er sofort seinen Predigtzyklus, den er gerade in Neapel hielt, schwang sich aufs Pferd und ritt nach L'Aquila, nahm von dort einige Dokumente mit, von denen er vermutete, daß sie zur Verteidigung Bernardinos von Nutzen sein könnten, und eilte nach Rom. Mit einer Schar von Freunden ritt er in die Stadt und trug trotz des päpstlichen Verbots das Banner mit dem heiligen Emblem voraus. So ritt er in einer großen Menschenmenge, die sich ihm unterwegs angeschlossen hatte, triumphierend auf den Petersplatz.

Die Untersuchung der Anklagepunkte durch eine vom Papst ernannte Kommission zog sich in die Länge, und als der Tag der Verhandlung endlich herangekommen war und Bernardino vor dem Papst erscheinen mußte, begleiteten ihn lediglich zwei Mönche: *fra* Giovanni da Capistrano und *fra* Matteo di Girgenti. Die drei sahen sich 52 Doktoren der Theologie und den wichtigsten Kardinälen und Prälaten der Kurie gegenüber. Die Disputation begann mit der Verlesung der Anklage, und zwar, nach dem Zeugnis des Barnabò da Siena, vorgetragen *magna cum pompa et implicatis sillogismis,* „mit großem Schwulst und spitzfindigen Beweisführungen". „Oh, wie sie ihm übel mitspielten!"[28]

Als sie geendet hatten, erhob sich Bernardino und trug selbst seine Verteidigung vor. Wir wissen nicht, ob der überkommene Text seiner Rede authentisch ist oder nicht, aber sicher ist, daß er einfach und bestimmt sprach. Er legte seiner Verteidigungsrede den Text der Evangelien zu Grunde und berief sich auf die Überlieferungen der Kirchenväter, „die davon sehr viel mehr verstanden als ich davon verstehe", immer wieder wiederholte er, daß das Wesentliche an dem neuen Gegenstand der Verehrung nicht Zubehör oder Schmuck waren, wie Form oder Farbe, sondern einzig und allein die Buchstaben des Namen Jesu (ob nun abgekürzt oder nicht, ob auf Griechisch oder auf Latein) und die Bedeutung, die ihnen innewohnte.[29] Vielleicht sprachen Bernardinos klare Offenheit und Bescheidenheit mindestens ebenso für ihn wie seine Argumente. Jedenfalls wurde er, nachdem er geendet hatte, von allen mit freundlichem Applaus bedacht. Der Papst hörte kaum noch auf die Verteidigungsrede des *fra* Giovanni da Capistrano und erklärte Bernardino für unverdächtig jeder Ketzerei, erteilte ihm seinen Segen und die Erlaubnis, wieder zu predigen.

Tags darauf fand eine feierliche Prozession statt, voran Giovanni da Capistrano mit der Standarte des Heiligen Christusmonogramms, gefolgt vom Klerus und den wankelmütigen Römern, und alle sangen Choräle zu Ehren des Erlösers. Der Papst macht Bernardino eine kleine Kapelle zum Geschenk (wo sich heute die große Kirche Il Gesù erhebt) und forderte ihn auf, im Petersdom zu predigen. Achtzig Tage lang war die Kirche nun immer bis zum letzten Platz besetzt; die gesamte Kurie, manchmal auch der Papst selbst, aber auch die Adeligen kamen mit ihren Damen, Gelehrte, der Pöbel, kurz, viele, die ein paar Wochen zuvor noch mit Freuden zum Kapitol geeilt wären, um Bernardino dort als Ketzer auf dem Scheiterhaufen brennen zu sehen. „Jetzt wollen sie mich lebendig, und vor ein paar Stunden noch wollten sie mich tot", war Bernardinos trockener Kommentar zu all dem. Die einzige Genugtuung für ihn sei, fügte er hinzu, daß ihm dieser Gesinnungswandel wenigstens so viel Geldspenden bescherte, daß er damit 30 Männer aus dem Schuldgefängnis auslösen konnte.[30]

Denn selbst jetzt war der Kampf noch nicht ausgestanden. Zwar hatten die Mönche von Santa Croce in Florenz nach dem Schiedsspruch des Papstes schleunigst Bernardinos Emblem an der Fassade der Kirche einmeißeln lassen, zwar empfingen ihn seine Sieneser Mitbürger mit großen Ehrenbezeugungen, aber es blieb doch immer noch eine Minorität, die privat oder auch öffentlich von der Kanzel herunter gegen seine Lehre stichelte. Das ging so weit, daß sich ein Gerücht verbreitete, umbrische Bauern seien Sonnenanbeter geworden, weil Bernardino ihnen doch die Sonne zur Anbetung gezeigt hätte.[31]

Von jetzt an nahm der Prediger zu jedem einzelnen dieser Angriffe umgehend und in aller Öffentlichkeit Stellung. Wenn mich jemand persönlich angreift, meinte er, dann geht das nur den Verleumder und mich selbst an; „aber... wenn mich jemand verleumdet in einer Sache, die die Ehre Gottes verletzt, und auch noch in der Öffentlichkeit, soll er wissen, daß er auch in aller Öffentlichkeit widerlegt werden muß... Wenn es etwas wäre, was nur mich betrifft, hätte ich nur zu gern Geduld mit ihm. Aber das betrifft Gott... Du weißt, daß Jesus Christus selbst keine Geduld zeigte, als er sah, daß im Tempel etwas getrieben wurde, was die Ehre Gottes verletzte."[32]

Trotzdem kamen immer wieder neue Anklagen. 1431 wurde Bernardino gezwungen, nach Siena zurückzukehren und zu seiner eigenen Verteidigung zu predigen. In Perugia und in Rimini wurde er ebenfalls angegriffen, in Bologna ließ der Inquisitor Lodovico Tosi da Pisa das Bild des bernardinischen Emblems vom Hochaltar in San Petronio entfernen und an seine Stelle ein Kreuz malen.[33] Im November 1431 schließlich machten sich Bernardinos Feinde eine Bestimmung zunutze, die vom Konzil in Konstanz erlassen worden war, und die die Einleitung eines geheimen Prozesses gegen jedes der Ketzerei verdächtige Mitglied eines Ordens zuließ. Bernardinos Gegner überredeten nun den *Promotore della Fede* in Rom, Bernardino und etliche seiner Mitbrüder zu einer geheimen Verhandlung vor dem Dominikanerkardinal Giovanni di Casanova vorzuladen. Aus diesem Anlaß verfaßten die Dominikaner zwei Pamphlete, die alle Anklagepunkte gegen Bernardinos Rechtgläubigkeit erneut vorbrachten und zusammenfaßten und behaupteten, daß der von Bernardino neu eingeführte Kult verdächtig war wegen a) des teuflischen Einflusses, b) des Götzendienstes, c) des Hussismus, d) der jüdischen Verderbtheit und e) der Lehre des Antichrist.[34] In der Zwischenzeit war Papst Martin gestorben, und sein Nachfolger, Papst Eugen IV., wußte nichts von der ganzen Angelegenheit. Doch sobald er erfuhr, worum es überhaupt ging, machte er, von dem Vorgang peinlich berührt, der Sache ein Ende. Am 5. Januar 1432 erließ er eine Bulle *Sedis Apostolicae* und erklärte darin, daß der Prozeß ohne sein Wissen oder gar Einverständnis eingeleitet worden sei. Zudem pries er Bernardino mit so lobenden Worten, wie sie kaum je einem Mönch zu Lebzeiten zuteil geworden waren. „Er ist der bedeutendste Prediger und untadeligste Lehrer von allen, die das Evangelium in Italien und in der Fremde predigen."[35]

Endlich waren Bernardinos Lehren also von der höchsten Instanz auf Erden ohne Einschränkung genehmigt. Man muß wissen, daß Bernardino zutiefst strenggläubig war, um überhaupt verstehen zu können, was diese Anerkennung für ihn bedeutete. Stets hatte er mit aller Leidenschaft gegen die

Sünde gekämpft, nie hatte er einen Funken davon vergeudet, um gegen die Obrigkeit zu rebellieren. Unentwegt hatte er Mönche wie Laien vor einer Ketzerei gewarnt, die damals sehr verbreitet war (zuerst von den Katharern vertreten und von manchen *Fraticelli* noch immer gepredigt), nämlich, daß die Unwürdigkeit eines Priesters die Wirkung der Sakramente ungültig machen könne. Dagegen zitierte er den Ausspruch des Heiligen Franziskus: „Wenn ich auf der Straße einen Engel und einen Priester treffe... würde ich mich vor dem Priester tiefer verbeugen als vor dem Engel." Und er erzählte ihnen auch noch eine Legende vom Heiligen Franziskus. Eines Tages kam er an einen Ort, „wo ein Priester war, der ein so schlechtes Leben führte, daß ein anderer aus demselben Ort so einen Abscheu vor ihm hatte, daß er überall sagte, daß man seine Messe nicht hören solle, und daß seine Sünde so groß sei, daß er die Wandlung nicht vornehmen könne. ... Der Heilige Franziskus ... ohne auch nur zu antworten, ging hin, warf sich zu seinen Füßen auf die Knie und küßte ihm die Hände."[36]

Martin V. und Eugen IV. waren gute und aufrechte Päpste, doch selbst, wenn das nicht der Fall gewesen wäre, hätte Bernardino mit derselben Bescheidenheit die lange, schmerzliche Wartezeit hingenommen, die es dauerte, bis seine Lehren geprüft waren, die Nervenprobe der Verhandlung und auch die Demütigung, die es für ihn bedeutete, als man ihm befahl, auf das Emblem zu verzichten, mit dessen Hilfe er gehofft hatte, die einfachen und ratlosen Menschen seiner Gemeinde Gott ein wenig näher bringen zu können. Die Zweifel an seinen Zielen waren es, die ihn quälten, nicht die Sticheleien seiner Gegner. Doch er scheint den Zwang, sich verteidigen zu müssen, ebenso still und ruhig hingenommen zu haben wie früher die Geißelung. „Dies geht Gott an."

Die letzte Episode des langwierigen Streits spielte sich 1438 während des Konzils zu Basel ab, als einer von Bernardinos Gegnern den Antrag stellte, daß der ganze Fall nochmals vor dem Konzil aufgerollt werden müsse, denn wenn Papst Martin V. Bernardino auch von der Anklage der Ketzerei freigesprochen habe, so habe er doch die Ausstellung der Monogramm-Tafeln untersagt.[37] Dem Bericht des Anonimo zufolge schrieb daraufhin der Vorsitzende des Konzils an den Herzog von Mailand, er möge den gefährlichen Prediger auffordern, vor dem Konzil zu erscheinen. Visconti holte jedoch den Rat einiger *„maestri in teologia"* ein und schickte umgehend dem Konzil, das er als *concilium malignantium* bezeichnete, seine Antwort, in der er Bernardino energisch verteidigte.[38] Daraufhin schien die ganze Angelegenheit endlich aus der Welt geschafft. Daß man ihr in Rom wenig Bedeutung zumaß, geht daraus hervor, daß Bernardino im gleichen Jahr noch zum Generalvikar der Observanten ernannt wurde. Immerhin ist seine Verehrung des Heiligen Namens Jesu in den 33 Artikeln, die zu seiner Heiligsprechung vorgelegt wurden, mit keinem Wort erwähnt. Vielleicht wollte man die erst kurz zurückliegende hitzige Debatte darüber nicht wieder aufrühren.[39] Erst

unter Clemens VII. wurde dieser Kult 1530 offiziell in die Liturgie aufgenommen, und unter Innozenz XIII. wurde ein bestimmter Feiertag dafür
festgelegt, nämlich der zweite Sonntag nach Epiphanias.

Wo immer Bernardinos Nachfolger in den vergangenen fünf Jahrhunder-
ten hingingen, führten sie dieses Emblem mit sich. Schon zu seinen Lebzeiten hatte der Kult sich in Stadt und Land in ganz Italien ausgebreitet, vom
Friaul bis nach Sizilien. Unmittelbar nach Bernardinos Tod brachten es Giovanni da Capistrano nach Ungarn und Giacomo della Marca auf den Balkan.
Die Heilige Colette und die Heilige Johanna (die mit dem Namen Jesu auf
den Lippen starb) verbreiteten den Kult auch in Frankreich.[40] Die Observanten nahmen ihn mit sich nach Spanien und Portugal, nach Mexico und in
die Levante und später sogar bis nach Indien, China und Japan. Überall, wo
man in den fernsten Ländern der Erde Bernardinos Emblem über einer Tür
eingeritzt oder in einer Kirche an eine Wand gemalt sieht, ist das ein Zeichen
dafür, daß einer seiner Nachfolger an diesem Ort geweilt und „die Sonne,
die Barmherzigkeit ist", mit sich getragen hatte.

*Sechstes Kapitel*

# Gegen Parteihader, Laster und Verbrechen – das Werk des Friedens

*I' vo gridando: pace, pace, pace.*

Immerzu rufe ich: Friede, Friede, Friede.

Petrarca

I

„Dieses sind die nämlichen Eigenschaften, die Gott verabscheut", sagte eines Tages Bernardino zu seiner Gemeinde in Siena, „die Eitelkeit, die Gier nach Neuem und Nutzlosem." Bei anderer Gelegenheit zählte er dazu noch die Sünden der Habsucht, Unzucht, Gotteslästerung, Rachsucht, Unbeständigkeit, Parteienhader, Hochmütigkeit auf, nicht zuletzt den Egoismus, der mit sicherem Blick erkennt, wo ein Vorteil herauszuholen ist – bis in unsere Tage ein typisch toskanischer Charakterzug. „Ob ein Toskaner sein Wort gegeben hat oder nicht", sagte er, „er wird immer das machen, was seinem eigenen Vorteil dient."[1] Auch mißbilligte er, daß die Sieneser wie das schwanke Rohr, unbeständig und ohne Rückgrat waren, wenn es galt, einen Entschluß zu fassen, und daß sie immer ihr Mäntelchen nach dem Wind hängten. „Sangue senese, sangue dolce", (Sieneser Blut, weiches Blut) heiße es, und er sagte: „Mir wäre es lieber, wenn ich bei Euch eine feste Gesinnung vor mir hätte und nicht zusehen müßte, wie Ihr immerzu Eure Meinung ändert, denn Ihr dreht Euch ebenso schnell zum Bösen wie zum Guten." Schließlich warf er ihnen auch noch vor, daß sie überall im Verruf stünden, Verräter zu sein. „Sieh nur, wenn ein Franzose oder ein anderer Fremder hierherkommt, fürchten sie immer, daß ein Italiener sie betrügt. Hör' nur, was für einen schönen Namen man uns anhängt!"[2]

Diese Feststellungen waren sicher wahr: Bernardino machte sich nichts vor über seine Sieneser und sagte ihnen das auch offen ins Gesicht. Doch niemand nahm ihm das übel, denn selbst wenn er ihnen ihre Fehler vorhielt, große oder kleine, ließ er sie doch immer spüren, daß er selbst ein *Senese* war. „Oh, meine Sieneser Bürger", rief er dann, „ich bin doch einer von Euch und ich spreche in großer Liebe zu Euch." Das ist sicher die Erklärung dafür, daß sie sich seine Standpauken so ohne weiteres gefallen ließen. Sie begriffen, daß sein Zorn ein väterlicher Zorn war, seine Besorgnis eine brüderliche Besorgnis. „Euch geht es besser als jeder anderen Stadt in Italien.

Weh, oh weh, ich zittere vor Angst, daß unter so viel Glück etwas Böses
gärt, so daß ich mich vor Angst verzehre!... Und wenn ich fortgehe von
hier, spitze ich immer meine Ohren, wenn ich von Siena sprechen höre, weil
ich mir solche Sorgen um Euch mache. Und wenn ich fortgehe, ist mir die
Brust schwer von Sorgen und Seufzern aus Angst, daß Böses über Euch
kommt... Denn ich fürchte, daß dann ein anderer Prediger Euch predigen
wird!... Weißt Du, wie er heißt? Er heißt Bruder Knüppel, Bruder Stock...
und seine Predigten werden solche Frucht tragen, daß man es hier in Siena
kaum glauben kann."

Mit diesen Worten eröffnete Bernardino einen Predigtzyklus in Siena, den
er auf Wunsch des Papstes hielt, um den gärenden Parteienhader in der Stadt,
der auf einen neuerlichen Ausbruch zutrieb, zu beschwichtigen. Das geschah im Sommer 1427, gleich nach seinem Freispruch von der Anklage der
Ketzerei. „Wißt Ihr, wieso ich hierhergekommen bin?... der Papst... und
auch Euer Bischof, die von Euren Streitereien erfahren haben, sagten mir,
daß sie unter allen Umständen wollen, daß ich herkomme. Und... ich sagte
mir: ‚Sicher will ich hingehen', denn ich denke mir, daß ich Euch hier damit
Gutes tun kann."[3]

Wenn er so sprach, so deshalb, weil er nur zu gut wußte, daß die Bürger
keiner anderen Stadt – abgesehen höchstens von den Florentinern – sich mit
solcher Leidenschaft und Hartnäckigkeit in Parteifehden stürzten wie die
Sieneser. „Diese Stadt", schrieb der französische Chronist Philippe de Commynes ein paar Jahre später, „ist immer in Parteien gespalten und regiert sich
törichter als jede andere italienische Stadt." Monat um Monat, Jahr um Jahr
untergruben die heftigen Fehden der einzelnen Parteien untereinander den
starken Bürgersinn immer mehr, der einst den Stadtstaat von Siena groß
gemacht und seinen Handel zu solcher Blüte gebracht hatte, der seine Bürger noch immer dazu ansporne, ihre Stadt mit prächtigen Kunstwerken zu
verschönern. Das ganze 14. Jahrhundert hindurch hatten die Kämpfe zwischen Welfen und Gibellinen, zwischen den Parteien der Adeligen, der
Kaufleute und des gewöhnlichen Volks die Stadt ständig in Aufruhr gehalten. In einem Jahr, 1368, wurde der Magistrat der Kommune innerhalb von
vier Monaten viermal ausgetauscht. Zunächst wurde die Stadt von einem Rat
aus neun Kaufleuten regiert, den sogenannten *Signori Nove*; dann von den
*Dodici*, (zwölf), die vom Adel und vom Volk gemeinsam eingesetzt wurden;
danach kamen die *Quindici* (15) an die Reihe, Vertreter der Tuchergilde.
Schließlich wurde auch diese Regierung verjagt, als die Adeligen einen Aufstand anzettelten und vom *popolo minuto*, den Angehörigen der niedrigsten
Klassen, dabei unterstützt wurden; von ihnen wurde wieder eine neue
Gruppierung als Regierung eingesetzt, die *Riformatori*. Selbst wenn sie an
der Macht waren, fühlten sich die Anhänger dieser verschiedenen Parteien
alles andere als sicher. Ein Chronist beschreibt zum Beispiel, wie die
„Zwölf", nachdem sie ernannt worden waren, sich „sogar vor einem Luft-
zug fürchteten" und deshalb *bargelli*, Polizeihauptleute mit Mannschaften in

jedem der Sieneser *sestieri* (Stadtviertel) einsetzten und Anweisung gaben, jeden zu köpfen, der sie „auch nur anhustet".[4]

Die verschiedenen Parteien hießen *monti:* der *monte* der Adeligen, der Neun, der Zwölf, der Reformatoren, des Volks. Welcher Partei jemand angehörte, konnte man an jeder Geste, die er machte, an jedem Wort, das er sprach, erkennen, ja sogar daran, meinte Bernardino, wie jemand Knoblauch aß. Wie sie alle zusammen in den dunklen, engen Gäßchen von Siena lebten, beschreibt ein Sieneser Chronist: „Niemand hielt sein Wort oder wußte überhaupt, was das bedeutete; die Adeligen hielten es weder untereinander noch anderen gegenüber; und die Reformatoren, also die, die jetzt an der Macht sind, weder untereinander, geschweige denn gegenüber anderen Leuten. Und so ist die ganze Welt in Dunkelheit getaucht."[5]

Dieses blindwütige Parteidenken ging sogar so weit, daß man notfalls selbst gegen die eigenen Interessen arbeitete. Als im Jahr 1371, also neun Jahre vor Bernardinos Geburt, die hungernden Arbeiter der Tuchergilde einen Streik organisierten, unterdrückten die Salimbeni, das Kaufherrengeschlecht, das damals an der Macht war, den Aufstand gnadenlos. Sie verbannten ganze 4000 Arbeiter der Tuchergilde aus der Stadt, die daraufhin natürlich sofort nach Florenz gingen – samt ihrer Kunstfertigkeit und Erfahrung. Zwar wurden einige Jahre später die „Reformatoren", die für diese törichte und selbstmörderische Verfügung verantwortlich waren, selbst gestürzt, und ein anderer *monte* kam an die Macht, *il monte del Popolo* – doch zu spät: dem Wollhandel der Stadt war bereits der Todesstoß versetzt worden.

Zu jener Zeit rangen Mailand und Florenz um die Vorherrschaft in Nord- und Mittelitalien, und die Söldnerheere, die auf beiden Seiten kämpften, verwüsteten das Sieneser Land. Nachdem Florenz schon Arezzo an sich gerissen und in Montepulciano einen Aufstand angezettelt hatte, erklärte Siena Florenz den Krieg und rief Gian Galeazzo Visconti, den Tyrannen von Mailand, zu Hilfe. Dieser hatte schon immer erklärt, daß „die Toskana und die Lombardei vereint und untrennbar" seien, und freute sich natürlich, auf diese Weise in der Toskana Fuß zu fassen. Zehn Jahre lang war Siena nun mit Mailand verbündet. 1399 bot Siena dem Herzog Gian Galeazzo (der inzwischen seinem Fürstentum auch noch Bologna, Pisa, Perugia und Assisi einverleibt hatte) sogar die Herrschaft über Siena an, die dieser bis zu seinem Tod, drei Jahre später, innehatte.

Aber das erste, was die Sieneser mit ihrer zurückgewonnenen Unabhängigkeit anfingen: sie setzten ihre Parteienstreitigkeiten fort. Im Jahr 1403 taten sich die „Zwölf" mit einigen Adeligen zusammen mit dem Ziel, die Regierung zu stürzen. Als die Verschwörung entdeckt wurde, schloß man sie aus dem Rat der Stadt aus, und die Macht ging in die Hände einer Regierungskoalition über, die sich aus den drei Parteien der „Neun", der „Reformatoren" und des Volks zusammensetzte. Diese Koalition blieb 40 Jahre lang an der Macht. So schien Siena fast all die Jahre lang, in denen Bernar-

dino predigte, eine stabile Regierung zu haben, aber er wußte wohl, wie an-
fällig diese Stabilität war. Die zwei Parteien, die aus dem Rat ausgeschlossen
worden waren, der Adel und die „Zwölf", stifteten ständig neue Komplotte
an, um wieder an die Macht zu gelangen, und wenn auch nur der leiseste
Verdacht entstand, daß sie einen Aufstand vorbereiteten, wurden ihre An-
führer in die Verbannung geschickt. Als es für ein oder zwei Jahre verhältnismäßig ruhig war, fanden die jungen Männer der Stadt das so unerträglich
langweilig, daß sie zwei Banden gründeten, die sie bezeichnenderweise
*Chiasso* und *Graffio*, „Schrei" und „Schramme", nannten. So konnten sie
sich endlich wieder mit Freuden richtige Straßenschlachten liefern.⁶

Diesen Hintergrund muß man kennen, wenn man Bernardinos Streit-
schriften gegen „le parti", den Parteihader, verstehen will. Er mußte zusehen, wie dadurch Tag für Tag der Seelenfrieden seiner Mitbürger und der
Wohlstand der Stadt zerstört zu werden drohte, und so ist es nicht verwunderlich, daß er mit einer Heftigkeit dagegen loszog wie gegen kaum eine andere Sünde oder Torheit. Politischer Haß, der nicht schon im Entstehen erstickt wird, wächst „wie die Distel auf dem Feld... Sie sprießt mit kleinwin-
zigen Dornen... Wenn sie jung ist, wirst Du Dich nicht stechen, wenn Du
den Fuß darauf setzt. Aber setz' nur Deinen Fuß darauf, wenn sie groß und
hart ist, dann wirst Du schon sehen, wie Du sie spürst!"⁷ In seinen Augen
war die Fehde zwischen Welfen und Gibellinen nur ein Symbol jedweder
Zwietracht, ob nun in der Familie, in der Kommune, im Staat oder auch innerhalb der Kirche.

Seine Worte zu diesem Thema müssen auch im größeren Zusammenhang
des politischen und religiösen Klimas in ganz Europa gesehen werden. Vom
Jahre seiner Geburt an bis zum Jahr 1417 war die Christenheit durch das
große Schisma in zwei Teile gespalten (1378–1417). Fast 40 Jahre lang machten sich zwei, ja manchmal drei Päpste gleichzeitig den Stuhl Petri streitig,
rauften zwei oder drei Bischöfe um dieselbe Diözese; manchmal wurden
zwei oder drei Äbte in ein und demselben Kloster gewählt, und zwei oder
drei Priester machten sich in derselben Pfarrgemeinde Konkurrenz. In Bernardinos eigenem Orden lagen die Konventualen mit den Spiritualen im
Streit. In den Städten kämpften die Welfen der Papstpartei gegen die Gibellinen der Kaiserpartei; auf dem Land verwüsteten Söldnerheere die Äcker und
Felder, brandschatzten die Klöster. Was Wunder, daß für Bernardino der leidenschaftliche Streit der Parteien nicht nur ein Zeichen menschlicher Schwäche war, sondern Sünde gegen die Liebe Gottes.

„Nun sag' doch: Was ist Partei?" schrie er! „Weißt Du, was sie ist? Sie ist
eine Spaltung, diese hier, diese dort. Nun sag' mir: Was ist Barmherzigkeit?... Sie ist die Vereinigung von dem einen mit dem anderen." Er hatte
eine apokalyptische Vision: „Ich sah ein rotes Pferd, ganz in Blut gebadet,
desgleichen der, der obenauf saß, dem die Macht gegeben war, den Frieden
der Welt zu zerstören, und es wurde ihm ein sehr langes Schwert gegeben.
,Ja, größer als Durindana, Rolands Schwert, ...größer als dieser Campo

hier.' ‚Oh, war es so lang wie von hier bis zur Porta Camollìa?' ‚Noch länger: Ich sage Dir, es war länger als die ganze Toskana.' ‚Also war es länger als Italien?' ‚Noch länger. Es war länger als die ganze Christenheit: Ich sage, daß es so groß war wie die ganze Erde und das Meer zusammen.'"

„Ja seht Ihr denn nicht", herrschte er sie an, „daß Ihr aus jedem Mann, jeder Frau, jedem Kind... entweder Welfen oder Gibellinen gemacht habt? Zwei Dinge sind noch übrig, die Ihr noch nicht welfisch oder gibellinisch gemacht habt... Das Brot und den Wein." Man glaubte, daß sogar Heilige und Engel im Paradies Parteien bildeten. „Der eine sagt, der Heilige Johannes sei Welfe, der andere, er sei Gibelline. Und so sagen sie auch von den Engeln, daß sie verschiedenen Parteien angehören." Es brachten ja auch Leute ihre Wappen und Parteiabzeichen selbst an Kirchen an. „Manchmal habe ich sie sogar oben am Kruzifix gesehen. Also, wenn ich das sah, habe ich gesagt: ‚Oh Herr, mein Gott, Du hast den Teufel über Dir, der sich sagen kann, daß er Dir auf den Kopf pißt!'"[8]

Interessant ist, daß Bernardino nicht den leisesten Unterschied zwischen Welfen und Gibellinen sah; diese Namen waren eigentlich nur noch ein Schlachtruf. „Gewisse törichte Leute glauben", sagte er, „daß die Kirche der Welfenpartei angehöre, aber die Erfahrung hat uns gezeigt, daß die Welfen, nur um ihre eigenen egoistischen Parteiziele zu erreichen, sogar gegen die Kirche, die Gibellinen sogar gegen das Kaiserreich kämpfen würden und, wenn es sein muß, gleich siebenmal am Tag."

Eine Sünde, die so tief sitzt, dachte Bernardino, kann ihren Ursprung nur in Luzifer selbst, dem Fürsten der Finsternis, haben. Ein Parteianhänger konnte nur ein „Mann, der vom Teufel besessen ist" sein. „Ist hier keine unter Euch Frauen, die nicht einen Mann hat, der einer Partei angehört? Wenn er nur einen einzigen Anhänger unter sich hat, hat er einen Teufel, der ihn reitet; wenn er 50 Männer unter sich hat, reiten ihn 50 Teufel; wenn er 1000 unter sich hat, hat er 1000 auf dem Hals."[9]

Er prophezeite Beichtvätern, die einem *„parziale"*, einem Partei-Mann, die Absolution erteilten, daß sie zur Hölle fahren würden zusammen mit ihren Beichtkindern, „einer an den anderen gefesselt". „Willst Du ihm die Absolution erteilen? Dann laß' ihn zuerst jegliche Zugehörigkeit zu einer Partei aufgeben und [ihn versprechen], er möge keiner mehr beitreten... Wenn er nicht darauf verzichtet, sage ich Dir, daß er ins Haus des Teufels kommt, und Du mit ihm." Bernardino zitiert dazu Dante: *„Assolvere non si può chi non si pente."*[10]

So predigte Bernardino – doch er wußte selbst, daß er zwar die Gefühle seiner Gemeinde in anderen Dingen mit Leichtigkeit lenken konnte, nicht aber in dieser Frage der *parzialità*, in der die öffentliche Meinung gegen ihn war. „Einer kam zu mir... mit seinem Sohn", erzählte er, „und trotz allem, was ich in der Predigt und privat gesprochen hatte, hatte ich nicht die Überzeugungskraft, ihnen verständlich zu machen, ... was für eine schwere Sünde es ist, Parteianhänger zu sein. ... Sie waren doch gute Menschen,

aber ich konnte ihnen diese vermaledeite Ansicht nicht aus dem Kopf treiben... Heute ist einer von ihnen tot, und ich bin überzeugt, daß er in des
Teufels Haus kam."[11]

In Wahrheit war die ganze Frage des Parteienhaders aufs engste mit einer
fundamentalen Tradition des Mittelalters verquickt, nämlich mit der Überzeugung, daß Blutrache recht und billig sei. Zu der Zeit, als Bernardino predigte, hatte die Kommune von Siena eben erst den alten Brauch wieder eingeführt, daß in einem Buch, dem *Balzano*, jedes Vergehen gegen die Stadt
registriert wurde,[12] während andererseits private Blutrache wegen einer Beleidigung oder irgendeines Schadens gar nicht als Verletzung des Gesetzes,
sondern lediglich als ein Akt der Gerechtigkeit galt. Solche Taten wurden
unverbrämt nicht nur als eine heilige Pflicht betrachtet, sondern auch als
Vergnügen. Der Florentiner Kaufmann Paolo da Certaldo, zählt die Freuden
und Schmerzen des Lebens auf und schreibt: „Die größte Freude ist die
Blutrache; das größte Leid ist es, von einem seiner Feinde beleidigt zu werden."[13] Zur Blutrache waren sogar die entferntesten Familienmitglieder verpflichtet, ja selbst Kinder, die zur Zeit der Beleidigung noch nicht einmal
geboren waren. „Viele sagen mir: ‚Vergeben ist eine Schande!‘", gibt Bernardino zu, „Andere sagen: ‚Unser Haus hat noch nie vergeben.‘" Und an anderer Stelle: „Ich habe gehört, daß es sogar Frauen so voll Wut gegen die
gegnerische Partei gibt, die ihrem kleinen Buben die Lanze in die Hand ge-
drückt haben, damit er einen Totschlag begeht als Blutrache an der anderen
Partei." „Wieviel Unheil ist von diesen Parteien schon angerichtet worden",
rief er, „wie viele Frauen sind in ihrer eigenen Stadt in ihrem eigenen Haus
hingemetzelt worden, wie vielen von ihnen ist der Bauch aufgeschlitzt worden! Desgleichen, wie viele Buben sind tot, weil ihre Väter sich Blutrache
geschworen hatten! Desgleichen, wie viele Ungeborene hat man aus dem
Mutterleib gezerrt, mit Füßen ihre Körperchen zertreten und ihren Kopf an
der Wand zerschmettert; das Fleisch des Gegners wird wie anderes Fleisch
auch beim Metzger verkauft; sie reißen ihnen das Herz aus dem Leib und
essen es roh, ganz roh, ...sie werden vom Turm heruntergestürzt; sie werden von Brücken ins Wasser geworfen; Frauen wurden vor den Augen ihrer
Väter und Männer überfallen und vergewaltigt und dann vor ihren Augen
ermordet... Was sagt Ihr dazu, Ihr Frauen?"[14]

Während das Leben in der Stadt durch das Gemetzel unter den einzelnen
Parteien und die Bedrohung durch das Gesetz der Blutrache gefährlich geworden war, war das Leben auf dem Land beinahe ebenso unsicher, weil die
Söldnerheere immer wieder durchzogen, die die verschiedenen Städte und
Gewaltherrscher angeheuert hatten, um für sie zu kämpfen, und die doch
häufig von einer Seite auf die andere überliefen, je nachdem, wer besser
zahlte. Die Berichte über diese Freischärler sind brutal und eintönig zugleich. Wo immer sie hinkamen – manchmal kampierten sie monatelang im
selben Landstrich und hinterließen nichts als Verwüstung: eine Welt von
notleidenden Bauern und Dorfbewohnern, die vor Schreck wie gelähmt wa-

ren, denen es gleich war, aus welchen Gründen eine Seite gegen die andere kämpfte, die nur eines wußten: Sie waren zurückgeblieben in ihren zerstörten Feldern und Weinbergen, dem Hunger preisgegeben; ihre Frauen waren vergewaltigt worden, ihr Vieh abgeschlachtet oder gestohlen, ihre Höfe lagen in Schutt und Asche. Nicht einmal die Klöster und Abteien blieben verschont. Wenn sie zufällig am Weg des Söldnerheers lagen, wurden sie mit Gewalt genommen und ausgeplündert. Solche Überfälle waren so alltäglich, daß Filippo degli Agazzari, Prior eines Augustinerklosters in Lecceto, etwa elf Kilometer vor Siena, ganz resigniert bemerkt, ganz so als spreche er von einem Orkan oder einer anderen Naturkatastrophe, wie lästig es für einen Prior sei, „ein-, zwei-, ja dreimal im Jahr" das ganze Kloster auszuräumen und in einer befestigten Stadt Zuflucht zu nehmen, „aus Angst vor den Söldnerheeren".[15]

Größere Städte wie Siena kauften sich manchmal los und wurden auf diese Weise verschont. Das deutsche Söldnerheer des Werner von Urslingen, die provenzalischen Truppen des Fra Moreale, die englischen Soldaten des Sir John Hawkwood, die bretonische Kompanie „Der Hut", die italienische „Der Stern", sie alle kassierten eine nach der anderen in der kurzen Zeitspanne von 50 Jahren Tausende von Goldgulden bei der Staatskasse von Siena ab. Bei einer dieser Gelegenheiten schickten die *Signori* einem dieser Briganten sogar, nur um ihn günstig zu stimmen, außer dem Geld noch „reiche und schöne Geschenke: ein prächtig aufgezäumtes Streitroß, viel Wachs, Konfekt und alten Wein".[16]

Bernardino nannte sie „Heuschrecken... die in Sprüngen fliegen... hüpfen und es sich gutgehen lassen", und er beschreibt eine Begebenheit, die – dessen war er sich sicher – die angeborene Sparsamkeit seiner Mitbürger erschüttern würde. „Ich selbst bin in einer Stadt gewesen, wo diese Schurken, diese Geißel Gottes, eindrangen, und sie waren in allen Häusern, wo es Wein gab... Und weißt Du, was sie damit anstellten?... Sogar um ihren Pferden die Hufe zu waschen, nahmen sie ihn her und vergeudeten ihn."

Die Schuld gab Bernardino allerdings immer den Anführern; für die Männer, deren Sünde aus Unwissenheit oder Hunger entsprang, hatte er nur Mitleid übrig. Hübsch ist es zu lesen, daß er so manches Mal, wenn er diesem Raubgesindel auf der Landstraße begegnete, stehenblieb, einen kleinen Schwatz mit ihnen hielt und ihnen sagte, daß sie seiner Meinung nach weniger Unrecht taten als die wohlhabenden Kaufleute in den Städten, wenn sie zur anderen Seite überliefen, denn sie seien ja von ihrem Sold abhängig, um ihr tägliches Brot zu essen. Dankbar dafür, daß ein so heiliger Mann so viel Verständnis für sie hatte, baten sie ihn oft um seinen Segen; wenn sie dem kleinen, grauen Klosterbruder auf der Landstraße begegneten, riefen sie immer: „Doh! Bruder Bernardino, vergiß die armen Freischärler nicht!"[17]

Davon abgesehen gab es auch Gelegenheiten – und die beschrieb Bernardino selbst mit tiefer Genugtuung – bei denen seine Worte die Herzen der Menschen bewegten und einer ganzen Region wieder Frieden brachten.

Einst, als er in Crema gepredigt hatte, einer kleinen Stadt in der Lombardei, die gerade erst 90 ihrer bedeutendsten Bürger nach der Niederlage von deren Partei in die Verbannung geschickt hatte, gelang es ihm tatsächlich, das Herz des neuen *Signore*, Giorgio Benzoni, zu erweichen: „und so sehr drang dieses Wort ihm ins Herz", daß er erklärte, er wolle allen Verbannten die Heimkehr gestatten. Bernardino wanderte dann weiter auf seinem Weg und kam ein paar Tage später in ein befestigtes Dorf, wo einer dieser verbannten Männer lebte, nicht nur im Exil, sondern auch in Armut, denn man hatte ihm auch noch 40000 Gulden abgenommen. Als er von der Ankunft des Predigers hörte, eilte er heraus, um Neuigkeiten von zu Hause zu erfahren. Bernardino antwortete: „‚Durch die Gnade Gottes darfst Du in Dein Haus zurückkehren.'... Und als er das hörte, konnte er vor Freude weder essen noch trinken noch schlafen." Ein paar Tage später nahm der Verbannte all seinen Mut zusammen und kehrte in sein Haus zurück – „und vernimm die wunderbare Geschichte – ... er traf auf dem Platz seinen Feind, der ... herzulief, ihn umarmte und küßte und ihn für den Abend zum Essen einlud; und der, der das Haus des Verbannten in Besitz genommen hatte, räumte, während sie zu Abend speisten, alle Sachen, die ihm gehörten, aus dem Haus und ließ alles drin, was dem anderen gehörte." Auch alle anderen, die etwas von ihm gestohlen hatten, brachten es ihm zurück – „sein Bett und seine Truhen, seine Leintücher, seine Tischtücher, seine Schüsseln, seine Weinfässer, sein Silberzeug, und zwar so, daß er am gleichen Abend in sein Haus geführt wurde, in seinem eigenen Bett schlief, umgeben von all seinem Eigentum." Und in den folgenden Tagen [kamen] „auch alle, die sein Vieh oder seine Besitztümer hatten, seine Pferde, alle kamen: ‚Hier sind Deine Ochsen, Deine Esel, Deine Schafe.' Und so wurde ihm fast alles, was ihm gehörte, wiedergegeben... Könnt Ihr Euch vorstellen", fragte Bernardino, „wie so etwas Gott wohlgefällt?"[18]

In etlichen anderen Städten wirkten seine Worte auf ähnliche Weise zum Guten. In Vicenza, wo er am Ostersonntag 1423 predigte, traf er einen jungen Mann, dessen Vater ermordet worden war und der dessen Mörder Blutrache geschworen hatte. „Bewegt von Gott, war er so beschämt, daß er seinen Feind aufspürte in der Absicht, ihn mit dem Bruderkuß zu umarmen und ihm zu vergeben. Unterwegs begegnete er dem Mörder, denn jeder war auf der Suche nach dem anderen, und er ging sofort auf ihn zu, umarmte und küßte ihn und sagte: ‚Vergib mir, denn auch ich habe Dir vergeben.' Und zwischen ihnen war so eine Zärtlichkeit, daß keinem, der zusah, wie freundlich sie miteinander waren, die Augen trocken blieben."[19]

Bernardino befriedete auch zwei Orte, Casale Monferrato und Treviglio, deren Einwohner gerade im Begriff waren, sich gegenseitig zu massakrieren. Das Feld, auf dem die Aussöhnung stattfand, heißt heute noch *„il campo della pace"*. In Pavia, das vom *condottiere* Facino Cane und seinen Truppen ausgeplündert worden war, hatten seine Worte eine so starke Wirkung, daß sogar nach den acht Jahren, die seit diesem Raubzug vergangen waren, den

Besitzern ein Großteil der damals entwendeten Beute zurückgegeben wurde. Die Gegenstände wurden ihnen des Nachts heimlich auf die Türschwelle gestellt.

Manchmal gelang es Bernardino mit äußerst geschickten Maßnahmen, das erneute Aufflammen von Parteienstreit zu verhindern. In Belluno, wo Welfen und Gibellinen abwechselnd die Stadt regierten und jede Partei jedesmal alles, was die Gegenpartei angeordnet und durchgeführt hatte, wieder rückgängig machte, erreichte er nicht nur, daß die Statuten der Stadt geändert wurden, die dieses lästige Hin und Her erst ermöglicht hatten, er vermochte vielmehr auch alle Bürger zu überreden, statt des jeweiligen Parteiabzeichens sein Jesus-Emblem über der Haustür anzubringen. In Rom, wo er sich 1427 aufhielt, setzte er mit Erfolg einen Brauch ab, der häufig Anlaß zum Blutvergießen gegeben hatte. Nach alter Sitte war ein Mörder, dem es gelang, sich hinter Gitter und Einfriedung seines Palastes zu flüchten, vor jeglicher Bestrafung durch das Gesetz geschützt. Daher belagerten die Verwandten oft das Haus ihres Feindes so lange, bis sie den Mord an dem Mitglied ihrer Sippe mit eigenen Händen rächen konnten. Während Bernardinos Besuch in Rom wurden so gut wie alle Umfriedungen und Tore der Paläste entfernt.[19]

Selbstverständlich war Bernardino nicht der erste oder gar einzige Prediger seiner Zeit, der christliche Nächstenliebe und Frieden zu verbreiten suchte. Er folgte nur dem Beispiel seines Lehrers, des Heiligen Franziskus, der jeden, dem er begegnete, mit den Worten begrüßte: „Der Herr gebe Euch seinen Frieden", und dessen Mitbrüder auch nach seinem Tod häufig als Friedensstifter auftraten oder auch manchen Streit schlichteten. Auch Volksprediger anderer Orden, darunter ganz besonders der spanische Dominikaner Vincente de Ferrer (den Bernardino in jungen Jahren gehört hatte), brachten häufig, noch bevor die aufgewühlten Emotionen der Menge sich nach ihren Predigten beruhigt hatten, spektakuläre *pacificazioni*, Versöhnungen zustande.

Ähnliche Versöhnungsszenen spielten sich oft auch ab, wenn die Scharen der Büßer und Flagellanten durchgezogen waren. Diese Büßerbewegung entstand und florierte während des 14. und 15. Jahrhunderts in ganz Europa, genährt von tiefem Schuldgefühl und einer machtvollen Sehnsucht (die weder Staat noch Kirche befriedigen konnten) nach Frieden und Harmonie in dieser Welt allgegenwärtiger Gewalt, Ungerechtigkeit und sozialer Unruhen. Durch ganz Europa wanderten sie von Stadt zu Stadt, von Heiligtum zu Heiligtum; barfüßig, im Pilgergewand mit Kapuzen folgten sie dem Kreuz, das sie an der Spitze ihres Zuges mitführten, geißelten sich, um für ihre Sünden zu büßen, und predigten das Evangelium eines „Heiligen Kommunismus". Die jüngste dieser Bewegungen zu Bernardinos Zeit hatte ihren Ausgang von der Lombardei genommen. Ihre Mitglieder hießen *i Bianchi* nach ihren weißen Kutten. Sie verkündeten, daß Christus selbst einem hungernden Bauern auf dem Feld erschienen sei, dessen Sack mit Brot gefüllt und ihm offenbart habe, daß der Friede nicht von Reichen oder Mächtigen auf die Erde zurückgebracht werden würde, sondern von den Armen. „Denn da weder die weltlichen noch die kirchlichen Würdenträger noch die Gelehrten sich aufraffen, will die Göttliche Barmherzigkeit ihre Macht durch die ungebildeten und groben Arbeiter sichtbar machen."[21]

Bald schon breitete sich diese Bewegung in ganz Nord- und Mittelitalien aus, besonders unter dem Einfluß einer erneuten Pestepidemie. Auf all ihren Wegen folgten den *Bianchi* große Scharen von Büßern, die sich geißelten und in Lobgesängen Gott um Frieden und Barmherzigkeit anflehten. Wo sie auch durchzogen, immer wieder ereigneten sich sensationelle „*paci*", Versöhnungen.

Solchen Demonstrationen von Schwärmerei stand Bernardino mit einiger Skepsis gegenüber. Ebenso wie der größte Teil des Klerus und der Machthabenden fürchtete er nicht nur die soziale Unruhe, die sie häufig nach sich zogen, die religiöse Unzufriedenheit, von der sie zeugten und die die absolute Autorität der Kirche untergrub, sondern er war sich nur zu gut bewußt, was für Gefahren solche übertriebenen und undisziplinierten Demonstrationen religiösen Eifers in sich bargen. „Die, die unwissend und unerfahren sind in den Wegen des Geistes", schreibt er in einer lateinischen Predigt, „und ganz allgemein alle Laien lassen sich erbauen vom Spektakel der Geißelung, von Folterungen und ähnlichen Quälereien, selbst wenn sie mit Maßen ausgeführt werden; andererseits sind sie empört über alles, was Vergnügen bereitet, auch wenn es sich dabei so manches Mal nicht um Sünden oder Läßlichkeiten handelt."[22]

Als erfahrener Prediger wußte Bernardino auch genau, wie selten solche überstürzten Gefühlsaufwallungen die Menschen wirklich auf Dauer zu verändern vermochten. Wenn die *Bianchi* durchgezogen waren oder auch während einer der Pestepidemien, fanden oft aufsehenerregende *paci* statt. Männer, die sich ihr ganzes Leben lang befehdet oder sich Blutrache geschworen hatten, besiegelten ihre Versöhnung in aller Öffentlichkeit spontan mit einem Bruderkuß. Doch häufig war es mit der Versöhnung ebenso geschwind vorbei wie sie gekommen war. Kaum waren die Büßer weitergezogen, kaum ließ die Pest nach, loderten Bürgerkrieg und Blutrache wieder auf.

Unnötig zu erwähnen, daß Bernardino bei seiner Einstellung zu Parteifehden sich selbst natürlich nie in solche Auseinandersetzungen hineinziehen ließ. Und doch hat er mindestens zweimal, obwohl er dazu gar keinen offiziellen Auftrag hatte, seinen ganzen Einfluß für seine Stadt und für den Frieden ganz Italiens geltend gemacht. Das eine Mal schickte ihn die Kommune von Siena in inoffizieller Mission zu Herzog Filippo Maria Visconti nach Mailand; das andere mal geschah es, als Kaiser Sigismund 1432 etliche Monate in Siena zubrachte. Die Freundschaft des Klosterbruders mit diesem gutaussehenden, ehrgeizigen Fürsten, der den weltlichen Freuden stets zugetan war – eine deutsche Ausgabe des Franz I. von Frankreich – und der Einfluß, den er auf ihn ausübte, sind ein weiterer Beweis für die starke Ausstrahlung von Bernardinos Persönlichkeit. Der Kaiser war sofort hingerissen von ihm, und das, obwohl er kurz nach seiner Ankunft in Siena erfahren hatte, daß Bernardino ihn der Ketzerei angeklagt hatte, d. h. daß er ihm zur Last legte, er hätte die Bischöfe des Großen Schisma im Konzil von Basel begünstigt. Diese Anklage entbehrte jedoch jeder Grundlage, und sobald die beiden Männer sich kennenlernten, war der Kaiser von Bernardino geradezu fasziniert. Ein Biograph Bernardinos berichtet, daß der Kaiser „ihn jeden Tag besuchte oder seine Predigt hörte, und wenn er ihn einen einzigen Tag lang nicht sah, schien ihm der ganze Tag verloren".[23]

Der Anlaß für des Kaisers langen Aufenthalt in Siena ist ziemlich seltsam. Dank seiner herausragenden Rolle 20 Jahre zuvor auf dem Konzil von Konstanz hatte das große Schisma ein glückliches Ende gefunden und Martin V. war zum alleinigen Papst gewählt worden. Deswegen war die Kirche in seiner Schuld, und er fühlte sich nun vielleicht wie ein zweiter Kaiser Konstantin und hatte die Alpen überquert, um den einzigen Lohn dafür zu erhalten, den er ersehnte: die Anerkennung seiner Wahl zum Kaiser durch die formale Krönung in der Peterskirche. Aber gerade diese wollte ihm der Papst nun nicht gewähren, denn er war Sigismund gegenüber mißtrauisch – zum einen wegen dessen Freundschaft mit dem Visconti, zum anderen wegen der Rolle, die der Kaiser als *„protector"* des Konzils zu Basel gespielt hatte. Herzog Filippo Maria, auf dessen Unterstützung Sigismund gezählt hatte, gestand ihm zwar zu, daß er in Mailand sich die eiserne Krone der Langobarden selbst aufs Haupt setzte; aber weiter tat er nichts für ihn. Die Florentiner wiederum waren eifersüchtig auf Sigismunds Allianz mit Mailand sowohl als auch mit Siena und gestatteten ihm nicht, den Arno zu überqueren. So kam es, daß Sigismund in Siena hängengeblieben war. Wenn er auch mit allen ihm gebührenden Ehren aufgenommen wurde und die schönen Sieneserinnen ihm ihr Lächeln schenkten, wurde die Gastfreundschaft doch auf eine harte Probe gestellt. Siena schickte Gesandte, darunter sogar den Bischof der Stadt, zum Papst, die ihn inständig baten, sie von diesem kostspieligen und unbequemen Gast zu befreien. Aber es sieht so aus, als ob die eher privat geäußerten Argumente Bernardinos (auf dessen Meinung Papst Eugen IV. immer großen Wert legte) dazu führten, den Papst schließlich zu überzeugen. Bernardino bestärkte ihn auch offiziell, so daß nach Verzögerungstaktiken von neun Monaten endlich ein Treffen in Viterbo zustande kam. Danach verpflichtete sich Sigismund in einem Schreiben an das Konzil von Basel in aller Form, niemals einer Entscheidung seine Zustimmung zu geben, die dem Papsttum zum Schaden gereichen könnte. Dann erst war der Papst bereit, ein Datum für die Kaiserkrönung festzusetzen, nämlich Pfingsten 1433. Als dann der große Tag näher rückte, ritt Bernardino auf seinem kleinen grauen Esel neben Sigismunds stattlichem Streitroß einher und begleitete den Kaiser bis nach Rom. Nachdem er der Krönungszeremonie als Augenzeuge beigewohnt hatte, war er davon überzeugt, daß diese Zeremonie den Frieden in Europa festigen würde, und er kehrte nach Siena zurück.[24]

2

Sein ganzes Leben lang kämpfte Bernardino für den Frieden. Deshalb verurteilte er nicht nur jegliche politische Zwietracht, sondern auch alles, was zu Krawall und Blutvergießen führen konnte, ganz besonders das weitverbreitete Laster der Sodomie, das Bespitzeln und Denunzieren der Bürger untereinander, auf das der Staat Belohnungen aussetzte, die Spiel- und Wettleidenschaft überall im Land sowie die lasche und ungerechte Handhabung der Rechtsprechung.

Es hieß zu Bernardinos Zeiten, daß in der Toskana mehr Unzucht getrieben wurde als anderswo in Italien. In seinem Predigtzyklus von 1427 in Siena hielt er, wie auch einige Male in Florenz, seine eindrucksvollsten Predigten gegen dieses Laster. „Und ich weiß, daß es Städte hier in Italien gibt, in denen kein Toskaner wohnen darf, und solche, wo kein Toskaner Schulmeister sein kann, aus Angst, er könnte die Söhne dort verderben." „Also wirklich, wenn ich Sieneser wäre, wie ich es ja bin", rief er, „und Söhne hätte, die ich ja nicht habe, würde ich folgendes, was ich jetzt sage, mit ihnen machen: Sobald sie drei Jahre alt wären, würde ich sie umgehend wegschicken aus Italien, und sie kämen mir nicht wieder zurück, bevor sie nicht mindestens 40 wären... Weh mir, was ist aus Dir geworden, Siena! In welcher Sicherheit lebst Du hier, daß man nicht einmal einen kleinen Buben auf die Straße schicken kann, ohne Angst haben zu müssen, daß er gewaltsam überfallen und verführt wird!... Oh, Frauen, laßt Eure Söhne nicht mehr auf die Straße; schickt lieber Eure Töchter, denn für sie besteht keine Gefahr, wenn Ihr sie unter solche Leute schickt."

Eines Nachts, so berichtete Bernardino, wachte er auf, weil jemand „,Feuer, Feuer, Feuer!' schrie. Mein Herr und Gott, was soll das bedeuten? ... Dann hörte ich noch einen Hilferuf, und er schien mir von den Läden her zu kommen: ‚Feuer, Feuer, Feuer!' Angst und Schrecken packten mich; doch ich blieb und lauschte, und ich hörte Schreie aus der ganzen Stadt, sogar aus den Betten: ‚Feuer, Feuer, Feuer!'... So... hörte ich die ganze Stadt von Stimmen erfüllt und alle schrien... Weh mir, ich weiß nicht, ob Ihr mich verstanden habt! Ich glaube schon... Ich prophezeie Euch, daß Gott... Euch strafen und züchtigen wird!"

Abgesehen davon, daß Unzucht eine Versündigung gegen die Natur und gegen Gott sei, sagte er, zerstöre sie auch Seelenruhe und Frieden der Menschen, und zwar nicht nur in der Familie, sondern auch im Staat. „Sie verwandelt einen weisen und gütigen Mann in einen, der immerfort unruhig ist... Wenn er heimkommt, kommt er heim im Kopf aufgewühlt von der Begierde. Er ist fortwährend voller Reizbarkeit und Unruhe, immerzu ist er voller Angst und fürchtet, daß ihm das unselige Jüngelchen seine Gunst entzieht." All seine Talente verzettelt er, sowohl im privaten als auch im öffentlichen Leben. „Es kann ein junger Mann von scharfem Verstand und von so großer Intelligenz sein, daß er Wunder vollbringen könnte; aber wenn er der

Sodomie verfallen ist, wird aus ihm ein Geschöpf des Teufels. Er bricht mit allen guten und natürlichen Dingen wie den erhabenen Gedanken an Gott, die Gedanken an die *res publica*, an seine Familie, an sein Geschäft, seine Ehre, den Gedanken an seine Seele... einzig den Gedanken an diese Schurkerei hat er und lamentiert ständig, und ständig beklagt er sich über Vater oder Mutter, über Brüder oder Schwager... Ständig lebt er in Unzufriedenheit; wenn er redet, ist er reizbar, er löckt wider Vater und Mutter, wenn er zurechtgewiesen wird. Seine Frau, das brauche ich Dir nicht zu sagen, hat keinen einzigen guten Tag mit ihm... Ernenne ihn zum *podestà* [Bürgermeister] und Du wirst einen Teufel sehen, der vom Ehrgeiz geritten wird... und von einem Herz aus Stein regiert. Wehe dem, der sein Barett oder seine Haube nicht vor ihm abnimmt!"[25]

Ein Sodomit war in Bernardinos Augen ganz besonders Eifersucht und Neid ausgesetzt, aber auch Klatsch und Zuträgerei und Denunziation. Gerade diese wurde ja von der Regierung begünstigt und unterstützt, denn der Rat der Stadt hatte amtliche Spione und Informanten angestellt. Deren Aufgabe war es, auch nur die geringste Gesetzesübertretung oder das leiseste Gerücht, jemand habe seine Unzufriedenheit geäußert oder Verrat verübt, zur Anzeige zu bringen. Als Belohnung erhielt der Denunziant ein Viertel des verhängten Bußgelds. Ein derartiges System war nur allzugut dazu geeignet, überall eine unterschwellige Unsicherheit zu erzeugen und bot Gelegenheit, private Händel auf diese Weise auszutragen. Bernardino fand das so unmoralisch, daß er dem Thema der bösen Folgen der Verleumdung in Siena vier Predigten vollständig widmete, in Florenz zwei. „Oh, die Spitze der Zunge! Sie ist der schlimmste Körperteil, den der Mensch hat!" Verleumdung nähre sich aus drei Quellen, sagte er: Bosheit, Stolz und Grausamkeit. Verleumder hätten giftige dreigespaltene Zungen wie die Schlangen und einen Stachel wie der Schwanz des Skorpions und sie stänken aus dem Maul wie eine Kloake. „Schau' nur, was für ein Gestank aus seinem Mund strömt, so ist es mit denen... Deshalb mach', daß Du jedesmal, wenn Du einen von denen hörst, der schlecht über einen anderen redet, sofort, wenn Du es hörst, Dir die Nase zuhältst und... sage: ‚Oh je, der da stinkt!'" Der Verleumder sei schlimmer als ein Dieb, denn was er stiehlt, „schneller als ein Vogel fliegen kann", ist der gute Name eines Menschen – manchmal sogar genau in dem Augenblick, in dem dieser eine gute Tat vollbringt. Der Verleumder unterstellt ihm dann einfach, daß er sie aus einem unwürdigen Motiv ausführte. „Wenn einer fastet, sagt er zu jemandem anderen: ‚Nun ja, wolle Gott, daß er aus *guter* Absicht fastet'... oder wenn einer Almosen gibt: ‚Wolle Gott, daß sie ohne heuchlerische Absicht gegeben werden!'... So einer wie der ist wie ein Mistkäfer... Er ergötzt sich und macht seine Kügelchen aus Scheiße. ‚Oh Kinder, wenn Ihr jemanden hört, der schlecht über einen anderen redet, dann nennt ihn Mistkäfer!'"[26]

Schließlich richtete Bernardino seine engagiertesten Angriffe gegen ein Laster, dem damals so gut wie überall unterschiedslos Männer jeder Klasse und jeden Alters verfallen waren: der Passion fürs Glücksspiel. Bernardino sagte, daß ein Bub schon als kleines Kind anfinge, mit Würfeln zu spielen um die paar *danaruzzi*, die ihm die Eltern gegeben haben („... schlecht ist so ein Vater, der seinem Sohn das Spielen beibringt und sagt, daß er es tut, damit er nicht betrogen würde"). Und wenn er dann ein alter Mann ist, ist er immer noch dabei, „alt, zahnlos, eine Brille auf der Nase, dem Spiel verfallen, die Würfel in der Hand... und dabei scheint er noch dazu glücklich zu sein, wenn er sechs oder zehn Gulden verliert, wo er doch sonst, wenn er nur einen einzigen Gulden Steuern oder andere Abgaben an die Kommune zahlen soll, mit seinem Gezeter die Erde erschüttert."[27] Manch einer, der dem Spiel fröhnte, verbrachte sein ganzes Leben in den öffentlichen Spielbuden, die auf dem Hauptplatz jeder Stadt standen (in Siena also auf der Piazza del Campo, in Florenz auf dem Mercato Vecchio). Die Besitzer dieser Spielbuden, die *barattieri* [Betrüger, Hehler und Wucherer, Gestalten der Unterwelt, die von unrechtmäßigen Gewinnen lebten], die auf Gemälden häufig mit dem spitzen Hut der Juden oder der Wucherer dargestellt sind, übten ihr Gewerbe mit einer amtlichen Lizenz der Kommune aus. Diese wiederum stellte die *barattieri* zum Straßenkehren, Steuereintreiben, zum Auspeitschen von Verbrechern und ähnlichen wenig begehrten, untergeordneten Verrichtungen an, die man Leuten von besserem Stand nicht zumuten konnte.[28]

Dann waren da noch die *bari*, professionelle Falschspieler, die Bernardino *bari e berti* nannte. Die lauerten in den Spelunken nur auf ihre Opfer, harmlose Durchreisende, die sie zum Spiel verleiten konnten. Der *baro* trug einen losen Gürtel, der wie eine schmale Tasche gearbeitet war, in der er seine gefälschten Würfel gut verstauen konnte; „die *berti* verführen die Reisenden zum Spiel und tun so, als ob sie die *bari* nicht kennen würden... Und schön langsam verführen sie den reisenden Kaufmann zum Spielen und lassen nicht eher nach... bevor sie ihm nicht ganz sacht mit Vergnügen alles Geld aus der Hand und aus den Taschen gezogen haben."[29]

Neben dem Kartenspiel und dem Schach, die meist zu Hause gespielt wurden, aber auch dort meist um Geld, waren zwei Arten von Glücksspielen groß in Mode: Brettspiele mit Würfeln und Figuren und Würfelspiele wie *tavola reale*, also Tricktrack, heute wieder als Backgammon bekannt, und reine Würfelspiele, wobei *zara* (von arab. *zahr*, Würfel, heute unser Hazard-Spiel, italienisch *azzardo*) das beliebteste war. Man nahm dazu drei Würfel. Der *barattiere* schüttelte drei Würfel in einem Becher, warf sie auf eine glatte Oberfläche, während die Spieler ihre Zahlen und ihren Einsatz schrien: Wenn sich bestimmte Kombinationen ergaben, brüllten sie „zara".[30] Der Lärm muß ohrenbetäubend gewesen sein! Die Spieler brüllten, die Verlierer fluchten und hauten auf den Tisch, der ganze Platz hallte davon wider.

*E vedesi chi perde con gran soffi*
*Bestemmar colla mano alla mascella,*
*E ricevere, e dar dimolti ingoffi,*
*Ed allor vi si fa colle coltella,*
*Ed uccide l'un l'altro, e tutta quanta*
*Si turba allora quella piazza bella.*[31]

Bernardino verdammte das Glücksspiel nicht einmal so sehr, weil es unmoralisch war und schiere Zeitvergeudung, wenn er auch sagte: „Zeit ist das Kostbarste, was uns auf dieser Welt gegeben ist." – Vielmehr wegen der Gewalttätigkeiten, zu denen es dabei so oft kam. Die Wut und Verzweiflung der Verlierer machten sich eben oft nicht nur in Flüchen Luft, glaubten sie doch, Gott habe sie den blinden Schicksalsmächten überlassen, sondern auch in handfesten Gewalttaten. Manchmal packte ein Verlierer einfach seinen Gegenspieler bei der Gurgel und drückte so lang zu, bis dem die Luft ausging, oder er lauerte ihm im Dunkeln mit dem Dolch auf. Manchmal griff er auch den Besitzer der Spielhölle an oder fiel sogar über den Handwerker her, der die Würfel hergestellt hatte – so wie Messer Giovanni da Negroponte aus Sacchettis Novellen, der die Spielbude verließ, „kochend, kochend vor Wut und noch ganz erregt vom Spiel... ging er mit seinem Messer zu einem, der Würfel machte und erstach ihn." Dann wieder beging ein Verlierer in seiner Verzweiflung Selbstmord, obwohl er wußte, daß er damit seine Familie ruinierte. Andere wieder verkauften ihre Seele dem Teufel in der Hoffnung, so zu ihrem verlorenen Geld zu kommen. Einer von denen, die so einen Pakt mit dem Teufel geschlossen hatten, so erzählte Bernardino, „stand eines Nachts Wache auf der Stadtmauer... spürte die Krallen einer Geierklaue seine Schultern packen, und mit der Kralle machte er ihm eine große Wunde; und als er sich umwandte, sah er den Teufel in Gestalt eines Geiers, der neben ihm stand und sein Eigentum forderte. Und er schrie und empfahl sich Gott an, machte das Kreuzeszeichen, worauf der Greif entschwand... Und er... rannte voller Angst in die Kirche zu einem guten und heiligen Priester", der ihm die Beichte abnahm und seine stinkende Wunde versorgte; doch der Mann „starb in wenigen Tagen". Der Teufelsgeier hat sicher seine Seele mitgenommen. Bernardino schloß: „Der heilige Priester, der Jacopo heißt, erzählte mir das jüngst in Modena."[32]

Des öfteren ließ der verzweifelte Spieler seine Wut sogar an einem heiligen Bild oder an Gott selbst aus. Der Sieneser Chronist, Paolo di Montale, schrieb die Geschichte von dem Mann nieder, der beim *zara* Spiel verloren hatte und deshalb einen Stein auf ein Fresko, das die Verkündigung darstellte, schleuderte, „so, als ob die Madonna dafür verantwortlich sei, daß er verloren hatte". Ein anderer wiederum schmiß in Bologna im Zorn einen der runden hölzernen Spielsteine, mit denen er *giuoco dei zoni* gespielt hatte, auf ein Madonnenbild. Der aber, so geht die Sage, blieb so lange wie versteinert auf der Stelle stehen, reglos, mit offenem Munde, bis ein Gebet seine Glieder wieder löste.[33] Auch Bernardino erzählte seiner Gemeinde die bekannte mittelalterliche Legende von dem Spieler, der in seiner Wut einen Pfeil direkt auf Gott in den Himmel schoß; und als der Pfeil auf die Erde zurückfiel, tropfte Blut von seinem Schaft herab. In der ursprünglichen Version bereute der Gotteslästerer seine Tat und wurde Einsiedler. Bernardino änderte die Geschichte jedoch ab und berichtete, daß die Erde sich auftat und ihn verschluckte und der Teufel ihn in die Hölle schleppte.

Darauf verglich Bernardino in einem reichlich verwickelten Gleichnis die Einrichtungen der Kirche Gottes mit denen des Teufels. Satanas, der Teufel selbst, meinte er, sei der Papst des Glücksspielers („Ich will der Papst sein, ich!") „Die Spielbuden sind die Wohnungen der vier Kardinäle", die Wirtshäuser seien Kirchen, „die Spieltische sind Altäre... die Würfel sein Meßbuch". In seiner Messe sei der Introitus die Aufforderung zum Spiel, das Kyrie die Spieleinsätze, das Gloria die gotteslästerlichen Flüche. Alle, die diesem Laster frönten, verdammte Bernardino samt und sonders zur Hölle, der *„casa calda"*. Das heißt, nicht nur die Glücksspieler selbst, sondern ihre Frauen und Kinder gleich mit, weil sie von den unrechtmäßig erworbenen Spielgewinnen lebten, dazu auch die Besitzer der Spielhöllen, die *barattieri*, die Handwerker, die die Spielbretter, Karten und Würfel anfertigten, die Ladenbesitzer, „die das Bein verkauften und wußten, daß Würfel daraus gemacht werden" und „alle diejenigen, die beim Spiel zuschauten und den Stand des Spiels lauthals kommentierten und zusahen, wie beschissen wurde, zuhörten, wie geflucht, gelästert, gelogen und gesündigt wurde." Bernardino sagte, wenn ein Spieler sich dennoch bessern wollte, brauche er ihm nur seine Spielbretter, Würfel und Spielkarten abzuliefern, „und ich verspreche ihm, ihn, solange es mir vergönnt ist zu leben, in der Messe in mein Gebet einzuschließen".[34]

Unbestritten ist, daß Bernardino mit seinen Predigten gegen die Spielsucht wirklich Erfolge verbuchen konnte. In so gut wie jeder Stadt, in der er gegen dieses Laster wetterte, ob in Modena, Treviso, Bologna, Florenz oder Siena, bewegte er seine Zuhörer dazu, ihm ihre Spielbretter, Würfel und Spielkarten zu bringen, sie den Flammen des *„castello del diavolo"* zu übergeben und das Versprechen abzulegen, für immerdar von ihrem liebsten Zeitvertreib zu lassen. Ob diese Scheiterhaufen jedoch die Bürger wirklich friedliebender machten, das sei lieber dahingestellt!

Klipp und klar sagte Bernardino, daß solche vorübergehenden Bekehrungen in Sachen Glücksspiel, die er vielleicht durch seine Predigten herbeiführen konnte, im Grund wenig wert waren, solange sie nicht durch Gesetze unterstützt würden, die dann gerecht und unparteiisch angewandt werden. „Unter Gerechtigkeit", meinte er, „kann man vielerlei verstehen; doch unter anderem ist sie eine Konstante von unerschütterlichem Willen... die nicht wankt... und die jedem das gibt, was er verdient."[35]

Plötzlich lernen wir einen ganz anderen Mann kennen! Das ist nicht mehr der sanfte, mitleidvolle kleine Mönch, der Kranke pflegt und mit den Gassenjungen auf der Straße spielt. Wenn er auf Gewaltverbrechen oder Korruption zu sprechen kommt, wird er ebenso streng und kompromißlos wie die Propheten des Alten Testaments. Nicht an Vergebung glaubt er da, sondern an gerechte Strafe: „Jedem das Seine." Die Statuten von Siena beruhten damals, wie die der meisten Städte in Italien, auf einer Mischung aus römischem und germanischem Recht und „Gewohnheitsrecht". Sie waren alles andere als mild. Hexen, Zauberer und Ketzer verbrannte man auf dem Scheiterhaufen, die Leichen der gehenkten Diebe und Mörder ließ man zur Abschreckung tagelang am Galgen vor der Stadtmauer baumeln, Giftmischer und Verräter wurden auf einem offenen Karren zur Hinrichtung gezogen, und dann riß man ihnen das Fleisch bei lebendigem Leib Stück für Stück mit glühenden Zangen vom Körper; Huren trieb man mit Ruten nakkend durch die ganze Stadt.

Keine von all diesen Grausamkeiten erregte Bernardinos Abscheu auch nur im mindesten. Der Mörder, der Sodomist, der Wucherer – in seinen Augen verführten und unterjochten sie die ganze Menschheit. „So wie man den Unrat aus dem Haus schafft, damit er es nicht verseucht, so soll man die Schlechten und Bösen aus dem Umgang mit den Menschen entfernen, sie ins Gefängnis oder in den Tod schicken."[36]

Ebenso wie die Inquisition argumentierte er, daß es dem Verbrecher nur zu seinem Besten gereiche, wenn man ihn zur Einsicht seiner eigenen Verderbtheit brächte, denn nur so „bereut er im Herzen... beichtet und erhält die Absolution und ist gewiß, daß Gott ihm vergeben wird und er ins ewige Leben eingehen wird". „Paßt nur auf, eines Tages werde ich Euch predigen, wie man die Gerechtigkeit ausüben muß", wandte Bernardino sich an die Sieneser, „und wie man mit der Seele Erbarmen haben muß und den Körper die Gerechtigkeit spüren lassen muß." An anderer Stelle sagt er: „Unser Herrgott hat zwei Paläste mit zwei Höfen. Der eine heißt Hof der Gerechtigkeit, der andere Hof des Erbarmens." „Dennoch wird die Gerechtigkeit nicht geringer sein als das Erbarmen." All die, die zu ihm kamen, damit er sich dafür einsetzen solle, daß ein gefangengesetzter Verbrecher nicht gehenkt werde, schickte er mit den Worten weg, daß das nicht Erbarmen wäre, sondern Heuchelei. „Entweder ist er zu Recht eingesperrt oder zu Unrecht. Wenn er zu Recht eingelocht ist, verliere kein einziges Wort mehr darüber; sitzt er zu Unrecht im Kerker... dann mußt Du helfen, die Wahrheit ans Licht zu bringen... Man darf nicht darum bitten, daß die Gerechtigkeit untergeht, denn weder Stadt, Dorf, Kastell oder Provinz, nicht einmal das eigene Haus können leben, wenn dort nicht Gerechtigkeit herrscht. Die Gerechtigkeit ist Brot und Wein."[37]

Entrüstet war Bernardino nicht so sehr über die Brutalität mancher Gesetze, sondern vielmehr darüber, wie nachlässig und ungerecht sie angewandt wurden. „So kommt es vor, daß... der Rektor einer Stadt ein Verbot erläßt, Gott zu lästern, nachts auszugehen, an Glücksspielen teilzunehmen und Waffen zu tragen oder sich gegenseitig zu verunglimpfen..." Und wenn

die Schergen jemanden erwischen, der diese Gesetze übertritt, „wird er zur
*Signoria* abgeführt, wo er dafür Strafe zahlen soll. Sogleich geht dann einer
zum Rektor. ‚Oh Jammer, ich flehe Euch an und erbitte Gnade. Man hat
den vor Euch gebracht, der nachts auf der Straße angetroffen wurde. Ich ersuche Euch, daß Ihr ihn mir zuliebe begnadigt.' ‚Gut', sagt der Rektor, ‚die
Gesetze lauten so und so: hat denn der da die Bekanntmachung nicht gehört? Kennt er Sitte und Brauch vielleicht nicht?' Worauf dieser antwortet:
‚Ach, es ist doch Brauch, solche Dekrete auszurufen, und ebenso ist es
Brauch, Gnade vor Recht ergehen zu lassen.' Das kann dieser nicht ableug-
nen, und so läßt er den Gesetzesübertreter laufen."[38]

Nur wenige Verbrechen waren so schwer, daß sich ein Reicher nicht doch
mit einer entsprechend hohen Geldsumme als Schmiergeld oder auch als
Geldbuße von der Strafe freikaufen konnte. Ein Armer dagegen riskierte
schon, daß ihm eine Hand abgehackt wurde oder daß er jahrelang im Kerker
schmachten mußte – auch wenn er nur ein Bündel Reisig geklaut hatte.

Bernardino sah nur einen Weg, diese Zustände zu bessern: Noch strengere
Gesetze und deren rigorose Anwendung. 1425 forderten ihn die Kommunen
von Siena und von Perugia auf, sie bei der Reform ihrer Statuten zu beraten.
Die neuen Gesetze, die an die Stelle der bisherigen traten, waren denn auch
um vieles strenger und traten unter dem Namen *Riformagioni di Bernardino*
in Kraft. Auf Unzucht stand neben der Verbannung eine gepfefferte Geldstrafe, bei Rückfälligkeit sogar der Tod auf dem Scheiterhaufen. Dem Gotteslästerer schnitt man die Zunge heraus oder man hackte ihm die rechte
Hand ab, wenn er ein heiliges Bildnis beschädigt hatte. Wucherer durften
von nun an keinerlei öffentliches Amt mehr innehaben. Strafbar war es, für
Darlehen jedweder Art Zins zu nehmen: Christen wurde dafür das Kapital
samt den Zinsen konfisziert, Juden schlug man den rechten Fuß ab. Gesal-
zene Geldstrafen wurden für Glücksspieler eingeführt und für alle, die gegen
die neuen Luxusgesetze verstießen, ebenso für jedermann, der den Klöstern
ohne Erlaubnis Besuche abstattete, da sich dabei nur allzuoft Gelegenheiten
zur Sünde ergaben, auch gegen alle, die an den Tanzfesten in einer Kirche
teilnahmen, die so oft in heidnische Bacchanale ausarteten. Verboten waren
außerdem die *litomachie*, also die Steinschlachten, *„battaglie de' sassi"*, die
sich die Einwohner von Perugia an Festtagen zwischen Oberstadt und Un-
terstadt lieferten, *„per solo amore di gloria"* (aus reiner Ruhmessucht). Das
waren zwar Scheingefechte, aber dennoch gab es jedesmal an einem einzigen
Tag 15 bis 20 Tote und Verwundete.[39] Schließlich wurden alle Bürger unter
50 ohne Rücksicht auf Rang und Stellung verpflichtet, einem Gewerbe nach-
zugehen, einen Beruf oder ein Handwerk auszuüben, denn man war allgemein davon überzeugt, daß zahlreiche der schlimmsten Übel dem Müßiggang entsprängen. Bernardino kritisierte „die Ungereimtheit, daß alle
Welt glaubt, nur derjenige sei ein wahrer Herr, der den ganzen Tag über
mit seinem Hintern eine Bank blankwichst oder sich zum Zeitvertreib
mit seinem Falken auf der Hand herumtreibt". Diejenigen, die sich weiger-

ten, eine Arbeit aufzunehmen, wurden von allen öffentlichen Ämtern ausgeschlossen.[40]

Aber diese *Riformagioni di fra Bernardino* schienen sogar jenen zu streng zu sein, die ihn mit der Abfassung beauftragt hatten. Das zeigt sich daran, daß die Reformgesetze in der Stadtrepublik Perugia von ihrem Statthalter, dem Kardinal von Kreta, fast unmittelbar nach ihrem Erlaß entschärft wurden und daß sie in Siena zwei Jahre nach ihrer Einführung wiederaufgehoben wurden. Das wiederum veranlaßte Bernardino dazu, eine Predigt zu halten „Über diejenigen, die anfangen, gut zu werden und dann eine Kehrtwendung machen".[41]

In Wirklichkeit war es nicht nur schwierig, die Bevölkerung dieser beiden Städte von der Notwendigkeit dieser Gesetzesreformen zu überzeugen, sondern überhaupt erst einmal eine Obrigkeit zu finden, die aufrecht und mutig genug war, sich Bernardinos hohe sittliche Maßstäbe zu eigen zu machen.

Nach Bernardinos Meinung waren die Amtsträger einer Stadt nicht nur für die Taten der Bürger, die sie regierten, verantwortlich, sondern auch für deren Charakter. „Wie die Gewässer dahinfließen und sich krümmen wie sie geleitet werden, so nehmen auch die Menschen die oder jene Form an, die ihnen von demjenigen gegeben wird, der sie leitet und regiert." Unter denen, die die Aufgabe haben, zu „regieren" und zu „richten" seien einige wenige, „die geradewegs auf dem Pfad der Rechtschaffenheit wandeln, mit reinem Gewissen und mit reiner Seele; – die brauchen weder Gesetz noch Statut, denn Gott hat ihren Verstand so gezeichnet, daß sie gar nichts anderes tun können als das Rechte."[42] Doch wo sollte man solche Männer hernehmen? Wie viele Amtsträger gab es denn, die wirklich immun waren gegen die ansteckenden Sünden, die Macht mit sich brachte: Tyrannei, Ämterschacher, Leichtgläubigkeit, Hochmut, Nachlässigkeit, Ignoranz, Arroganz und Gleichgültigkeit? Viele *Signori* vertrieben sich ihre Tage auf der Jagd mit ihren Falken und Hunden und verbrachten ihre Nächte im Wirtshaus. Um ihre Ämter kümmerten sie sich nur insoweit, als sie Geld dabei herausquetschen konnten. „Sie fressen und zernagen [die Armen], diese schlechten Rektoren, mit Zähnen aus Eisen", sagt Bernardino und beschreibt dann einige Szenen, die er mit eigenen Augen gesehen hat. „So treten manche schlechte Rektoren ihr Amt an, für das ihnen viele Diener, Pagen und Pferde zur Verfügung gestellt werden...", aber „nach wenigen Tagen schon verringern sie die Zahl der Esser und behalten aus purem Geiz nur die Hälfte der Dienerschaft", streichen aber „die dafür bestimmten Unterhaltskosten" voll und ganz ein. Einen gab es, der sogar seinen Bauern die Spaten und Hacken stahl, nachdem seine Amtszeit abgelaufen war, ein anderer wieder „ließ in sechs Monaten mehr als 4000 Ster Holz verbrennen, nur um die Pottasche nach Florenz zu schicken und sie zu Geld zu machen." Ganz wenige gab es, die nicht bestechlich gewesen wären. Die Leute sagten, „daß der schlechte Rektor für sich selbst stiehlt, daß sein Notar für ihn stiehlt und daß sie zusammen ihre Untertanen, die Notleidenden der Republik, auffressen... Die

Venezianer", fuhr Bernardino fort, „tun so etwas nicht, das muß zu ihrer Ehre gesagt werden, und sie haben einen anderen Ruf als Ihr hier. Wenn dort im venezianischen Territorium ein Rektor auch nur ein einziges Geschenk annimmt, gerät er derart in Mißkredit, daß er nie mehr ein Amt erhält." Am schlimmsten aber war, daß es kaum einen Rektor gab, der stark genug gewesen wäre, die Delinquenten mit der nötigen Härte zu bestrafen. „Euer Land nennt Ihr Land der Freiheit!", sagte Bernardino spöttisch zu den Florentinern. „Frei, keinen zu bestrafen, der Böses tut, das schon! Nennt es lieber mit einem treffenderen Wort eine freie Tyrannei."[43]

Um diese schwachen und ohnmächtigen Amtsträger bloßzustellen, trug er ihnen „das Gleichnis von einem Affenweibchen und einem Bären am Hof des Königs von Frankreich" vor. Der Bär, sagte er, war der Stärkere von beiden und raubte der Affenmutter eines ihrer Jungen und fraß es auf. Da suchte die arme Affenmutter das ganze Haus ab, rannte von einem zum anderen, blickte jedem ins Angesicht „als ob sie nach Gerechtigkeit schreien würde". Aber „niemand schenkte ihr Gehör." So begab sie sich eines Tages „an den Ort, wo der Bär hauste" auf den Heuboden..., „raffte Heu zusammen und türmte es rund um den Bären auf: zum Schluß zündete sie es an und verbrannte den Bären und übte auf diese Weise selbst Gerechtigkeit".[44]

Die Regierung Venedigs, die damals in den Händen einer strengen Oligarchie lag, war die einzige, die Bernardinos moralischen Maßstäben standhielt. „Oh Venegia, wieviel Ruhm ist in Dir! Wie gut hältst Du Dich! Ach, meine Mitbürger, was glaubt Ihr wohl, was der Hauptgrund dafür ist? Aufrechte Männer regieren die Stadt, und deshalb gewährt Gott ihr so viel Wohlstand. Es gibt nichts als Eintracht, die sie beherrscht; alle arbeiten für das Gemeinwohl." Während er so gegen den Parteienhader predigte, führte er seiner Gemeinde als Vorbild seine Erinnerungen an die Lagunenstadt vor Augen. „Warst Du schon einmal in Venegia?" richtete er sich an seine Zuhörer. „Wenn Du schon einmal dort gewesen bist, dann weißt Du, daß dort vielerlei Schiffe auf dem Meer sind... da sind Galeeren, Galeonen, Handelsschiffe, Koggen, Barkassen, Gondeln und kleine Boote... und manche Brigg mit 20 oder 22 Ruderbänken... Die einen fahren hierhin, die anderen fahren dorthin, manche Männer tun dies, manche jenes, einer rudert, einer flickt die Taue, ein anderer setzt die Segel, und sie ruhen und rasten nicht... All diese Schiffe, Galeeren, Koggen, Barken, Barkassen, Gondeln und Boote können nie besiegt werden, solange sie ein einziges Ziel haben. Aber wenn unter ihnen Uneinigkeit herrscht, dann ist kein einziges von ihnen so stark, als daß es nicht besiegt werden könnte, und so wird es im Meer zugrunde gehen."[45]

So kam Bernardino in seinen Predigten über das gute Regiment wieder zu seinem Ausgangspunkt zurück, dem Appell zu Einigkeit und Frieden. All seine Ermahnungen, seine strengen Gesetze hatten nur die Erfüllung dieses seines Traums zum Ziel. „Es ist ein so nützlich Ding, der Friede! Schon das Wort *pace* ist so süß, daß es süß über die Lippen geht. Schau' sein Gegenteil an und sag' *guerra.* Das ist so ein rauhes Ding, strömt so viel Roheit aus, daß es den Mund zusammenzieht." Man kann direkt hören, wie der Prediger diese Wörter zum Erklingen bringt, genußvoll den breiten Vokal von *pace,* hart und aggressiv den Anfangskonsonanten und das Doppel-R von *guerra,* und man sieht die Menge vor sich, wie sie mit offenem Mund lauscht und zustimmend nickt und dazu murmelt: *„Dice bene, dice bene."* Darauf wandte er sich zum *Palazzo Pubblico* um, vor dem er stand, und erinnerte seine Zuhörer, daß dort in der *Sala della Pace* einer ihrer sienesischen Maler die Auswirkungen eines weisen, strengen Regiments dargestellt hatte, das all seine Anstrengungen darauf richtete, den Frieden zu erhalten; ein anderes Fresko hingegen zeige die Auswirkungen eines schwachen Regiments, das die Stadt der Gesetzlosigkeit und dem Parteienstreit überließ. „Es ist eine große Freude, den Frieden beschrieben zu sehen, und bedrückend ist es, an der anderen Wand den Krieg gemalt zu sehen. ... Wenn ich mich dem Frieden zuwende, sehe ich, wie Ware transportiert wird, wie Häuser errichtet werden und Mädchen im Reigen tanzen; ich sehe, wie in den Weinbergen die Reben geschnitten und wie die Äcker gepflügt werden, wie gesät wird. Ich sehe Männer zum Bad gehen, Mädchen, die hoch zu Roß zu ihrem frisch angetrauten Mann reiten, und ich sehe Herden von Schafen usw. Ich sehe auch, wie ein Mann gehenkt wird, damit die heilige Gerechtigkeit erhalten wird. All dieser Dinge wegen leben alle Menschen in heiligem Frieden, in heiliger Eintracht... Wenn ich mich jetzt zur anderen Wand umdrehe, zum Fresko des schlechten Regiments, sehe ich keinen Handel, keine Tänze, sondern ich sehe, wie sich die Menschen gegenseitig umbringen; keine Häuser werden gebaut; die Felder werden nicht bestellt, die Reben nicht geschnitten, es wird nicht gesät... Ein erschlagener Mann, eine vergewaltigte Frau, keine Herden, höchstens gestohlene; die Menschen ermorden einander meuchlings, Justizia stürzt zu Boden, die Waagschalen der Gerechtigkeit liegen in Scherben, sie ist an Händen und Füßen gefesselt. Alles, was einer tut, tut er voller Furcht und Angst."[46]

Diese Predigtreihe ging ihrem Ende zu, und schon bald würde Bernardino Siena wieder den Rücken kehren und seinen Mitbürgern dort Lebewohl sagen. Doch bevor er die Stadt verließ, hatte er noch einen letzten Wunsch an sie: „Also, meine Brüder und Väter, liebet einander, nun liebt Euch und umarmt einander, und wenn Euch übel getan wurde, so vergebt das Unrecht um der Liebe Gottes willen: staut keinen Haß in Euch auf. ... Auch Euch, Ihr Frauen, bitte ich, daß Ihr mir um der Liebe Gottes willen beisteht... ich meine... daß Ihr mir bei dem mühseligen Unterfangen helft, das ich mit so großer Freude und Liebe begonnen habe, nämlich Euch den Frieden zu bringen." Sie sollten eilends in die Kirche gehen, forderte er sie auf, wenn es auch nur für ein paar Minuten sei, solange sie seine Worte noch frisch im Gedächtnis bewahrten. „Und doch, Ihr Frauen, ... richtet es so ein, daß Ihr, wenn Ihr von der Predigt hier fortgeht, noch in die Martinskirche schaut... und dieser Kirchgang soll ein Zeichen dafür sein, daß Ihr mit allen Menschen

Frieden schließen wollt,... und diese Aussöhnung in der Kirche gelobt...
Und dann, wenn Ihr diejenigen wieder einmal trefft, denen Ihr Haß entge-
gengebracht habt, dann söhnt Euch miteinander aus... Das gleiche sage ich
Euch, Ihr Männer: Geht hin und gelobt der Jungfrau Maria im Bischofspalast Frieden, damit sie den Frieden in Euch bewahrt und Euch vor den
Gefahren behütet, die auf Euch lauern, solange Ihr den Haß noch im Herzen tragt."[47]

Solches predigte Bernardino seinen *Senesi*, die ihm in vielen Dingen ge-
horchten; doch untereinander und mit den Nachbarn in Frieden zu leben,
das brachten sie nie fertig – daran hat sich bis heute noch nichts geändert.
Bernardino machte sich da auch gar keine Illusionen, und das betrübte ihn
zeitlebens. Eine Legende will wissen, daß einige Tage nach seinem Tod in
L'Aquila, als sein Leichnam noch in der Franziskanerkirche aufgebahrt lag,
ein Aufstand in der Stadt losbrach. Zur Strafe sollten einige Unschuldige
enthauptet werden. Da ertönte eine Stimme und befahl, den Kampf zu beenden; alle sollten sogleich in die Franziskanerkirche gehen, wo sie mehr als
genug Blut finden würden. Dort angelangt, sahen sie, daß Blut aus der Nase
des Leichnams strömte. Da fielen sie auf die Knie und beteten um Vergebung. Das erste bezeugte Wunder nach dem Tod des Bernardino war also ein
letzter Appell zum Frieden, „diesem so nützlichen Ding". „Ich gäbe ein
Pfund meines Bluts", hatte er immer gesagt, „um Frieden zu stiften."[48]

1. Der Heilige Bernardino. Tafelbild von Pietro d'Ambrogio. Siena, Pinacoteca. (Foto: Grassi). Die Abbildung zeigt das älteste zeitgenössische Porträt des Heiligen

2. Il Colombaio (Foto: Grassi)

3. Predigt des Heiligen Bernardino auf der Piazza del Campo vor dem
Rathaus mit dem Bernardino-Emblem. Tafelbild von Sano di Pietro
(1406–1481). Siena, Opera del Duomo (Foto: Scala)

4. „Die Kranken pflegen". Fresko von Domenico di Bartolo (um 1400–1447). Krankensaal des Ospedale di Santa Maria della Scala in Siena, in dem der Heilige Bernardino
während der Pestepidemie im Jahre 1400 die Kranken gepflegt hat (s. S. 20f.).
(Foto: Grassi)

5. „Die Nackten bekleiden". Fresko von Domenico di Bartolo (um 1400–1447). Auch diese Abbildung zeigt den Krankensaal des Ospedale di Santa Maria della Scala in Siena, in dem der Heilige Bernardino während der Pestepidemie im Jahre 1400 die Kranken gepflegt hat. (Foto: Grassi)

6. „Wunder des Heiligen Bernardino". Bernardino heilt die Wunden des verletzten Hauptmanns Tornano. Aus der Schule des Perugino. Das Bild hing früher im Oratorium des Heiligen in Perugia. Heute befindet es sich in der Galleria Nazionale, Perugia. (Foto: Scala)

7. Holzbüste des Heiligen Bernardino und die originale Holztafel mit dem Christusmonogramm, die der Heilige bei seinen Predigten benutzte. In Bernardinos Zelle im
Convento dell' Osservanza, Siena. (Foto: Trott)

8. Auszug aus einer Predigt des Heiligen Bernardino über das Sakrament der Ehe (s. S. 50). Reinschrift des Stenogramms des Benedetto di Maestro Bartolomeo (s. S. 16), Tuchscherermeister. Biblioteca Comunale di Siena, Siena.

9. Der Heilige Bernardino vor Papst Bonifaz. Fresko von Giacomo da Lodi. Lodi, San Francesco. (Foto: Sovrintendenza per i Beni Artistici e Storici, Mailand)

10. „Die Krüppel erflehen ein Wunder vom Heiligen Bernardino". Ausschnitt aus einem Fresko von Giacomo da Lodi. Lodi, San Francesco. (Foto: Sovrintendenza per i Beni Artistici e Storici, Mailand)

11. „Die Armen". Ausschnitt aus „Triumph des Todes" von Andrea Orcagna (ca. 1308–1368). Florenz, Santa Croce. (Foto: Grassi)

12. Ausschnitte aus „Die Folgen des guten Regiments". Fresko von Ambrogio Lorenzetti (ca. 1319–ca. 1348). Palazzo Pubblico, Siena. (s. S. 131)

13. Der Heilige Bernardino. Rundbild von Giovanni della Robbia (1469–1529) in der Loggia di San Paolo auf der Piazza Santa Maria Novella, Florenz. (Foto: Alinari)

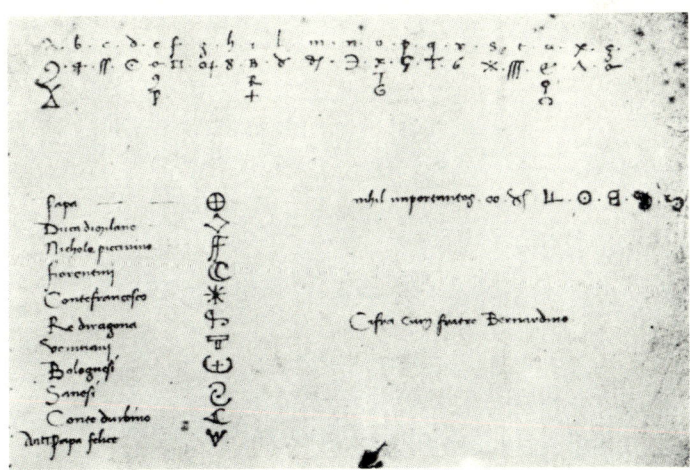

14. Blatt mit der Geheimschrift für den Heiligen Bernardino anläßlich seiner Reise nach Mailand. Siena, Archivi di Stato. (Foto: Sovrintendenza per i Beni Artistici e Storici, L'Aquila)

15. „Bernardino ermahnt seine Zeitgenossen zum Frieden". Gemälde von Sebastiano di Cola del Casentino. Museo Aquilano, Aquila. (Foto: Alinari)

16. „Spiel der jungen Galane". Tafelbild eines unbekannten toskanischen Malers,
15. Jahrhundert, im Palazzo Davanzati, Florenz. Bernardino beschreibt das Aussehen
der jungen Galane auf den Seiten 43 f. (Foto: Alinari)

17. Das Oratorium des Heiligen Bernardino an der Piazza San Francesco in Siena

*Siebentes Kapitel*

# Die übernatürliche Welt
# Glauben und Aberglauben – Engel und Teufel

*Lume v'è dato a bene ed a malizia,*
*E libero voler...*

Ein Licht ist euch gegeben für gut und schlecht
Und freier Wille...
Dante, *Purgatorio* XVI, 75/76

Einmal, mitten in einer Predigt, unterbrach sich Bernardino: „Seht nur, der ganze Campo ist voller Engel."[1] Das war keineswegs nur eine metaphorische Redewendung, sondern die simple Feststellung einer Tatsache. Bei der Lektüre von Bernardinos Schriften und auch von Historikern der Zeit, wird uns denn auch bewußt, daß es in der Tat keine scharfe Trennungslinie zwischen dieser Welt und der Welt des Übernatürlichen gab – und das nicht nur beim ungebildeten Volk. Liest man die Chroniken eines Philippe de Commynes oder eines Giovanni Villani, wird man gewahr, daß jede ungewöhnliche Begebenheit meist dem Eingreifen übernatürlicher Kräfte, ja oft dem Teufel selbst zugeschrieben wurde. Villani zum Beispiel berichtet als historische Tatsache, daß 1333, in der Nacht vor der großen Überschwemmung des Arnotals „ein heiliger Eremit, der in seiner Einsiedelei oberhalb des Klosters von Vallombrosa im Gebet versunken war, das Gepolter von Dämonen hörte, und es war ihm, als ob ein Heer bewaffneter Reiter ungestüm vorübergaloppierte". Er fragte sie nach ihrem Ziel und erhielt zur Antwort: „,Wir werden die Stadt Florenz ertränken wegen ihrer Sünden.'"[2]

Der Glaube an solche Legenden hing natürlich eng mit der Vorstellung zusammen, daß der Lauf der Geschichte Teil göttlichen Ratschlusses sei. Dieser Glaube stand nicht unbedingt im Widerspruch zu der Überzeugung, daß andererseits vieles durch die Launen und die Unberechenbarkeit des menschlichen Charakters, durch die Laster und Tugenden des einzelnen Menschen verursacht wird. Diese Vorstellung vom Lauf der Geschichte war auch nicht etwa auf das Mittelalter beschränkt, sondern wurde auch von den meisten Historikern der Renaissance akzeptiert. 1499 stellte der neapolitanische Humanist Giovanni Pontano die Grundregeln auf, nach denen ein Geschichtsschreiber sich zu richten habe: In der Berichterstattung über Kriege – in seiner Sicht das Hauptthema der Geschichte überhaupt –, solle er nicht bloß Begebenheiten festhalten, die auf natürliche Weise und durch puren

Zufall zustande kommen wie etwa Wetter, Pest, Verrat, falsche Gerüchte, sondern auch solche, die sich jeder menschlichen Erklärung entziehen wie Orakel, Prophezeiungen, Visionen.[3] Der berühmte Florentiner Historiker Francesco Guicciardini vertrat ganz ähnliche Ansichten. Wiederholt erklärte er, daß der Mensch den Gang der Geschichte nicht allein rational verstehen könne. Hinter seinen bewußten Handlungen stünden unbewußte Mächte, die auch Wunder geschehen lassen könnten. Aus diesem Grunde räume er wie auch andere zeitgenössische Historiker in ihren Werken guten und bösen Vorzeichen so viel Raum ein. In seiner *Storia d'Italia* zum Beispiel zählt ihr Verfasser Guicciardini zahllose schauerliche Vorzeichen auf, die dem Einfall der Franzosen in Florenz im Jahr 1494 vorausgegangen waren, „...Dinge, die sowohl dem Lauf der Natur als auch des Himmels fremd sind. In Apulien wurden des Nachts drei Sonnen mitten am Himmel gesehen, doch umgeben von einem milchigen Hof und begleitet von schrecklichen Blitzen und Donner; im Gebiet von Arezzo konnte man viele Tage hindurch ungezählte Männer in Rüstung auf riesengroßen Streitrössern zum markerschütternden Getöse von Trompeten und Trommeln durch die Luft jagen sehen; an vielen Orten Italiens wurde bezeugt, daß an heiligen Bildnissen und Statuen von Heiligen Schweißperlen herunterrannen; überall brachten Mensch und Vieh Mißgeburten zur Welt."[4]

Es mutet daher auch nicht seltsam an, daß die Menschen in einer Welt voller Wunder die Anwesenheit von Engeln und Teufeln gar nicht in Frage stellten, ja, daß sie oft sogar glaubten, sie hätten sie mit eigenen Augen wirklich gesehen, so lebendig waren sie ihnen von den Dichtern und Predigern beschrieben und durch die Werke der Künstler vertraut gemacht worden. So war zum Beispiel im Kloster der Augustiner von Lecceto bei Siena (denen Bernardino beitreten wollte bevor ihn seine Vision zu den Franziskanern rief) die Vorhalle der Kirche ganz mit Bildern ausgemalt, die die Werke des Bösen darstellten. Eine Szene zeigt einen Spieler, der verloren hat und seinen Gegner bei der Gurgel packt, während der Teufel schon mit erhobenen Klauen bereit steht, die Seele des Opfers in die Hölle zu schleppen. Auf einem anderen Bild ziehen zwei Schimmel, auf denen zwei Teufel reiten, einen Karren mit einer ausgelassenen Gesellschaft von Zechern; ein Teufel steht dicht neben einem Geldverleiher, wieder ein anderer belauert hinter einem Baum die Jäger im Wald, während ganze Scharen von Teufeln über den Männern schwirren, die zu Land und zu Wasser Krieg führen.

Noch furchterregender waren die Darstellungen des *Triumphs des Todes* wie die von Traini im Camposanto von Pisa oder die in Santa Croce von Orcagna. Dort schwebt die Gestalt des Todes mit ihrer riesigen Sense über der Menschheit, und grauenerregende Fantasiewesen, Dämonen mit Hörnern, Hufen, Fledermausflügeln, mit Gesichtern von grimassierenden Affen stürzen sich auf Sterbende und zerren ihre Seelen ins Höllenfeuer.

Immerhin waren im Gegensatz zu den Fresken von Lecceto diese Visionen des Todes nicht ganz ohne jeglichen Hoffnungsschimmer; Engel tragen

die Seelen der Gerechten gen Himmel, da und dort entreißen sie sogar eine
Seele den Klauen eines Teufels. Im Inneren des *Palazzo Pubblico* von Siena,
vor dem Bernardino seine Predigten zu halten pflegte, sind an den Wänden
ebenfalls Engel dargestellt, die durchaus unserer Welt angehören und „die
ausgleichende Gerechtigkeit" in der Gestalt von Glaube, Liebe, Hoffnung
symbolisieren.

Die himmlischen Heerscharen lagen Bernardinos Herzen besonders nah.
In zwei seiner lateinischen Predigten sowie der vierzehnten sienesischen Predigt aus dem Jahr 1425 und der dreiundvierzigsten aus dem Jahr 1427 in der
Volkssprache griff er dieses Thema auf.[5] Diese himmlischen Heerscharen
sind die „glorreichen Kompanien des Himmels", die immerwährend in der
Liebe Gottes leben. „Aus Liebe versenken sich alle Engel in Gott, aus Liebe
begehren sie, den Willen Gottes auszuführen, aus Liebe besitzen sie die
unendliche Güte Gottes." Doch sie sind auch Gottes Abgesandte auf Erden,
die die Seelen der Menschen beschützen sollen. „Jeder Mensch auf Erden hat
einen Schutzengel", sagte Bernardino. Seiner Gemeinde in Siena versicherte
er: „Über unsere Seele herrschen die Engel, die uns leiten und erleuchten in
allem, was wir tun sollen. Eben diese Engel haben Euch hierhergeführt, um
auf diesem Campo zuzuhören... und sie sind es, die Euch aufmerksam auf
die Worte lauschen lassen, die ich Euch zum Lobe Gottes verkünde." Er ließ
seine Augen über den Platz schweifen und forderte seine Gemeinde auf, sich
ihres großen Glücks bewußt zu sein: „Wir sind hier... in Frieden... ohne
Argwohn, ohne Angst: Wir befinden uns mit friedvoller Seele und wohlge-
ordnet auf diesem Platz und lauschen guten Willens dem Wort Gottes...
Dies ist ein halbes Paradies; dies ist... ein Triumphbogen... wohin uns die
Engel geleitet haben... nach unserem freien Willen." Diese englischen Besu-
cher auf unserer Erde, sagte er, seien ohne Zahl. „Wie viele Engel, glaubst
Du, sind jetzt eben hier in dieser Kirche?" fragte er, als er in Santa Croce
predigte. „Du wirst antworten: ‚Ebenso viele wie Menschen hier sind.‘ Und
Du sagst die Wahrheit, denn jeder einzelne hat seinen Schutzengel. Aber außer diesen gibt es noch Millionen mehr."[6] Sie, so erklärte er, sind es, die
„uns das Gute vollbringen lassen, das wir tun... indem sie uns erleuchten,
so daß wir Gut und Böse unterscheiden. Deshalb schulden ihnen die Menschen (so der bekannte Ausspruch des Heiligen Bernhard) *reverentiam pro
praesentia, devotionem pro benevolentia, fiduciam pro custodia.*" „Aus Liebe
zu den Engeln müssen die Frauen ihr Haupt verschleiern, wenn sie in die
Kirche gehen, denn wenn sie in Hoffart dorthin gehen, um angehimmelt zu
werden und selbst anzuhimmeln, wenden sich die Engel von ihnen ab und
sind bestürzt."

Bernardino beschreibt den Kampf der guten und der bösen Engel im
Himmel ganz im Sinne der orthodoxen Lehre, allerdings sehr viel farbiger,
da er Dantes Sprache benutzt und auch die Bilderwelt zeitgenössischer Sieneser Prediger aufgreift. Seine Teufel sind Dantes *angeli neri, neri cherubini,*
deren größte Pein es war, wie Filippo Agazzari berichtet, einander zu be-

trachten und die Finsternis des anderen zu sehen – aber auch auf der Erde bei den Lebenden hatten sie mehr als genug zu tun.

Er, der „*Cappelluccio maledetto*" (der verfluchte kleine Hut) war es, der einen großen Platzregen niedergehen ließ, um Bernardinos Predigt zu unterbrechen, und er war es, der ein ganzes Jahr lang mit einer Frau schlief, bevor diese an den Schuppen unter seinem Bauch merkte, wer ihr Liebhaber in Wirklichkeit war.[7] Nach einer beliebten Geschichte, die Bernardino zum Besten gab, war er es auch, der während des Kriegs zwischen Florenz und Gian Galeazzo Visconti einen Spieler und Gotteslästerer vom Spieltisch fortschleppte und ihn durch die Luft in die Hölle entführte, wobei seine Stiefel, Strümpfe und nacheinander seine ganzen Kleider zu Boden fielen.[8]

In einer anderen Predigt, die Bernardino über die „*degnità*", die Würde der Seele hielt, gab er ein Zwiegespräch zwischen Gott und dem Teufel wieder: Als Gegenleistung für das Versprechen des Teufels, daß er fortan die Menschheit in Frieden lassen würde, bot Er ihm Silber und Gold, Luft und Wasser, die Erde und die Gestirne. Doch der Teufel schlug all dies aus und antwortete mit den Worten der Schöpfungsgeschichte: „*Animam da michi, cetera tolle tibi.*" (Die Seele gib mir, das Übrige behalte.) Worauf Gott natürlich antwortete: „Die Seele will ich selbst." So schweifte der Teufel weiter auf Erden umher, säte Böses überall, wo er hinkam, in kleinen und in großen Dingen.[9]

Der Name des Teufels tauchte wahrhaftig so häufig in Bernardinos Predigten auf, daß eine Tochter, deren Mutter sie schimpfte, weil sie den Namen des Leibhaftigen zu oft im Munde führte, zur Antwort gab: „Warum soll ich zu Hause nicht tun dürfen, was Vater Bernardino ständig auf der Kanzel tut?"[10]

In der volkstümlichen Überlieferung in Siena wurde der Teufel nicht nur als Ungeheuer mit Stoßzähnen, Hörnern, Flügeln und Rüssel abgebildet, wie Dante ihn auch im achten *canto* des *Inferno* beschreibt oder als Malebranche, als widerliche, phantastische Kreatur wie auf den Fresken von Lecceto, er erscheint vielmehr – weitaus gefährlicher und raffinierter – auch als „schwarzer Ritter oder als Äthiopier".[11] So malte ihn Lorenzetti im *Palazzo Pubblico* in Menschengestalt als Personifikation des „Bösen Regiments", und auch Bernardino verleiht ihm in seinen Predigten häufig menschliches, oft sogar anziehendes Aussehen. „*Il diavolo è gentilissimo.*"[12] In einer Geschichte taucht er selbst als harmloser Kobold auf, als „*spirito folletto*", der sich in ein Mädchen mit Namen Margherita verliebt hatte und ihm ständig Hand und Wange streichelte, sich sogar unsichtbar neben sie ins Bett legte. Endlich wendete sich der Vater des Mädchens an Bernardino, der ihm riet, Haus und Bett mit Weihwasser zu besprengen – „und nach ein paar Tagen kam er wieder und berichtete mir, daß er meinen Rat befolgt hatte und diesen Lästigen losgeworden sei."[13]

Der Leibhaftige sei von Geist und Wesen so geschmeidig, „daß er durch eine Mauer oder einen Stein schlüpfen kann wie durch ein offenes Fenster, ja er kann in den Körper eines Menschen hinein... Da er so einen feinen Geist hat, wie er ihn nun einmal hat... geht er zu einem Menschen und erkennt scharfsinnig seine Anlage und sieht, wo er seine größten Schwächen und Neigungen hat... dort schlüpft er in ihn hinein, um ihn in Versuchung zu führen." Er ist arglistig und pfeilschnell wie ein Gedanke: „Im Nu begibt er sich von Ost nach West, von einem Ende der Welt zum anderen. Denk' nur an Deine Gedanken: In einem einzigen Augenblick sind sie in Paris, in Florenz – ebenso macht es der Teufel, so schnell ist er." Auch hat er „große Erfahrung" und läßt nicht locker. Er verfügt, nur, um Menschen zu versuchen, über „Millionen von Mittelchen. Er nimmt eines, und wenn das eine nicht taugt, probiert er ein anderes, dann wieder ein anderes, bis er Erfolg hat und Du in Sünde fällst." Er hat eine besondere Gabe, die Menschen zu verwirren „...bis Du nicht mehr weißt, was gut und was böse ist."

Auf diese Weise, sagte Bernardino, machen sich die dunklen Mächte den Menschen untertan. Beim Lesen von Bernardinos Predigten stellt man fest, daß es sogar im Leben der strenggläubigen Christen einen Grenzbereich gab, in dem abergläubische Bräuche und Ängste Platz hatten. „Das geht so weit, daß jemand, dem fünf *soldi* gestohlen worden sind, zu einem Zauberer oder Hellseher gelaufen ist. ... Weißt Du, was der tut? Er beleidigt Gott und betet den Teufel an."[14]

Wurde ein Kind krank, war der erste Gedanke der Mutter, es sei verhext, und schon eilte sie zu einer Hexe oder zu einem Zauberer, um für das Kind eines der Zauberbriefchen zu besorgen, die *brevi* genannt wurden. Auf so einer „*carta d'anticristo*", wie Bernardino diese Pergamentröllchen nannte, stand manchmal sogar der Name Jesu, „aber auch manch Geschriebenes... aus Buchstaben, die Du nicht verstehst." Diese *brevi* oder *rotolini* wurden „an einem Haar von einer Jungfrau" als Amulett um den Hals getragen, oft aber „auch einer Gebärenden an die große Zehe gebunden, damit die Frau leichter niederkomme". Bernardino meinte dazu: „Aber es ist der Teufel, der Dich in das verfluchte Haus zerrt." Sehr beliebt war „*el brieve di San Cipriano*", das man auch auf dem Leib trug; derjenige, der es trug, war gegen jede Zauberei aller Schwarzkünstler gefeit. „Sei er gewoben aus Eisen, Zinn oder Blei, irgendeinem Gewebe aus Leinen oder Wolle, oder aus Spielmarken oder aus menschlichen oder tierischen Knochen, aus Wasser, aus Erde oder Feuer, in einem Grab auf einer Brücke, einem Baum, in einer Höhle oder auch auf einer Straße, in einem Eingang."[15] Wieder andere Zaubersprüche beschützten den Träger vor unverhofftem Tod. „Wer ihn auf dem Körper trägt, kann nicht im Wasser oder im Feuer sterben, nicht auf der Erde, nicht durch Eisen." Bernardino gab dazu den beißenden Kommentar: „Derjenige wird in der Luft sterben, aufgehängt an seinem Amulett!"

In Bernardinos Predigten finden sich häufig Anspielungen auf Liebestränke, Todestränke und böse Zauberformeln, aber auch auf harmlosere Bräuche des Aberglaubens, die offenbar so allgemein verbreitet waren, daß sie keiner Erklärung bedurften. So zum Beispiel: „Wer Wacholder an den

Hauseingang hängt, für die Hexen", „der eine Schweinsborste beschwört",
„die schwarzen Hollunder ißt, der auf einer Eiche gewachsen ist, um ein
Kind zu bekommen", „wer das nackte Schwert aufs Bett legt", „wer die
Börse öffnet, wenn er den Mond sieht, weil sie sich dann füllt" und „wer am
Karfreitag einen Ring anfertigt – das sage ich zu den Goldschmieden." (Gemeint ist damit der Ring, den man an den Finger steckte, während die Pas-
sionsgeschichte vorgelesen wurde.) Zu den Liebestränken meinte der Heilige, es sei etwas ganz anderes vonnöten, um wahre Liebe geschenkt zu bekommen als Zauberformeln, Farbstoffe, Haare von einer Leiche, Kork oder
Baumwolle. „Ach, Du, die Du so ein Amulett hast anfertigen lassen, damit
der Ehemann Deine Tochter liebt, weißt Du, was Gott tun wird, um sie zu
richten? Er wird dafür sorgen, daß dies Glück nicht halten wird."[16]

Natürlich hielt man sich so gut wie überall an die Regel, daß man die
*„giorni egiziachi"*, unheilsträchtige Tage, mied. Diese Gepflogenheit zog
manche Unannehmlichkeit nach sich. An solchen Tagen, von denen es jeden
Monat mindestens zwei gab, brachte es Unheil, irgendeine Arbeit zu ver-
richten, eine Reise anzutreten, einen Kauf oder Verkauf zu tätigen, „und Ihr
wißt ja, daß alle, die an diesem Tag das Licht der Welt erblicken, nicht am
Leben bleiben, und wenn doch, werden sie für immer arm sein. Und wenn
sich jemand an einem dieser Tage eine Frau nimmt, wird sie entweder bald
sterben oder sie wird ihm Hörner aufsetzen, und sie werden nimmermehr in
Frieden zusammen leben."[17]

Selbstverständlich nahm Bernardino vor allem an dem heidnischen Element in diesem Volksaberglauben Anstoß, das er auch in den primitiven
Volksbräuchen mißbilligte, die mit der Zeit in die christlichen Festtage inte-
griert worden waren. „Gerade die von der Kirche vorgeschriebenen Feier-
tage", sagte er, „an denen unser Geist sich Gott zuwenden sollte, verfinstert
der Teufel mit heidnischen Zeremonien."[18] Einer der populärsten Bräuche in
der Toskana war die *ceremonia del ceppo*, bei der das Familienoberhaupt am
Heiligen Abend einen dicken Holzklotz in den Kamin legte und ihn auch
noch mit Geschenken und Münzen schmückte. „Gib ihm zu trinken! Gib
ihm zu essen!" Darauf wurde der *ceppo* mit Olivenöl gesalbt und dann gesegnet, und nicht selten wurden kleinere Holzscheite, die die Kinder der Familie symbolisieren sollten, um den Stamm herum in der Feuerstelle aufgestellt. Darauf schlug man mit Feuerstein oder Metall Funken, aus denen man
die Zukunft las: so viele Funken, so viele Jahre hatte das Familienoberhaupt
noch zu leben. In diesen Riten lebte vermutlich der alte Kult der Feueranbe-
tung zur Wintersonnenwende fort, wenn allenthalben am kürzesten Tag des
Jahres die Kraft des Feuers angerufen wurde, damit es der Sonne beim Wachsen helfen sollte.[19]

Ebenso scheint der Aberglaube, daß es Unglück bringe, am Neujahrstag
ein Feuer anzuzünden, auf den Feuerkult zurückzugehen, so wie man auch
„am Montag früh der Nachbarin kein Feuer geben durfte". Andere Volksbräuche waren wiederum mit kirchlichen Feiertagen zusammengelegt wor-

den: Fruchtbarkeit und Wohlstand bringe es, wenn man Brot vom Neujahrstag aufhebt, Glück, „wenn man am Karsamstag ein Stück Eisen in den Mund
steckt", „wenn man am Johannistag Farnkräuter sammelt"; „das Ei des
Himmelfahrtstags... zu trinken, ganz frisch, ist gut; aber zu glauben, daß
das noch andere Wunder vollbringe, ...glaub' das ja nicht!" (Es sollte nämlich den, der das Ei ausschlürfte, vor Feuer bewahren.) „In der Bartholo-
mäusnacht... tanzen und springen, trinken und essen sollen diejenigen, die
das *male maestro* [Epilepsie] hatten, die ganze Nacht durch... und sie sagen, daß sie danach im ganzen folgenden Jahr keinen Anfall bekommen."[20]

Das eigentlich Sündige an diesen Sitten sei, wie Bernardino betonte, daß
Du Dich dabei „durch Deine eigene tierische Fantasie" in die Hand des Teufels begibst. „Wenn Du daran glaubst, daß es ein gutes oder böses Omen ist,
wenn Du eine Henne gackern, eine Krähe krächzen hörst, wenn Dir ein
Wiesel, eine Schlange, ein Wolf, ein Hase oder ein Rebhuhn über den Weg
läuft oder daß bestimmte Tage Unglückstage sind, *di oziachi* [egiziachi]...
dann betest Du den Teufel an." Zudem ziehst Du wahrscheinlich auch noch
genau das Unheil auf Dich, vor dem Du Dich am meisten fürchtest... „Alle
teuflischen Fantasien, die Du Dir im Hirn ersponnen hast, ob es nun Verhe-
xung der Gliedmaßen oder andere Krankheiten sind, ob Sturm, Hagel oder
andere Grillen, der Teufel wird Dir all das schicken, und zwar mit Gottes
Billigung."

Überdies sei es nicht nur eine Irrung, wenn man an guten oder bösen Zauber glaube, sondern eine bewußte Sünde, weil man nicht an die Kraft der
natürlichen oder übernatürlichen Heilmittel glaubt, die Gott uns geschenkt
hat. „Zwei Arten, von Krankheit zu genesen, hat Gott uns gegeben: Einmal
den Weg der Natur, mit Hilfe von Ärzten und Arzneien; zum anderen den
durch die Gnade des Namen Jesu Christi." Es sei darauf hingewiesen, daß
Bernardino keinen Augenblick auch nur daran zweifelte, daß ein Kranker
wirklich verhext sein könnte. Im Unterschied zum Volksglauben riet er nur
dem Kranken, Gott um Heilung zu bitten und nicht den Teufel. „Wenn ein
böser Zauber auf Dir liegt oder wenn eines Deiner Kinder verhext ist, dann
sorge dafür, daß Du Dich nicht im Stand der Todsünde befindest, und dann
spotte jeder Krankheit, jeden Übels, jeden Zaubers. Denn wenn Du ohne
Todsünde bist, bist Du in Gottes Gnade und brauchst Dich nicht zu sorgen,
denn die Finsternis kann nicht vor dem Licht bestehen."[21]

Mit diesen Worten maß Bernardino allen Beschwörungsformeln, die sich
des Namen Jesu oder bestimmter Symbole des Glaubens bedienten, einen
Wert bei. „Im Namen Jesu werdet Ihr die Kranken und die Vergifteten heilen, den Sturm und die Pest vertreiben." Tatsächlich wurden solche „Beschwörungsformeln" damals nicht nur von Mönchen verwendet, sondern
oft auch von bedeutenden Ärzten. Der Einfluß des berühmten arabischen
Arztes und Philosophen Avicenna auf das ganze Denken des ausgehenden
Mittelalters und der Frührenaissance kann gar nicht hoch genug eingeschätzt
werden. Schon im 11. Jahrhundert hatte er seiner Überzeugung Ausdruck

verliehen, daß körperliche Krankheiten geheilt werden könnten, wenn man die seelische Verfassung des Patienten mit Hilfe von magischen Formeln oder Riten beeinflußte: *„operazioni naturali compiute da operazioni spirituali"*. Damit ist Avicenna ein Vorläufer der psychosomatischen Medizin.[22] Ähnliche Methoden wurden sogar noch in den Tagen Savonarolas von einem seiner Mitbrüder angewandt. Dieser Domenico da Pescia heilte einem Roberto Salviati sein steifes Knie. Zuerst verrichtete er mit dem Patienten zusammen ein Gebet und „machte ihm das Kreuzeszeichen auf die nackte Haut und sagte: ,*Tibi secundum fidem meam*'" (Dir geschehe nach meinem Glauben) – und sogleich war das Knie kuriert.

Avicenna vertrat nun keineswegs die Meinung, daß die normalen medizinischen Behandlungsverfahren ignoriert werden sollten, er betonte vielmehr, daß der Arzt sich den übernatürlichen Kräften auf keinen Fall verschließen dürfe, selbst wenn er deren Wirken verstandesmäßig nicht nachvollziehen könne. „Hüte Dich davor… mit Deinem kritischen Verstand zu prahlen… Darin liegt nicht weniger Oberflächlichkeit, alles abzuleugnen, was noch nicht augenfällig ist, als darin, alles zu akzeptieren, was noch nicht ausreichend bewiesen ist… Vergiß nicht, daß die Natur voller Wunder ist, daß sich aktive Kräfte mit einer passiven Disposition vereinen und außergewöhnliche Wirkungen hervorbringen können."[23]

Damit nimmt Avicenna bereits die Theorien von Gelehrten der Renaissance vorweg. Diese unterschieden sich von ihren mittelalterlichen Kollegen weniger in der Anwendung von Zauberkräften, über die sie so ziemlich alles, was sie wußten, von ihren mittelalterlichen Vorgängern erlernt hatten, sondern vielmehr in ihrer ganzen Einstellung dazu. Im Mittelalter war der Magier jemand, der in die gottgewollte Ordnung der Natur störend eingriff; seine Künste wurden der Welt der Dämonen zugeschrieben, dem „Reich der Finsternis", jenseits der Ordnung der Vernunft. Deswegen verdammte sie Bernardino auch. Für den Humanisten dagegen war ein Magier jemand, der versuchte, die Grenzen zu überschreiten, die bis dahin das menschliche Wissen eingeengt hatten, und sich die unendliche Vielfalt des Universums zu erschließen. Der Astrologe, der aus dem Lauf der Gestirne die Zukunft lesen konnte, der Alchemist, der den Elementen gebieten konnte, sie strebten nach der Einheit der Ideenwelt und erhoben den Menschen zu der Macht, die ihm Gott selbst, nach dem Text der Genesis, verliehen hatte. „Er gab ihm die Herrschaft über *alle* seine Geschöpfe."

Unter allen magischen Künsten genoß die Astrologie das höchste Ansehen. Avicenna maß ihr allerdings keinerlei Wert zu. Auch Pico della Mirandola kritisierte sie in der Blütezeit der Renaissance in seinem Traktat *Contra astrologos* aufs Schärfste (obgleich er sich darin sehr wohl zu anderen Formen der Magie bekannte). Doch war der Einfluß der Astrologen auf einfache Menschen ebenso wie auf gebildete im Mittelalter und in der Renaissance außerordentlich groß. An den Universitäten von Siena, Padua und Bologna gab es Lehrstühle für Astrologie, und so gut wie jeder Fürstenhof der

Renaissancezeit hatte seinen eigenen Hofastrologen (in Florenz z. B. hatte der fromme und gelehrte Marsilio Ficino diesen Posten inne). Die Kirche hingegen nahm der Astrologie gegenüber eine unentschiedene Haltung ein. Sie lehrte, daß die Sterne unter Umständen etwas über das Schicksal eines Menschen aussagen, nicht aber sein Los bestimmen könnten. Deshalb verurteilte sie nur solche Astrologen zum Scheiterhaufen (wie u. a. Cecco d'Ascoli), deren Ansichten darüber hinaus der Ketzerei verdächtig waren. Für Bernardino war Astrologie als solche nicht wirklich sündig, sondern lediglich äußerst fehlerbehaftet. „Die Kunst der Astrologie wird von der Heiligen Kirche gestattet, doch wenn sie [die Astrologen] sich in einem noch so kleinen Pünktchen irren, haben sie nichts ausgerichtet. Merke: Sie können nichts aus dem Lauf der Gestirne sehen, es sei denn das Allgemeine."

Er gab zwar zu, daß Astrologen die Allgemeinheit betreffende Ereignisse, wie Krieg, Pest, Hungersnot, nicht aber besondere, wie z. B. Tod oder Leben eines bestimmten Individuums voraussagen könnten. Seine Gemeinde belustigte er mit einer passenden Geschichte, die mit ihrem derben Humor typisch ist fürs Mittelalter: Ein großer *Signore*, dem von seinem *„strologo"* prophezeit worden war, daß er noch im selben Jahr sterben müsse, „... legte sich ins Bett, dort packte ihn sogleich das Fieber, er jammerte und lamentierte und fand keine Ruh'. Einer seiner Barone, der mehr Mut hatte", ging zu dem Astrologen hin und fragte ihn, woher er wisse, was er da vorausgesagt hatte. Und der Astrologe sagte, daß er es in den Sternen gesehen habe. „Daraufhin sprach der Edelmann zu ihm: ‚Nun sagt mir doch, habt Ihr auch gesehen, wie lange Zeit Ihr selbst zu leben habt?' Antwortete da der Sterndeuter: ‚... nach meinen Berechnungen dürfte ich noch circa 20 Jahre zu leben haben.' Da zog der Edelmann das Messer und bemerkte: ‚Das möchte ich gern erproben.' Und er versetzte ihm so viele Messerstiche, daß er ihn ins Jenseits beförderte. ‚Siehst Du, Du wirst keine 20 Jahre mehr leben.' Er machte sich lustig über ihn und seine Kunst. Und lachend kehrte er zu seinem Herrn zurück." Er machte ihm klar, daß, nachdem sich schon die eine Prophezeiung als falsch erwiesen habe, die andere ebenso falsch sein könne. „Und der *Signore* lachte vergnügt aus vollem Hals, war geheilt, stand auf und lebte noch viele Jahre."[24]

Unter allen Zauberkundigen waren doch die Hexen am emsigsten und am beliebtesten, denn es leuchtete jedermann ein, daß die Töchter Evas, der Verführerin, noch immer zwischen dem Teufel und den abergläubischen Menschen vermittelten. Sie verschafften den Unwissenden und den Verängstigten das, was diese am dringendsten benötigten, nämlich Hoffnung. Dem Kranken versprachen sie Gesundheit, Liebe der verlassenen Geliebten, der alten Jungfer einen Mann, der unfruchtbaren Frau Kinder, dem Beleidigten Rache: Sie lieferten Wachsbilder für die Beschwörungen und nahmen Abtreibungen vor. Des Nachts brauten sie, oft in Gegenwart unberührter Kinder, ihre Zaubertränke, nicht nur aus Kräutern, sondern wohl auch aus Murmelfett, Biberfell und manch ekligen Ingredienzien wie Menschenhaar,

Knochen, Zähnen, Augen von Leichen, schön zusammengekocht in sieden-
dem Öl, das aus Kirchenampeln gestohlen war. Eine Beschwörungszeremo-
nie, die einen zaudernden Liebhaber herbeizwingen sollte, bestand darin,
ein Herz aus glühender Holzkohle zu formen, es zu durchbohren und dazu
folgende Verse zu singen:

> *Prima ch 'l fuoco spenghi*
> *fa' ch'a mia porta venghi;*
> *tal ti punga mio amore*
> *quale io fo questo cuore.*

> Bevor das Feuer hier erlischt,
> komm an meine Türe;
> So durchbohr' Dich meine Liebe,
> Wie ich dieses Herz zersiebe.

Selbst ein so skeptischer und nüchterner Geist wie Papst Pius II., von einem sächsischen Gelehrten befragt, ob es tatsächlich in Italien einen Venus-
berg gebe, auf dem Hexen und Magier die Zauberkünste lehrten, antwortete, er selbst sei zwar noch nie dort gewesen, aber er habe schon davon gehört. „Im alten Herzogtum [von Spoleto] unweit der Stadt Norcia ist ein
Ort, wo sich unter einem steil abstürzenden Felsen eine Höhle befindet, in
der Wasser fließt. Dort gibt es, wie ich mich wohl erinnere gehört zu haben,
einen Hexensabbat, zu dem Dämonen und finstere Schattengestalten kommen, und wer den nötigen Mut dazu besitzt, der kann dort Geister sehen,
mit ihnen reden und die Zauberkünste erlernen."[25]

Auch zum Thema Hexen wußte Bernardino viel zu sagen. „Der Diener
eines Kardinals", so erzählte er zum Beispiel, „sah auf einem nächtlichen
Ritt nach Benevent auf einem Dreschboden viele Leute tanzen... Obwohl
voller Angst... näherte er sich Schritt für Schritt... da er sah, daß sie noch
sehr jung waren: und... er faßte sogar so viel Vertrauen, daß er anfing, mit
ihnen zu tanzen." Doch als die Angelusglocke ertönte, „verschwanden sie
alle im Nu, alle außer einer, nämlich der, die er bei der Hand hielt... sie zog
und er zog. Er hielt sie so lange fest, bis es hell wurde. Als er sah, daß sie so
jung war, führte er sie zu sich nach Hause; er behielt sie drei Jahre bei sich,
und sie sprach die ganze Zeit über kein einziges Wort, und es stellte sich heraus, daß sie aus Slavonien kam. Nun, denkst Du, daß es vielleicht gut war,
daß er Vater und Mutter eine Tochter weggenommen hat?"[26]

Eine andere Geschichte pflegte er zu erzählen, nur damit die Leute sahen,
daß Hexen auf des Teufels Geheiß handelten: Ein Mann aus Lucca „hatte
eine Tasche mit 16 Gulden verloren und er ging deshalb gleich zu einer Gevatterin, die diese Beschwörungen machen konnte oder zumindest sagte,
daß sie es könne... um Gestohlenes wiederzufinden. Diese sagte...: ‚Geh
heim und komm' morgen früh zu mir und ich werde Dir Antwort geben.'"
Er aber war neugierig geworden „und kam, kaum daß es Nacht geworden
war..., ging in den Garten dieses alten Weibleins und verbarg sich in einem

Winkel. ...Und sieh' da, in ihrem ersten Schlaf kommt sie splitternackt und mit wirrem Haar heraus und beginnt ihre Beschwörungen, um den Teufel herbeizurufen. Und der Teufel, der immer zur Stelle und allgegenwärtig ist, kam flugs herbei" und versprach, ihr zu verraten, wo die 16 Goldgulden sind. „Ich werd' es Dir sagen, doch ich will ein Geschäft dabei machen.'" Die Gulden, so sprach er, hat eine Sau verschluckt. „Doch ich will, daß... Du es ihm nicht so sagst; sag' vielmehr, daß seine Frau sie ihm gemopst und dem Priester gegeben hat... So kommt dabei ein hübscher Skandal heraus.' ...Darauf ging der Mann fort, begab sich nach Hause und erzählte alles seiner Frau... Nachdem er ein Licht angezündet hatte, ging er in den Schweinekoben... und schlachtete das Schwein und fand darinnen besagte Gulden. Sehr erfreut begab er sich anderntags zur Gevatterin... Diese sagte: ,Nur ungern sage ich Dir: Deine Frau hat sie Dir von der Brust genommen und hat sie jenem Priester gegeben... weil sie ihm in Liebe verfallen ist.' Sagte da der Gevatter: ,Du lügst das Blaue vom Himmel herunter, denn ich hörte heute Nacht alles, was Du dem Teufel gelobt hast. Ich habe meine Geldstücke wiedergefunden, und Du verdienst, verbrannt zu werden.' Dieses Gerücht verbreitete sich in Lucca, und wenn sie sich nicht ins Pisaner Gebiet geflüchtet hätte, wäre sie verdientermaßen verbrannt worden."[27]

Wie sehr Bernardino die Hexerei verabscheute, zeigt seine Reaktion auf das Gerichtsverfahren und die Verbrennung von zwei Hexen, die 1427 in Rom stattfand. Bei seiner Rückkehr nach Siena zeigte er sich höchst zufrieden darüber, daß er selbst zu ihrer Verurteilung beigetragen hatte. Die Verhandlung beschrieb er bis ins letzte Detail, ja er ging sogar so weit zu wünschen: „Ach, könnte ich doch veranlassen, daß auch hier solches geschieht. Auf, laßt uns dem Herrgott hier in Siena ein wenig solchen Weihrauch entfachen!" Dazu muß man wissen, daß er fest von der Richtigkeit der Aussage überzeugt war, die Finicella, eine der beiden Hexen, gemacht hatte, *„senza niuno martorio"* (ohne jegliche Folter), daß sie nämlich „30 Kinder getötet hatte, indem sie ihnen das Blut aussaugte." Der Prozeß dieser unseligen Frau, die wirr im Kopf war (auch der Chronist Stefano Infessura hat darüber berichtet), fand im Jahr 1424 statt, als Bernardino sich zum ersten Mal in Rom aufhielt. Der Predigtzyklus, den er damals dort gegen die Übel des Parteienhaders, der Spielleidenschaft und „über Geisterbeschwörungen und die Hexen und die Zauberei" hielt, brachte ihm reiche Ernte ein, so daß es viele *„reconciliazioni"* zwischen Todfeinden gab. Auf dem Kapitol wurde aus Spieltischen und -brettern, Amuletten, Zauberformeln und falschem Frauenhaar ein großes Freudenfeuer entfacht. Zum Abschluß seines Predigtzyklus wurden schließlich die zwei Frauen der Inquisition als Hexen überantwortet.

Der Verlauf ihres Gerichtsverfahrens ist so bezeichnend für die ganze Epoche, daß er es wert ist, detailliert beschrieben zu werden, allein schon deswegen, weil er das Ausmaß der Geistesverwirrung aller Beteiligten plastisch vor Augen führt. Wenn man Bernardinos Darstellung folgt, hatte Finicella gestanden, daß sie außer den Kindern, die sie ermordet hatte, noch weitere 60 „entbunden" habe – was er so interpretierte, daß sie sie von Leiden und Krankheit „entbunden" hatte mit irren und falschen Beschwörungsriten. Sie selbst glaubte ja „den Namen des Herrn zu beschwören, während sie in Wirklichkeit den Teufel beschwor." Finicella fügte noch hinzu, „daß sie jedesmal, wenn sie eines von denen entbunden habe, ... verpflichtet war, dem Teufel ein Glied zu opfern, und daß sie dafür Gliedmaßen eines Tieres gab. ... und außerdem hatte sie ihren eigenen Sohn getötet und Pulver aus ihm bereitet, von dem man bei gewissen Verrichtungen essen mußte. Und weil es so unglaublich schien, daß ein Menschenwesen so viele böse Taten vollbracht haben sollte, wollte man untersuchen, ob es wahr sei. Schließlich fragte man sie, wen sie geschlachtet hatte... Und man ging, um den Beweis von den Vätern der getöteten Kinder einzuholen: ‚Hattest Du je einen kleinen Sohn, der Dir zu einer bestimmten Zeit dahinsiechte und dann starb?'" In allen Fällen bejahten die Väter diese Frage. „Und sie sagte, wie sie vor Tagesanbruch auf den Petersplatz ging und gewisse Dosen und Büchschen mit Salben aus Kräutern mitnahm, die am Johannistag und am Himmelfahrtstag gesammelt worden waren." Bernardino fuhr fort zu berichten, daß er diese Salben an die Nase gehalten habe und „sie stanken so abscheulich als stammten sie vom Teufel, was ja auch stimmte". Weiter berichtete er: „Die Hexen sagten, daß sie sich mit diesen Salben einschmierten, und, so gesalbt, glaubten sie, sie seien Katzen, was nicht stimmte, denn ihr Körper verwandelte sich nicht in eine andere Gestalt, auch wenn es ihnen so vorkam." Der Prediger ließ keinen Zweifel aufkommen, daß er persönlich nicht an eine Verwandlung dieser Frauenzimmer in Katzen glaubte, daß vielmehr der Teufel so von ihrer Fantasie Besitz ergriffen hatte, daß sie selber glaubten, in Katzen verwandelt worden zu sein, und das Blut der toten Kinder ausgesaugt hätten, während in Wirklichkeit der Leibhaftige selbst es getan hatte. „Es gab schon Leute, die Katzen gesehen haben, die so etwas tun; und es gab auch welche... die irgend etwas in der Hand hatten und es so einer Katze nachgeschleudert haben." Aber wenn sie das Tier trafen, hatte immer die Hexe blaue Flecken. „Schließlich wurde sie zum Feuertod verurteilt, wurde verbrannt, so daß nur noch ihre Asche zurückblieb." „Und ganz Rom", so schrieb der Chronist Stefano Infessura, „lief zusammen, um sich an dem Schauspiel zu ergötzen."

Bernardino erzählte noch von einer anderen Hexe, die zur selben Zeit vor Gericht stand, ein Geständnis ablegte und ebenfalls zum Tod auf dem Scheiterhaufen verurteilt wurde, aber „diese starb auf andere Weise als jene; denn als man sie in die *capannuccia* [eine Art ölgetränkte Strohhütte] zwängte, hatte man sie nicht vorher erwürgt, sondern man verbrannte sie bei lebendigem Leib... Und was ihr geschah, sollte überall geschehen, wo man eine findet. Deshalb ermahne ich Euch und schärfe ich Euch ein: Wo immer sich eine aufhält und welche immer Ihr kennt, an welchem Ort auch immer... denunziert sie all sogleich dem Inquisitor. Sei sie in der Stadt oder auf dem

Land, denunziert sie: Jede Hexe, jeden Hexenmeister, jeden Zauberer, jede Zauberin, alle Geisterbeschwörer – mach', was ich Dir sage, damit Du am Tag des Jüngsten Gerichts nicht zur Rechenschaft gezogen wirst."[28]

Dieses Gerichtsverfahren ist auch noch aus einem weiteren Grund von besonderem Interesse. Obwohl es fast 60 Jahre vor der Bulle stattfand, die Anlaß war, daß Papst Innozenz VIII. im Jahr 1480 zwei Dominikaner, Heinrich Kramer und Jakob Sprenger, als offizielle Inquisitoren und Hexenjäger nach Norddeutschland schickte, weist es bereits bis zur kleinsten Kleinigkeit das gnadenlose Procedere auf, das im Verlauf der Hexenjagd in ganz Europa als Vorbild übernommen wurde. Das Handbuch, das Kramer und Sprenger zusammenstellten, bekannt als *Malleus Maleficarum*, der Hexenhammer, wurde in der Folge *die* unumstrittene Autorität, auf die sich von da an alle Inquisitoren und Richter beriefen. Es beschreibt etliche Fälle, die dem Prozeß der Finicella aufs Haar gleichen und deren Bewertung der des Bernardino genau entsprach. Im Hexenhammer wird z. B. der Fall eines Straßburger Arbeiters geschildert, der unversehens von drei riesengroßen Katzen angefallen wurde, als er gerade Feuerholz hackte. Er versuchte sich zu verteidigen, indem er mit einem Knüppel auf sie eindrosch. Daraufhin wurde er ins Gefängnis gesteckt dafür, daß er „drei ehrbare Matronen der Stadt so verprügelt hatte, daß sie ans Bett gefesselt waren, weder aufstehen noch sich rühren konnten". Dem armen Kerl gelang es endlich doch noch, dem Gericht seine Unschuld zu beweisen, das „einsah, daß es sich um ein Werk des Teufels gehandelt hatte, und ihn laufen ließ, ihm aber auferlegte, niemandem etwas davon zu erzählen". Die Verfasser des Hexenhammers kamen zu dem Schluß, daß das Geschehene nur möglich gewesen sei „durch einen Pakt, der vorher von diesen Frauen mit dem Teufel geschlossen worden war, und mit dessen Hilfe sie fähig waren, sich in Katzen zu verwandeln".

Die Quintessenz ihrer Ausführungen lautete, daß solche Vorfälle sich nur ereignen konnten, wenn die Hexe oder der Hexenmeister vorher einen Pakt mit dem Teufel geschlossen hatten. „Denn der Teufel in Tiergestalt erhält die Schläge und gibt sie an einen Menschen weiter, der ihm durch einen Pakt verfallen ist, wenn diese Person damit einverstanden ist, daß er auf diese Weise und in dieser Gestalt handelt. Daher kann er nur Schuldigen Schaden zufügen, die ihm durch einen Pakt verfallen sind, nie aber Unschuldigen."[29]

Wie bereits erwähnt, wurde dieses Buch mehr als ein halbes Jahrhundert nach dem Tod der Finicella verfaßt, doch die geistige Haltung, die dahinter steht, ist nahezu die gleiche. Hexerei, heidnische Bräuche, Ketzerei, all dies waren die verschlungenen Wege, auf denen der Teufel sich in die Herzen der Menschen stahl.

Zwei Jahrhunderte hindurch hatte die Inquisition in der Toskana und in Umbrien bereits die Katharer bekämpft, die dort Fuß gefaßt hatten und die in ihrer späteren entarteten Form zu dem Volksglauben führten, daß Ketzerei und Hexerei ein und dasselbe waren. Die Katharer glaubten an ein dualistisches Universum. Eine himmlische Welt steht einer irdischen gegenüber –

die eine ist vom Gott des Guten erschaffen und von seinen geistigen Wesen bevölkert, zu denen auch Jesus Christus gehörte; die andere ist von einem Gott des Bösen erschaffen, von Satan oder Lucifer, dem Fürsten dieser Welt. Zudem verneinten viele Katharer nicht nur fundamentale Dogmen des Christentums, wie die Menschwerdung Christi oder die Gültigkeit der Sakramente (konsequente Folge ihres Glaubens, daß alles Materielle böse ist), sondern glaubten an eine modifizierte Form der Seelenwanderung (Metempsychose). Unschwer zu sehen, wie diese Lehren in ihrer volkstümlichen Form, insbesondere was die dualistische Natur der Welt betrifft, den Feinden dieser Sekte willkommene Angriffspunkte lieferten, sie der Teufelsanbetung anzuklagen und ihre geheimen Riten als Schwarze Messe auszulegen. Da solche Geschichten damals von Mund zu Mund gingen, ist es sehr wahrscheinlich, daß Bernardino in seiner Jugend von Rugomagno, der einsam gelegenen Burg im Sieneser Land, gehört hatte. Dort soll einem Brief des Inquisitors von 1385 an das *Concistoro di Siena* zufolge jahrelang Hexerei betrieben worden sein mit Hilfe eines Buches, mit dem „Satan und Beelzebub herbeigerufen... und... Götzenbilder angebetet wurden, und alle Fürsten der Finsternis wurden angerufen... so daß durch bestimmte Beschwörungen der Dämonen ein Mann qualvoll dem Tod entgegensiechte... oder ein Mann... Tag und Nacht... hinter jeder Frau herlief". In seinem Brief forderte der Inquisitor, daß der Besitzer dieses Buchs bestraft werden solle, und zwar nicht nur mit einer Geldstrafe „wie es Brauch war", sondern noch viel strenger, nämlich nach vorausgehender Konsultation des „*vicario del vescovo*", des Stellvertreters des Bischofs, „und aller gelehrter Doktoren der Theologie" letzten Endes vermutlich mit dem Tod auf dem Scheiterhaufen. Denn „wo... dem Lucifer Weihrauch und Frevel geopfert worden ist, dort würde ich Gott das Opfer der Gerechtigkeit darbringen...", schrieb der Inquisitor weiter. „Denn ich möchte Götzendienst und die Macht des Teufels in diesem Land ausrotten."[30]

Auch Bernardino war diesbezüglich um nichts konzilianter. Auch er schärfte seiner Gemeinde ein, daß es die Pflicht jedes Gläubigen sei, Ketzer aufzuspüren und auszuliefern, ja sogar jeden Menschen, der sich auch nur verdächtig machte, ein Ketzer zu sein. Er persönlich erhob unverzüglich Anklage, sobald er nur das leiseste Rüchlein von Hexerei oder Neuheidentum witterte.

Als er 1425 zum ersten Mal nach Arezzo ging, berichtete man ihm, daß sich in der Nähe, bei einer Quelle, die *Fonte Tecta* genannt wurde, in einem ehemals Apollo geweihten Hain Hexen und Zauberer regelmäßig trafen – *malefici et incantatores*. Diese würden kranke Säuglinge im Quellwasser untertauchen, dem ihrer Überzeugung nach wunderbare Heilkräfte innewohnten. Sofort hielt er eine leidenschaftliche Predigt gegen „diese verderbten Männer und Frauen". Doch die Aretiner ließen nicht von ihrem Glauben an die Wunderkraft dieser Quelle, abgesehen davon, daß sie ihnen auch nicht wenig Geld eintrug. So gab es einen richtigen Aufruhr gegen Bernardino, der so weit ging, daß er sogar aus dem Hoheitsgebiet von Arezzo verbannt wurde. Ungefähr 15 Jahre später, als neue Rektoren der Stadt vorstanden, nahm er seine Anklage wieder auf. Nachdem er einen Zyklus von Fastenpredigten gehalten hatte, beschwor er alle wahren Christenmenschen, ihm zu folgen. Ein Kreuz wurde dem Zug vorangetragen, und er führte seine Gemeinde zur *Fonte Tecta*, wo er sogleich mit eigener Hand einen Baum fällte und Erde wie Steine in die Quelle warf. Die Menge sah ihm bebend vor Angst zu, überzeugt, daß ein schreckliches Unglück ihn ereilen würde. Doch als sie sah, daß überhaupt nichts dergleichen passierte, machten sich einige von ihnen daran, mit Hand anzulegen. Das Kreuz wurde gleich neben der Quelle fest in den Boden gerammt, ein paar Männern wurde aufgetragen, das restliche Wasser noch abzuleiten. Später wurde eine kleine Kirche dort gebaut und der Santa Maria delle Grazie geweiht. Die Wunderheilungen hörten nicht auf, und mit der Zeit wurde daraus eine der populärsten Wallfahrtskirchen der Toskana.³¹

Allerdings waren es nicht nur die Umtriebe der Hexenmeister, die den Geist des einfachen Volks verwirrten. Es war auch eine leichte Beute für Hochstapler, die im Namen des wahren Glaubens behaupteten, Wunder vollbringen zu können und gefälschte Reliquien zum Kauf boten. Bernardino berichtete, er selbst sei so einem Mann begegnet, „welcher mit einer seiner Schwestern zum Betteln unterwegs war. Dieser malte Engel, und sie erzählten überall, daß sie vom Heiligen Geist geschwängert worden sei und sie bot von ihrer Milch an; und er umfaßte ihre Brüste mit den Händen und preßte sie!" Nachsichtig meinte Bernardino dazu: „Solche Dinge finden Gottes Wohlgefallen nicht, weil sie nicht vernünftig sind"³² – noch „gefällt" ihm die Narretei derer, die bereitwillig glauben, daß jedweder Gegenstand heilig sei, sobald man ihn ihnen auch nur zeigt. „So viele Splitter vom Kreuz Christi werden vorgezeigt, daß sechs Ochsengespanne sie nicht ziehen könnten, wenn man sie alle zusammenfügen würde!" Über eine andere sehr beliebte „Reliquie", die von Wandermönchen feilgeboten wurde, nämlich Tropfen der Milch von der Jungfrau Maria, zog er her. „Die Büffelkühe der Lombardei haben alle zusammen genommen nicht so viel Milch wie es davon auf der Welt geben soll. ... Wißt, daß Sie gerade so viel Milch hatte, wie Sie für den kleinen Mund Jesu Christi brauchte, nicht mehr."³³

Selbst bloße Träume nahmen die Törichten und Eitlen häufig als *visioni*: „Wie viele sagen doch: ,Ach, heute nacht hatte ich eine schöne Vision... Die Jungfrau Maria ist mir erschienen.' Erzählt ein anderer: ,Ein Engel ist mir erschienen.' Wieder ein anderer: ,Der Mond ist mir erschienen.' Und der Nächste: ,Ein Stern tauchte meine ganze Kammer in helles Licht.' Weißt Du, was ich Dir sage: Das ist alles Narretei, die sich in Deinem Kopf eingenistet hat."³⁴

Dazu kam natürlich das mehr als schwer erklärbare Problem mit den Wundern. Ein Wunder ist etwas, das Verwunderung und Erstaunen hervorruft. Dabei steht außer Frage, daß Bernardinos Zuhörer sehr leicht, ja auch

Bernardino selbst bis zu einem gewissen Grad in Verwunderung und Staunen zu versetzen waren. Doch nie vergaß der Prediger, die Gläubigen daran zu erinnern, daß sie unterscheiden lernen müßten zwischen wahren Wundern und falschen Wundern, sprich zwischen den Wundern Gottes und den Wundern des Teufels. Das sei im übrigen leicht, meinte er, „weil der Teufel sie mit begrenzter Macht und nach den Gesetzen der Natur vollbringt… Gott dagegen vollbringt sie mit unbegrenzter Macht und jenseits der Gesetze der Natur." Vor allem aber deswegen, weil allen Wundern Gottes ein geistliches Ziel innewohnt. Sie sind Zeichen und Rätsel, durch die Gott uns eine geistliche Wahrheit zukommen läßt. *Numquam aliquod miraculum fecit sine magno misterio.*[35]

Schließlich erinnerte er seine Zuhörer auch noch, daß zahlreiche sogenannte „Wunder" nur ihrer lebhaften Fantasie entsprangen. Als Beispiel dafür gab er eine seiner liebenswertesten Geschichtchen zum besten: Die Geschichte vom Hund, der Wunder wirkte.

Dieser Hund *Bonino* gehörte einem hohen Herrn, der ihn „mit seinem kleinen Sohn, der erst ein paar Monate zählte", allein im Haus zurückließ. Während seiner Abwesenheit glitt eine große Schlange ins Zimmer und versuchte, den Säugling zu verschlingen. Doch der Hund verteidigte den Säugling und tötete die Schlange, bevor sie dem Kleinen ein Leid antun konnte, „während die Wiege in diesem Zweikampf umstürzte". Als sein Herr zurückkam, sprang ihm der Hund freudig entgegen mit seinem „bluttriefenden" Maul. „Als der Herr die umgestürzte Wiege sah, dachte er, daß der Hund den Säugling getötet habe. Er nahm einen Fleischspieß und schlug ihn auf der Stelle tot." Da erst entdeckte er das Baby gesund und wohlbehalten unter der Wiege. Daraufhin wollte der Herr seine Reue demonstrieren und „ließ auf dem großen Platz ein Grabmal errichten und schrieb darauf *Boninforte*" (der starke Bonino). Bald schon knieten zahlreiche Frauen davor nieder, denn sie glaubten, daß sich dort der Leichnam eines Menschen befinde, als sie den Namen *Boninforte* dort geschrieben sahen, „… und es kam so weit, daß man ihn den Heiligen *Boninforte* nannte, und es ereigneten sich Wunder dort – und dabei war es nur ein Hund!"[36]

Sehr vorsichtig vermied Bernardino es, auf seine eigenen Wunder zu sprechen zu kommen. Viele der wunderbaren Ereignisse, so berichten auch seine ersten Biographen, sollte man vielleicht wirklich eher als glückliche Zufälle werten. So zum Beispiel, daß es eines Tages in Corneto gleich nach dem Beginn seiner Predigt anfing, aus Kübeln zu schütten, der Regenguß auf seine Gebete hin aber sofort aufhörte, oder die zahlreichen Geschichten, in denen er mit seiner schützenden Hand reifende Kornfelder und Weinberge vor Hagelwettern bewahrte oder ein heftiges Unwetter ihn wiederum davor bewahrte, von Briganten verfolgt zu werden, die ihn aus Angst, daß er ihr Versteck preisgeben könnte, ermorden wollten.[37] Auch andere Legenden, die sich auf dem Land noch jahrhundertelang nach seinem Tod hielten, sind von kindlicher Naivität und erinnern stark an die *Fioretti* des Heiligen Franziskus, und sie sind wahrscheinlich ebenso apokryph. In einer dieser Legenden flogen ein paar Flaschen Wein, die eine Dame den Armen geschenkt hatte, von selbst auf wunderbare Weise zu der edlen Spenderin zurück. In einer anderen sprudelten fünf kleine Quellen dort hervor, wo Bernardino einmal stürzte und seine Finger den Boden berührt hatten. In einer bezaubernden anderen Legende pochen Bernardino und sein Mitbruder Giovanni da Capistrano in einer stürmischen Winternacht an die Tür eines Bauernhauses und bitten „um Schutz für die Nacht für zwei arme Pilger"; doch der Bauer schickte sie fort, weil er fürchtete, daß sie Räuber wären. Eine mitleidige junge Magd aber führte sie in den Keller und erlaubte ihnen, dort in einem steinernen Trog zu schlafen, in dem vertrocknete Weintriebe lagen. Als sie am nächsten Morgen die versperrte Tür aufschloß, hatten die Triebe ausgeschlagen, und die beiden Pilger waren spurlos verschwunden.[38] Als letztes sei noch auf die Geschichte verwiesen, wie in Montefranco bei Terni ein altes Weiblein von dem Heiligen belohnt wurde. Nachdem Bernardino einen ganzen Tag lang zu Fuß gewandert war, sank er todmüde auf einen Stein vor ihrem Haus nieder und bat sie um einen Kanten Brot. „Aber Pater", sagte sie, „in der *madia* (im Brotschrank) sind nichts als Spinnweben." – „Geh' und sieh doch einmal nach", riet ihr der Heilige. Sie gehorchte, und siehe, die *madia* war voll frischen, blütenweißen Brots. Darauf bat er sie um ein Glas Wein. „Pater, im Fäßchen tanzen die Mäuse." Doch dann sah sie nach, und siehe, es war voll guten Weins.

Als er später einmal in derselben Stadt predigte, zeigte er seiner Gemeinde nach der Predigt die Stelle, an der er ein kleines Kloster errichten wollte. „Aber da gibt es doch gar kein Wasser", wandten die Bewohner ein. „Gott wird schon dafür sorgen", erwiderte er. Und sogleich sprudelte eine muntere Quelle aus dem Felsen. Noch heute erzählen sich die Leute in Montefranco diese Legende, und Quelle wie Kloster existieren bis in unsere Tage.[39]

Zu diesen Wundern gesellen sich wunderbare Heilungen, von denen zahlreiche Augenzeugen berichteten. Sie alle wurden später von der kirchlichen Prüfungskommission, die Bernardinos Heiligsprechung vorbereitete, anerkannt, ebenso wie ähnliche Wunder, die sich erst nach seinem Tod zugetragen hatten. Manche dieser Begebenheiten wurden später in Kunstwerken dargestellt, in Bildern von Sano di Pietro und Neroccio di Bartolomeo, in einem schönen Bilderzyklus von Perugino, Pinturicchio und ihrer Werkstatt in der Galleria Nazionale in Perugia, in Pinturicchios Fresken der Cappella Bufalini 1485 in Santa Maria in Aracoeli zu Rom, in den Fresken von Giangiacomo da Lodi in San Francesco in Lodi. Am beliebtesten sind Szenen, in denen der Heilige den kleinen Jungen heilt, der von einem Stier auf die Hörner genommen und durchbohrt wurde (der Vorfall trug sich in Prato zu), der Heilige ein ertrinkendes Mädchen aus einem reißenden Fluß errettet, einen unschuldigen Gefangenen aus dem Kerker befreit, ein totgeborenes Kind zum Leben erweckt, einen Blinden sehen und einen Lahmen gehen macht, einer Besessenen den Dämon austreibt, einen spanischen Leprakranken vor

den Mauern von Massa Marittima heilt, indem er seine eigenen Beinkleider
auszieht und sie ihm überstreift, woraufhin dieser gesund ist, sobald er sie
angezogen hat. Manchmal ist Bernardino auch so dargestellt, wie ihn seine
große Gemeinde in L'Aquila erblickte, nämlich mit einem großen Stern, der
über seinem Haupt erstrahlte, während er sprach. Am populärsten war aber
vermutlich doch die Legende, wie er eines Tages einmal keinen Kahn finden
konnte, um damit zu seiner wartenden Gemeinde in Mantua über den Min-
cio überzusetzen, und wie er dann auf seinem weitgeblähten Mantel den
Fluß überquerte.

Dieses ist das einzige „Wunder", auf das Bernardino vielleicht selbst einmal anspielte – und zwar nur, um zu sagen, daß er es *nicht* vollbracht habe.
„Das sage ich Dir vom Heiligen Petrus: Weißt Du nicht, daß er auf den Was-
sern wandelte wie man auf Erden wandelt?", fragte er die Sieneser, die ihm
lauschten. „Nie würde ich das versuchen!"[40] Und er verpflichtete Bruder
Vincenzo, den Gefährten seiner Tage, mit einem feierlichen Gelübde, nie
und nimmer von einer einzigen solchen Begebenheit zu reden, die er vielleicht gesehen oder sich auch nur eingebildet habe. „Ach, darin liegt eine
große Gefahr!" sagte er. „Es hat schon viele gegeben, die mit einem Hopser
und einem Sprung ins ewige Leben eingehen wollten; und viele haben dabei
den Verstand verloren."[41] Vincenzo aber war anderer Meinung. Auf seinem
Sterbebett sah man ihn bitterlich weinen, nicht weil er Angst hatte vor
„unserem Bruder, dem Tod des Körpers", sondern weil er es nicht ertragen
konnte, in die Ewigkeit einzugehen, ohne all die Begebenheiten erzählt zu
haben, die die Heiligkeit seines Gefährten bewiesen, nur, weil er gelobt
hatte, sie niemals zu offenbaren, solange Bernardino noch am Leben
war.[42]

So bleibt der Eindruck, daß, wenn Bernardino überhaupt je zu Lebzeiten
irgendwelche Wunder gewirkt haben sollte, es ihm selbst nicht bewußt war,
so wie manche Menschen nichtsahnend in ihrem Haus Engel beherbergen.

Bernardino hat seine theologischen Ansichten zu diesem Thema weniger
in seinen italienischen Predigten entwickelt, als vielmehr in seinen lateinischen. Bedeutende Franziskaner haben sie bereits erschöpfend behandelt;
deshalb werde ich hier nicht näher darauf eingehen. Bernardino, selbst Zeitgenosse der letzten Scholastiker, behauptete nicht, daß seine Lehren etwa
völlig neu wären. Bescheiden, wie er war, sagte er lediglich: „Wenn ich einfach und klar zu Euch sprach, hing ich nur am Rockzipfel der Doktoren, die
viel mehr wußten als ich." Ein schlichter Grundsatz leitete ihn bei seinen
Predigten an das Volk: Sich nicht bei Spitzfindigkeiten aufhalten, die es nicht
verstehen konnte, sondern die Menschen sacht aus der Gewalt der Finsternis
in eine andere, höhere Welt zu leiten, die ihm von Kindheit an immer schon
so nahe war. „Die Treppe [zum Paradies]... hat sehr hohe Stufen... aber
wenn Du sie erklimmen willst, wird Gott Dir dabei helfen, so, wie Du Deinem Kindlein hilfst, auf eine Bank zu klettern."

Für ihn ist das himmlische Reich nahe, der Himmel so klar wie auf den

Bildern Fra Angelicos. Und wenn auch die Männer und Frauen, die im Vordergrund knien, oftmals so derb und ordinär, voller Aberglauben und Wollust sind wie die Gestalten in Boccaccios oder Sacchettis Novellen, wenn auch der Teufel oft heimlich in einer Ecke lauert, so schweben doch auch immer Engel ganz dicht über den Menschen. „Wie im Frühling die Erde von Blumen und Düften voll ist, ...so ist Maria allezeit von Engeln umgeben... alle umringen sie und beschenken sie mit süßen und lieblichen Düften und Gesängen... sie jubeln, singen, tanzen, umringen sie wie auf dem Bild an der *Porta Camollia.*"⁴³ Jene Welt und diese Welt sind in Bernardinos Vorstellung nur durch unsere unvollkommene Sicht getrennt.

# Achtes Kapitel

# Die Humanisten

*Niuna impresa, per minima che sia, può
avere cominciamento o fine senza queste tre
cose, cioè: senza potere e senza sapere e senza
con amore volere.*
Breve dell' Arte de' Pittori Senesi.[1]

Keine Unternehmung, wie klein sie auch
sei, kann man beginnen oder beenden ohne
diese drei Dinge: ohne Können, ohne Wissen, ohne freudiges Wollen.
Statuten der Malergilde von Siena

„Unser Vaterland Italien", sagte Bernardino in seinem ersten Predigtzyklus
1424 in Florenz, „ist das gebildetste Land Europas, die Toskana die gebilde-
ste Region Italiens und Florenz die gebildetste Stadt der Toskana." Aber, so
fuhr er fort, sie sei auch die korrupteste, „denn wenn sich edle Begabung mit
Bosheit paart, kommt dabei der schlechteste Mensch heraus."[2] Von seinem
Standpunkt aus gesehen hatte er recht. Seit den Tagen des perikleischen
Athen hatte keine andere Stadt so viel geistige Aktivität in ihren Mauern be-
herbergt, so viel Wissen, so viel Geschmack, so viel Talent, so viel Wißbegier
nach allem Alten und Neuen, aber auch so Vieles, was in den Augen eines
Mannes wie Bernardino verwerflich sein mußte.

Wie mag diese vor Aktivität brodelnde kleine Stadt voll neuer Reichtümer, neuer Kunstschätze, neuer Ideen auf einen Mann gewirkt haben, der
sein Leben seit frühester Jugend dem mönchischen Leben geweiht hatte?
Unmöglich kann man in einem kurzen Kapitel die Gesellschaft, in der er
lebte, erschöpfend darstellen. Es kann nur ein Versuch gemacht werden,
Schlaglichter auf einige wenige Aspekte zu werfen, die für ihn von Bedeutung waren und die auf seine Lehren Einfluß hatten.

Auf nahezu jedem Gebiet änderten sich die Anschauungen in rascher
Folge, ohne daß die herkömmlichen Wertvorstellungen der Gesellschaft
gleich mit ihnen Schritt halten konnten. Bernardinos Gemeinde bestand aus
skeptischen und ironischen Menschen, in deren Köpfen zwar schon die
neuen Ideen der Renaissance Wurzeln zu schlagen begannen, die aber meist
noch den christlichen Traditionen und Bräuchen verhaftet waren. In dieser
Gesellschaft konnte eine geradezu mystische Verehrung der Armut neben

blühendem Handel existieren, ja, neben einer geradezu bewußt gepflegten Liebe zum Geld, ohne die ein zivilisiertes Leben nicht möglich schien. Heidnische Sinnlichkeit und Lebensfreude herrschten neben strenger Askese und Kasteiung, sinnlose Gewalttätigkeit im Parteienhader neben tiefer Sehnsucht nach Frieden, allgegenwärtige moralische Verderbtheit neben dem erhabenen Bewußtsein von „der Würde des Menschen". Auch wurde in dieser Gesellschaft die von Menschen geschaffene Schönheit mit einer nie dagewesenen Inbrunst verehrt.[3] Poggio Bracciolini schrieb über einen Kopf aus Marmor, der gerade ausgegraben worden war: *„Graecus est, Donatellus vidit et summe laudavit."* (Er ist griechisch, Donatello hat ihn gesehen und aufs höchste gelobt.) Nie wurde wohl ein unbelebter Gegenstand höher gepriesen.

Es waren dies die Jahre, in denen Luca della Robbia den ganzen Tag über nichts anderes tat, als seine Reliefs zu formen, und des Nachts Entwurfszeichnungen zu machen... „und oft seine Füße, wenn sie starr waren vor Kälte, zum Wärmen lieber in einen Korb mit Holzspänen steckte, als seine Arbeit im Stich zu lassen."[4] Es waren die Jahre, in denen Ghiberti für das Baptisterium in Florenz die *Porte del Paradiso* schuf, nachdem er im Wettbewerb um den Auftrag Jacopo della Quercia und Donatello aus dem Feld geschlagen hatte, in denen Brunelleschi die Domkuppel von Santa Maria del Fiore konstruierte und errichtete, da Fra Angelico in seiner Zelle (auf Knien, wie manche sagen) seine klare und frische Vision des Paradieses malte. Ein Mann wie Bernardino, der so empfänglich für alles Schöne war, konnte all dies nicht einfach übersehen. Seine Askese vertrug sich durchaus mit der Bejahung des Schönen, er brauchte die fanatische körperliche Kasteiung nicht zur Verwirklichung eines asketischen Lebens wie so viele mittelalterliche Ordensleute und wie selbst sein Lieblingsdichter Jacopone da Todi.

Aber so schön es auch sein mochte: kein Kunstwerk von Menschenhand war seiner Ansicht nach dem Werk Gottes ebenbürtig. „Bedenke doch einmal, wie viele Blumen, Pflanzen und Gräser es auf dieser Erde gibt, in wie vielen Formen und Farben, und bedenke auch, wie viele Meister es auf dieser Erde gibt und geben wird, die alle miteinander nicht imstande sind, auch nur ein einziges Veilchen zu schaffen!"[5] In seinen Predigten hob er stets nur die Bilder hervor, die seinen Beifall fanden, weil sie entweder eine religiöse Botschaft in sich bargen, wie die Madonnen auf Goldgrund der Sieneser Schule, oder eine allegorische Bedeutung hatten, wie Lorenzettis *Buon Governo*.

Schon zur Zeit seines Noviziats im Colombaio war die Kontroverse ausgebrochen, die immer noch Gegenstand hitziger Auseinandersetzungen war: Kann ein überzeugter Humanist gleichzeitig ein guter Christ sein? Giovanni Dominici, der berühmte Dominikanerprediger, hatte die Frage entschieden verneint. Kinder, denen die Namen *„Giove* oder *Saturno, Venus* oder *Cibeles"* eher vertraut waren als *„il Sommo Padre, Figliuolo e Spirito Santo",* junge Männer, die mit den Schriften Platons und Aristoteles' erzogen wurden statt mit der Bibel und den Lehren der Kirchenväter, würden doch immer wieder durch die sinnlichen Phantasien ihres Geists – *voluptuosa vagatio mentis* – zu den Vorstellungen zurückkehren, von denen sie in ihrer Jugend geprägt worden waren. Nichts könne aus diesen heidnischen Mythen herauskommen als *falsum et vetustissimum chaos*. „Ein Mensch wird zu dem, was er weiß."[6] Der „*grande cancelliere*" von Florenz, Coluccio Salutati, der berühmteste und gelehrteste Kenner der klassischen Sprachen seiner Zeit, vertrat die entgegengesetzte Meinung: Jemand, dessen Geist geschult und geschliffen ist, behauptete er, bringt immer das beste Rüstzeug mit und ist reifer, unter den Ideen, denen er von verschiedenen Lehrern ausgesetzt wurde, zu wählen: Ein guter Humanist braucht seinen Glauben nicht aufzugeben.

Bernardino beteiligte sich niemals aktiv an dieser Auseinandersetzung, die im Lauf der Jahre immer mehr an Heftigkeit und Schärfe zunahm. Regelmäßig traf er an der Ecke der *Piazza della Signoria* die berühmten Florentiner Gelehrten seiner Zeit im Buchladen des redseligen und liebenswürdigen „*cartolaio*", Vespasiano da Bisticci, Freund und Biograph all dieser Gelehrten und Literaten. Vespasiano sammelte und verkaufte nicht nur alte Handschriften, die Gelehrte aus Athen und Konstantinopel mitbrachten oder die gerade erst in französischen und deutschen Klöstern wieder ausgegraben worden waren, sondern ließ sie auch von 45 Schreibern für die Bibliotheken Cosimos de' Medici und Federigos da Montefeltro kopieren. In diesem Buchladen lernte Bernardino auch Ambrogio Traversari, den gebildeten und weisen alten Humanisten des Kamaldulenserordens kennen, der so schnell aus dem Griechischen ins Lateinische übersetzen konnte, daß kein Schreiber mitkam. Dort traf er auch auf Tommaso Parentucelli, den armen jungen Priester, der Präzeptor im Haus der Strozzi gewesen war und „der zu sagen pflegte, daß er zwei Dinge tun würde, wenn er einmal das Geld dazu hätte, nämlich Bücher kaufen und bauen",[7] und der dann später, als er Papst geworden war, „sowohl das eine als auch das andere tat während seines Pontifikats": Er legte den Grundstein zur Vatikansbibliothek. Dort gingen Niccolò Niccoli,[8] der als Sammler von Handschriften und Kunstwerken berühmt war, ein und aus, ebenso wie der redegewandte Leonardo Bruni, der Kanzler der Stadtrepublik Florenz,[9] der schweigsame und schwermütige Atheist, Carlo Marsuppini,[10] der gottesfürchtige jüdische Gelehrte, Giannozzo Manetti, der „im Lateinischen, Griechischen und im Hebräischen höchst gelehrt war", und für den die Wahrheiten, die die Kirche lehrte, ebenso einleuchtend waren wie die Gesetze einer geometrischen Figur,[11] und auch der jähzornige, hitzige Poggio Bracciolini, dessen Schmähschriften gegen alle Gelehrten, die andere Meinungen vertraten als er, so ungestüm waren, „daß es niemanden gab, der ihn nicht gefürchtet hätte".[12]

Bernardino kannte sie alle. Wenn er ganz hinten im Dunkel des Ladens in Handschriften blätterte, konnte er nicht umhin, ihre erbitterten Streitgespräche mit anzuhören.[13] Doch er nahm nie selbst daran teil, wenn ihm nicht gerade jemand eine direkte Frage stellte und ihn so mit ins Gespräch zog.

„Er schien weder für noch gegen den Humanismus zu sein", schätzte Bontempelli seine Haltung ganz richtig ein. „...Er wandelt auf einer anderen Straße."[14]

Wir sollten uns jedoch hüten, in der Darstellung von Zeiten des Übergangs vorschnell scharfe Trennungslinien zu ziehen, die die Betroffenen selbst ja gar nicht wahrnehmen konnten. Allzu leicht tendiert man dazu, diejenigen Erscheinungen in den Vordergrund zu stellen, die die eine Phase der Zivilisation von der folgenden trennen. Man sollte vielmehr eher das Augenmerk auf alles lenken, was beiden noch gemein ist, denn in Wahrheit überlagert das neue Gedankengut eine Zeitlang das alte, ohne es gleich auszulöschen. Ende des 14., Anfang des 15. Jahrhunderts entstanden in Kunst und Literatur noch viele der schönsten Werke der Gotik, als diese längst im Niedergang begriffen war, und zwar gleichzeitig mit den ersten Werken der beginnenden Renaissance, für die ein neuer Realismus und eine neue Gegenständlichkeit charakteristisch war. Das gleiche gilt auch für die Literatur. Außerdem waren sich die italienischen Humanisten nur zu gut bewußt, daß es die klassischen Studien der Kirchenväter waren, die ihnen die Welt der großen Schriftsteller der Antike erschlossen und nähergebracht hatten.[15] In Bernardinos Tagen rechtfertigte der „moderne" Christ seine Liebe zu den Klassikern mit deren Billigung durch Hieronymus, Augustin und Basilius und zitierte diese oft und gern. Fra Giovanni da Prato zum Beispiel hielt die Klassiker für jugendgefährdend. „Er verwarf sie, lehnte sie ab, ja, er spuckte geradezu auf sie." So jedenfalls berichtet in einem Brief der berühmte Humanist Guarino Veronese, und 1450 schrieb er ihm mit Nachdruck, daß der Heilige Basilius selbst nach Athen gegangen sei, um seine Griechischkenntnisse zu vervollkommnen, daß der Heilige Hieronymus die Lektüre der Werke des Terenz gutgeheißen hatte, so wie der Heilige Augustin die des Juvenal. Wie, so fragte er, sollte denn ein junger Mann einen christlichen von einem heidnischen Schriftsteller unterscheiden lernen, wenn man ihm nicht vorher erlaubte, sie beide selbst zu lesen? „Die Lehren der Heiden", zitierte er Augustin, „enthalten nicht nur lauter falsche und abergläubische Fiktionen... die jeder einzelne von uns unter christlicher Anleitung... verachten muß und bekämpfen. Sie schließen vielmehr alle freien Künste ein... und dabei findet sich manch eine Wahrheit, die sich auf die Lehre von dem einen Gott bezieht, die wir uns aneignen sollten."[16]

In Bernardinos Jugend war der erste und maßgebliche Vertreter solcher Ansichten Messer Coluccio Salutati. Bernardino nennt ihn denn auch in einem Atemzug zusammen mit Dante und Petrarca. Er war Lehrer und Freund des Giovanni da Spoleto, Bernardinos Lehrer für Rhetorik und Philosophie; tief durchdrungen vom Ideengut des Duns Scotus stand er in scharfem Gegensatz zum Thomismus der Dominikaner. Der Streit zwischen Salutati und Giovanni Dominici ging in der Hauptsache um eine der Grundfragen, die die Lehren der Dominikaner von denen der Franziskaner trennten: den Primat des Willens im Leben des Menschen im Gegensatz zur aristote-

lischen Lehre vom Primat des Intellekts. Wissen und Begreifen war für die
Dominikaner von vorrangiger Bedeutung; für die Franziskaner war dagegen
entscheidend, daß der Mensch mit seinem Willen in seinem Leben Zeugnis
ablege für sein Wissen um die Wahrheit.

„Der Wille", sagt Bernardino, „ist der oberste Herrscher über alle...
Kräfte [der Seele] und all unsere Gefühle; der Wille ist Herrscher über unseren Geist. Daher ist der Wille zum Guten Herrscher über das ganze Universum."[17]

Dies war eine Weltanschauung, die auch Coluccio Salutati gelten ließ. Die
Humanisten, die seine Meinung teilten, werteten das Studium der Philosophie nicht nur als eine intellektuelle Tätigkeit, sondern gleichzeitig als Stär-
kung des Willens und der „*virtù*". In seinem berühmten Brief zum Tod Pe-
trarcas schrieb Coluccio, seiner Überzeugung nach sei Philosophie nicht nur
die hohle Dialektik der Sophisten, sondern eine Schule des Lebens und des
Charakters, ein Weg, der zu Gott führt: „Ich beziehe mich dabei nicht auf
diejenigen, die die modernen Sophisten mit hohler Eitelkeit und närrischer,
unverschämter Oberflächlichkeit in den Schulen verherrlichen, sondern auf
eine Weisheit, die die Seele des Menschen formt, die Tugenden bildet, die
Laster auslöscht, die weit entfernt von allen Finessen der Dialektik die
Wahrheit erhellt."[18] Das Studium der Geisteswissenschaften hatte nicht nur
zum Ziel, gelehrte Fachwissenschaftler heranzuziehen, sondern gebildete
Menschen. „Man heißt sie *studia humanitatis*", schrieb Leonardo Bruni,
„weil sie den ganzen Menschen bilden."[19]

Aus gleichem Grund lehnten so viele Humanisten eine sterile Askese und
das Ordensideal eines Lebens in völliger Abgeschiedenheit so heftig ab. Sie
vertraten die Ansicht, der Mensch sei im Grunde ein soziales Wesen. Sobald
er sich von seinen Mitmenschen isoliere, wird sein Leben „zu Eis erstarren,
einsam, unfruchtbar!" Die wahre Tugend, die sich für einen „*uomo com-
pleto*" schickt, hat derjenige, der in der Gesellschaft lebt und kämpft.

Auch diese Einstellung entsprach ganz und gar der franziskanischen Tradition und sagte Bernardino zu, war er doch von seiner Anlage her gesellig
und fest davon überzeugt, daß man ausschließlich durch stetige Kontakte
mit den Mitmenschen etwas über sie lernen könne. Sein instinktives Miß-
trauen gegen ein klösterliches Leben in Einsamkeit wurde nur bestärkt
durch den Fanatismus, mit dem manche *Fraticelli* diese Klosterregel über-
trieben. Gewiß, auch er glaubte zu Zeiten für das Leben der Kontemplation
eintreten zu müssen. Doch was ihn teils aus seiner persönlichen Anlage heraus, teils aus Überzeugung in Wahrheit anzog, war das aktive Leben im Zeichen der *charitas* (der christlichen Liebe): „Derjenige, der liebt, versteht
mehr, als derjenige, der nicht liebt."

Ohne jeden Vorbehalt stimmte er mit der Einstellung der Humanisten
überein, die der Würde des Menschen eine so immense Bedeutung beima-
ßen, weil der Mensch nach dem Ebenbilde Gottes geschaffen sei und die Fähigkeit besitze, kraft seines eigenen Willens vollkommener zu werden. Dies

war der wahre Kern der Philosophie der Humanisten, und dieser Idee wurde sowohl von Bernardinos Freund Giannozzo Manetti in dessen Traktat *De dignitate et excellentia hominis* Ausdruck verliehen, als auch von Alberti in *De Iciarchia* und vor allem gegen Ende des Jahrhunderts von Pico della Mirandola, dem berühmten Platoniker, für den die Essenz der Würde, der *nobilità*, des Menschen darin bestand, daß der Mensch selbst sein Schicksal gestalten konnte. „Den Menschen… gab Er… die Keime aller Arten von Leben. Je nachdem, welche er hegt… tragen sie in ihm ihre Früchte. Sind es die sinnlichen, wird er häßlich… wenn es die geistigen sind, wird er ein Engel und ein Sohn Gottes."[20]

Auch Bernardino entwickelte häufig die These, daß die unbegrenzte Fähigkeit des Menschen, sich zu vervollkommnen, nicht nur von seiner eigenen Vernunft und seinem Willen herrühre, sondern von der Gnade Gottes abhänge. Gleich Augustin sah er in der Einheit von Körper und Seele die Synthese der Schöpfung. Der Mensch stellt in sich selbst *„un piccolo mondo"*, ein kleines Universum, dar. Bei seiner Geburt ist er schwächer und ungeschützter als das Tier. „Schau' das Küken an: Sobald es geboren ist, erkennt es das Korn und pickt es auf, und das neugeborene Lamm erkennt die Zitzen seiner Mutter und saugt daran und erkennt sie an ihrem Lecken und läuft zu ihr hin. Das Kind weiß, wenn es geboren ist, nicht wo es ist, erkennt weder Vater noch Mutter noch kennt es die Brust der Mutter von einer anderen weg; nichts kann es, außer Milch saugen und schreien… Jedes Tier wird mit irgendeiner Art von Schutz geboren, mit einem Fell oder mit Federn, mit Klauen oder mit Hufen, nur der Mensch nicht, der ohne jeden Schutz ist, ohne Kraft in den Gliedern." „Aber so groß ist die Würde des Lichts seines Geistes, daß dieser jegliche körperliche Tugend erfüllt und übertrifft." Giovanni Dominici sagte: „Was Du weißt, wirst Du." Bernardino hingegen: „Was Du liebst, das wirst Du."[21]

Auf derlei Ansichten beruhten auch Bernardinos Erziehungstheorien, die bis zu einem gewissen Grad die gleichen waren wie die der berühmten Schulen Guarinos in Verona und Vittorinos da Feltre in Mantua. Guarino war der Sohn eines Veroneser Schmieds und entwickelte eine solche Begeisterung für die griechische Sprache, nachdem er in seiner Jugend dem griechischen Gelehrten Manuele Chrysoloras im Gefolge des Palaeologenkaisers begegnet war, daß er ihm nach Konstantinopel folgte. Dort studierte er fünf Jahre lang bei ihm. Danach lehrte er selber an den Universitäten von Florenz und von Venedig, bis er schließlich seine eigene Schule in Verona gründete, die Bernardino manchmal, wenn er gerade dort predigte, auch besuchte, um am Unterricht teilzunehmen. Sehr wahrscheinlich ging er nicht hin, um seine spärlichen Griechischkenntnisse zu vervollkommnen, denn er war ja jedesmal kaum länger als ein paar Wochen in Verona, sondern getrieben von seiner unersättlichen Neugierde, die Lebensweise anderer Menschen kennenzulernen; dieses Bedürfnis war es ja auch, das ihn in die Läden der Waffenschmiede in Mailand geführt hatte und zu den Fischern mit ihren Booten in der Lagune von Venedig. Sicherlich aber war er von der Atmosphäre in Guarinos Schule ganz besonders angetan. Guarino war nicht nur ein Gelehrter, sondern auch ein humaner Lehrer. Mit seinen Schülern bildete er eine Art Bruderschaft, eine „wahre Republik des Geistes", so ein Zeitgenosse, in der die geschliffene Konversation von echter und tiefer Kultur geprägt war, und das Studium der Literatur zu einer Lektion in der Kunst zu leben geriet. An einen Freund schrieb Guarino: „Ich sehe, daß manche Menschen höchsten Fleiß und größte Mühe darauf verwenden, Vögel und wilde Tierchen zu zähmen; und wir sollen uns bitten lassen, Knaben von allerbester Veranlagung Unterricht zu erteilen, d. h. Menschen an der Humanitas teilhaben zu lassen?"[22] In der Widmung, die er seiner Übersetzung aus dem Griechischen ins Lateinische von Plutarchs „Leben des Themistokles" voranstellte, wies Guarino darauf hin, daß die Erbaulichkeit dieser Lebensgeschichte nicht nur darin bestehe, daß ein weiser Bürger und fähiger Feldherr dargestellt wird, sondern daß auch beschrieben wird, „wie sich der Wandel der Zeiten, die Veränderung menschlicher Belange, die Wechselfälle des Schicksals, die Ungewißheit der Ereignisse, die Wunder, Ängste, Hoffnungen, Freuden und Sorgen im Leben eines einzigen Mannes niederschlagen."[23] Lehrer wie dieser formten den *uomo universale* der Renaissance.

In Guarinos Schule begegnete Bernardino auch dem jungen franziskanischen Gelehrten Alberto da Sarteano, der zu den begabtesten Schülern Guarinos gehörte, den Rest seines Lebens jedoch der Volkspredigt und dem Observantenorden widmete, nachdem er Bernardino kennengelernt hatte.

Hier muß Bernardino auch zum ersten Mal von *La Giocosa*, der berühmten Schule von Mantua gehört haben, die von Vittorino da Feltre – auch ein Schüler Guarinos – gegründet worden war und, um mit Vespasiano da Bisticci zu sprechen, sich als „ein Tempel der guten Sitten, Worte und Taten" erwies. Sicher war sie eines der erfreulichsten Erziehungsexperimente, die es je gegeben hat. In der *Giocosa* wurden Jungen und Mädchen gemeinsam unterrichtet, und Vittorino „gab diesen seinen Schülern sittsame Vergnügen... er ließ sie reiten... oder Steine und Stäbe werfen oder Ball spielen oder springen, um den Körper geschmeidig zu machen". Daneben erhielten die Schüler wie in einem antiken griechischen Gymnasium aber auch Unterricht in Musik, Tanz und Turnierspielen und – nicht zu vergessen – eine gründliche Ausbildung im Griechischen und im Lateinischen. Die Bildung „des Herzens" aber, wie Vittorino es nannte – wir würden sagen: die Charakterbildung –, beruhte nach wie vor auf Ehrfurcht und Frömmigkeit. Dazu gehörten der tägliche Messebesuch und die Pflege der christlichen Tugenden, die ihnen ihre Lehrer tagaus tagein vorlebten: Selbstdisziplin, Bescheidenheit, Wahrhaftigkeit und Güte. Vor allem aber darf man nicht vergessen, daß für Vittorino die Erziehung im humanistischen Sinn eine *praktische* Vorbereitung auf das Leben war. Sein Ziel war es, „*cittadini completi*", vollwertige und rundum gebildete Bürger heranzuziehen, nicht Gelehrte. „Nicht jeder ist verpflichtet", so sagte er, „sich in Philosophie oder in der Jurisprudenz hervorzutun, und nicht alle haben die gleichen Gaben von der Natur erhalten; aber alle sind dazu bestimmt, in der Gesellschaft zu leben und Tugend zu üben."[25]

Diese Art von Erziehung entsprach fast in jeder Hinsicht Bernardinos Vorstellungen. Auch er meinte: „Ich sage Dir, daß dem edlen Mann das Studium so gut steht, wie der Stein dem Ring." Wichtig jedoch ist vor allem die Charakterbildung. Es gibt sogar eine Predigt Bernardinos mit dem Titel „*Della vera nobilità*", die auch von Vittorino da Feltre hätte geschrieben werden können, und zwar für diejenigen seiner Studenten, die dazu bestimmt waren, eines Tages einen Staat zu regieren. Die Predigt erinnert uns nebenbei daran, daß Bernardino ja selbst ein Angehöriger dieser sozialen Klasse war – so selten er auch sonst davon sprechen mochte. Die Tugenden, die er aufzählt, sind: „Freigebigkeit, … Dankbarkeit, … Milde, … Männlichkeit, … Großherzigkeit, … Bescheidenheit … und Tatkraft". Die Freigebigkeit ist die vornehmste Tugend, sagt er, weil sie das direkte Gegenteil von dem ist, was ein Dieb tut: „Die vornehmste Handlung der Welt, sage ich Euch, ist das Geben, und deshalb ist die größte Missetat der Diebstahl von Dingen, die einem anderen gehören." Die Milde wird als Zeichen christlicher Güte und aristokratischer Selbstdisziplin zugleich definiert. „Ein Mensch von gemeiner Art, der es zu Reichtum gebracht hat… mit dem kann man nicht auskommen, so übergroß ist sein Hochmut." Dankbarkeit ist das Gegenteil der angeborenen Undankbarkeit des gemeinen Menschen. „Edel ist es, dankbar zu sein." Männlichkeit und Tatkraft sollen mit Hilfe aller ritterlichen Sportarten ausgebildet werden. „Dem *cavaliere* ist das Schwert gegeben, um tapfer zu sein, damit er seine Stadt verteidige, die Witwen und Waisen…". Bescheidenheit ist „Milde der Seele". Und Großherzigkeit schließlich ist definiert als: „…Alles Böse verachten und alles Große bewundern, und sich auf diese Weise Gott nähern. Je mehr Du Dich dem großherzigen Gott näherst, desto vornehmer und edler wirst Du sein."[26]

An diesem Punkt fließen das Ideal des mittelalterlichen Ritters mit dem des humanistischen Edelmanns zusammen. Bernardino befindet sich auf der Schwelle zwischen zwei Welten und nimmt von beiden das Beste.

Insgesamt hielt Bernardino vier Predigten im Volgare über das Thema: „Nutzen der Erziehung", zwei in Florenz, eine in Siena und eine im Jahr 1442 vor den versammelten Lehrern und Studenten der berühmten Universität von Padua. Aus jeder einzelnen von ihnen kann man herauslesen, daß Bernardino ebenso wie Vittorino da Feltre von einer guten Schule erwartete, sie solle nicht nur den Geist bilden, sondern ihre Schüler fürs Leben vorbereiten. „Der größte Freund, den der Teufel hat, ist die Ignoranz", meinte er. „Die Ignoranz ruiniert ganze Völker wie auch Individuen, während junge Männer, die sich Wissen erwerben, ihrer Stadt Ehre und Preis und Gewinn eintragen."[27] Er versuchte seine Sieneser Bürger mit allen Mitteln davon zu überzeugen, daß ihre Universität für sie nicht weniger nützlich sei als ihre Tucher- oder Lederergilden: „Denkt daran, daß Bologna nicht den Ruf

hätte, den es hat, wenn die Bologneser das Universitätsstudium nicht so
hoch geschätzt hätten." – „Das Geld, das man mit dem größten Nutzen ausgibt, ist das, was man für seine Universität ausgibt." – „Jeder Edelmann, der
es nicht nötig hat, zu arbeiten und Geld zu verdienen", sollte Rhetorik und
Naturwissenschaft studieren, „lernen, wie man richtig lebt und wie man eine
Botschaft formuliert, falls er für seine Stadt als Botschafter erwählt wird;
...und Du wirst Dir... und Deiner Stadt Ehre machen. ...Wer studiert...
kann sich immer... sehen lassen draußen in der Welt. Wenn einer nicht nach
den Regeln der Grammatik reden kann, zu was ist er dann gut?"[28]

Bernardino wählte für seine vier Predigten zum Thema Bildung immer
denselben Text aus dem 119. Psalm: *Bonitatem, et disciplinam, et scientiam
doce me, quia mandatis tuis credidi.* Im Volgare lautete das: *Bontà e disciplina e scienza insegnamelo, perché io ò creduto a' tuoi comandamenti.*
[Psalm 119/66; „Lehre mich heilsame Sitten und Erkenntnis, denn ich glaube
deinen Geboten" (Luther-Übersetzung)]

Disziplin und Wissen sind unerläßlich, aber zuförderst *bonitas* – in seinen
Predigten mit *buona volontà* übersetzt –, im Sinne von gute Absicht, denn
der Wille regiert die Seele. Allein durch den guten Willen erreicht der Student den unumstößlichen Glauben, der ihm die Fähigkeit zu lernen verleiht.
„Alles, was Du tun mußt, mußt Du im Glauben tun... Jedermann, der irgendeine Kunst erlernen will, braucht ihn, ob... nun das Griechische, Lateinische oder die *artes liberales,* ob Nähen, Zuschneiden, Spinnen oder
Tuch- und Seidenherstellung... es ist nötig, daß er seinem Tun den Glauben
aufprägt... Denn wenn Du nicht an denjenigen glaubst, der Dich unterrichtet, wirst Du nie diese Kunst erlernen."[29]

Was nun die *disciplina* angeht, so kann man das, was er damit meint, in
einem Wort zusammenfassen, nämlich: Konzentration. „Wenn unser Geist
ruhig ist, ist er wie stilles, klares Wasser, aber wenn er aufgerührt ist von
irgendeinem Hindernis, wird er trübe."

> *Quattro venti escon dal mare – che la mente fan turbare:*
> *El dolore e il gaudire – el temere e lo sperare.*
>
> *Jacopone da Todi*[30]

Schmerz und Freude, Furcht und Hoffnung, sie alle sind Attribute unse-
rer Seele; doch sie können uns nur schaden, wenn sie uns nicht durch die
Entschlossenheit unseres freien Willens zurück zu Gott führen. Der Studie-
rende ist ein Mensch, der Gott näher kommen will, indem er Wissen und
Tugend erwirbt. Er wird wenig Gewinn vom Studium haben, wenn er seine
Kräfte „bei Tanz, Spiel oder Turnier" verzettelt. Ja, Bernardino, als echter
Schüler des Heiligen Franziskus, warnt sogar: „Gib Dich nicht der Melan-
cholie hin... Sei heiter und froh so viel Du nur kannst." Zu große Ängst-
lichkeit, zu große Selbstsicherheit sind gleichermaßen verwerflich. Physische Selbstdisziplin ist ebenso unerläßlich: „Iß nicht zu viel und nicht zu wenig... denn das eine macht Dich schwindsüchtig, das andere macht das Ge-

hirn träge. ...Schlaf' nicht zu viel und nicht zu wenig... Geh' entweder
abends zeitig schlafen und steh' früh auf und lerne, oder bleibe lange wach
und steh' spät auf, je nach Deiner Veranlagung... Alle Übertreibungen sind
schädlich: der Weg der Mitte ist der beste." Zusammenfassend sagte Bernardino: „Das Leben ist gleichzusetzen mit geistiger Ordnung. Die Seele sollte
von Gottesfurcht gelenkt sein: höre die Messe, die Predigt, faste an den vorgeschriebenen Fastentagen, halte Keuschheit nach den Vorschriften der Heiligen Kirche; ab und zu... gönne Dir ein Vergnügen." Den Buben, die ihn
fragen: „Muß man denn die ganze liebe lange Zeit lernen?" antwortet er:
„Ich sage Dir: Freilich nicht! Du sollst Dir das Vergnügen dieser Welt in Maßen gönnen, zuvörderst aber kleide Dich in die Vergnügen der Seele."

Auch über die konkrete Planung des Studiums wußte Bernardino viel Ver-
nünftiges zu sagen: „Spanne beim Studium nicht den Karren vor den Ochsen; baue auf einer guten Grundlage auf. ...Mache Dir selbst ein Urteil über
den einen Doktor und über den anderen... und gleichermaßen über einen
Lehrer der antiken Meister und einen der modernen; doch verachte mir keinen... Es ist nicht gut... wenn Du mal in einem Buch herumträumst und
dann wieder in einem anderen. Wähle Dir einen Lehrmeister, der Dir am
besten zusagt... Wähle ihn Dir aus, lege ihn vor Dich hin und studiere ihn
und käue ihn wieder... Auch wenn Du nicht nach Paris gehen kannst, um
zu studieren, lerne von dem Tier mit den gespaltenen Hufen" [Thomas von
Aquin].[31]

In keiner Altersstufe sollten diesbezüglich Ausnahmen gemacht werden.
Erst wenn wir uns Bernardinos Vorschläge zum curriculum ansehen, merken wir, wie stark er seine Studenten in ihrer Wahl einschränkte. Sowohl
Guarino als auch Vittorino da Feltre hielten sich an die Theorie des Verge-
rius, daß ein freies Studium *alle* Fächer einschließen sollte, „die wert sind,
von freien Menschen studiert zu werden". So dehnten sie das curriculum ihrer Schüler über Philosophie und Geschichte hinaus auf Mathematik und
Naturgeschichte aus – letztere allerdings nur in recht rudimentärer Form –,
dazu auf alle damals bekannten großen Autoren der Antike: Von Homer,
Vergil, Demosthenes und Cicero bis zu Lukian und Ovid („um den Geschmack für Elegien zu bilden"). Die älteren Knaben, deren Charakter bereits gefestigt war, durften auch noch Aischylos, Euripides und Sophokles
lesen, dazu ausgewählte Passagen von Aristophanes, Terenz, Plautus und
Juvenal. Bernardino war wesentlich weniger freizügig. Obwohl er selbst in
seinen Predigten umfassenden Gebrauch von Zitaten aus den antiken
Schriftstellern machte,[32] hielt er für die Jugend nur die Lektüre von Cicero
für besonders empfehlenswert. „Diese jungen Leute, die Cicero studieren,
tun gut daran, damit sie lernen, Konversation zu machen." Sogleich fügte er
aber hinzu: „Doch zu Deinem Ergötzen und zur Kontemplation greife zu
den Episteln des Heiligen Hieronymus, der ein so grundgelehrter Doktor
war. Weißt Du, der mit dem weißen Bart, und lerne von ihm... Fändest Du
nicht großen Gefallen daran", fragte er, „wenn Du Jesus Christus sehen

oder predigen hören könntest?... oder den Heiligen Paulus, den Heiligen Augustinus, den Heiligen Gregor, den Heiligen Hieronymus und den Heiligen Ambrosius...? Geh' hin und lies ihre Bücher, welches Dir halt am besten gefällt... und sprich mit ihnen. Dann sprechen sie sicher mit Dir... Weißt Du, wie man ein junges Rind zähmt? Ich kann das gut, auch wenn ich ein Mönch bin. Siehst Du nicht, daß man immer einen älteren Ochsen mit dem jungen zusammen in ein Joch spannt... und der geht tüchtig und schön geradeaus? Und wenn der Junge ungebärdig wird, wendet sich der Alte zu ihm, gibt ihm einen Stoß mit seinen Hörnern und bringt ihn so zur Furche zurück. So sollst Du es auch halten: Nimm Dir Deinen *maestro Girolamo*, den Graubart, und wenn Du aus der Reihe tanzt und Dich verheddertst, dann lies, und er wird Deinen falschen Gedanken einen Stoß mit den Hörnern versetzen."[33]

Über sein Verhältnis zur Dichtung führt Bernardino folgendes aus: „Ich habe in meiner Jugend erfahren, daß ich bei den Dichtern Vergnügen fand wegen des süßen Klangs, der durch die äußere Schale dringt, ...aber als es Gott gefiel, gab er mir die Episteln des Heiligen Hieronymus in die Hand, die mich über alle Dichterphantasien erhoben, und mich auf den rechten Weg zur Heiligen Schrift führten, und ich schöpfte daraus viel mehr Vergnügen... Die Heilige Schrift birgt die Glorie des Paradieses in sich." „Dichtung", meinte er, „hat eine süße Rinde, aber die Heilige Schrift ist voll von lauter Mark."[34]

Am vertrautesten von den modernen Schriftstellern war ihm Dante, denn er zitierte ihn nicht nur ständig, sondern er gebrauchte ab und zu auch Sätze, denen er wahrscheinlich sogar unbewußt einen dantesken Rhythmus verlieh, und auch seine Bilder und Vergleiche erinnerten manchmal entfernt an Dante.[35] Er nannte ihn in einem Atemzug mit *„messer Francesco Petrarca"*, beides Schriftsteller, die „bemerkenswerte Dinge schaffen und die äußerst empfehlenswert sind". Für Boccaccio hatte er jedoch nur einen einzigen Satz übrig: „Bei allem Respekt, er schrieb abgesehen vom *Corbaccio* nichts Vergleichbares, so daß es besser gewesen wäre, wenn er geschwiegen hätte. Er war ein fähiger Mann, wenn er nur diese bestialischen Dinge nicht erdacht und niedergeschrieben hätte; vielleicht hat er das im Alter auch bereut."[36] Weiter riet er seinen Zuhörern, die Dichter zu meiden, allen voran Ovid, „weil unter dem honigsüßen Äußeren das Gift sitzt", aber auch alle „übrigen Bücher, die von der Liebessehnsucht handeln". Er empfahl sogar allen Eltern, die ihren Sohn in eine fremde Stadt zur Universität geschickt hatten, „nach Bologna oder wo auch immer": „Wenn Du hörst, daß er sich verliebt hat, dann schick' ihm kein Geld mehr; er wird nichts mehr lernen außer Liebesliedern und Sonetten und wird seine Bücher und alles andere verpfänden."[37]

Mit solchen Äußerungen handelte sich Bernardino nur allzu leicht den Vorwurf ein, ein Gegner der Aufklärung zu sein, ein Vorwurf, den die Gelehrten der Renaissance nur zu gerne gegen die Predigermönche erhoben.

Wir dürfen jedoch nicht vergessen, daß die Bücher, die damals in Florenz am häufigsten gelesen und zitiert wurden, vieles enthielten, das auch von weniger strengen Moralisten als nicht gerade förderlich für die Jugend angesehen werden mochte. Das traf nicht nur auf die *Novellen* von Boccaccio, Sacchetti und Sermini zu, sondern auch auf die jüngst veröffentlichte *Storia di due amanti* von Enea Silvio Piccolomini (dem späteren Papst Pius II.); insbesondere aber betraf es die unflätigen Anekdoten oder Witze über Mönche, Nonnen und Hochstapler in den *Facezie* von Poggio Bracciolini und die obszönen, zynischen Epigramme im *Ermafrodito* von Antonio Beccadelli,[38] die natürlich in aller Munde waren.

Viele der Männer, mit denen Bernardino in Vespasianos Bücherladen zusammenkam, waren zugleich gute Christen und überzeugte Humanisten; so zum Beispiel der alte, liebenswürdige Camaldulensermönch, *fra* Ambrogio Traversari, der fromme und gelehrte Giannozzo Manetti oder der Historiker Leonardo Bruni, für den die Wiedergeburt, die Renaissance des Studiums der klassischen Sprachen und Schriftsteller gleichbedeutend war mit einer Wiedergeburt des Geistes überhaupt. Andererseits posaunten andere Stammkunden dort ihre Verbundenheit zur Philosophie des Stoizismus und des Epikuräertums hinaus; hemmungslos prangerten sie Narretei und Laster von Mönchen und Priestern an, und zwar in einer Sprache, die an Heftigkeit und Deutlichkeit nichts zu wünschen übrig ließ.

Einer der Schlimmsten in dieser Beziehung war Poggio Bracciolini (dessen Hetzschriften gegen die Observanten im nächsten Kapitel behandelt werden) und Lorenzo Valla, dessen bekanntestes Werk, ein Traktat mit dem Titel *„De voluptate"*, eine Attacke gegen jede Form von Askese war, einerlei ob nun Stoa oder Kloster, und dessen späterer Dialog *„De professione religiosorum"* (wahrscheinlich direkt auf Bernardino gemünzt) die Vorstellung umstürzen sollte, daß jemand, der die klösterlichen Gelübde abgelegt hatte, auch nur im geringsten besser sei als ein guter Laie.[39]

Es ist nur allzu verständlich, wenn Bernardino die Jugend gegen derartigen Schriften abschirmen wollte, und daß er bis zu einem gewissen Grad auch den Niedergang christlicher Moral und Sitte auf den Einfluß solcher Literatur zurückführte. Beides konnte er ja kaum übersehen, wenn er durch Florenz schlenderte. Selbst kleine Straßenjungen sangen das neueste Spottlied auf den Papst: *„Papa Martino / non vale un lupino!"* (Papst Martin / ist keine Bohne wert!) Darin spiegelte sich die allgemeine Mißachtung gegenüber der Kirche wider. Da konnte einer so viel predigen wie er wollte. Die feierlichen Prozessionen zu den Kirchenfesten zogen nun weniger Menschen an als der Glanz der weltlichen *trionfi;* kostümierte Schauspieler, die die Götter des Olymp darstellten oder Gestalten der klassischen Mythologie, zogen da zu Fuß oder in fantastisch geschmückten Wagen durch die Stadt, der Wein floß in Strömen, und auf den Straßen tanzte das Volk zum Klang der *bande.* Nun wurden die Volksbräuche heidnischen Ursprungs, die die einfachen Menschen niemals wirklich abgelegt hatten, auch von der Bildungsschicht wieder propagiert und hochgehalten. Die Reichen schmückten ihre Häuser mit antiken Skulpturen und vergnügten sich mit erotischen Spielen. Ihre Damen kleideten sich in kostbare, tief ausgeschnittene Gewänder, ihre Buben in unanständig kurze Röckchen und hautenge Beinkleider. Sogar griechische und tscherkessische Sklaven legten die Reichen sich zu. Wenn die dann Kinder bekamen, wuchsen diese im Kreise der *famiglia*, im Haushalt der „Großfamilie" mit auf als Bastarde, falls man sie nicht gleich bei der Geburt beseitigte; oder sie bevölkerten die Bettchen der Waisenhäuser, der *ospedali degli innocenti*.

All das versetzte Bernardino in tiefe Bestürzung. Seine moralischen Ermahnungen an die Florentiner konzentrieren sich in einem einzigen Satz: „Hütet Euch!" Hütet Euch vor heidnischem Aberglauben, hütet Euch vor dem Nachlassen des Glaubens, hütet Euch vor sinnlicher Lust und vor Unzucht. „Florenz", predigte er mit erhobener Stimme, „war nie so groß, so voller Kunst, so schön; nie hatte die Stadt mehr Schiffe auf den Meeren als heute; nie war es mächtiger, nie edler... aber das Volk von Florenz ist das elendste auf der ganzen Welt vor lauter Unzucht und wegen der Verschwendungssucht seiner Frauen."[40] Wenn einer nur hören wollte, könnte er unter der fröhlichen Musik, die die Straßen erfüllt, noch etwas anderes hören: „Schreie, die Himmel und Erde erschüttern". „Geh' nur zu Eurem Ponte Vecchio über'n Arno", rief er, „leg' Dein Ohr auf den Boden und lausche; großes Wehgeschrei wirst Du vernehmen! Geh' nur zu den Latrinen; geh' zu den Ställen; geh' zu den Gärten auf dem Land oder in Florenz; geh' nur in den Laden zum Barbier oder zum Apotheker, in die Häuser der Doktoren... halte die Ohren offen und Du wirst gellendes Geschrei hören, das zum Himmel dringt: ,*Vendetta, vendetta, Iddio!'* ... Was für Klagegeschrei? Es sind die Stimmen der nicht erblühten Knospen, der unschuldigen Kindlein, die Ihr in Euren Arno geschmissen habt und in Eure Latrinen oder lebendigen Leibes in Euren Ställen und Gärten verscharrt habt, lebendig, lebendig, um der Schande der Welt zu entgehen, und oft ohne christliche Taufe; die Schreie der Kinder, die im Leib ihrer Mütter getötet wurden mit Hilfe von Medizinen von Barbieren, Apothekern, Ärzten... Wie viele Schreie geben diejenigen Seelen von sich, die geboren worden wären und es nicht sind wegen des vermaledeiten Lasters der Unzucht. ... heute zählt Ihr nur die Hälfte der Seelen wie vor 15 Jahren, und wenn Ihr so weitermacht, dann gibt es in weiteren 15 Jahren nur noch halb so viel von Euch wie jetzt."[41]

Ob Bernardino mit seiner Theorie recht hatte, daß die überdurchschnittliche Verbreitung der Homosexualität in der Toskana auf den Einfluß des Neuheidentums zurückzuführen sei – wir wissen es nicht. Immerhin versäumte er nicht, einen Teil der Schuld der Schwachheit und Habsucht den Eltern der Buben zuzuschreiben: „Ich habe von welchen gehört, die sich schminken und noch dazu herumlaufen und sich mit ihrer Homosexualität brüsten, ja, sie sogar um Geld trieben. ... Die Mütter und Väter tragen die

Schuld, weil sie sie nicht verprügeln, die Mütter aber vor allem, die die
Geldkatzen [der Knaben] ausleeren, ohne auch nur zu fragen, woher all das
Geld gekommen ist... Und es ist eine schwere Sünde, ihnen ein Wams machen zu lassen, das grade noch zum Bauchnabel reicht, dazu Beinkleider mit
einem Fetzchen Tuch hinten und vorn, so daß sie noch genug nackte Haut
herzeigen können für ihre Freier. Ihr spart Tuch, um die Haut zum Markte
zu tragen... Doch sag' mir, wie sehr stecken sie zu Hause auch noch diese-
nigen an, die sie dort sehen, ihre Schwestern, ihre Schwägerinnen?... Wie
viele Seelen, glaubst Du, geben sie der Verdammnis preis mit diesen unan-
ständigen Wämsern und Beinkleidern?"[42]

Daß er die Dinge offen beim Namen nannte, hatte, wie so oft, die größte
Wirkung. „Als er eines Abends wie üblich wieder einmal zu den *cartolai*
kam", erzählt uns der *cartolaio* Vespasiano, „traf er zufällig dort auf *messer*
Giannozzo Manetti. Der sagte zu Bernardino nach einer besonders feurigen
Predigt: ,Ihr habt uns heute abend allesamt zur Hölle geschickt.' Und Ber-
nardino antwortete [sicherlich mit einem feinen Lächeln um den Mund]:
,Ich hab' niemanden dorthin geschickt, es sind vielmehr die Laster und Ver-
fehlungen der Menschen, die Euch dorthin schicken.'"[43]

Manche Zuhörer freilich mißachteten seine Warnungen oder verspotteten
ihn, und einige von ihnen murmelten auch gar was von Ketzerei, wie wir
bereits wissen. Daß es aber auch jetzt noch, als die Renaissance ihre ersten
Blüten trieb, in Florenz viele Menschen gab, die so dachten wie Bernardino,
beweisen uns die gesteckt vollen Kirchen wie die riesige Santa Croce, wo er
Tag für Tag seine langen Predigten im Rahmen eines Zyklus hielt, ja, auch
die Umkehr zahlreicher Zuhörer zum religiösen Leben ihrer Jugend und
nicht zuletzt die Tatsache, daß der *cancelliere* von Florenz, Leonardo Bruni,
ihn nach Beendigung des Zyklus schriftlich einlud, im darauffolgenden Jahr
wieder dort zu predigen.[44] „Er mäßigte und wandelte die Gesinnung der
Menschen auf wunderbare Weise", schreibt Vespasiano da Bisticci, „und
viele, die in ihrer Blindheit schon ewig nicht mehr bei der Beichte gewesen
waren, brachte er wieder dazu zu beichten, ja nicht nur dazu, sondern auch
vielen Menschen ihr Hab und Gut samt ihrem guten Ruf zurückzugeben,
und zahlreiche Todfeinde brachte er dazu, für immer Frieden zu schließen."[45]

Als am Ende seines ersten Predigtzyklus auf der Piazza Santa Croce ein
Freudenfeuer angezündet wurde, in dem Spielbretter, Würfel und die *naibi*
(florentinische Spielkarten) verbrannt wurden, in dem aber auch Perücken
und Schönheitsmittelchen der Damen in Flammen aufgingen, da schlug die
Begeisterung der Massen ebenso hohe Wellen wie schon zuvor in Bologna
und Siena. Ein Augenzeuge schreibt darüber: „Das Getümmel war groß, das
Volk bebte vor Leidenschaft... Die ganze *piazza di Santa Croce* quoll über
von Bürgern und Bürgerinnen... etlichen Tausenden. Das Geschrei der Buben und Halbwüchsigen war so ohrenbetäubend, daß Bruder Bernardino die
Predigt abbrechen mußte, zusammen mit einigen Mitbrüdern aus der Kirche

auf den Platz heraustreten und den *capannuccio* des Scheiterhaufens entzünden mußte. ...Da loderte endlich die Flamme in die Lüfte, zur Verwirrung
des Teufels, des Feindes Gottes, und zu Glorie, Ruhm und Ehre... unseres
Herrn Jesu Christi." Der Schreiber fügt noch hinzu, daß zahlreiche Männer
und Frauen weinten, „und ich kann die Schreie nicht beschreiben, denn es
klang wie Donnergrollen".[46]

1439 kehrte Bernardino von neuem nach Florenz zurück. Damals hatte er
als Generalvikar der Observanten an dem Konzil dort teilzunehmen, das die
Wiedervereinigung der griechischen Kirche mit der römischen ins Werk setzen sollte. Diese Wiedervereinigung war aus einer neuen politischen Kon-
stellation heraus dringlich geworden: Die Türken bedrohten Konstantinopel. Der oströmische Kaiser konnte nur im christlichen Abendland um Hilfe
nachsuchen. Bereits 1418, nach dem Konzil von Konstanz, hatte der oströmische Kaiser Gesandte an Papst Martin V. geschickt, um ihm zu seiner
Wahl zu gratulieren und um Verhandlungen zur Wiedervereinigung der griechischen mit der römischen Kirche einzuleiten. Doch erst Martins Nachfolger Papst Eugen IV., rief das Konzil zusammen, um über die Punkte zu dis-
kutieren, die die beiden Kirchen noch trennten. Dieses Konzil wurde von
Basel nach Ferrara verlegt und dort am 9. April 1438 eröffnet. Unter dem
Vorsitz von Kaiser Johannes Palaeologus und seines achtzigjährigen Bru-
ders, des Patriarchen von Konstantinopel, nahmen 700 griechische Prälaten,
Mönche, Höflinge und deren Gefolge daran teil.

Die Eröffnung stand unter einem unglücklichen Stern, denn der griechische Patriarch weigerte sich, dem Papst die traditionelle Huldigung zu er-
weisen und ihm die Füße zu küssen. Er sagte, er würde den Papst umarmen
und küssen wie einen Vater, wenn dieser älter wäre als er selbst, er würde
ihm den Bruderkuß geben, wenn er so alt wäre wie er, ihn küssen wie einen
Sohn, wenn er jünger wäre. Dies Hindernis wurde elegant genommen: Man
arrangierte einfach das erste Zusammentreffen von Papst und Patriarch in
privatem Rahmen. Ein weiterer Streitpunkt war natürlich die Aufstellung
der Thronsessel für Papst, Patriarch und Kaiser; aber auch dafür wurde eine
geniale Lösung gefunden.[47] Außerdem forderte der oströmische Kaiser, daß
in den ersten vier Monaten des Konzils keine Fragen der Kirchenlehre disku-
tiert werden sollten, da er hoffte, daß noch andere westliche Fürsten kommen würden, die ihm militärischen Beistand leisten könnten. Doch sie kamen nicht, die Fürsten; dafür brach im Sommer die Pest aus. Die feindlichen
Truppen des Mailänder *condottiere* Niccolò Piccinino standen dicht vor Ferrara, und Niccolò d'Este von Ferrara brachte seinen Gästen nur recht kärgli-
che Gastfreundschaft entgegen: Die Betten waren hart, die Verpflegung war
frugal. Der Papst seinerseits zeigte sich nicht geneigt, für sich und die anderen die Kosten zu übernehmen.

Im Herbst begannen dann die ersten Diskussionen über die Kirchenlehre,
doch Ende des Jahres zeigte sich, daß sie sich noch über längere Zeit hinzie-
hen würden. Aus diesem Grund mußte man das Konzil an einen anderen

Ort verlegen. Florenz, das der Papst schon immer besonders gern hatte, ließ ihm eine herzlichere Einladung zukommen als Ferrara und bot ihm sogar an, über das Bankhaus Cosimos de' Medici 1500 Gulden pro Monat für den Unterhalt der Griechen vorzuschießen, nur mit der Einschränkung, „daß diese Verpflichtung die Dauer von acht Monaten nicht übersteigt". Darüber hinaus wurden für ihre Bewirtung von der *Signoria* 4000 Gulden bewilligt.[48] So wurde also im Januar 1439 das Konzil nach Florenz verlegt. Und auch der kleine, schmächtige, graue Franziskanermönch erschien wieder einmal dort; zum einen, um die prächtige Szenerie zu beobachten, zum anderen, um die zahlreichen und verschiedenartigen Diskussionsbeiträge anzuhören.

Die Sitzungen wurden in Santa Maria Novella abgehalten, zu der das Dominikanerkloster gehörte, das dem Papst als Unterkunft diente. „Auf einem prachtvollen Gestühl und auf Sesseln" saßen hier die Väter der Ost- und der Westkirche einander sechs Monate von Angesicht zu Angesicht gegenüber. Die Hauptperson der griechischen Kirche war selbstverständlich der ehrwürdige Patriarch, Joseph von Konstantinopel. In seinem Gefolge war auch der berühmte Platoniker, Bessarion von Trapezunt, Bischof von Nicäa, gekommen, ebenso der unnachgiebige Markus Eugenicus, Erzbischof von Ephesos, der Philosoph Gemistos, genannt Pletho (der Cosimo de' Medici dazu überredete, die *Accademia Fiorentina* zu gründen), der griechische Grammatiker Theodor von Gaza, dazu ein endloser Zug von weißbärtigen Priestern und Mönchen mit langen Mähnen. Ihr seltsames Äußeres, „struppig und zerzaust", brachte sogar die Florentiner aus der Fassung. Tief beeindruckt waren sie dagegen von den langen Gewändern aus schwerem Goldbrokat, die der Kaiser und die hohen Prälaten trugen, und wie sie Benozzo Gozzoli auf seinen Fresken im Palazzo Medici-Riccardi verewigt hat: „Die Art der griechischen Gewänder wirkte seriöser und würdiger als die der römischen."[49] Keiner jedoch konnte den Papst an würdevollem Äußeren übertreffen. „Er war hochgewachsen, schön von Aussehen, hager und ernst, und sein Anblick war ehrfurchtgebietend", schrieb Vespasiano da Bisticci und fuhr fort, sein asketisches Leben und die Autorität seines Blicks wären so beeindruckend gewesen, daß „das Volk nicht nur den Stellvertreter Christi auf Erden zu sehen glaubte", wenn er den päpstlichen Segen erteilte, „sondern seine Göttlichkeit selbst".[50] In seinem Gefolge waren einige römische Kardinäle eingetroffen und zahlreiche andere hochstehende Mitglieder der römischen Kurie, von denen jeder wieder einen kleinen Hofstaat an Sekretären, Notaren und Gelehrten mitgebracht hatte.

Tag für Tag gingen die Sitzungen in Santa Maria Novella weiter. Nach Meinung der Griechen war der wichtigste Programmpunkt die *„processio"* des Heiligen Geistes, d. h. das Wort *filioque*, das die römische Kirche dem Glaubensbekenntnis von Nicäa zugefügt hatte, wodurch sie klarstellte, daß der Heilige Geist nicht nur vom Vater allein, sondern von Vater *und* Sohn *procede*, also ausgeht. Die Ostkirche blieb dabei, wie sie durch den Bischof von Ephesos verkünden ließ, daß die Lehre der römischen Kirche irrig und die Einfügung ins Glaubensbekenntnis nicht rechtens sei. Meinungsverschiedenheiten bestanden außerdem zu den drei folgenden Punkten: zum Primat des Papstes, zum Gebrauch ungesäuerten Brots *(pane azzimo)* bei der Eucharistie in der römischen Kirche, und zur römischen Lehre über das Fegefeuer, die von der griechischen Kirche nur teilweise anerkannt wurde. Doch von März bis Mai beschäftigte das Konzil in Santa Maria Novella ausschließlich die Herkunft des Heiligen Geistes. Markus von Ephesos war dabei der Hauptsprecher der Ostkirche, und der Dominikaner Giovanni da Montenero der der römischen Kirche. Die Auseinandersetzung darüber hielt drei Monate an, bis schließlich die Vertreter der Griechischen Kirche beschlossen, das Thema fallenzulassen. „Das Disputieren führt zu nichts als Ärger. Sobald wir etwas vorbringen, findet Ihr stets eine Gegenrede, überdies noch ohne Ende... Wer kann schon immerfort zuhören und antworten?"[51]

Florenz hallte in jenen Monaten nicht nur von diesen Disputationen wider. Während die Mitglieder des Konzils in Santa Maria Novella eifrig ihrem Geschäft nachgingen, fanden ebenso heftige Debatten in den Klöstern und Palästen, in den Gärten und auf den Plätzen statt. Männer der verschiedensten Nationen, Rassen und Kulturen und Glaubensrichtungen, Theologen und Staatsmänner, Mönche und Humanisten, Philosophen und Dichter „ermüdeten die Sonne mit ihrem Gerede"; sie sprachen über Philosophie, Philologie, Astrologie, Geschichte, Musik und Naturwissenschaften. War Caesar etwa wirklich bedeutender als Scipio? Und wie war Platos Vorstellung von der Seele?

Schließlich wurde in Santa Maria Novella eine Übereinkunft getroffen, und zwar zu einem Zeitpunkt, als keiner mehr darauf zu hoffen gewagt hatte. Ende Mai sagten die Griechen den Römern kurz und bündig, daß sie keine Argumente mehr hören wollten: Sie, die Römer, sollten jetzt einen neuen Weg finden, die beiden Kirchen zu vereinen. Gelänge ihnen das nicht, so würden sie, die Griechen, in ihr Land zurückkehren. Da richtete der Papst selbst eine Ansprache an die Vertreter der römischen und der griechischen Kirche. Da er in seiner Rede nicht zu irgendeinem Punkt der Doktrin Stellung nahm, sondern sich auf das grundlegende Prinzip der Barmherzigkeit stützte, war sie ein tiefempfundener Appell zur Vereinigung der beiden Kirchen. Damit hinterließ er bei den Teilnehmern des Konzils großen Eindruck. Schließlich fand man auch für die Herkunft des Heiligen Geistes eine für alle akzeptable Formel.

Für Bernardino war diese Rede von allen, die er auf dem ganzen Konzil hörte, wahrscheinlich die einzige, die ihm gefiel. Obwohl er zusammen mit Giovanni da Capistrano und Alberto da Sarteano viele Sitzungen besuchte, wird darüber nur in einem Fall berichtet, und dieser Bericht ist vermutlich apokryph. Nach Wadding überkam ihn eines Tages ein so großer Wunsch, die Vereinigung möge schließlich zustande kommen, daß er ein Gebet an Gott richtete, die Griechen möchten seine Rede verstehen. Und so wurde ihm gleich den Aposteln die Gabe verliehen, in allen Sprachen der Völker zu sprechen – unversehens konnte er eine Rede in fließendem Griechisch an das Konzil richten; doch „danach war er wieder so unwissend wie zuvor."[52]

Die Vereinigung, die er so glühend herbeiwünschte, wurde zu guter Letzt erreicht – wenn sie auch leider nur von kurzer Dauer sein sollte.[53] Der Patriarch von Konstantinopel starb völlig unerwartet im Juni. Doch bevor er die Augen schloß, unterzeichnete er noch die Urkunde, in der er unmißverständlich erklärte, daß er den römischen Pontifex als Christi Stellvertreter auf Erden anerkannte.[54] Auch für die beiden anderen noch strittigen Lehrmeinungen über das Fegefeuer und das ungesäuerte Brot des Abendmahls wurde eine Lösung gefunden. So konnte am 5. Juli 1439 im Namen des *„Eugenius Episcopus de Ecclesia Universale"* das Dekret, das die Vereinigung der beiden Kirchen verkündete, mit 117 Unterschriften der römischen Kirche, jedoch nur 33 der griechischen Kirche und ohne diejenige von Marcus von Ephesos herausgegeben werden. „Lasset die Himmel jubilieren", begann das Dekret, „und die Erde jauchzen. Denn die Mauer ist gefallen, die die Westkirche von der Ostkirche trennte, und Eintracht und Frieden sind zurückgekehrt."[55] In Santa Maria del Fiore, dem Dom von Florenz, wurde zum Dank eine feierliche Messe gesungen, und „ganz Florenz lief dort zusammen", schreibt Vespasiano, „um einem so würdigen Akt beizuwohnen."[56]

Doch Bernardino hatte schon lange vor diesem Tag sein Bündel Predigten zusammengeschnürt und war mit seinem getreuen Bruder Vincenzo in seine Zelle in La Capriola zurückgekehrt. Dort war er endlich wieder zu Hause.

# Neuntes Kapitel

# Die Reform des Observantenordens

*Ai frati suoi, sì com'a giust'erede,*
*Raccomandò la sua donna più cara,*
*E comandò che l'amassero a fede.*

Empfahl er dann, als den gerechten Erben,
Den Brüdern sehr sein allerliebstes Weib
Und hieß sie treu um seine Liebe werben.

Dante, *Paradiso* XI, 112–114

Um die Zeit, da Bernardino als junger Novize in dem entlegenen kleinen Kloster *Il Colombaio* Einzug hielt, gewann der Zweig des Franziskanerordens, der nach der „strengen Observanz" der Regeln des Heiligen Franziskus lebte, nach einer langen Periode interner Streitigkeiten und des Verfalls wieder an Kraft und Einfluß.

30 Jahre vorher hatte eine kleine Bruderschaft unter der Führung eines gewissen Paoluccio de' Trinci, eines Adeligen aus Foligno, die Erlaubnis erhalten, sich in den Hügeln über ihrer Stadt San Bartolomeo da Brogliano in einer abgelegenen Einsiedelei niederzulassen. Dort führten sie ein streng enthaltsames Leben wie in *Porziuncola*,[1] wo das Gebot äußerster Armut eingehalten wurde, das ihr Gründervater, der Heilige Franziskus, ihnen als Vermächtnis hinterlassen hatte – „ohne Kompromiß, ohne Kompromiß" –, doch mit Billigung der Kirche und innerhalb der Ordnung des Franziskanerordens. Dieses Experiment war schon das zweite dieser Art, nachdem rund 40 Jahre zuvor bereits am gleichen Ort unter der geistlichen Führung des Franziskanerspiritualen Angelo Clareno und unter Leitung des Mönchs Giovanni della Valle etwas Ähnliches unternommen worden war. Doch diese Bruderschaft hatte damals auch einige Mitglieder aufgenommen, die der Ketzerei verdächtig waren, und war deshalb auf Befehl des Papstes aufgelöst worden. Paoluccio, der seinerzeit als junger Laienbruder der Gemeinschaft angehört hatte, kehrte nun mit einigen auserwählten Anhängern zu eben dieser Einsiedelei zurück, um den Traum doch noch zu verwirklichen. Es war beileibe kein Ort, den man aus freien Stücken ein zweites Mal aufsuchen mochte. Die Klause befand sich an einem einsamen, wilden Steilhang. Von den darunterliegenden Sümpfen überfielen sie Heerscharen von Fröschen und Schlangen. Sogar in die Betten der Mönche krochen die ungebetenen Gäste. Dazu war es da droben noch so entsetzlich kalt, daß die Brüder Dispens erhielten, wie die Bauern Ziegen-

felle über den Schultern und Holzpantinen tragen zu dürfen. Kein Wunder, daß einer nach dem anderen von Paoluccios ersten Gefährten von dem wenig einladenden Ort flüchtete, „und der Ärmste saß häufig ganz allein da".[2] Aber es kamen andere, um ihren Platz einzunehmen, unter ihnen *fra* Giovanni da Stroncone, der, als Bernardino sein Noviziat dort verbrachte, zum Pater Superior aufgestiegen war. So fügten sich die Männer, die als erste den Heiligen Franziskus auf der Suche nach dem Ideal der *„Madonna Povertà"* gefolgt waren, zu einer nicht abreißenden Kette bis hin zu dem jungen Novizen Bernardino im *Colombaio.* Er, Bernardino, sollte die Rückkehr des Ordens zur strengen Regel des Heiligen Franziskus vollenden und er erhielt dafür den Ehrentitel: „Zweiter Gründer des Franziskanerordens".

Bevor wir jedoch Bernardinos reformatorische Leistung würdigen, müssen wir einen Blick zurück auf die bewegte Geschichte der Observanz der Franziskanerregel werfen, die die Lebensgrundlage aller reformierten Observanten wie auch ihres Gründers bildete. „Die Brüder sollen nichts ihr eigen nennen," lautet die wichtigste Vorschrift, „weder Haus noch Land noch irgendeinen Gegenstand; als Pilger und Fremdlinge in dieser Welt, auf der sie dem Herrn in Armut und Bescheidenheit dienen, sollen sie vertrauensvoll um Almosen bitten; sie sollen sich auch nicht schämen dafür, denn der Herr selbst machte sich für uns arm in dieser Welt... Laß' dies Euer Teil sein, denn dies ist es, das zum Reich der Lebenden führt."[3] Die Brüder durften nur vom Erlös dessen leben, was sie mit ihrem erlernten Handwerk verdienten; wer keines gelernt hatte, mußte eines erlernen. „Ich arbeitete mit meinen eigenen Händen", erzählte der Heilige Franziskus, „und ich will arbeiten; und ich will ganz fest, daß alle anderen Brüder arbeiten... und wenn man uns den Preis für unsere Arbeit nicht zahlt, dann gehen wir zum Tisch des Herrn und betteln an jeder Tür um Almosen."[4] Sie mußten ihr Leben auf der Straße verbringen; selbst wenn sie müde waren, durften sie nicht innerhalb der schützenden Mauern eines Klosters rasten, sondern in winzigen *luoghi,* in Lehm- oder Schilfhütten, „damit alles ihnen von Pilgerschaft und Exil singe". *Povertate è nulla avere – e nulla casa poi volere, ed omne cosa possedere – en spirito de libertate.*[5]

Die Bestätigung, daß die Brüder in der ersten Zeit nach Gründung des Ordens tatsächlich so lebten, kommt in vielen Berichten von neutralen Augenzeugen zum Ausdruck. „Oft leben sie in Gruppen, entweder in der Stadt oder auf dem Land, sie besitzen nichts, erhalten sich am Leben nach dem Gebot des Evangeliums, ernähren und kleiden sich in äußerster Armut, gehen barfuß und geben das erhabenste Beispiel an Demut... Sie heben keine Speise von einem Tag zum anderen auf, damit die Armut, die in ihrem Geiste blüht, vor aller Augen leben möge."[6] So schrieb Roger of Winburne, der Prior von St. Alban's, und Kardinal Jacques de Vitry gibt in einem Brief „an die Freunde in Frankreich" einen ähnlichen Bericht. „Ich glaube", kommentierte er, „daß der Herr mit Hilfe dieser einfachen und armen Menschen viele Seelen noch vor dem Ende der Welt erretten will."[7]

Erst nach dem Tod des Heiligen Franziskus fingen die Schwierigkeiten an. Sein Nachfolger Elia begann sogleich mit dem Bau der riesigen Basilika von Assisi, und es dauerte nicht lange, bis Proteste aus allen christlichen Landen Papst Gregor IX. erreichten. Das eigentliche Problem war natürlich nicht der Bau der Kirche an sich, sondern die Auslegung der Ordensregel des Heiligen Franziskus. Die „Fundis" forderten, daß die Regeln ohne die geringste Abänderung befolgt werden müßten. In der ersten Bulle, die der Papst nur vier Jahre nach dem Tod des Franziskus in dieser Sache erließ, *Quo elongato a saeculo*, versuchte er, einen vernünftigen Kompromiß zu schließen. Darin legte er fest, daß die Brüder nichts besitzen dürften, weder als Person noch als Gemeinschaft, daß ihnen jedoch der Gebrauch von Büchern, Gerätschaften u. ä. erlaubt sei. Diejenigen, die dem Orden Almosen stiften wollten, sollten das über dritte Personen, etwa einen Treuhänder, tun können. Dieser sollte dann das Geld im Interesse der Bruderschaft verwalten. Diese Lösung wurde von den weniger streng orientierten Brüdern mit Beifall begrüßt, von den Radikalen hingegen voll bitterer Ressentiments und als Absage an das Testament des Heiligen Franziskus aufgenommen. Sie erklärten, daß die Bulle die Absichten des Heiligen, ja sogar den Willen Christi selbst verrate.

So zerfiel die Familie des Heiligen Franziskus in zwei verfeindete Lager. Die *Conventuali* nahmen an Zahl und an Macht zu; doch die fanatischeren und eifernden *Spirituali* behaupteten, daß nur sie nach dem Willen des Heiligen Franziskus lebten. Selbst in der Tracht unterschieden sich die beiden Richtungen: Die Konventualen trugen Sandalen und die lange schwarze Kutte, die ihnen den Namen *frati corbi*, Krähenbrüder, eintrug, die Spiritualen hingegen gingen barfuß und trugen einen kurzen, aschgrauen Umhang, der nicht selten voller Dreck und Löcher war. Ihr Streben war, nach den Worten ihres Generalvikars, des Angelo Clareno „...nach dem Kreuze leben, das nackte Kreuz Ihm nachtragen und für immerdar nichts besitzen wollen unter dem Himmel außer Jesus Christus – arm, erniedrigt, gekreuzigt für die Menschen".[8]

Es wäre eine bewußte Untertreibung zu sagen, daß die beiden Richtungen sich lediglich stritten, aber die ganze Geschichte ihres tiefen Zwistes hier darzulegen, würde zu weit führen. Dennoch ist eine knappe Zusammenfassung der wichtigsten Ereignisse notwendig, um verständlich zu machen, welche Rolle Bernardino später bei der Reform der Observanten zufiel.

Zunächst hatten die Spiritualen in *fra* Pietro Giovanni Olivi aus dem Languedoc einen Generalvikar von großen intellektuellen und geistlichen Fähigkeiten. Außerdem wurde ihre Position durch die Bulle *Exiit qui seminat* sehr gestärkt, die Papst Nikolaus III. am 1. August 1279 erließ. Darin legte er die Ordensregel sehr viel strenger aus als sein Vorgänger. Olivi und seine Anhänger bestanden jedoch nicht nur auf dem vollständigen Verzicht auf jegliches Eigentum, sondern auch auf einer Einschränkung des *uso*, des Gebrauchs und Niesnutzes von elementaren Dingen wie Nahrung und Kleidung bis auf ein Existenzminimum – denn: hatte nicht der Heilige Franziskus selbst erklärt, daß es einem Diebstahl gleichkomme, wenn man mehr annehme als unbedingt nötig? Bot man ihm einen Rock an, dann pflegte er zu sagen: „Wir nehmen ihn als Leihgabe, so lange, bis wir jemandem begegnen, der ärmer ist als wir", und er beteuerte: „Ich war niemals ein Dieb, wenn ich um Almosen bettelte... Ich habe immer weniger angenommen als ich brauchte, damit die anderen Armen nicht um ihren Teil betrogen werden."⁹ Solch eine Einstellung ließ keine Kompromisse zu. So stand das Leben der Spiritualen ganz unter dem Leitmotiv *usus pauper*.

Im Jahr 1280 passierte dann etwas ganz Ungewöhnliches. Auf den Stuhl Petri wurde ein Mann gewählt, der weder ein Staatsmann noch ein Theologe war, sondern der einfach als Heiliger galt. Es war Pietro da Morrone, ein betagter Einsiedler aus den Abruzzen, der sich als Papst Coelestin V. nannte. Mit diesem Tag faßten die Spiritualen wieder Mut und baten den Papst um seinen Schutz. Er gewährte ihnen nicht nur seine Protektion, sondern darüber hinaus betonte er, daß das Leben, das sie führten, genau seinen eigenen Vorstellungen entspräche, und daß er ihnen deshalb die Erlaubnis erteile, es für immer so zu führen. Er unterstellte sie direkt seiner Autorität, so daß sie hinfort vom Gehorsam gegenüber dem Generalvikar ihres Ordens entbunden waren. Von nun an, sagte er, sollten sie sich nicht mehr *frati minori*, Minderbrüder, nennen, sondern den Namen „*Poveri Eremiti di papa Celestino*" (Pauperes Eremitae Domini Celestini) tragen.

Dies hätte für die Spiritualen der Beginn einer neuen Ära sein können. Aber kaum fünf Monate später erklärte Papst Coelestin „*il gran rifiuto*",¹⁰ d. h. er legte das Pontifikat nieder, weil er sich dafür nicht geeignet hielt. Er kehrte in seine karge Einsiedelei zurück. Sein Nachfolger, Bonifaz VIII., erklärte alle seine Dekrete für null und nichtig, und die *Poveri Eremiti* waren wieder führerlos.

In Italien stand ihnen nunmehr Angelo Clareno vor, ein wahrer Nachfolger im Geiste des Heiligen Franziskus. Schon mehr als einmal war er wegen Ketzerei verurteilt worden und mußte lange Zeiten im Gefängnis oder in der Verbannung verbringen wegen seiner unerschütterlichen Hingabe an die „*santa povertà*". Um die Sache der Spiritualen zu fördern und zu unterstützen, verlebte er sogar einige Jahre am päpstlichen Hof von Avignon, von denen er gestand, daß er sie haßte, „mehr als jede andere Strafe".¹¹ Dennoch mußte er zusehen, wie die Extremisten unter seinen Ordensleuten, gemeinhin als „*Fraticelli*"¹² bekannt, sein Werk zunichte machten. Diese hatten sich auf die Seite der Gibellinen geschlagen und predigten jahraus jahrein, daß die weltliche Macht einzig und allein in den Händen des Kaisers liegen solle, die geistliche Macht hingegen in den Händen eines neuen Papstes ihrer Wahl, eines *papa angelico*; der, so lautete ihre Forderung, müsse ein wahrer Nachfolger des Heiligen Franziskus sein. Kein Wunder, daß die Kirche entschlossen war, diese Lehre um jeden Preis zu unterdrücken – und mit ihr alle, die ihr anhingen.

Am 30. Dezember 1317 erließ Papst Johannes XXII. in Avignon die Bulle

*Sancta Romana*, die folgende Passage enthielt: „Gewisse Säkulare, allgemein *Fraticelli, Bizzocchi, Beghini* oder ähnlich genannt... haben die Schamlosigkeit, ein Ordenshabit zu tragen, sich Söhne des Heiligen Franziskus zu nennen, und sie gefallen sich darin, seine Ordensregeln buchstabengetreu nachzuleben, obgleich sie weder durch die Kirche noch durch den Ordensgründer dazu autorisiert sind. Sie behaupten, daß sie von Coelestin V. selig in aller Form dazu autorisiert worden seien, aber sie legen dafür keinen Beweis vor, und auch wenn sie ihn lieferten, hätte dieser doch keine Gültigkeit."[13]

So wurden denn die *Fraticelli* aus der Kirche ausgestoßen. Vier von ihnen verweigerten die Unterwerfung und wurden verurteilt, in Avignon den Feuertod zu sterben. In ganz Südfrankreich wurden ihre Gemeinschaften aufgelöst, doch in Italien bestanden sie weiter fort. Manche unterstanden direkt Angelo Clareno und führten in abgelegenen Klausen in den Bergen ein Leben der Entbehrung und der Mystik. Andere wieder starben – sogar noch gegen Ende des 14. Jahrhunderts – um ihres Glaubens willen auf dem Scheiterhaufen. Und einige wurden zu richtigen Landstreichern und brachten die ganze Sekte wegen ihrer zerlumpten Kutten in Verruf, aber auch, weil sie sich so ungebärdig aufführten und keinerlei Widerspruch gegen ihre fanatischen Lehren duldeten.

Viele von den *Fraticelli* verbreiteten zudem die Prophezeiung von der baldigen Wiederkunft des Messias und verkündeten das Heraufdämmern eines neuen „Königreichs des Geistes". Diese Vision war fast 200 Jahre früher schon von einem kalabrischen Abt, Gioacchino da Fiore, proklamiert worden und wurde in der Folge von seinen franziskanischen Kommentatoren, allen voran von *fra* Gerardo da Borgo San Donnino, in einem Buch: *„Evangelium Aeternum"* ausführlich dargelegt.[14] Diese Prophezeiungen unterteilten die Weltgeschichte in drei Epochen: Die erste, die von Adam bis zu Jesus Christus reiche, sei die Herrschaft des Vaters, die Ära der Gerechtigkeit; die zweite die Herrschaft des Sohnes, die Ära der Gnade; die dritte, die eben heraufdämmerte, würde die Herrschaft des Heiligen Geistes werden. Das erste Zeitalter sei eine Ära der Furcht gewesen, das zweite eine des Glaubens; das dritte würde eine Ära der Barmherzigkeit sein, und die Menschen würden erleuchtet vom Heiligen Geist ihren Weg in Freiheit gehen.

Jede dieser Epochen sollte 42 Generationen zu je 30 Jahren dauern. Die dritte sollte daher mit der Wiederkunft des Messias im Jahr 1260 anbrechen.[15]

Das große Jahr nahte heran und verstrich, ohne daß etwas geschehen wäre. Doch sogar zu Bernardinos Zeiten noch trösteten sich viele *Fraticelli*, die die Verfolgung der Konventualen wie auch ihr eigener Radikalismus in karge Klausen in den Bergen getrieben hatten, über die Verderbtheit der Kirche und ihres Ordens mit dem Glauben hinweg, daß das neue Zeitalter des Geistes kurz bevorstehe.

Indessen waren unter dem Einfluß dieser Prophezeiungen in schneller Folge weitere neue Sekten entstanden, die sich der Autorität der Kirche noch weniger fügten. Als Rechtfertigung für ihre fanatischen Lehren und ihre Ungesetzlichkeit beriefen sie sich auf den Satz Gioacchinos: „Wo der Geist Gottes weht, da ist Freiheit."[16]

All diese Sekten hatten ihre Spuren hinterlassen. Als Bernardino im Jahr 1417 zum ersten Mal im Piemont weilte, traf er dort einen Dominikanerprediger, Manfredi di Vercelli, der zwar ansonsten streng orthodox war, aber so fest an den *Secondo Avvento* glaubte, daß er seine Anhänger lehrte, die üblichen Bindungen der menschlichen Gesellschaft hätten ihre Gültigkeit verloren. Es sei nicht einmal ungesetzlich, wenn Ehemänner ihre Ehefrauen verließen und umgekehrt, vorausgesetzt, daß der Heilige Geist einem von beiden eingebe, es sei nötig, den Partner zu verlassen, um die eigene Seele zu retten. Bernardinos trockener Kommentar dazu: „‚Wenn Du Deinen Ehemann nicht magst, ...dann mach' Dich ans Beten!' sagen die,... die behaupten, daß der Antichrist geboren ist,...; ‚dann wird Dir der Heilige Geist schon zeigen, was Du zu tun hast oder wann Du Dich von ihm trennen sollst und fortlaufen.'" So kam doch zum Beispiel glatt eine Dame in Castelnuovo Scrivia zu Bernardinos Gefährten Vincenzo, um sich bei ihm Rat zu holen. Sie hatte Manfredi predigen gehört und wollte jetzt wissen, ob sie nun wirklich „sich vom Ehemann trennen" könne, um ihre Seele noch zu retten, bevor der Antichrist komme. Bernardino brachte daraufhin die Angelegenheit unverzüglich dem Dominikaner-Inquisitor in Alessandria zur Kenntnis.[17]

In einem anderen piemontesischen Tal entdeckte Bernardino eine andere Sekte, die sich nach einem legendären Nicolao „*i Nicolaiti*" nannte. „Dieser Nicolao", berichtet Bernardino, „war Diakon... hatte ein Weib, und das war wunderschön, und... er sagte, wer immer sein Weib haben wolle, könne es sich nehmen." Und so verließ er sie. Das Gebaren dieser *Nicolaiti* mißfiel Bernardino noch mehr. Auch sie, sagte er, lebten in sexueller Promiskuität, Männer wie Frauen „*fanno uno brudetto*" (machen eine einzige Suppe). Mit der gleichen Leichtgläubigkeit, die er an anderen immer kritisierte, verbreitete er, daß sie einen Ritus praktizierten, „*del barilotto*" genannt, „vom Fäßchen". Dazu schlachten sie „einen Säugling, wenn er tot ist, machen sie Pulver aus ihm und tun das Pulver in ein kleines Faß und lassen dann alle aus diesem Fäßchen trinken". Zwangsläufig wird man dabei an die verleumderischen Geschichten erinnert, die im heidnischen Rom über die Riten der ersten Christen verbreitet wurden.

Über die *Nicolaiti* ist wenig bekannt. Doch *frate* Manfredi war, nach den Berichten des Heiligen Antoninus, des Erzbischofs von Florenz, wie auch des Papstes Martin V., der eine gründliche Untersuchung der Lehren und der Lebensführung dieses Dominikanerpredigers anordnete, sowohl ein Gelehrter als auch ein gottesfürchtiger Mann, *peritus et timens Deum*, und seine Anhänger führten ein Leben in Tugend, Armut und Demut. Sein einziger Fehler war, daß er seinen eigenen Visionen zu großen Glauben schenkte. Doch Bernardino betonte, daß ebendiese Leichtgläubigkeit die religiösen

Orden generell in Mißkredit brächten und den fruchtbaren Boden für den Aufstieg neuer falscher Propheten bildete. Seiner Gemeinde erzählte er von einem halbnärrischen Klosterbruder, der 1412 „unversehens aus einem Wald" bei Fermo in den Marken „auftauchte... hinter sich einen Haufen Menschen mit sich führte... und er befahl ihnen, Männlein wie Weiblein, sich nackt auszuziehen", und verhieß ihnen, daß „das Meer sich teilen würde", und daß er sie daher „trockenen Fußes nach Jerusalem führen" würde. „Und als diese Geschichte dem *missere* Ludovico, *signore di* Fermo, zu Ohren kam, ließ er sie alle einkerkern."[18]

Es ist kaum verwunderlich, daß Bernardino solche Vorkommnisse mit einem gewissen Zynismus registrierte und alle messianischen Prophezeiungen seiner Zeit als „Pfingstrauch", *„fumo pentecostale"*, von sich wies. „Von Weissagungen sind wir vollgestopft bis zum Kotzen: zum Beispiel von solchen über die Ankunft des Antichrist oder die Zeichen des nahen Jüngsten Gerichts... denen sogar ernste und fromme Männer mehr als sich schickt Glauben schenken."[19] „Schon als ich noch ein Knabe war, hörte ich, daß der Antichrist geboren sei. Aber was sage ich? Schon seit den Tagen der Apostel sagten die Leute, daß er geboren sei, und auch zur Zeit des Heiligen Bernhard... und vor noch nicht allzu langer Zeit wurde es fest behauptet."[20] An anderer Stelle ergänzte er: „Vorausgesetzt, daß solche Weissagungen wahr und echt wären, würden die Diener Gottes doch leicht anderes finden, womit sie sich fruchtbarer abgeben könnten."[21]

An fruchtbarer Arbeit gebrach es den Dienern Gottes wahrhaftig nicht. Die kleine Bruderschaft von Brogliano, von der zu Anfang des Kapitels die Rede war, gedieh immer mehr, weil sie es ebenso geschickt vermied, die Zensur des Papstes wie den Groll der Konventualen auf sich zu ziehen. Letztere hatten nun wirklich Grund zur Verärgerung, denn in schneller Folge schlossen sich zehn ihrer Klöster der strengen Observantenregel an, darunter drei, die ihrem Gründer, dem Heiligen Franziskus, am meisten am Herzen gelegen hatten: Le Carceri oberhalb von Assisi; Greccio, wo Franziskus zum allerersten Mal in der Weihnachtsnacht in einem Stall eine Krippe mit lebenden Figuren aufbaute; und dann noch Fonte Colombo, wo er in einer Vision die Ordensregeln empfangen und niedergeschrieben hatte. Zudem hatte man in Perugia während einer der heftigen Auseinandersetzungen zwischen den gemäßigten Konventualen und den fanatischen *Fraticelli* als Vermittler ausgerechnet Paoluccio de' Trinci angerufen. Die erfolgreiche Vermittlung zwischen den Gegnern brachte ihm als Lohn ein weiteres schönes Kloster ein, nämlich Monteripido, unmittelbar vor den Toren Perugias gelegen.

Papst Gregor XI. hatte im Jahr 1373 die Mönche von Brogliano wissen lassen, daß ihre Lebensweise voll und ganz seine Billigung fände. Bald danach wurde Paoluccio zum Generalkommissar über alle Klöster, die er reformiert hatte, ernannt. Daraufhin sandte er seine Schüler Giovanni da Stroncone und Antonio da Monteleone aus, um das Reformwerk in der ganzen Toskana zu verbreiten. Als er 1393 starb, hatten 23 Bruderschaften der Konventualen die Regeln der strengen Observanz angenommen.

Der Kern dieser Wiederbelebung der franziskanischen Ordensregel war: Mäßigung! Alle Brüder, die Brogliano besuchten, kehrten nach ihrem Aufenthalt dort in ihre eigenen Klöster zurück und „schafften mit ihrem guten Beispiel Mißstände ab und führten nach und nach die geistige Erneuerung ein ... auf so sanfte Weise und ohne daß sie sich verkleideten oder sich von den anderen durch die Wahl des Stoffs, der Farbe, des Schnitts ihrer Kutte unterscheiden wollten, daß dessenthalben keine Unruhe innerhalb des Ordens entstehen mußte".[22]

Zweifellos hätte Franziskus, der Friedensstifter, selbst eine Reform wie diese gutgeheißen. In diesem, seinem Geist machte auch Bernardino sich ans Werk. 1416 oder 1417 wurde er in das Kloster von Fiesole versetzt, das auch erst kurz zuvor den Observanten übergeben worden war. Von hier aus brach er, wie schon erwähnt, nach Norditalien auf, um dort zum ersten Mal über Jahre hinweg als Wanderprediger zu wirken. Während die Zahl der Observantenklöster in der Toskana und in Umbrien auf 33 anstieg, und Papst Martin V. die Gründung neuer Observantenbruderschaften in Marokko, Rußland und an der Levante erlaubte, gründete Bernardino seinerseits welche in Norditalien und nach seiner Rückkehr auch in der Toskana, nämlich in Florenz und in Pisa. 1421 wurde er zum Vikar der Observanten der Toskana und von Umbrien bestellt. 1438, also 17 Jahre später, ernannte ihn – zu seiner großen Bestürzung – der Ordensgeneral der Franziskaner zum Generalvikar aller Observantenklöster Italiens.

Nun verbrachte er einen großen Teil seiner Zeit in La Capriola. Dort, in seiner kargen Zelle, schrieb er viele seiner Predigten nieder und von dort aus verwaltete er die Klöster, die ihm unterstanden. Die Reformarbeit der Observanten dürfte ihm kaum das gleiche Vergnügen bereitet haben, wie seine Mission als Prediger. Doch in der Geschichte des Franziskanerordens spielt sein Reformwerk eine mindestens ebenso große Rolle. Die Ernennungsurkunde des Ordensgenerals, die durch eine päpstliche Bulle bestätigt wurde, zählt Bernardinos Tugenden auf: „Lobenswertes Leben, heiliger Eifer für Orden und Gerechtigkeit, wohltuende Umgänglichkeit, kluge Umsicht, außergewöhnliche Mäßigung, große Erfahrung ... Und ich verleihe Dir", heißt es weiter in dem Schreiben, „unumschränkte Macht, die genannten Gemeinschaften und Mönche, die in ihnen leben, zu reformieren und sie zu visitieren, vorzuladen, zu ermahnen, zu tadeln, zu strafen, Prälaten des Amts zu entheben oder zu suspendieren ... wann immer Du es für nötig hältst."[23]

Bernardino führte alle diese Aufgaben getreulich aus. Er hatte sich vorgenommen, die Ordensregel der Franziskaner nicht dem Buchstaben nach zu erneuern, sondern den Geist des Heiligen Franziskus wiederzuerwecken, indem er ihn an die Bedürfnisse der neuen Zeit anpaßte.

In der umstrittenen Frage der Armut zeigte er sich weit weniger radikal als die fanatischen Spiritualen von früher, denn er betonte immer wieder, daß nicht Armut als solche eine Tugend sei, sondern die Indifferenz gegenüber Geld und Reichtum. Daher erlaubte er den Mönchen „*l'uso moderato*" derjenigen irdischen Güter, die sie als Geschenk erhalten hatten. Konventuale durften sogar weiter in ihren schönen und komfortablen Klöstern leben, wenn sie sich den Observanten angeschlossen hatten.[24] Wie immer zeigte sich Bernardino in solchen Angelegenheiten als nüchterner Realist. „Im geistlichen Leben sind Dir drei Dinge vonnöten", sagte er: „Eines in Dir selbst, eines in Deiner Nähe und eines außerhalb Deiner selbst. Zuvörderst brauchst Du in Dir selbst den guten Willen. In Deiner Nähe brauchst Du gute Gesellschaft, denn der Einsame, der strauchelt, kann sich nicht alleine wieder aufrichten. Das dritte, außerhalb Deiner selbst, ist ein Ort, der sich zum geistlichen Leben eignet, denn man kann nicht auf dem *Mercato Nuovo* meditieren."[25]

Auch was die Kleidung betraf, war er nachsichtig. „Du darfst anziehen, was Du brauchst. ... Wenn Du an einem kalten Ort bist, dann darfst Du mehrere Kleidungsstücke übereinander anziehen; wenn Du alt bist, gilt das gleiche...", dann ließ Bernardino sogar zu, daß Mönche Sandalen oder Holzpantinen trugen – „so, daß es in Maßen bleibt." Er verbannte selbst das Fleisch nicht aus dem Refektorium (außer natürlich an Fastentagen), ja nicht einmal den Wein („...doch daß Du ihn mir stets mit Wasser verdünnst...").

Doch wenn es sich nicht nur um derartige körperliche Bedürfnisse handelte, sondern um äußerliche Pracht und leere Prunksucht, legte er eine völlig andere Haltung an den Tag. Mit großer Strenge rügte er diejenigen Mönche, die ihre Kirche mit kostbaren Gefäßen zu schmücken trachteten und deshalb betteln gingen „um alte Ringe und zerbrochenes Silberzeug, und sagten, sie wollten Kelche und Kreuze für ihre Kirchen daraus anfertigen", und dazu angaben: „Ich bin einer von den Brüdern des Bernardino." Seiner Gemeinde sagte er: „Wenn einer von denen zu Euch kommt, ... glaubt ihm nicht... am Klingeln ihrer Münzen werdet Ihr erkennen, ob sie zu mir gehören oder nicht!"[26]

Heftiges Mißfallen äußerte er ebenfalls, wenn einer seiner Mönche ein öffentliches Amt annahm, selbst wenn es der Posten des *camerlengo* war, des Schatzmeisters des Rats der Stadt, den schon seit dem frühen Mittelalter fast ausschließlich Ordensbrüder innehatten. „Ihr redet Euch ein, daß die weltlichen *camerlenghi del Comuno* Geld gestohlen haben, das der Kommune gehört, und deshalb wollt Ihr vielleicht dafür Ordensbrüder. Und stehlen Ordensbrüder vielleicht nicht?... Was glaubst Du, was ein Mönch macht, wenn er jetzt *camerlengo* wäre? Die ganze Nacht lang träumt er davon, daß er Geld zählt, und manchmal sagte er im Schlaf: vier, sechs, acht und er zählt und zählt. Ich selbst glaube von mir, daß ich, hätte ich ein solches Amt, mehr stehlen würde als die anderen!... Ach, wäre es dann recht, wenn ich danach hinginge und die Messe lesen würde?"[27]

Das Leben in den Bruderschaften, die ganz von Bernardinos Lehren

durchdrungen waren, muß trotz der Strenge, die dort herrschte, große Anziehungskraft ausgeübt haben. Es war ein Leben in Armut, aber auch in
Freiheit und Fröhlichkeit, eine Atmosphäre, wie sie schon der Heilige Franziskus unter seinen Mitbrüdern verbreitet hatte. Papst Eugen gestattete den
Mönchen sogar, ihr Ordenshabit nicht nur dann abzulegen, wenn sie es waschen oder flicken mußten, sondern auch wenn sie fischen gingen.[28] Die
Mönche hatten immer etwas zu reden oder sie erzählten einander Geschichten, kurz, es herrschte eine *„piacevole socievolezza"*, eine vergnügliche Ge-
selligkeit. Das Essen war an jedem Tisch, an dem Bernardino saß, mit fro-
hem Lachen gewürzt, selbst dann noch, als er auf den beschwerlichen Reisen
seiner letzten Jahre häufig zu krank war, um gemeinsam mit den anderen zu
essen.

Selbst wenn er seinen Mitbrüdern ausmalte, was für Mühsal sie nach seinem Willen ertragen sollten, dann tat er es heiter und fast ironisch. Er nannte
die Lebensführung, die er ihnen wie auch sich selbst auferlegte, „das frohe
Leben der Minderbrüder" und wies sie auf all die Vorteile hin, die ihnen
ebendiese Entbehrungen bringen würden. „Die Ordensregel der Minderbrüder ist, daß sie barfuß gehen... Aber gewiß doch, das ist eine Freude,
weil derjenige, der kein Geld hat, sich um nichts zu sorgen braucht. Ich habe
mir nie Sorgen gemacht, seit ich Mönch wurde. Und hier ist keiner von
Euch Weltlichen, der auch nur einen einzigen Tag lang ohne Angst und
Sorge war, wie er Besitz und Geld zusammenraffen könne... Du mußt in
Deinen Kleidern schlafen, was ein Vergnügen ist. Und willst Du wissen,
warum? Wenn es Winter ist, dann steigst Du beim Ausziehen aus der warmen Kleidung ins eiskalte Bett; wenn Du aus dem Bett aufstehst, steigst Du
aus dem Warmen in die eiskalten Kleider. Ich fühle mich oft ganz zerschla-
gen, wenn ich in einem Bett schlafe – was ich manchmal tun muß aus Höf-
lichkeit gegen meinen Gastgeber... Die Brüder müssen betteln gehen, und
das ist ein Leckerbissen, denn Du kannst alle Sorten Brot haben. Wenn Du
trockenes willst, kriegst Du es; wenn Du frisches willst, kriegst Du es. Wenn
Du es gut oder wenig durchgebacken willst, kriegst Du es. Wenn Du Wein
aller Sorten willst, kriegst Du ihn, herben oder schweren und manchmal
auch *cercone*, das Gepansch aller Weine, die beim Betteln zusammenkom-
men... und brauchst weiter keine Mühe auf Dich zu nehmen, als von Haus
zu Haus zu gehen."

„Nur eine Sache ist beschwerlich", schloß er, – und man merkt deutlich,
daß er aus eigener Erfahrung spricht – „die Unterdrückung der eigenen Persönlichkeit: Du mußt eine kleine Kugel werden, so wie die, die die Mistkäfer
aus dem Dung des Viehs rollen, d. h. Du mußt Dich mit Bescheidenheit anpassen. Wenn Du mit einem Stolzen zusammen bist, mußt Du mit Bescheidenheit nachgeben; wenn Du mit einem Sauertopf zusammen bist, mußt Du
fröhlich sein... Immer, wenn Du die Last nach einer Seite hin hängen siehst,
dann hänge Dich an die andere, damit das Gewicht gleich wird, und zwar
nur aus Gehorsam. Du mußt jeden Menschen ertragen, und jeder möge

Dich ertragen, denn wir sind nicht alle gleich. Der eine ißt mehr, der andere weniger; der eine fastet, der andere kann's nicht; der eine hat die Gabe zur Kontemplation, der andere nicht; der eine hat die Gabe zum Studieren, der andere nicht. Und so mußt Du Dich immer wieder neu anpassen und nachgeben und Dich rollen lassen wie die Kugel des Mistkäfers, und alle sollen gleich sein... Die Religion (d. h. die Ordensregel) ist wie ein Fluß, in dem viele Steine sind; der Fluß führt sie mit sich, bald dreht sich der eine, bald der andere."[29]

Auf einem Gebiet jedoch bedurfte es dringend einer Reformierung des Ordens: das war die krasse Unbildung zahlreicher Mönche. Da teilte Bernardino ganz und gar die Meinung des Heiligen Hieronymus. „Die *sancta rusticitas*, die heilige Einfalt, dient nur sich selbst", zitierte er ihn. So erließ er ein Dekret, das jeden Analphabeten unter den Mönchen vom Recht ausschloß, die Beichte abzunehmen und die Absolution zu erteilen und richtete im Kloster von Monteripido einen Kurs in scholastischer Theologie und in Kirchenrecht ein. Persönlich eröffnete er den Lehrgang mit einer Vorlesungsreihe über *censure ecclesiastiche*, kirchliche Zensuren.[30] Bestürzt merkten da erst viele seiner Hörer, auf wie vielerlei Weise man sich die Exkommunikation zuziehen konnte. Nun wurden sie von Skrupeln geplagt, ob sie nicht doch das eine oder andere Mal zu Unrecht die Absolution erteilt hätten. Schließlich mußte die Sache sogar Papst Eugen IV. vorgetragen werden. Dieser entschied ganz pragmatisch, daß die in der Vergangenheit erteilten Absolutionen gültig seien. Gleichzeitig aber ordnete er an, daß weitere Schulen zur Ausbildung der Priester und Mönche im kanonischen Recht gegründet werden sollten.[31]

Mittlerweile protestierten die ungebildeten unter den Mönchen mit großer Heftigkeit. Sie waren ihres Rechts enthoben, die Beichte abzunehmen und gleichzeitig verwirrt von all den komplizierten theologischen Lehren, die man ihnen vortrug. Sie beschwerten sich bei Bernardino, daß seine Maßnahmen den Absichten ihres Ordensgründers zuwiderliefen, denn der Heilige Franziskus hatte ja auch immer einfache und ungebildete Männer unter seinen Schülern gehabt und es sogar vorgezogen, sie in ihrem Stand der Ungebildetheit und Einfachheit zu lassen.[32] Ihr Ordensvikar antwortete ihnen jedoch ungerührt, daß sich die Zeiten eben gewandelt hätten. „Unser Vater, der Heilige Franziskus, befahl in seiner Ordensregel, daß gestandene und reife Männer von ungeschliffenem Verstand, die sich dem Orden anschlossen und die nicht lesen und nicht schreiben konnten, nicht versuchen sollten, es zu erlernen, weil er sah, daß diese dadurch wahrscheinlich eher in innere Not geraten als Wissen erwerben würden. Unser Mitbruder Bonaventura... schrieb in einem Brief an einen Freund... als Antwort auf dessen erneute Behauptung, die Mönche des Heiligen Franziskus brauchten nicht zu studieren..., daß der Heilige Franziskus damit nur diejenigen Männer gemeint habe, die unfähig waren, zu lernen. Nicht aber die Jungen, die dazu fähig waren, ... die meinte er damit nicht. Diese jedoch sind fähig zu lernen und der Kirche Gottes und dem Orden Ehre zu machen; das sei Gottes Wille, und so solle es geschehen."³³

Dieser resolute Angriff auf die verbreitete Unbildung unter den Mönchen erfolgte in einer Zeit, in der die öffentliche Meinung das Wort „Mönch" nur allzugern mit den Begriffen „unwissend" oder „korrupt" verband. Dahinter stand Bernardinos Überzeugung, daß viele der schlimmsten Mißstände seiner Zeit auf schiere Ignoranz zurückzuführen waren.

Als *„viri simpli, abiecti, illiterati"* beschreibt Wadding die Priester und Mönche der Zeit. Wie nötig sie es hatten, ein wenig Wissen über die Lehren der Kirche zu erwerben, die sie ihrerseits lehrend weitergeben sollten, veranschaulichen viele Predigten Bernardinos. Er beschreibt die bestechlichen Priester: „Viele verschachern ihre Messen für je einen Golddukaten", oder auch die Ungebildeten, „die am Weihnachtsmorgen die Messe für das Pfingstfest, die Auferstehung oder für Allerheiligen herunterlesen. Solche Messen heißen Messen der Ignoranz."³⁴ Dann erzählte er die komische Episode von zwei toskanischen Priestern, von denen der eine den anderen dafür rügte, daß er gesagte habe: *„Hoc est corpus meum"* und der behauptet, richtiger lauteten die Worte: *„Hoc est corpusso meusso"*. Da sie sich nicht einigen konnten, beschlossen sie, einen dritten Priester zu fragen, wie es nun richtig heißen müsse. Der wieder antwortete, daß er sich selber immer damit aus der Affäre ziehe, daß er im Augenblick, da er die Hostie hochhalte, einfach ein Ave Maria aufsage.³⁵

Solche Geschichten erklären die heftigen Attacken gegen die Ignoranz und die Korruption des Klerus wie der Ordensgemeinschaften. Sie gingen nicht nur von jenen Humanisten aus, die ihren Stoizismus oder Epikureismus der christlichen Religion vorzogen, sondern auch von vielen frommen Gläubigen, die einfach empört waren und bestürzt. Selbst von der Kanzel herunter wurden diese Anklagen oftmals geschleudert, und Bernardino bedauerte diese Entwicklung zutiefst; seiner Meinung nach war es nämlich ein einfacher aber sehr gefährlicher Kunstgriff, eine Gemeinde auf diese Weise für sich einzunehmen: „Wenn das Volk sich während einer Predigt langweilt oder schwitzt oder friert", bemerkte er, „braucht der Prediger nur ein Wörtchen gegen die Priester oder die Prälaten zu sagen, ... und schon wachen die Dösenden auf und die Gelangweilten amüsieren sich, und darüber vergessen sie Hunger und Durst. Die Folge dieses Mißbrauchs ist: Die größten Bösewichter vergleichen sich mit den Prälaten ... und halten sich selbst für gerecht und heilig!"³⁶

Wenn man Männer der Kirche tadeln will, sagte Bernardino an anderer Stelle, „ist es nicht zulässig, ihre Sünden öffentlich von der Kanzel aus dem Volk zu verkünden ... Man soll sie nicht in der Öffentlichkeit zurechtweisen, sondern unter vier Augen", nicht aus Kleinmut, erklärte er, sondern um jeden Skandal zu vermeiden. „Sie sollen das unter sich ausmachen." Und realistisch, wie er war, fügte er hinzu, es sei besser, schlechte Priester zu haben als gar keine. „Wenn alle schlechten verjagt würden, würden wenige gute zurückbleiben... Nimm das Gute von ihnen, nämlich das Sakrament und die Würde, und laß' ihnen das Schlechte. Gott wird schon für alles sorgen."[37]

Mehr noch als der Klerus dienten die Ordensgemeinschaften als Zielscheibe für skeptische Zeitgenossen, und zwar vor allem die Observanten. Einerseits sicherlich, weil sie in ihrem Äußeren an die fanatischen *Fraticelli* erinnerten, andererseits weil sie Papst Eugen IV. allzu auffällig begünstigte. Zudem hatten sie das Pech, die persönliche Antipathie eines Gelehrten auf sich zu ziehen, dessen erbarmungslos scharfe Zunge sogar seine eigenen Freunde fürchteten. Dieser Mann war kein anderer als der Humanist Poggio Bracciolini. Sein Groll rührte zunächst daher, daß Carlo de' Ricasoli Bernardino eine Villa im Valdarno schenkte, damit er dort ein Kloster einrichten konnte. Poggio aber hatte selbst ein begehrliches Auge darauf geworfen, denn schon oft hatte er dorthin seine literarischen Freunde eingeladen. Nun mußte er zusehen, wie barfüßige, ungebildete Mönche in dieser Villa hausten, die sogar das dazugehörige anmutige Wäldchen zu Kleinholz machten. Plato, so bemerkte er bissig, habe für seine Akademie einen ungesunden Ort gewählt, damit dort die Seele in dem Maße gestärkt werde, wie der Körper geschwächt; aber diese Mönche folgten Christus ja lieber nach „an wollüstigen und anmutigen Orten, die das Herz fröhlich machen". – „Eine gewisse Sorte von Mönchen", schreibt Poggio, „nennt sich Bettelmönche, obwohl sie eher andere an den Bettelstab bringen; ...der größte Teil von denen, die sich Minderbrüder nennen und sich selbst den Namen Observanten beilegen, besteht aus groben Bauernlümmeln oder bestechlichen Faulenzern, denen weniger an der Heiligkeit ihres Lebens liegt, als vielmehr daran, wie man sich am besten vor der Arbeit drückt." Weiter behauptete er, daß diese Mönche in ihren Predigten nicht versuchten, Seelen zu retten, sondern vielmehr Applaus vom gemeinen Pöbel zu ernten, der nur zu seiner Unterhaltung zu den Predigten kam – zumal die meisten der Bettelmönche eher wie Affen aussähen als wie Priester.[38] „Es ist nicht genug, daß sie in ein Kloster eingesperrt werden", schreibt Poggio in seinem Dialog *Contra Hypocritas,* „eingewickelt in grobe Kleider, so daß sie in der Öffentlichkeit kein schlechtes Beispiel geben können; damit nicht genug; ich frage, von welchem Nutzen sie für den Glauben sind oder welchen Vorteil sie den Menschen bringen. Nichts davon; ich sehe sie nie mit etwas anderem beschäftigt als mit Singen, wie die Grillen; und für ihre Lungenübungen werden sie, glaube ich, nur allzugut entlohnt. Und sie brüsten sich, als ob sie die Taten des Herkules vollbrächten, nur weil sie des Nachts aufstehen, um dem Herrn Lobpreis zu singen. Es ist sicher eine großartige und verdienstvolle Tat, wach zu bleiben, um Psalmen zu singen! Doch was würden sie erst sagen, wenn sie aufstehen müßten, um die Äcker zu pflügen, wie es die Bauern machen, auch dann, wenn der Wind tobt und der Regen rauscht, meist barfuß und mit so gut wie nichts auf dem Leib?"[39]

Daß die Bauern manchmal tatsächlich genau darüber murrten, berichtet

Bernardino selbst: „Es sagen diese Landarbeiter: ‚Wir sind es, die die Mühsal ertragen: Wir ertragen viel davon... Dalli, dalli, dalli, und nie haben wir
Ruhe... wir gehen zur Arbeit, bald mit der Hacke, bald mit dem Spaten, in
der Kälte, in der Hitze, in Wind, Schnee, Hagel und Sturm; das ganze Jahr
lang fristen wir kümmerlich unser Leben und können nie etwas zurückle-
gen; denn auch wenn wir die Mühsal ertragen, müssen wir zum tausendfa-
chen Preis das Brot und den Wein kaufen, die wir dann verzehren. Ihr seid
dort schön ausgeruht; manchmal lest Ihr, manchmal schreibt Ihr; wenn es
Euch heiß ist, geht Ihr ins Kühle; wenn Euch kühl ist, geht Ihr ans Feuer...
Wenn Ihr Brot wollt, so habt ihr jeden Tag frisches, desgleichen Wein und
alles, was Ihr braucht.'" Wie üblich, erzählte Bernardino als Antwort auf
diese Klage eine Anekdote, „eine von denen, die nicht im *Dialogo... di
Santo Gregorio* stehen, denn man kann auch manchmal welche erzählen, die
nirgendwo stehen". Ein Bauer, so erzählte er, war mit ebendiesen Klagen zu
einem von Bernardinos Klöstern gekommen, und der Guardian lud ihn ein,
acht Tage lang Gast zu sein und das Leben der Mönche zu teilen. „,Komm
heut abend', sagte der Guardian, ‚und wir fangen an und probieren es acht
Tage lang aus.' Jener war es zufrieden. Am Abend stellte er sich im Kloster
ein, und sie gaben ihm das Nachtmahl... Dann führte man ihn zum Schlafen, in voller Kleidung, auf einen Strohsack wie den ihren, auf dem nur eine
*schiavina* (eine grobe Decke) lag und die vielleicht auch noch voller Flöhe
war. Um Mitternacht kamen sie und klopften an seine Tür zur selben Zeit
wie bei den anderen Mönchen. ‚Auf, zur Frühmette, auf, Gesell, steh auf!'
Jener erhob sich und ging in die Kirche mit den anderen. Der Guardian gab
ihm ein paar Rosenkränze und sprach zu ihm: ‚Du kennst das Brevier nicht:
Bleib' hier und sag' so lange Vaterunser auf, wie wir brauchen, um die Mor-
genmesse zu singen. Wenn wir uns hinsetzen, setz' Dich auch hin; und wenn
wir aufstehen, dann stell' Dich auch aufrecht hin.'... Jener war es nicht ge-
wöhnt, wach zu bleiben: Er fing an, nach vorne zu kippen. Sagte da der
Mönch: ‚Sitz' gerade, Brüderchen, sitz' gerade, schlaf' nicht ein. ... Er saß
ein Weilchen, und schon lehnte er sich nach hinten: Die Rosenkränze fielen
ihm aus der Hand. Sagte da der Mönch: ‚Heb' sie auf.' Kurzum... nachdem
er etliche Male wach gerüttelt worden war,... sagte dieser: ‚Oh jemineh,
macht Ihr das jede Nacht?... Beim Evangelium, ich, ich hab' schon jetzt die
Nase voll davon!' Und so hatte er in einer einzigen Nacht das schöne Leben,
das wir führen, satt; und er stand auf und sagte: ‚Macht mir die Tür auf,
denn ich will fort.'"[40]
Vielleicht war es auch eine Art Reaktion auf solche Angriffe wie die von
Poggio, daß Bernardino in einer anderen Predigt die Mönche und Nonnen
verteidigte, die einem Klosterorden angehörten oder in einsamen Klausen
lebten und die nicht gute Taten vollbrachten, sondern ihre Tage ausschließlich dem Gebet widmeten. „Es gibt viele Unwissende, die da sagen... daß
sie für niemanden gut sind als für sich selber, aber ich habe Dir gesagt und
sage es Dir noch mal, daß... ihre Gebete Gott wohlgefällig sind... Weh'

Euch, Ihr Weltlichen, wenn Ihr nicht jemanden hättet, der für Euch zu Gott betet!... Ein einziges ihrer Vaterunser ist mehr wert, als alle Almosen, die Du ihnen gibst!"[41]

Trotzdem besteht kein Zweifel, daß er selbst viel mehr zu einem Leben in der Gemeinschaft tendierte. Vielleicht erinnerte er sich nur zu gut an die Verirrungen mancher *Fraticelli*, die in ihren Bergklausen dem Wahnsinn nahe gekommen waren, und so vergaß er nie, seine Mitbrüder zu warnen, daß zu häufiges, langes Alleinsein unvorhersehbare Folgen haben könne für alle, die sich nicht durch geistliche Exerzitien darauf vorbereitet hätten. „Den Pfad der Einsamkeit zu wählen, birgt zu große Gefahr, wenn Du keine Erfahrung damit hast."

Bernardinos Reformen beschränkten sich nicht auf die Ordensgemein- schaften der Observanten, sondern erstreckten sich auch auf einige Nonnen- klöster. Insbesondere führte er ein Frauenkloster, das der Armen Klarissin- nen in der Nähe von Mailand, wieder zu den Ordensregeln ihrer Gründerin zurück, nachdem sie vorher den Ordensregeln des Augustin gefolgt waren, und überredete einige religiöse Gemeinschaften, die keiner bestimmten Re- gel folgten, ebenfalls die Ordensregel der Heiligen Clara anzunehmen. Auch setzte er sich aktiv für die Verbreitung des Dritten Ordens ein, unter Frauen ebenso wie unter Männern, indem er argumentierte, daß er selbst, wenn er frei wäre, dem Dritten Orden beigetreten wäre.

Bescheidenheit – sich selber klein, gemein und nahezu unsichtbar machen – das ist das Schlüsselwort sowohl zu seinen Lehren als auch zu seinem Le- ben: Sich ganz und gar und ohne Vorbehalt in die Hände Gottes begeben. „Ich wäre dazu fähig, jede nur denkbare schlimme Sünde zu begehen", sagte er von sich selbst, „wenn der Herrgott nicht immer seine schützende Hand über mich hielte."[43] Einem Mönch, der ihn um eine Lebensregel bat, gab er ein einziges Wort zur Antwort: „*Abbasso, abbasso.*" (Nieder, nieder.) Ein- mal ritt Alberto da Sarteano auf dem Rückweg von einer Mission in der Le- vante (als Botschafter in Äthiopien und in Jerusalem) in seinen prächtigen Gewändern als apostolischer Nuntius auf einem „edlen" Roß nach Florenz. In seinem Gefolge befand sich auch der Abt der Jakobiten (syrischen Chri- sten) von St. Antonius in Ägypten und dessen Priester, die er überredet hatte, „ihren Glauben dem Papst Eugen wieder zu unterwerfen". Da ver- sperrte ihnen Bernardino mit seinem kleinen Esel den Weg und „rief mit lau- ter Stimme: ‚Frate Alberto, Frate Alberto, sieh hinunter auf Deine Füße! *memento mori!* Denk' an Deinen Tod!'"[44] Flugs stieg da Alberto vom Pferd und versuchte, die Reittiere auszutauschen und wollte statt des eigenen stol- zen Rosses den kleinen Esel Bernardinos, seines ehemaligen Superiors, be- steigen. Das ließ selbstverständlich sein Generalvikar nicht zu, sondern bat ihn, seine Reise so fortzusetzen wie zuvor.[44] Der Prunk der Gewänder und des Zaumzeugs stand dem apostolischen Nuntius durchaus zu. Nur das Herz sollte demütig bleiben.

Dreimal wurde Bernardino die Mitra eines Bischofs angetragen, und dreimal schlug er sie aus: einmal in Ferrara, einmal in Urbino und einmal in seiner Heimat Siena, die für ihn natürlich am verlockendsten gewesen wäre. 1427 war der Bischofssitz in Siena verwaist, da der Vorgänger, Kardinal Casini, nach Grosseto versetzt worden war. So bat die Signoria von Siena den Papst aufs eindringlichste, ihnen ein Prälaten als Bischof zu schicken, der Sieneser war, der Regierung der Stadt treu ergeben: *„civis noster et nostro fidus"*, und dazu bereit, in der Stadt Wohnung zu nehmen. Der Papst forderte sie daraufhin auf, selbst einen Kandidaten zu nennen, woraufhin die *Signoria* dem *Consiglio del Popolo* neun Namen vorschlug, unter denen Bernardino einstimmig gewählt wurde: „Unter all unseren Bürgern zeichnet er sich am meisten aus durch Gelehrsamkeit, Lebensführung, Lehre, Ehrbarkeit." Die Nachricht wurde dem Papst sogleich durch einen Kurier überbracht. Auch sollte Kardinal Casini all seinen Einfluß zugunsten Bernardinos geltend machen. So wurde Bernardino wirklich am 4. Juni 1427 zum Bischof von Siena ernannt. Doch da die Sieneser fürchteten, daß er zögern würde, das Amt anzunehmen, hielten sie es für ratsam, noch einen Boten zu ihm selbst nach Rom zu schicken: „Sage, daß das alles auf das Eingreifen des Heiligen Geistes zurückzuführen ist, weil... viele diesen, unseren Bischofssitz angestrebt hätten; nur derjenige, der ihn nicht angestrebt habe, wurde von unserem ganzen Volk in völliger Einigkeit vorgeschlagen. Und weil es dem Willen Gottes gefällt, möge er aus Ehrfurcht vor Gott und zum Trost wie zum Wohl unserer Stadt, seiner Heimat, einwilligen."[45] Bernardino hatte jedoch keinerlei Zweifel darüber, wo seine wahre Pflicht lag: Er war Prediger, und Prediger würde er auch bleiben. Er sagte: „Ich habe diese Mühsal des Predigens auf mich genommen und habe freiwillig auf jedes andere Tun verzichtet... denn ich sehe nur zu gut, wenn ich zu viele Dinge zu tun versuche, würde ich keines gut machen."[46] Michele Bennini gegenüber, einem Freund, der ihn auch zur Annahme des Bischofsamts überreden wollte, betonte er: „Wenn Ihr mich je in einem anderen Gewand seht als dem des Heiligen Franziskus, dann sagt, daß dies nicht Frate Bernardino ist."[47]

Aus dieser Zeit erzählt man sich die Geschichte, daß er die Demut des Laienbruders *frate* Angeluccio auf die Probe stellen wollte. Dieser war Gärtner in Santa Maria in Aracoeli, wo auch Bernardino sich aufhielt. Er erzählte ihm, daß die Sieneser ihn zu ihrem Bischof machen wollten. „Soll ich annehmen?" „Nein", erwiderte *frate* Angeluccio und fügte hinzu, daß er nämlich, wenn er dies Amt annehme, das Volk seiner Predigten beraube, dazu sich selbst großen Ruhms vor den Augen des Herrn. „Und wenn mich die Mailänder als Erzbischof haben wollten? Würdest Du dann Deine Meinung nicht ändern?" „Nein, wirklich nicht", antwortete Angeluccio. „Doch wenn sie mich gar zum Patriarchen machen würden?" Der Bruder Gärtner blieb fest und sagte ernst: „Ich sehe, daß Dir diese Ehren zu Kopf gestiegen sind." Schließlich fragte Bernardino: „Und wenn der Papst mich zum Kardinal machen würde?" Das überstieg endlich Angeluccios Standhaftigkeit. „Wenn

das der Fall wäre, dann gibt es keinen Zweifel: Nimm Deine Mönchskordel
ab, Vater, und tue das, was Du tun mußt!" Woraufhin Bernardino den Armen ein wenig ungerecht ob seiner Einfalt schalt.[48]

Auch andere Leute, die nicht so naiven Gemüts waren wie Angeluccio,
mochten nicht glauben, daß Bernardino es übers Herz bringen würde, eine
so große Ehre wie die Ernennung zum Bischof seiner Heimatstadt Siena aus-
zuschlagen. Selbst Ambrogio Traversari, der seinen Freund eigentlich hätte
besser kennen müssen, bat ihn dringend, er möge doch nachgeben. In Wahrheit konnte das hohe Amt Bernardino nicht im geringsten in Versuchung
führen. Nachdem er nach Siena zurückgekehrt war, begann er wieder zu
predigen. Seinen Mitbürgern berichtete er, daß er sich nur deswegen noch
länger in Rom aufgehalten habe, „weil er fürchtete... daß man ihn doch
noch einwickeln könne... Vor allem anderen, rette Dich selbst!" habe er bei
sich gedacht. Und weiter: „Wenn ich so hierher gekommen wäre, wie Ihr
gewollt habt, daß ich zu Euch zurückkomme, also als Euer Bischof, ... der
Mund wäre mir halb verschlossen gewesen."[49] Seine Worte unterstrich er mit
einer Grimasse, preßte seine dünnen Lippen noch mehr zusammen und
lachte dann.

All die Jahre hindurch vernachlässigte Bernardino trotz seiner schwierigen
Verwaltungsaufgaben nie seine wahre Berufung als Prediger. Im Sommer
1438, Monate nach seiner Ernennung zum Generalvikar, predigte er in
L'Aquila; dort sah seine Gemeinde, wie ein leuchtender Stern über seinem
Haupt erstrahlte. Im September zog er weiter nach Perugia. 1440 ging er auf
Wunsch des Papstes nach Rom, um dort zu Ehren von Santa Francesca Romana in Santa Maria Nuova zu predigen, und reiste dann von dort nach
Arezzo, um die *Fonte Tecta* einzureißen. 1441 weilte er in Florenz, Assisi
und Perugia, wo er sechs Tage lang von der prächtigen Marmorkanzel aus,
die erst kurz zuvor eigens für ihn auf der *Piazza del Duomo* errichtet worden war, predigte. Die ersten Frühlingstage des darauffolgenden Jahrs sahen
ihn schon wieder in der Lombardei.[50]

Seine Verpflichtungen als Generalvikar lasteten jedoch immer schwerer
auf ihm, nicht nur weil er älter wurde und seine Gesundheit nachließ, sondern hauptsächlich, weil er darüber bekümmert war, daß seine Mitbrüder
nicht von ihren Richtungskämpfen abließen. Eine Zeitlang hatten die Meinungsverschiedenheiten zwischen den Konventualen und den Observanten
weitergeschwelt; jetzt aber waren sie nahe daran, wieder offen auszubre-
chen.

Überraschend kam das freilich nicht. Solange die reformierten Observanten nur wenige und noch ziemlich unbekannt waren, fanden sich die Konventualen ohne weiteres mit ihrer Existenz ab. Doch mittlerweile hatten sie
sich in ganz Italien ausgebreitet und zu allem Überfluß etliche der bedeutendsten Klöster der Konventualen übernommen; zudem machte der Papst
kein Geheimnis daraus, daß er ihrer Ordensregel den Vorzug gab. „Soweit
er konnte", sagt Vespasiano da Bisticci, „veranlaßte er die Konventualen, die

Ordensregel der Observanten zu übernehmen." Außerdem übergab er den Observanten die Klöster La Verna und Santa Maria in Aracoeli in Rom, dazu die Franziskaner Bruderschaften im Heiligen Land, wohin er Alberto da Sarteano entsandte. Mit einer diplomatischen Mission in Konstantinopel betraute er den Observanten Giovanni da Capistrano. Die Konventualen trugen schwer an dieser Zurücksetzung. Natürlich hätte es einen Weg gegeben, der sie aus diesen Schwierigkeiten hätte herausführen können. Bernardino, der sich immer für friedliche Lösungen einsetzte, hatte seine Hoffnung in die Wiedervereinigung der beiden auseinandergedrifteten Zweige des Ordens gesetzt. Aber sein Wirklichkeitssinn ließ ihn klar erkennen, daß die Zeit dafür noch nicht reif war. Bereits unter Papst Martin V. war 1430 ein Einigungsversuch unternommen worden, als nämlich auf dem Generalkapitel von Assisi eine neue *Constitutio* ausgearbeitet wurde. Mit einigen Modifikationen führte diese für beide Zweige die ursprüngliche Ordensregel des Heiligen Franziskus wieder ein und unterstellte alle Franziskanerklöster im Land und in der Fremde einem einzigen *ministro generale*, Generalminister. Diese neue Regel, zum größten Teil von Giovanni da Capistrano entworfen, wurde mit Begeisterung aufgenommen, die sich jedoch schon bald wieder legte. Kaum zwei Jahre später gerieten sich Konventuale und Observanten wieder in die Haare. 1440 kam es so weit, daß Nicola da Osimo, der Vikar der Observanten in Süditalien, den Papst überredete, seine Mitbrüder von der Jurisdiktion des Generalministers zu befreien, auch wenn sie nur der Form nach bestand. Bernardino allerdings machte kein Hehl daraus, daß er diesen Schritt mißbilligte. Er bedauerte jedes Manöver, das den Bruch zwischen den beiden Zweigen noch vertiefen konnte. Einmal ließ er sogar einen Laienbruder namens Costantino ins Gefängnis werfen, weil dieser erneut für eine vollständige Trennung der zwei Richtungen Propaganda gemacht hatte.⁵² Mittlerweile begannen sogar Bernardinos eigene Mitbrüder aufzumucken, und die Konventualen reizten ihre Brüder in Christo wie eh und je mit tausend Nadelstichen.

Schließlich war Bernardino so entmutigt, daß er nahe daran war, sein Amt aufzugeben. Nur eine persönliche Aufforderung Papst Eugens, „mit Zuneigung des ganzen Herzens" geschrieben, bewog ihn, im Geist des Gehorsams auszuharren. Allerdings zog er mit Genehmigung des Papstes als Mitarbeiter nun Giovanni da Capistrano zu und sah sich zusammen mit ihm vor eine neue Krise gestellt. Guglielmo da Casale, der alles in seiner Macht Stehende getan hatte, um als *ministro generale* den Frieden zu bewahren, war kurze Zeit zuvor gestorben. Auf dem Generalkapitel, das 1442 nach Padua einberufen wurde, sollte nochmals ein Versuch gemacht werden, die Einigung der beiden Zweige zu erreichen. Zum ersten Mal hatte nicht der Kandidat der Konventualen, sondern der der Observanten die größeren Aussichten, gewählt zu werden, und zwar war dies Alberto da Sarteano, Bernardinos Schüler.

Diese Kandidatur, die auch den Beifall des Papstes gefunden hatte, schien

Bernardino von vornherein zum Scheitern verurteilt zu sein – und die Wirklichkeit gab ihm recht. Auf dem Generalkapitel wurden die Konventualen handgreiflich, denn sie hatten das Gefühl, daß sie Opfer eines abgekarteten Spiels werden sollten. „Zum Schicksalsruf: ‚Freiheit! Freiheit!'" rissen sie Alberto da Sarteano die Bulle aus der Hand, die ihn dazu ermächtigte, den Vorsitz zu führen. Der Kapitelsaal „glich einem Schlachtfeld", und sie warfen ihn und seine Anhänger „mit Händen und mit Knüppeln" hinaus.[53] Schließlich gelang es Bernardino durch seine ruhige, unparteiliche Art wenigstens den Anschein von Ordnung wiederherzustellen. Aber er war weise genug, seine Stimme für den Kandidaten der Konventualen abzugeben, nämlich für Antonio Rusconi, der dann auch gewählt wurde. Seine Mitbrüder kreideten ihm das als Verrat an der eigenen Sache an. Einige Monate später folgte der Papst selbst, wenn auch widerwillig, einem Plan des Giovanni da Capistrano und ernannte in einem Dekret zwei verschiedene Vikare für die Observanten, nämlich einen für das Gebiet, das *Cismontana* genannt wurde (und Italien, Österreich, Ungarn, Polen und die Balkanländer umfaßte), den anderen für das Gebiet *Ultramontana* (zu dem das übrige Europa gehörte).

Inzwischen hatte jedoch Bernardino den Papst endgültig dazu überredet, sein Rücktrittsgesuch anzunehmen und Alberto da Sarteano an seiner Stelle zum Generalvikar der Observanten zu ernennen. Im Lauf seines Lebens – von dem ihm nur noch zwei Jahre vergönnt waren –, war er Zeuge geworden, wie die Zahl der Observantenklöster von 23 auf mehr als 200 angestiegen war und die der Observantenbrüder von 130 auf über 4000.[54]

Ohne Zweifel war dieser Erfolg zum großen Teil auf den heiligen Eifer und das Geschick seiner Schüler Giovanni da Capistrano, Alberto da Sarteano und Giacomo della Marca zurückzuführen, allesamt Männer, die das Format zum Staatsmann oder Nuntius hatten. Doch die treibende Kraft, die die Bewegung der Observanten wiederbelebte, war ohne Zweifel Bernardino selbst. Seine Mäßigung, seine ausgleichende Natur, seine persönliche Bescheidenheit und warme Menschlichkeit vermochten zwar nicht, Konventuale und Observanten wirklich auszusöhnen (denn das war wohl sowieso eine Aufgabe, die jenseits menschlicher Möglichkeiten lag), doch brachte er sie immerhin dazu, wieder friedlich nebeneinander zu existieren, und er erreichte schließlich, daß die Ordensregel des Heiligen Franziskus innerhalb der Kirche wieder befolgt wurde. Nach seinem Tod führten seine Anhänger, allen voran Giovanni da Capistrano und Alberto da Sarteano, seine Mission fort, bis es schließlich in der ganzen Christenheit kaum mehr ein Land gab, in dem die Observanten nicht Fuß gefaßt hätten.

So erneuerte Bernardino mit seinem Lebenswerk, das ihm so viel Pein und das quälende Gefühl des Versagens bereitet hatte, nicht nur einen Zweig des Franziskanerordens, sondern den Orden insgesamt.

Ein Biograph unserer Tage faßt zusammen: „Die Konventualen waren zu weltlich, die Spiritualen zu weltabgewandt; erstere vergaßen Gott über den

Menschen, letztere vergaßen die Menschen über Gott; der Heilige Bernardino vermied beide Extreme."[55] Vor allem entfachte er das Feuer wieder, das nur die entzünden können, die reinen Herzens sind. Er erneuerte den Geist des Heiligen Franziskus.

*Zehntes Kapitel*

# Die letzte Reise

*Povertade muore en pace.*
Armut stirbt in Frieden.
Jacopone da Todi[1]

Nunmehr begann das letzte Kapitel von Bernardinos Leben. Im Sommer 1442 war also Alberto da Sarteano zu seinem Nachfolger als Generalvikar der Observanten ernannt worden, so daß Bernardino von allen administrativen Aufgaben befreit war und sich wieder seiner eigentlichen Berufung widmen konnte. Er hatte sogar vor, sich ein wenig Rast zu gönnen und in La Capriola „zu studieren, zu meditieren und sich auf das Paradies vorzubereiten", wie er sagte. Doch schon wenige Monate später geschah etwas, was ihn zutiefst erschütterte: Ganz unvermutet starb sein bester Freund, Vincenzo da Siena, der ihn seit über 22 Jahren auf all seinen Reisen begleitet hatte. „Nichts, außer dem Tod", klagte Bernardino, „hätte uns trennen können."

Während der ersten Jahre seiner Predigerzeit hatte Bernardino einen recht lästigen Burschen zum Reisegefährten gehabt, nämlich einen Bruder, der jedesmal, wenn er von der Kanzel stieg, zu ihm hinlief, um ihm alle Dinge hinzureiben, die Bernardino seiner Meinung nach wirkungsvoller hätte bringen können. Einer der Biographen schrieb dazu: „Obgleich ihn das bedrückte und belästigte, wenn er nach einer Predigt todmüde war, ertrug er diesen Gefährten klaglos zwölf Jahre lang."[2]

Vincenzo war von ganz anderer Natur. „Es war immer ein Vergnügen für uns, zusammenzusein", sagte Bernardino. Nach den Annalen von Wadding wurde Vincenzo „der intime Freund" und „treue Mitarbeiter" des großen Predigers und „teilte all seine Geheimnisse". Bernardino sprach von ihm, wie Dante von Vergil: *„Tu magister meus, tu doctor meus, tu ductor et rector meus*[3]... zuvörderst mein Freund und dann mein Mitbruder in der Religion." Vincenzo war es auch, der es Bernardino abnahm, sich um Verpflegung und Unterkunft zu kümmern, so daß er für ein paar Stunden meditieren und ruhen konnte. „Denn in seiner tiefen Bescheidenheit glaubte er, daß meine Rast größere Früchte tragen würde, als die seine." In der Lobrede, die Bernardino nach dem Tod seines Freundes auf ihn hielt, sprach er nicht nur von dessen Bescheidenheit und Ergebenheit, sondern auch davon, wie er stets an seiner Willensstärke und seiner inneren Gelassenheit Halt gefunden habe: „Ich war von schwacher Gesundheit und viele Male schwer krank,

und er richtete mich immer wieder auf und leitete mich... Ich war voller
Angst, und er tröstete mich... Ich war träge und nachlässig in der Nachfolge des Herrn, und er feuerte mich an; unbedacht und vergeßlich war ich,
und er ermahnte mich." So stellte Bernardino diese Freundschaft dar. Doch
wir wissen ja bereits, daß Vincenzo auf dem Sterbebett nicht deshalb Tränen
vergoß, weil er Angst vor dem Tod gehabt hätte, sondern nur, weil der Tod
ihn zu früh ereilte, so daß er nicht mehr all die zahlreichen Begebenheiten
bezeugen konnte, die die Heiligkeit seines Gefährten bewiesen und die nur
ihm bekannt waren. „Wenn ich ihn nur um ein kurzes überlebt hätte *(Si tan-
tillum huic sancto Viro supervixissem)*, dann wäre ich von dem Gelübde entbunden gewesen, das er mir auferlegt hat, und ich würde Dinge enthüllt haben, die die ganze Welt mit Staunen erfüllt hätten."[4]

Jetzt erst, da er nicht mehr unter den Lebenden weilte, wurde Bernardino
sich so richtig bewußt, was er an ihm gehabt hatte. „An wen soll ich mich
nun um Rat wenden, wenn ich nicht weiß, was ich tun soll? Wem kann ich
mich anvertrauen in schwierigen Situationen?... Wer wird mich in Gefahr
verteidigen?... Ich bekenne, daß ich im Orden außer Dir keinen Lehrer im
Wort Gottes hatte... In allem hast Du mir geholfen, mehr als irgendwer, in
großen und in kleinen Dingen, in öffentlichen Angelegenheiten wie in privaten, in inneren und äußeren." An seine Mitbrüder gewandt, schloß er: „Ihr,
die Ihr ihn gekannt habt, wißt, daß ich die Wahrheit spreche."

Bernardino blieb noch für eine kleine Weile in La Capriola und trauerte
um seinen Freund, „meine rechte Hand, das Licht meiner Augen, meine
Zunge". Er konnte es einfach noch nicht fassen, daß er für immer gegangen
war. „Jedesmal, wenn es etwas Neues gibt, suche ich Vincenzo mit den Augen, wie ich es immer tat – und er ist nicht da."[5]

Dann ermannte er sich doch wieder und folgte einer dringlichen Einladung des Herzogs von Mailand. Er machte sich zum letzten Mal auf den
Weg nach Norditalien, um dort seinen letzten Predigtzyklus zu halten.

Er selbst hat uns ein Portrait hinterlassen, wie er nach 40 Jahren Prediger-
tätigkeit, Entbehrung und Umherreisen aussah: „Wenn ein Mensch auf die
60 zugeht, fängt er an, klein und krumm zu werden; seine Augen beginnen
zu triefen unter geschwollenen Lidern; er geht mit zu Boden gesenktem
Kopf einher; er wird schwerhörig und sieht schlecht; und er wird zahnlos."[6]
Bernardino hatte wirklich alle Zähne verloren bis auf einen, der ihm lose im
Mund baumelte „wie eine kleine Glocke", so sagten die Leute. Jahrelang
hatte er sich schon mit Nierensteinen, Nierenentzündungen, Gicht, Durch-
fall und Hämorrhoiden herumgeplagt, wozu wahrscheinlich auch sein ständiges Fasten beigetragen hatte.[7] „Und obschon bereits eine einzige dieser
Krankheiten im allgemeinen die Menschen launisch und unerfreulich macht,
beklagte er sich über keine, sondern ertrug eine jegliche mit größter Geduld."[8] Doch sobald er zu predigen anfing, kehrte seine alte Kraft in ihn zurück. Völlig erschöpft kam er in Mailand an. Aber kaum hatte er zu sprechen
angefangen, spürte er das Feuer in sich lodern wie in alten Tagen. „Ge-

stern... war ich beinahe wie tot, und nun bin ich lebendig. Ich war in so schlechter Verfassung, daß ich nicht glaubte, heute predigen zu können, und jetzt fühle ich mich stark wie ein Löwe."[9]

Diesen Besuch Mailands verband er mit einer diplomatischen Mission. Seine Heimatstadt hatte ihn wahrscheinlich inoffiziell damit beauftragt, weil man mit der persönlichen Wertschätzung rechnete, die ihm der Herzog von Mailand entgegenbrachte. Er sollte jeglichen Verdacht zerstreuen, den die gewundenen Gedankengänge des Herzogs im Hinblick auf die getreue Gefolgschaft der Republik ersonnen haben mochte. Das zu bewerkstelligen, sollte Bernardino ihn um Rat fragen, welcher Weg für Siena der beste wäre in der neuen politischen Situation, die in dieser Gegend (wie die Urkunden der Republik lauten) „in der Folge der Friedensstiftungen, Waffenstillstandsverträge, Abkommen und Zwistigkeiten der italienischen Regierungen entstanden war, alles Dinge von großer Wichtigkeit, aber nicht leicht zu durchblikken, nicht einmal von jemandem, der gelehrt ist und mit den Fragen vertraut, um die es geht." Kurz, Bernardino sollte herausbringen, was Filippo Maria im Sinn hatte, vor allem, ob er vielleicht gar wieder beabsichtigte, seine Heerscharen unter dem Befehl des *condottiere* Niccolò Piccinino gegen Sienas alte Feindin Florenz auszusenden, und ihm einstweilen zu versichern, daß „die Kommune seiner Herrschaft ergeben und treu sei und in niemanden so viel Vertrauen setze wie auf ihn". Darüber hinaus sollte Bernardino als Gesandter herausfinden, „welche Meinung der genannte hohe Herr von der Stadtrepublik Siena habe und ob er noch immer für diese Kommune dasselbe Wohlwollen hege wie einst". Auf dem Rückweg über Florenz sollte er außerdem dem Papst einen Besuch abstatten, der sich zu diesem Zeitpunkt sowieso dort aufhielt, und Siena auch seinem Schutz anempfehlen, wie es ihm angebracht erscheine „und wie es ihm die Klugheit eingebe".[10] Siena wollte unter allen Umständen mit den beiden herrschenden Mächten Italiens auf gutem Fuß stehen. Um das zu erreichen, hatte die Kommune Bernardino, diesen Mann des Friedens, erwählt. Sie hatte ihm einen Code mitgegeben, damit er vertrauliche Mitteilungen ohne Gefahr schriftlich nach Hause schicken konnte. Dieser Code enthielt zusätzlich zu den Buchstaben des Alphabets eigene Zeichen für den Herzog von Mailand, den Grafen von Urbino, für den Papst und den Gegenpapst Felix V. von Savoyen, die *condottieri* Niccolò Piccinino und Francesco Sforza, für die Florentiner, die Sienesen sowie die Bolognesen.

Wie Bernardino sich dieser Mission entledigte, wissen wir nicht, aber wir wissen, daß das Verhältnis zum Herzog weiterhin ungetrübt blieb, denn dieser bat ihn eindringlich, bis Februar in Mailand zu bleiben, um dort einen Predigtzyklus zur Fastenzeit zu halten. Bernardino konnte dieser Bitte nur deswegen nicht nachkommen, weil er für die Fastenzeit bereits in Padua eine Zusage gegeben hatte.

In der Zwischenzeit hatte er sich jedoch in einer höchst unerfreulichen Kontroverse mit einem Lehrer der Mathematik engagiert. Dieser Amedeo de

Landris verbreitete seiner Meinung nach ketzerische Lehren unter seinen Schülern. Auf Bernardinos Eingreifen hin zwang ihn jetzt der Inquisitor von Mailand, diese Lehren öffentlich zu widerrufen. Doch de Landris gelang es, dem Papst heimlich *seine* Darstellung der Dinge zukommen zu lassen. Zwar vermied er es geschickt, Bernardino namentlich zu erwähnen, und schrieb lediglich, er sei „von gewissen Mitgliedern des Mendikantenorden" verleumdet worden. Daraufhin sprach ihn der Mailänder Kanoniker, den der Papst mit der nun fälligen Untersuchung betraut hatte, ohne jeden Vorbehalt von der Anklage frei. Er ordnete an, daß nunmehr der Ankläger seinerseits die Unschuld des Angeklagten öffentlich bezeugen müsse. Zu diesem Zeitpunkt weilte Bernardino schon nicht mehr in Mailand. Doch noch nach seinem Tod wurde die Affäre wieder aufgewärmt und so aufgebauscht, daß dadurch sogar der Prozeß seiner Heiligsprechung hinausgezögert wurde.[11]

Als Bernardino Anfang Februar nach Padua reiste – nachdem er schon darauf verzichtet hatte, auch noch in Ferrara zu predigen – war er so schwach, daß man ihn auf die *chiatta*, daß Flußboot, tragen mußte, auf dem er den ersten Teil seiner Reise Po-abwärts zurücklegte. Trotzdem hielt er nicht weniger als 40 Fastenpredigten, die er alle unter ein einziges Thema stellte: Die Liebe. Diese Predigtreihe wurde unter dem Namen *Seraphim* berühmt. Die Sonne schien an jedem dieser 40 Tage; nur an dem einen Tag regnete es, an dem Bernardino über die Fleischeslust sprach. „Weil wir heute von der Wollust handeln", meinte er, „will sogar das Wetter sich dem Thema angleichen und uns Schlamm und Schmutz geben, weil wir von Schlamm und Schmutz sprechen."[12]

Als der Tag der letzten Predigt gekommen war, machte er gar keinen Versuch, seine Bewegung zu verbergen, und sprach: „Nun will ich das tun, was ein guter Vater tut, der im Begriff ist, seine Kinder allein zu lassen: Ich will mein Testament machen und Euch den kostbarsten Edelstein hinterlassen, den ich besitze, den verehrungswürdigsten Namen Jesu." Er lehrte seine Gemeinde für jeden Tag der Woche ein kurzes Gebet zu Jesus. Als sie dann alle weinend auf die Knie fielen, schloß er seine letzte Predigt mit den Worten: „Ich hinterlasse euch die Barmherzigkeit, die ich gepredigt habe – Gott gegenüber, Euch selbst gegenüber und Eurem Nächsten gegenüber. Ich wünsche mir, daß Ihr meiner in Euren Gebeten gedenkt, auf daß die Kette unserer wahrhaften Liebe zu Jesus Christus mich immerdar mit Euch und Euch immerdar mit mir verbinde, damit wir uns eines Tages im Paradiese wiedersehen."[13]

Als er die Stadt verließ, folgten ihm die Menschen in hellen Scharen, um ihn zum Ufer der Brenta zu begleiten. Viele weinten laut, weil sie ahnten, daß sie ihn nie wieder sehen würden. Ein Augenzeuge berichtet: „Ich sah den berühmten Rechtsgelehrten *Prosdocimo de' Conti*, wie er sich, von Schluchzen geschüttelt, an die Hand des Heiligen klammerte und sie nicht lassen wollte!" Bernardinos Verehrer waren so hartnäckig, daß sein Gefährte nach einiger Zeit merkte, wie erschöpft sein Freund war, vorausging und die

Brückenwärter bat, außer Bernardino selbst und seinen Gefährten niemanden passieren zu lassen.

Zu ebendieser Zeit, die Bernardino in Padua verbrachte, prophezeite er seinem alten venezianischen Freund, Cristoforo Moro, dem Gouverneur der Stadt, *„come un zorno... lui saria dose“*, daß er eines Tages Doge von Venedig sein würde, obwohl damals Francesco Foscari dieses Amt innehatte. Als Francesco etwa 15 Jahre später abgesetzt wurde, erwartete Moro daraufhin, daß er zum Dogen gewählt würde. Seine Hoffnung erfüllte sich jedoch nicht, und er „verlor irgendwie das Vertrauen, das er zu besagtem Heiligen hatte“. Als nach einigen Jahren die Prophezeiung dann doch eintrat, „wuchs ihm das Vertrauen wieder und seine Ehrfurcht vor besagtem Bernardino“. Gleich ordnete er an, daß in Venedig der Namenstag des Heiligen Bernardino regelmäßig als Festtag begangen werden sollte.[14]

Von Padua aus begab sich Bernardino nach Vicenza, Venedig und Verona, und in jeder dieser Städte predigte er, bis er erneut schwer erkrankte, und wieder erholte er sich so weit, daß es ihm möglich war, in Padua zu predigen, vielleicht auch noch in Bologna und Florenz, was allerdings nicht belegt ist. Er wußte nur zu gut, daß er mit jeder dieser Predigten diesen Städten Lebewohl sagte und daß er nie wieder dorthin zurückkehren würde. Als er schließlich völlig erschöpft nach *La Capriola* heimkehrte, begann er diejenigen Predigten zu überarbeiten, die er seinen Mitbrüdern hinterlassen wollte. Aber nicht lange gönnte er sich Ruhe.

Eine Aufgabe hatte er sich noch vorgenommen: In einem Teil Italiens hatte er, von einem kurzen Besuch in L'Aquila im Jahr 1438 abgesehen, noch nie gepredigt, nämlich in dem ausgedehnten und wilden Königreich Neapel oder Beider Sizilien, das damals einfachheitshalber häufig nur *„il reame“* genannt wurde und das nun von einem neuen König, Alfons von Aragon, regiert wurde. Er beschloß, daß es seine Pflicht sei, auch diese Region noch zu „evangelisieren“. So gelobte er sich, die letzte Zeit seines Lebens, die ihm noch vergönnt war, zur Gänze dort zu verbringen, um das Wort Gottes zu verkünden. Vielleicht dachte er sich dabei sogar, daß, wenn er schon bald aus diesem Leben scheiden müsse, sein Leichnam ebenso wie seine Worte dazu dienen würden, die Menschen dort zu Gott zu bringen.

Zuvor wollte er aber doch noch seiner Toskana Lebewohl sagen. Er predigte in seiner Geburtsstadt Massa Marittima und heilte dort einen spanischen Leprösen, der als elender Ausgestoßener vor den Mauern der Stadt umherwanderte. Er nahm ihm das Versprechen ab, daß er zu Bernardinos Lebzeiten niemandem von dieser Heilung erzählen dürfe.[15] Darauf kehrte er nach Siena zurück. Auch dort hielt er auf der Piazza del Duomo unter den Mauern des Ospedale della Scala, in dem 40 Jahre früher die Siechen gepflegt und zum ersten Mal den „Ruf des Mitleids“ verspürt hatte, eine Abschiedspredigt, deren Text nicht erhalten ist; wir wissen jedoch, daß er, wie in manchen seiner früheren Predigten, die auf uns gekommen sind, über die Gerechtigkeit sprach und vom *buon governo*, und daß er seiner Freude darüber Ausdruck gab, daß die Stadt endlich eine Zeit des Wohlstands und des Friedens erlebte. Vielleicht verabschiedete er sich von seinen Mitbürgern mit ganz ähnlichen Worten, wie er sie einige Wochen zuvor für seine Freunde in Padua gefunden hatte oder auch im Jahr 1427 am Ende des damaligen Predigtzyklus für „seine" Sienesen selbst:

„Die Lehre, die ich Euch gepredigt habe, und das, was ich Euch gesagt habe, das habe ich Euch nicht aus mir heraus gesagt, sondern... ich habe Euch das gesagt, was Gott mir befohlen hat, Euch zu sagen. ...Ich weiß nicht, was ich Euch sage, wenn ich zu Euch predige, sondern es ist der Heilige Geist, der mich sprechen läßt. Wißt Ihr, daß Ihr nichts von *mir* bekommt, sondern alles von Gott... Ich danke den *Magnifici Signori* für all das Wohlwollen, das sie mir gegenüber an den Tag legten, und auch allen anderen Bürgern. Und ich danke Euch allen dafür, daß Ihr meine Worte so ergeben ertragen habt, und daß Ihr mir mehr Liebe gezeigt habt als ich verdiene... Ich glaube, daß ich morgen abreise, und ich weiß nicht, ob wir einander je wiedersehen werden... Um der Liebe wegen, die ich immer für Euch gehegt habe und hege, bitte ich Euch, daß Ihr für mich zu Gott betet. Und daß er mir die Gnade erweist, daß ich seinen Willen tue." Er segnete die Menge, die vor ihm kniete, und seine letzten Worte waren dieselben, mit denen er alle seine Predigten beschloß: „Ich überlasse Euch dem Frieden des Herrn, unseres Gottes."[16]

Als der Tag des Abschieds gekommen war, hatte er keinen Mut mehr zu weiteren Abschiedsszenen. So hatte er niemandem verraten, zu welcher Zeit er aufbrechen würde, stahl sich zusammen mit fünf Sieneser Brüdern und einem Mailänder Laienbruder durch die Seitenpforte seines Klosters davon. Man schrieb den 30. April 1444. Als erstes nahm er in Asciano Aufenthalt. Die Brüder des Klosters, in dem er übernachtete, waren zwar Konventualen. Doch nach seinem Besuch dort traten sie ohne Ausnahme der Observanz bei. Der Trasimener See war von dort nur wenige Meilen entfernt, und so verbrachte er zwei Tage auf einer kleinen waldigen Insel, auf der 200 Jahre zuvor der Heilige Franziskus die 40 Fastentage mit Fasten und Beten zugebracht hatte. Bernardino stieß dort auf einen alten Freund, Bruder Giacomo della Marca. Giacomo, der später ebenfalls heiliggesprochen wurde, war einer der unbequemsten und aufrichtigsten, dazu einer der zuverlässigsten und engagiertesten von Bernardinos Mitbrüdern. Er war in den Marken als jüngstes von 18 Kindern aufgewachsen und nur ein armer Schäfer. Doch schon in sehr jungen Jahren hatte ihn seine Berufung erreicht. Sein Noviziat hatte er bei den Observanten von La Verna verbracht, wo er von Bernardino selbst eingekleidet worden war, wie er gerne erzählte, ebenso, daß Bernardino es war, der ihm Mut gab, die schwere Aufgabe des Predigerlebens auf sich zu nehmen, ihm aber auch riet, nicht auf den Genuß von Fleisch zu verzichten, wenn sich Zeichen körperlicher Erschöpfung bemerkbar machten.[17] Ihre Freundschaft reichte also weit in alte Tage zurück. Giacomo hatte Bernardino loyal zur Seite gestanden, als er der Ketzerei angeklagt war, und

ebenfalls in den schweren Jahren, als er das Amt des Generalvikars innehatte. Zusammen waren sie in Fiesole, in den Marken, in Siena, Bologna und
Assisi gewesen – und jetzt, bei ihrer letzten Begegnung, gingen sie zusammen fischen.

Vom Trasimener See wandte Bernardino sich nach Perugia, „der Stadt, die
ganz nach meinem Herzen ist". Dort empfing ihn eine große Menschenmenge und bedrängte ihn, er möge noch einmal von der prächtigen Marmorkanzel aus zu ihnen predigen, die sie eigens für ihn neben dem Portal ihres
Doms errichtet hatten. Die Legende will jedoch, daß er zwar noch die
Treppen der Kanzel erklomm, seine ausgemergelte Hand zitternd zum
Segen erhob und die Menschen auf die Knie fielen, daß ihm dann jedoch
plötzlich die Stimme versagte und er wieder von der Kanzel herabstieg, ohne
ein einziges Wort gesagt zu haben. „Er schenkte und er nahm wieder fort",
„*Prima, quae dedit donum, dies abstulit*", hörte man ihn leise vor sich hin
murmeln.[18]

Von Perugia begab er sich nach Assisi, um dort am Grab des Heiligen
Franziskus zu beten, dann weiter nach Spoleto und Foligno (wo er die Kor-
del seiner Kutte liegen ließ), darauf an den kleinen See von Piediluco, wo der
Heilige Franziskus ebenfalls gepredigt hatte. Dort überfiel Bernardino die
Dysenterie, doch er überwand seine Schwäche und predigte trotzdem zu sei-
ner Gemeinde dort.

Diese ganze Reise konnte er nicht mehr wie früher zu Fuß bewältigen; er
war derart geschwächt, daß er auf seinem Eselchen reiten mußte. Immer,
wenn die vielen Menschen kamen, um ihn zu sehen, lächelte er und sagte zu
seinen Mitbrüdern: „Seht nur, jetzt, da ich hoch zu Roß komme, ehrt man
mich zehnmal mehr als damals, als ich zu Fuß kam. Und den Unterschied
verdanke ich ausschließlich meinem *ciuchino* (Eselchen), der Würde dieses
meines Tierchens!" Wo er auch hinkam, geschahen wunderbare Heilungen.
In Rieti kam ihm eine große Menschenmenge entgegen, um ihn zu empfangen. Im Franziskanerkloster hatte man ein Festessen für ihn ausgerichtet;
doch er konnte nur ein paar in Wasser aufgeweichte Brotkrumen zu sich
nehmen, denn wieder hatte ihn ein akuter Anfall von Dysenterie gepackt.
Trotzdem war er so heiterer Stimmung, daß seine Fröhlichkeit sich auf die
ganze Gesellschaft übertrug.[19]

Aber immer mehr schwand seine Kraft und nur noch sein Geist trieb ihn
weiter. „*Cor eius flammigeratum*", sagt Giovanni da Capistrano, „*quiescere
non valebat*". („Sein brennendes Herz wollte nicht ruhen.") Am 14. Mai,
bevor sie Cittaducale erreichten, hatte Bernardino ein langes Gespräch unter
vier Augen mit Fra Bartolomeo Mariani, einem seiner Mitbrüder.[20] Im Verlauf dieser Unterredung sagte er Ereignisse voraus, die bald darauf eintreten
sollten. Außerdem ließ Bernardino seine übrigen Gefährten wissen, daß
seine letzte Stunde herannahe. Doch als er die kleine Stadt erreicht hatte,
fand er noch die Kraft, vor der Menschenmenge auf der Piazza zu predigen.
Er forderte seine Gläubigen auf, für ihn zu beten, damit ihm seine Sünden

vergeben würden und ihm ein gnädiger Tod beschieden werde. Dies war seine letzte Predigt.

Noch immer war er entschlossen, seine Knochen in L'Aquila zur letzten Ruhe zu legen. Und wieder machte er sich am nächsten Tag mühsam auf den Weg. In Antrodoco, das 15 Meilen entfernt war, baten ihn die Menschen, er möge zu ihnen predigen, aber zum ersten Mal fühlte er sich nicht imstande, ihre Bitte zu erfüllen. Auf den unwegsamen Bergpfaden über die steilen, felsigen Pässe der Abruzzen mußte er dann sogar absteigen und sich auf den Boden niederlegen. Einmal verlangte er, vom Fieber geschüttelt, nach Wasser. Als er im Abenddämmer an einer Quelle saß, zu der ihn ein Bauer geführt hatte, sah er eine seltsame Gestalt auf sich zukommen, so berichtet die Legende: einen Greis im weißen Gewand des Einsiedlers, auf dem Kopf einen Filzhut in der Form einer dreifachen Krone, auf der sich eine silberne Taube niedergelassen hatte. Es war Papst Coelestin selbst, der demütige Franziskaner, der mit seinem *gran rifiuto* auf den Papstthron verzichtet hatte und seine letzten Tage in der Abgeschiedenheit einer Höhle dieser Berge im Gebet zugebracht hatte. Er erschien nun seinem Mitbruder, der ebenso reinen Herzens war und den Dingen der Welt ebenso entsagt hatte wie er, in einer Vision. Wortlos umarmte er Bernardino, segnete ihn, und entschwand wieder im Schatten der Felsen.[21]

Bernardino war so erschöpft, daß er an diesem Abend das nur wenige Meilen entfernte L'Aquila nicht mehr erreichte. Schlaflos verbrachte er die Nacht in dem Weiler San Silvestro. Seine Gefährten trugen ihn am Morgen des 20. Mai 1444 auf einer Trage in das Franziskus-Kloster von L'Aquila und betteten ihn in die Zelle, in der sonst sein Mitbruder Giovanni da Capistrano schlief. „Da sagten ihm seine Gefährten: ‚Frate Bernardino, Du bist schon mehr in der Welt des Jenseits als des Diesseits. Mache Dich bereit.' Dieser antwortete: ‚Ich bin es zufrieden, es zu tun und zu sterben.'"[22] Zum allerersten Mal bat er darum, die zahlreichen Menschen nicht empfangen zu müssen, die sich vor dem Klostertor drängten und ihn besuchen wollten; er wollte allein sein, um in Frieden... „den Geist bereit zu machen für die große Reise, die die Seele macht, wenn sie das Fleisch verläßt". – „...*volzendo... lo spirito al gran viazio che l'anima face quando la carne lassa.*"

Über seine letzten Stunden hat ein gewisser Bruder Giuliano da Milano in einem Brief an seine Mitbrüder in der Lombardei berichtet: Nachdem er die letzte Ölung empfangen hatte, *la extrema armadura*, und er alle Anwesenden gebeten hatte, ihn in ihre Gebete einzuschließen, versank er in Schweigen und regte sich nicht mehr. „Eine Stunde und eine halbe", schrieb Giuliano, „sah ich ihn keine Bewegung machen außer daß er atmete." Ich dagegen, meinte der Schreiber dazu, „wenn ich nur ein wenig Bauchweh habe... kann nicht stillhalten und wehklage auch noch". Aus einem weiteren Satz Giulianos kann man schließen, daß Bernardino vielleicht einen leichten Schlag erlitten hatte, denn beobachtete er: „Er war auf einer Seite tot, und sein Geist war klar."[23]

Vierundsechzig Jahre war Bernardino alt geworden, von denen er zwei-
undvierzig im Orden der Franziskaner verbracht hatte. Als er spürte, daß
sein Ende nahte, zeigte er durch eindeutige Bewegungen unmißverständlich
an, wie einst der Heilige Franziskus, daß er nicht im Bett sterben wolle, sondern auf dem blanken Fußboden. „Die Gefährten hoben ihm zweimal Füße
und Beine aufs Bett zurück, und zweimal stellte er sie selbst wieder auf die
Erde." Darauf breiteten seine Mitbrüder seinen Mantel auf den Ziegelboden
der Zelle und legten ihn darauf nieder. Ein sanftes Lächeln erhellte sein aus-
gemergeltes Gesicht: Nun war auch sein letzter Wunsch in Erfüllung gegangen, der Wunsch, der ihn sein ganzes Leben lang beseelt hatte: *„Abbasso,
abbasso."* „Wenn Menschen so sterben", schrieb Giuliano, „dann ist der Tod
süßer als der Schlaf."[24]

„Und es war der Abend zum Tag der Auferstehung Christi", berichtet der
Chronist weiter, „zur Stunde der Abendvesper, als der Chor der Brüder das
Antiphon sang: ,*Pater, manifestavi nomen tuum hominibus.*'"[25]

# Epilog

*El servo tuo signor beato,*
*Non può stare più celato*
*Che ttullai manifestato*
*Al grande e al piccholino.*

Dein Diener, Seliger Herr,
Kann nicht verborgen bleiben,
Denn Du hast ihn offenbart
Dem Großen und dem Kleinen.

Lamento per la morte di san Bernardino.[1]

Kaum hatte Bernardino die Augen geschlossen, als sich verschiedene Städte um seine Gebeine zu streiten begannen. Nachdem seine Gefährten den Verlust ihres Vaters beweint hatten, wuschen Sie ihn und kleideten ihn nach den Regeln ihres Ordens in eine neue Kutte, damit sie die, in der er gestorben war, mit in ihr Kloster nach Siena nehmen konnten. Darauf legten sie den Leichnam in einen rohgezimmerten Sarg, nagelten den Deckel darauf und schlugen ein Tuch darum. Denn sie hatten vor, sich heimlich bei Nacht davonzumachen und Bernardino nach Siena zurückzubringen.

Irgend jemand verriet jedoch ihr Vorhaben, und sogleich eilte das Volk von L'Aquila zum Franziskanerkloster und zwang die Brüder, den Sarg auszuhändigen. Man zog die Nägel wieder heraus und trug den offenen Sarg „aus der Zelle in die Mitte der Kirche". Dort bahrten sie den Leichnam des zarten, kleinen Bernardino auf, damit die Gläubigen ihm ihre Verehrung darbringen konnten. Die „ließen es nicht dabei, ihm Hände und Füße zu küssen; denn glücklich schätzte sich, wer ihm einen Ring an den Finger stekken konnte!" In der ganzen Stadt verbreiteten sich in Windeseile Gerüchte von den Wundern, die sich in der Kirche zutrugen. Das erste widerfuhr zwei gelähmten Buben, die wieder laufen konnten. Innerhalb der folgenden Tage, da die ganze Bevölkerung von L'Aquila herbeieilte, um vor dem Leichnam niederzuknien, stieg die Zahl der wunderbaren Heilungen auf 30 an.[2]

So erfüllte sich die Prophezeiung aus *fra* Giulianos Brief: „Ich sagte zu den Bürgern hier noch am Abend, da *frate* Bernardino starb: Wartet und seht, dieser wird Wunder wirken. ... Wenn Ihr ihm nicht alle Ehren bereitet, die Ihr ihm bereiten könnt, dann wird der Herrgott alsbald seinen Leichnam auf wunderbare Weise an einen anderen Ort senden."[3]

„So groß war die Menge der Menschen", daß der Bischof die Reiter des

Stadthauptmanns anfordern mußte, „um für Ordnung zu sorgen". Er befahl, daß am Tag Christi Himmelfahrt der Sarg in den Dom von L'Aquila überführt werde. Die Prozession mit dem Sarg zog durch die Straßen der Stadt. „Es kam der Bischof mit allen Geistlichen der Gegend...", und dazu der ganze Rat der Stadt. „...Es wurden 40 Kreuze aus Silber und zwei aus Holz mitgeführt... Die ganze Stadt, Männer und Frauen, folgten ihm [dem Sarg] mit Kerzen und mit Fackeln... wie es an Fronleichnam Brauch ist. Es läuteten gar viele Glocken", darunter auch die des Rathauses, die sie sonst nie läuten, wenn jemand gestorben ist, nicht einmal beim Tod des Königs oder des Bischofs. Darauf wurde der Leichnam wieder ins Franziskanerkloster zurückgetragen. Nach einer Seelenmesse, die ein Augustinermönch hielt, wurde er 26 Tage lang in einer Kapelle dort aufgebahrt. Dorthin strömten nun Pilger aus den abgelegensten Tälern und Bergen der Abruzzen. Und immer wieder gab es Heilungen von Kranken.

Als erster spürte just im Augenblick seines Todes sein alter Freund, Giacomo della Marca, daß Bernardino gestorben sein mußte. Dessen Biograph schreibt: „Und als eines Morgens der Selige Giacomo predigte, heftete er mitten in der Predigt seinen Blick in die Ferne und hielt ein *Erbarme Dich* lang inne, und in diesem Moment starb Bernardino... und als er mit der Predigt fortfuhr, war das erste Wort, das er sprach: ‚Jetzt eben ist eine große Säule gestürzt.' Und nachdem er die Predigt beendet hatte, ging er in seine Zelle und betete mit großer Inbrunst... Und dann setzte sich der Selige Jakob nieder und weinte... und sprach: ‚Mein Vater! Du sagtest mir, Du würdest ins Königreich gehen. Ich dachte, Du meinst das Königreich Neapel, Du aber bist ins Reich der Ewigkeit gegangen.'"[4]

Die Nachricht von Bernardinos Tod verbreitete sich wie ein Lauffeuer in ganz Italien, und die Bevölkerung aller Städte, in denen er einmal geweilt hatte, beweinte ihn. „Ich weiß nicht, ob je in unseren Zeiten ein Vater von seinen Söhnen, oder auch nur ein Lehrer von seinen Schülern mehr beweint wurde", schrieb der Heilige Boncor, „als in ganz Italien... der verehrungswürdige Bernardino!" Wie eine Litanei liest sich das Verzeichnis der Städte, die zu seinen Ehren öffentliche Feiern abhielten: „Perosa [Perugia], die starke und großherzige"; „die verehrungswürdige und prachtvolle Florentiner Stadt"; „Milano, die wunderbare und berühmte Macht"; Bologna, „die großherzige und ruhmreiche" und Ferrara, „die freudenvolle"; Padua, „die höchstberühmte" und die „göttliche città di Vinexa" [Venedig] – und vor allen anderen „la felice cittade di Siena".[5]

Eine volkstümliche Elegie, die einer von Bernardinos Schülern verfaßt hatte, beschreibt den Schmerz seiner Stadt Siena:

*Piangi il tuo dolce glorioso*
*Bernardin, santo e pio,*
*Popul sanese mio*
*Che se n'è ito al celeste riposo...*

*Non vi ricorda ch'el vedeste andar*
*In terra come agniello*
*Quel povero vecchiarello,*
*Tanto benigno, umile e pietoso?...*

*Pianga ciascun Senese il padre suo,*
*Dogliansi grandi, piccoli e mezzani.*
*Piangi, Toschana, e 'l gran chonsiglio tuo,*
*Anco languischin tutti gl'italiani...*

*Pianghino i frati suoi figlioli diletti,*
*Quasi vestiti dalle sagre mani,*
*Tutti, o gran parte, povari perfetti;*
*Poich'egli è spento el lume de' cristiani.*[5]

Beweine deinen süßen, glorreichen
Bernardin, den heiligen und frommen,
Oh, mein Sieneser Volk,
Der in die himmlische Ruhe einging...

Erinnerst Du Dich nicht, daß Du ihn gehen sahst
Hier im Lande wie ein Lämmchen,
Diesen armen, kleinen Alten,
So gütig, bescheiden und barmherzig?

Jeder Sienese beweine seinen Vater,
Mögen Große, Kleine und Bürger klagen.
Beweine, Toskana, auch Deinen großen Ratgeber,
Mögen alle Italiener vor Schmerz vergehen...

Weint, seine Mitbrüder, seine teuren Söhne,
Die er mit seinen heiligen Händen eingekleidet hat,
Ihr alle oder ein großer Teil von Euch seid wahrhaft arm;
Denn Euch ist das Licht der Christenheit erloschen.

Doch in die Tränen der Sieneser mischte sich Bitterkeit; sie konnten und wollten nicht glauben, daß der Heilige Mann, der so viele Jahre einer der Ihren gewesen war, auf immer für sie verloren sein sollte, und daß man ihnen seinen Leichnam nicht aushändigen wollte.

*Aquila ladra innamorata*
*Di Bernardin beato!*

Aquila, aus Liebe bist Du die Diebin
des seligen Bernardino geworden.

lautete ein anderes Klagelied, das wahrscheinlich unmittelbar nach Bernardinos Tod von einem seiner Mitbrüder gedichtet wurde.[6]

Den Brief aus L'Aquila, der nicht nur die offizielle Nachricht von Bernardinos Hinscheiden enthielt, sondern auch schon Berichte von den ersten
Wundern, die sich an seinem Leichnam zugetragen hatten, verlas man am 10.
Juni vor versammeltem Volk. In der darauffolgenden Woche wurden zu seinen Ehren Messen abgehalten, und zwar nicht nur in Siena selbst, sondern
im ganzen Gebiet der Stadtrepublik. Um die Kosten dafür zu bestreiten, erhob die Kommune eine Sondersteuer auf den Verkauf von Fleisch.[7] Auch
schickten die Sieneser zwei Gesandtschaften auf den Weg: eine nach Rom,
um den Papst zu bitten, er möge die Rückführung von Bernardinos Leichnam in seine Heimatstadt anordnen und eine Heiligsprechung billigen, die
andere nach L'Aquila, um Bernardinos sterbliche Überreste zurückzuholen.

Beiden Gesandtschaften war kein Erfolg beschieden. Der Papst wollte in
L'Aquila keine Unruhe erregen und weigerte sich deshalb, die Rückführung
von Bernardinos Leichnam anzuordnen. Die Bürger von L'Aquila entrüste-
ten sich, Bernardino habe schließlich seine Wünsche genügend klargemacht,
indem er gerade ihre Stadt gewählt habe, um dort zu sterben. Man kam den
Gesandten nur so weit entgegen, daß man Bernardinos Mitbrüdern gestattete, die Kleidungsstücke, die er bei seinem Tode getragen hatte, und seine
Habseligkeiten, die in seiner Zelle zurückgeblieben waren, als Reliquien mit
nach Siena zu nehmen. Doch als die Gesandten heimkehrten nach Siena,
seine Sachen auf dem Rücken seines Eselchens, zogen die Sieneserinnen dem
armen Tier die Haare beinahe einzeln aus, da sie alle unbedingt eine
„Reliquie" ergattern wollten, und wenn es nur ein Haar seines treuen Esels
war.[8]

Wenige Heilige wurden so schnell nach ihrem Tod heiliggesprochen wie
Bernardino. Dennoch erschien den ungeduldigen Bürgern von Siena und
L'Aquila sowie den Observanten die Zeit von sechs Jahren zwischen Tod
und Heiligsprechung noch viel zu lang. Kaum zwei Monate nach seinem
Tod, also Ende Juli, wurden die ersten Gesandten mit einer Liste von allen
Wundern des Heiligen von Siena nach Rom geschickt. Doch sie berichteten:
„Wir trafen Seine Heiligkeit wohlgeneigt an." Der Papst habe jedoch betont,
daß „die Kirche auf keine Sache so viel Feierlichkeit, sorgfältige Abwägung
und reifliche Überlegung verwende wie auf die Kanonisierung eines Heiligen, und daß viele Dinge dazu nötig sind." Immerhin wurde die Angelegenheit nach wenigen Tagen einer Kommission von drei Kardinälen anvertraut,
nachdem der Papst „gesagt hatte, er wolle tun was er könne, und er sehe es
als ein großes Glück für sich an, daß ihm Gott diesen Mann zu seiner Amtszeit gesendet habe, so daß er ihn heiligzusprechen habe." So vertrauten die
Gesandten die Sorge für die Interessen Bernardinos einem Sieneser Kanoniker in der Kurie an und waren froh, daß sie wieder nach Hause zurückkehren durften.[9]

Der Observantenorden war unterdes auch nicht müßig gewesen. Giovanni da Capistrano war unverzüglich nach L'Aquila geeilt, um die Wunder,
die sich bei Bernardinos Leichnam zutrugen, *selbst* zu untersuchen und um

den Aquilanern anzuraten, daß sie gut daran täten, ebenfalls eine Gesandt-
schaft an den Papst zu schicken. Doch als das nächste Konsistorium abgehalten wurde, stand die Heiligsprechung eines ganz anderen frommen Mönchs
auf der Tagesordnung, eines Mönches, der bereits 140 Jahre zuvor gestorben
war und nicht weniger als 300 Wundertaten auf seinem Konto verbuchen
konnte![10] Die Aussichten für eine Heiligsprechung Bernardinos standen daher sehr schlecht; als Bruder Giovanni dem Papst persönlich darüber Bericht
erstattete, rief er: „Nicht Du, sondern der Dir nachfolgen wird, wird dieses
Werk vollenden!"[11]

Sicherlich war eine der Ursachen für diese Verzögerung die Tatsache, daß
Bernardino sehr offen über die Korruption des hohen Klerus hergezogen
war; darunter gab es etliche Persönlichkeiten, die noch am Leben waren. Ein
weiteres Hindernis stellten nun die Mailänder Anhänger des Mathematikers
Amedeo de Landris dar, den Bernardino bei seinem letzten Besuch in der
lombardischen Hauptstadt der Ketzerei angeklagt hatte. Diese führten ins
Feld, daß Amedeo ja freigesprochen worden sei, und daß folglich Bernardino, der ihn verleumdet hatte, im Zustand der Schuld gestorben sei und daher unmöglich für eine Heiligsprechung in Frage käme. Alle diese Angriffe
gegen Bernardino kamen nicht unerwartet, wie ein Brief Giulianos nach
Bernardinos Tod beweist: er forderte nämlich sämtliche Freunde auf, alle
Wunder zu beschreiben, die sich in L'Aquila ereignet hätten. Vor allem,
schreibt er, „wird es gut sein, dieses Schwein von einem Hanswursten
zu finden, den mit der Sekte, und ihm den Kopf ohne Seife zu waschen"
[d. h. ihm eine gründliche Abreibung zu verabreichen, d. Ü.]. Obgleich
Papst Eugen umgehend sein früheres Urteil zurücknahm, als er hörte, daß
Bernardino es gewesen war, der Amedeo de Landris angeklagt hatte,
verzögerte diese Episode zweifellos den Prozeß der Heiligsprechung Bernardinos.[12]

Unterdessen war Papst Eugen selbst dem Tode so nahe, daß Giovannis
Prophezeiung wirklich eintraf: Sein Nachfolger würde die Entscheidung zu
fällen haben. Das war der gelehrte und fromme Nikolaus V., der Bernardino
in Florenz kennengelernt hatte. Er legte der Kommission nahe, die Untersuchung der Dokumente, die ihr unterbreitet worden waren, voranzutreiben.
Die *camera*, d. h. die Kommune von L'Aquila, und die Prioren der Republik
Siena beschlossen indes, die Hälfte der erforderlichen Summe für den Prozeß der Heiligsprechung aufzubringen, und zwar jeweils 2500 Gulden.[13]
Des ungeachtet zog sich die Angelegenheit noch weitere drei Jahre hin.

Als schließlich alles so gut wie abgeschlossen schien, tauchte völlig unerwartet ein neues Hindernis auf: Die Wunder, die von dem Leichnam Bernardinos ausgingen, versiegten! Als Giovanni da Capistrano davon erfuhr, eilte
er erneut nach L'Aquila, verbrachte eine ganze Nacht im Gebet am Grab
seines Lehrers und, wie ein Zeitgenosse erzählt, flehte Bernardino im Namen des franziskanischen Gehorsams und im Namen des Heiligen Geistes
an: „Ich ersuche Euch, wieder Wunder zu vollbringen, wenn Ihr bei Unse-

rem Herrn etwas ausrichten könnt!" Am folgenden Tag, so lesen wir, bega-
ben sich die Siechen wieder in die Franziskuskirche und wunderbare Heilungen setzten von neuem ein. Als der Kommission die vollständige Liste aller
Wunder vorgelegt wurde, füllten sie sechs große Folioseiten.[14] Man sagt sogar, daß *fra* Giovanni in seiner Hingabe an Bernardinos Sache noch einen
Schritt weiter gegangen sei. Er habe den Leichnam von *fra* Tommaso da Firenze, eines anderen heiligen Franziskaners, der nach seinem Tod Wunder
vollbrachte und dessen Heiligsprechung zu der Zeit erwogen wurde, inständig gebeten, so lange von seinen Wundertaten abzulassen, bis Bernardinos
Heiligsprechung glücklich erfolgt sei![15]

Schließlich kehrte Giovanni erneut nach Rom zurück, um den Papst im
Namen aller ungeduldig wartenden Observanten dringend zu bitten, eine
weitere Verzögerung zu verhindern. Auf Knien bat er ihn, den alten Brauch
der Feuerprobe anzuwenden: Bernardinos Leichnam solle auf einen bren-
nenden Scheiterhaufen gelegt werden, und er selbst würde sich lebendigen
Leibs daneben legen. „Wenn das Feuer uns verzehrt, dann schreibt es nur
meinen Sünden zu; doch wenn es uns kein Leids antut, dann erkennt Ihr,
daß es der Wille Gottes ist, daß mein Gebet erhört werden soll!"[16]

Es ist nicht überliefert, wie der Papst auf diesen Vorschlag reagierte. Immerhin zeichnete sich im Frühling der Erfolg ab: Ein anderer Gesandter von
Siena berichtete, daß Bernardinos Heiligsprechung am Pfingstsonntag gefeiert werden sollte, wenn das Generalkapitel der Franziskaner sowieso in Rom
tagen würde.[17] Und am 14. Mai konnten wieder zwei andere Sieneser Gesandte mitteilen, daß die lang ersehnte Entscheidung gefallen war.

Als dieser Pfingstsonntag gekommen war, übertrafen die Feierlichkeiten
alle Erwartungen, selbst die der glühendsten Anhänger des Heiligen. Zur
Feier der Abdankung des Gegenpapsts Felix V. und der damit verbundenen
Beendigung des Reformkonzils von Basel, das zum Großen Schisma geführt
hatte, ordnete Nikolaus V. ein Heiliges Jahr an. Rom brodelte über von Pil-
gern, die von Kirche zu Kirche hasteten, so daß Giannozzo Manetti, der
auch zugegen war, die Pilgerströme mit einer Prozession von Ameisen verglich. „Man sah zahllose Menschengruppen herankommen", schrieb ein Sieneser Chronist, „Franzosen, Deutsche, Spanier, Portugiesen, Griechen, Ar-
menier, Dalmatiner und Italiener, die alle Kirchenlieder in ihrer jeweiligen
Sprache sangen"; alle trugen die traditionelle *schiavina*, das rauhe Pilgergewand, dazu den Pilgerhut, die Jakobsmuschel um den Hals und einen Pilgerstab in der Hand. Nach Aeneas Silvius Piccolomini sollen es 40 000 gewesen
sein, die die Stadt überfluteten. So war es kein Wunder, daß mit der ersten
Sommerhitze die Pest wieder einmal ausbrach.[18]

Auch über 3 000 Franziskaner waren aus allen Teilen Europas nach Rom
geströmt, zum einen, um auf dem Generalkapitel des Ordens den neuen Generalvikar zu wählen, zum anderen, um der Heiligsprechung Bernardinos
beizuwohnen. Ihre Prozession war so lang, daß, wie ein Augenzeuge berichtet, „...die ersten schon in die Peterskirche getreten waren, während die

letzten immer noch nicht alle das Kloster auf dem Kapitol verlassen hatten". In Sankt Peter drängte sich eine so dichte Menschenmenge, „daß sich niemand einzeln bewegen konnte, sondern wie die Welle des Meeres mußten wir uns alle gleichzeitig in eine einzige Richtung bewegen". Der Papst persönlich hielt die Lobrede, und er hatte auch selbst die offizielle Bulle „*Misericordias Domini*" verfaßt, die die Heiligsprechung besiegelte und in der er bestätigte, daß „dieser heilige Mann Christus diente und ihm nachfolgte".

Den Feierlichkeiten in Rom folgten so gut wie alle Städte, in denen Bernardino sich aufgehalten hatte; sie alle hielten prachtvolle Feiern zu seinen Ehren ab, allen voran Perugia, L'Aquila und Siena. Kaum hatten Botschafter die frohe Nachricht aus Rom in seine Heimatstadt gebracht, „wurden sogleich die Geschäfte geschlossen, von allen Kirchtürmen läuteten die Glocken, alle Stadttrompeter bliesen zum Fest, am Abend wurden große Freudenfeuer entzündet." Die *contrade*, die Stadtviertel, wetteiferten miteinander in der Ausschmückung ihrer Straßen mit Girlanden und Bogen aus frischem Grün. Überall wurden im Freien Altäre aufgestellt und Dankmessen abgehalten. Auf den Plätzen der Stadt tauchten Bilder von Bernardino und seinem Emblem auf, das auch auf Fahnen im Wind flatterte. „Und dann wurde ein schönes Fest auf dem Campo veranstaltet, der rundum mit Bäumen, Bogen und Girlanden geschmückt war." Alle wetteiferten darin, Dekorationen beizusteuern, „jede Zunft... und auch alle *contrade* in Siena". Am 14. Juni war der Campo mit Brokatstoffen und Standarten geschmückt und von Fackeln erleuchtet wie ein Salon. „Zu Füßen des Palazzo wurde ein Gerüst errichtet, und eine Vesper mit dem Bischof gesungen." In dieser Nacht wurde „an den Fenstern des *Palazzo Podestà* ein *paradiso* gezimmert" (vermutlich mit Engels- und Heiligenfiguren) „mit schönen Stoffen ausgeschlagen, einem Rad mit Lichtern und einem kunstvollen Feuerwerk, in dem eine Figur des Heiligen Bernardino zum Klang von allen Musikinstrumenten, die man sich nur denken kann, gen Himmel fuhr." – „So wurde", schreibt der Chronist, „der Heilige Bernardino zu Füßen Gottes geführt."[19]

In Perugia verliefen die Feierlichkeiten nicht viel anders. Die Wachskerzen, die auf der Prozession mitgeführt worden waren, wurden aufgehoben, um damit den Grundstock zu einer Stiftung zu legen; des Oratorio di San Bernardino; die eleganten Reliefs von Agostino di Duccio sind noch heute dort zu bewundern.

Auch L'Aquila beschloß auf Vorschlag Giovannis da Capistrano, eine neue Kirche zu errichten als würdigen Schrein für den Leichnam des Heiligen. Sobald Giovanni jedoch abgereist war, widersetzten sich die Konventualen von L'Aquila dem Projekt, denn sie wollten natürlich nicht, daß der Leichnam aus ihrer eigenen Kirche entfernt würde. So überredeten sie die Oberservanten, ihre Einwilligung zu geben, lediglich eine neue Kapelle innerhalb der Franziskanerkirche zu bauen, die als neuer Schrein für den Heiligen dienen sollte. Kaum hatte diese Nachricht jedoch Giovanni erreicht,

der gerade in Krakau predigte, schickte er einen wütenden Protestbrief, in
dem er absichtlich an den Bürgerstolz der Aquilaner appellierte und gleichzeitig an ihren Eigennutz. „Eure Stadt ist durch den Heiligen Bernardino
sehr fett geworden, und daher seid Ihr auf dem besten Wege, Gott zu versuchen, daß er sie durch neue Geißeln wieder mager macht! Ich armer Greis,
in fremden Landen, habe im Lauf von drei Jahren 14 Klöster errichten lassen, von denen acht dem Heiligen Bernardino geweiht sind, und die erha-
bene *Camera Aquilana* will ihm nur ein Kapellchen errichten?"

Gleich nach Erhalt dieses Briefes eilten die Ratsherren an Bernardinos
Grab, um ihn um Vergebung zu bitten. Doch dann hob der Streit unter ihnen von neuem an, wo denn nun die Errichtung der neuen Kirche geplant
werden sollte. Erst als Giacomo della Marca L'Aquila besuchte, wurde die
Frage entschieden. Als er nämlich an der Spitze einer Prozession durch die
Stadt schritt, hielt er an einem geräumigen Gelände neben San Salvatore,
dem Hospital der Stadt an, und erklärte, es sei Gottes Wille, daß an dieser
Stelle die Kirche des Heiligen errichtet werden solle. Und er selbst zeichnete
die Umrisse des Gebäudes auf den Boden. Jubelnd schrieb er gleich danach
unter dem frischen Eindruck an Giovanni da Capistrano: „Ich unwürdiger
Diener Gottes und des Heiligen Bernardino nahm eine Hacke, und mit dem
ersten Hieb rief ich den Namen des ewigen Gottes an." Das war am oberen
Ende des Kreuzes. Mit den nächsten Hieben markierte er die Kreuzesarme
und rief Gottes Sohn und den Heiligen Geist an, „in der Mitte des Kreuzes
[war] die Anrufung der glorreichen Jungfrau Maria. Und schließlich am Fuß
des Kreuzes rief ich den Namen unseres geliebten Vaters Bernardino an, mit
so viel Fröhlichkeit und Gesang und Jubilieren der Seele und des Körpers,
daß es keine Sprache je in Worte fassen kann. ... Freue Dich also mit mir
kleinem Alten. Du bist alt geworden, da Du weit weg von den Ländern Italiens in fernen Landen weilst und dort das Evangelium des Friedens jenen
Völkern und Nationen gepredigt hast."[20]

Ein Erdbeben verzögerte abermals den Bau der Kirche. Doch 1471 endlich war sie fertig und wurde geweiht; im Jahr darauf wurden die Gebeine
des Heiligen dorthin überführt.

Als 28 Jahre nach seinem Tod der Sarg des Heiligen geöffnet wurde, war
sein Körper noch vollständig erhalten. Er wurde „in eine Damastrobe gekleidet und mit einer goldenen Kordel gegürtet" – was ihm sicher höchst un-
angenehm gewesen wäre – und dann in einen Schrein aus Bergkristall mit
Beschlägen aus Silber und Gold gelegt. Dieser wurde jedoch neun Jahre später im Jahr 1481 durch einen noch prächtigeren Silbersarkophag ersetzt, ein
Geschenk des Königs von Frankreich. Zum Schluß wurde darüber noch ein
reichgeschmücktes Marmordenkmal errichtet.[21] Hier endlich durfte der
kleine, müde Körper des Mönchs für immer ausruhen.

Beinahe jede Stadt, in der Bernardino einmal gepredigt oder gewohnt
hatte, behauptete nun, eine kostbare Reliquie von ihm zu besitzen. Bei manchen von ihnen ist deren Echtheit mehr als zweifelhaft. Sowohl L'Aquila als

auch das Kloster von Monteripido bei Perugia bestehen darauf, daß sie seinen *bordone*, den Pilgerstab, besäßen; Foligno, Perugia und Viterbo behaupten, daß *il cordone*, die Kordel seiner Mönchskutte in ihrem Besitz sei; L'Aquila, Florenz und *die Compagnia di San Bernardino* in Siena besitzen seine Organe, *le polveri*; verschiedene Klöster in allen Teilen Italiens weisen eine Kutte, eine Kappe oder einen Umhang vor. Das Kloster von Ognissanti in Florenz besitzt heute noch die Tafel mit seinem Emblem, die er benützte, wenn er dort predigte, Assisi seine Prozessionsfahne. 1609 unternahmen Mitglieder der *Compagnia di San Bernardino* von Siena eine Reise nach L'Aquila, um zu versuchen, dort noch weitere Reliquien zu bekommen. Und wirklich, „nachdem sie reiche Geschenke gemacht hatten", kehrten sie stolzgeschwellt mit dem Messer zurück, mit dem der Leichnam ihres Heiligen seziert worden war, und schenkten es der *Signoria* von Siena.

Auch der Herzog von Mailand bat gleich nach Bernardinos Tod, man möge ihm eine Kappe geben und eine Brille des Heiligen, denn er hoffte, daß sie ihm selbst das schwindende Augenlicht wieder zurückgeben könnte. Beides wurde ihm vom Sieneser Stadtregiment gesandt, zusammen mit einem Brief, in dem die *Priori* ihn baten, er möge sich beim Papst für Bernardinos Heiligsprechung verwenden. Die Brille wurde eine Zeitlang im Castello von Pavia aufbewahrt, bis jemand sie zerbrach. Heute ist sie spurlos verschwunden.

In Siena selbst und im Sieneser Land, wo nahezu jedes Dorf, jeder Hügel seine Schritte vernommen hat, sind die meisten der wirklich authentischen Gegenstände erhalten, die der Heilige am Körper getragen oder selbst benützt hat. In der winzigen Dorfkirche Santa Maria dell'Osservanza nahe bei Montalcino kann man heute noch die kleine, rohgezimmerte Kanzel sehen, von der er seine erste Predigt hielt. Sein Brillenfutteral, eine seiner Kutten, Kelch und Patene aus Zinn sind im Oratorio di San Bernardino in Seggiano, am Fuß des Bergs, auf dem die Ruinen vom *Colombaio* stehen, zu besichtigen. Die Bruderschaft von San Sebastiano in Siena verehrt das Kruzifix aus knorrigem Wurzelholz, das er vor seiner Gemeinde hochzuhalten pflegte. Die wenigen Habseligkeiten, die er bei sich hatte, als er in L'Aquila starb und die einen Monat nach seinem Tod inventarisiert wurden, dazu einige Bücher, die Bulle, mit der Papst Eugen ihn freisprach, und seine eigenen Predigten befinden sich noch heute an dem Ort, der seiner irdischen Heimat am nächsten liegt, nämlich im Convento dell'Osservanza bei Siena. Rührend ist ihr Anblick und ihre Aufzählung durch einen seiner Gefährten: „Eine komplette Kutte, die er anhatte, als er starb... Ein Mantel, auf dem er starb, als man ihn auf die Erde gelegt hatte... Eine Kappe, die er benützte. Ein Paar Strümpfe. Ein Paar Sandalen. Ein Brillenkästchen mit zwei Brillen. Eine Sanduhr mit Ledergehäuse. Ein Paar Filzstrümpfe, die er nur selten trug."[22] Außerdem existiert noch die Kutte, die er anzog, wenn er auf seinem Eselchen zu den verschiedenen Predigtorten reiten mußte, als er schon alt war, und ein Fragment von dem Strick, den er als Gürtel trug.

Auch alle übrigen Gegenstände aus seinem persönlichen Besitz sind arm-
selig, gering, unaufwendig und sehr stark abgenützt – sie passen gut zu ihrem Besitzer. Selbst die Seiten seines Taschenbreviers sind ebenso wie sein
Pergamentumschlag vom täglichen Gebrauch ganz durchsichtig geworden.
Sie liegen allesamt im Vorraum zu seiner Zelle, die erst im Zweiten Weltkrieg
durch Artilleriebeschuß zerstört, aber in originaler Form wieder aufgebaut
wurde. Über die Tür schrieb einer seiner Mitbrüder: „Hier werde ich Zuflucht finden vom Lärm der Welt, hier werde ich rasten, studieren und meditieren, hier mich bereit machen fürs Paradies."

Am Ende der Geschichte angelangt bleibt die eine Frage: Was gab den Zeitgenossen Bernardinos degli Albizzeschi die Gewißheit, daß sie einen Heiligen vor sich hatten, ja, was vermittelt den Menschen 500 Jahre später dieselbe Gewißheit?
    Er war kein scharfsinniger Theologe, wie er selber zugab, sondern er
folgte nur dem Pfad, den die „Dottori" ihm vorgezeichnet hatten; auch war
er kein großer Mystiker wie der Heilige Franziskus oder die Heilige Katharina von Siena; auch stand ihm der Heiligenschein derer nicht zu, die Verfolgung oder den Märtyrertod erlitten. Und doch hatte er etwas an sich, was
die unterschiedlichsten Menschen instinktiv erkannten: Der mißtrauische
Visconti, der Tyrann von Mailand; der ironische Aeneas Silvius Piccolomini;
der ehrgeizige Kaiser und der sittenstrenge Papst Eugen IV.; aber auch die
geldigen Kaufleute von Siena und Florenz, die Humanisten der Universität
Padua, ebenso wie die Söldner, die allerorten die Landstraßen unsicher
machten, bis hinunter zu den Armen und Gedemütigten. Was verband all
diese Menschen in ihrer Bewunderung für Bernardino? Was war das Zeichen, an dem sie ihn erkannten?
    Seine Anziehungskraft auf Menschen beruhte sicherlich nicht zuletzt auf
seiner äußeren Erscheinung: Diese hagere, ausgezehrte zierliche Gestalt, das
von selbstauferlegten Entbehrungen gezeichnete Antlitz, das die Leute mit
der Vorstellung von einem Heiligen verbanden. Und dann war da natürlich
seine Begabung für das Wort, ein Talent, für das gerade in Italien die Menschen seit jeher ganz besonders empfänglich sind. Doch was die Menschen
zu Tausenden anzog, nur um ihn persönlich sprechen zu hören, und sie
nicht selten dazu bewog, ihr Leben zu ändern, war sicher das, was bereits
Dante *l'intelletto d'amore*, das liebende Verstehen, nannte. Er verstand die
Männer und Frauen, zu denen er sprach, verstand sie, weil er sie liebte.
    Ja, er glaubte, außer dieser Art von Verstehen gäbe es keinen Weg zum
Nächsten. Ohne Umschweife sagte er, daß die Fähigkeiten des Intellekts
mehr als beschränkt seien, wenn es um das Verstehen eines anderen Menschen gehe – das hielt er selbst berühmten Philosophen und gerissenen Geschäftsleuten vor. Die wahre Erkenntnis rührt aus dem Herzen allein. „Wie
kennt man die Frau, die den Gatten liebt, von der weg, die ihn nicht liebt?
Die Liebe bringt es an den Tag. Die, die liebt, merkt sogleich, was ihm fehlt,

wenn sie ihn sieht, und sie erkennt, woran er leidet, in einem Augenblick, und sie hilft ihm in allem, was er nötig hat und glaubt ihm, was er sagt... Gott ebenso. Wer Gott liebt, wird ebensosehr von Gott geliebt. Er erkennt ihn in dem Maß wie er ihn liebt.[23] Dasselbe gilt auch für die Menschen untereinander. „Es ist ein großer Schritt vom Denken bis zum Verstehen und zum Fühlen. Viele gibt es, die denken können; viel weniger zahlreich sind die, die verstehen können; und nur sehr wenige gibt es, die sich einfühlen können... Hör' noch ein Exempel, das grob, sehr grob und fein, sehr fein zugleich ist. Wenn einer mitten auf dem Stadtplatz gehenkt wird, dann gafft ihn eine große Menge von Menschen an, und im Inneren werden sie über seine Missetaten nachdenken. Andere, Einsichtigere, werden den Mann selbst verstehen und auch, welchen Schmerz er in seinem Inneren erleidet; doch wenn Vater, Mutter oder Sohn anwesend sind, werden sie an sich selbst die ganze Pein fühlen, die der Mann am Strang im Innersten erleidet... Das wollte Meister Paulus uns klarmachen über den ans Kreuz geschlagenen Christus... er sagte nicht, daß wir Ihn verstehen sollten, sondern, daß wir Ihn in uns selbst fühlen sollen, so wie Er selbst am Kreuz gefühlt hat... *Hoc enim sentite in vobis.* Ich sage, es ist ein großer Unterschied, eine Sache von außen her zu fühlen, sie von innen her zu fühlen und sie in sich zu fühlen."[24]

Diese kostbare, innere Teilnahme, dieses Mit-Leiden im eigentlichen Sinn des Wortes, das ist es, ohne das Bernardino nicht denkbar wäre. Bei vielen Heiligen, den großen Mystikern vor allem, denkt man in erster Linie an ihr eigenes Verhältnis zu Gott. Bei anderen hingegen denkt man vor allem an das, was sie – durch Gott – für die Menschen getan haben. Zu diesen gehören der Heilige Filippo Neri und der Heilige Vincenzo de' Paoli – und auch der Heilige Bernardino. Unermüdlich erinnerte er andere Menschen daran, daß Gottes Gnade immer auf sie wartet – doch nur dann, wenn sie sie aus freiem Willen auch wirklich suchten. „Wenn Du das Fenster Deines Einverständnisses öffnest, dann wird da die Wärme der Barmherzigkeit Gottes sein. Mach' Dich bereit, sie zu empfangen, wie die jungen Schwalben im Nest, die alle sogleich ihren Schnabel aufreißen, um die Atzung zu empfangen." Und Bernardino mahnt: „Je nachdem, wie sehr Du Dich Gott anvertraust, so wird er Dir beistehen, nicht mehr und nicht weniger. Bestimme Du selbst das Maß. Sagt Gott der Herr: ‚Wenn Du großes Vertrauen in mich setzt, werde ich Dir in reichem Maß beistehen; wenn Du mir mittleres Vertrauen entgegenbringst, dann helfe ich Dir eben mittelmäßig. Wenn wenig, dann wenig.'"[25] Zudem ließ er seine Zuhörer auch wissen, daß selbst ihm manchmal die Leiter zum Himmel reichlich steil vorkam, daß er nicht nur ihr Lehrer war, sondern ihr Gefährte. „Den Glauben erwerben wir mit Mühen, die Hoffnung mit Mühen, Liebe mit Mühen... Wer immer sagen will, daß er diese Tugenden besitze, möge auch sagen: ‚Ich habe sie mit großen Mühen erlangt.'"[26]

Niemals, auch wenn er noch so streng tadelte, wollte er etwas Besseres sein als die Menschen, zu denen er predigte; stets war er sich des unermeßlichen Wertes eines jeden einzelnen bewußt. „Gott", so sagte er, „…liebt *eine* Seele mehr als alle Kirchen auf der Welt." Und dieser Glaube durchdringt seine gesamte Lehre. „Christus ist nicht auf die Erde gekommen und dort gestorben, damit Kirchen aufgemauert werden, sondern allein um eine Seele zu retten, und wenn es nur eine einzige Seele gewesen wäre und keine mehr."[27]

Bernardinos Liebe zu seinen *pecorelle*, zu seinen Schafen, war weder nachsichtig noch sentimental. Er machte sich keine Illusionen über ihre Narreteien, Sünden und Begierden. Er liebte sie ganz bestimmt nicht mit diesem unpersönlichen Wohlwollen, das manche Prediger-Mönche an den Tag legten – ein Feuer, an dem sich niemand wärmen konnte – vielmehr brachte er ihnen eine Liebe entgegen, wie sie in einer Familie herrscht, immer kritisch und stets bereit, ihre Fehler zu entdecken und sie ihnen voller Humor vorzuhalten. Selbst wenn er eine Sünde verdammte, so verlor er dabei doch nie den Sünder, den Menschen, aus dem Auge. Er schimpfte sie, er verspottete sie, und doch empfand er eine deutlich spürbare Zärtlichkeit gegenüber diesen schnatternden, verlogenen Weibern in ihren närrischen Hüten, gegenüber diesen gestandenen, knauserigen Krämern, diesen ungebildeten Mönchen, den streitsüchtigen, eitlen Jünglingen, den Hungerleidern unter dem Landvolk, die ab und zu auch einmal etwas mitgehen ließen.

Freilich, sie waren undankbar, taub und blind – aber so sind die Menschen nun einmal. Die Sünden, die er wirklich nicht ausstehen konnte, bei denen er seine dünnen Lippen zu einer Fratze des Abscheus verzog und ihm das spitze Kinn zu zittern begann, das waren die Sünden gegen die Herzensgüte: Parteienzwist, Unzucht, Geiz, Grausamkeit und Zauberriten, deren Opfer kleine Kinder waren, und die schamlos die Leichtgläubigkeit einfacher Menschen ausnützten. Andere Sünden, die aus Unwissenheit, Armut, Jugend oder Eitelkeit herrührten, konnte er im Inneren seines Herzens nicht allzu streng verurteilen, auch wenn er sich verpflichtet fühlte, sie mit harschen Worten zu verdammen. „Du wirst in die Hölle fahren… alle werdet Ihr zur Hölle fahren!" donnerte er los. „Oh, Bruder Keule, Bruder Knüppel, eilt herbei, eilt herbei…!" Doch hinter den Drohungen saß ein Lächeln, das von einer Herzlichkeit zeugte, die der seines Lehrers, des Heiligen Franziskus glich, „ganz zart, zart, wie die sanfte Liebe einer Mutter, nicht wie die eines Vaters, die ein wenig härter ist." Im Gegensatz zu den meisten anderen Heiligen war Bernardino auch sich selbst gegenüber gut. „Wenn Du zu Gott sprichst", sagte er seinen Mitbürgern, „sprich mit Liebe; wenn Du von Dir selbst sprichst, sprich mit Liebe. … Achte darauf, daß in Dir nichts ist als Liebe, Liebe, Liebe."[28]

*Caritas*, „charitas… la carità… ist die leichteste Ware, die man auf der Welt trägt… sie braucht keine Schiffe, keine Esel, keine Kamele, keine Maultiere, keine Träger." Und sie ist gleichzeitig die Brücke, die diese Welt mit der jenseitigen Welt verbindet, die einzige Tugend, die uns auch dann bleibt, wenn wir diese Welt verlassen: „Wenn wir einst drüben im Paradies sind, wenn Gott uns die Gnade erweist, wird uns nur die Tugend der Liebe dorthin begleiten, und wir werden keinen Glauben an das Göttliche mehr brauchen, denn wir werden den Glauben von Angesicht sehen! Und wir werden keine Hoffnung mehr hegen auf Dinge, die wir nicht sehen, denn wir werden haben, was wir erhofften. Die Liebe... wird uns bleiben da droben im Paradies."[29]

# Anmerkungen mit Literaturhinweisen zu den einzelnen Kapiteln

## Vorwort

### Anmerkungen

1. Der berühmte Sieneser Goldschmied Tuccio di Sano schuf es mit seinem Sohn Giovanni zusammen aus vergoldetem Messing. Das gleiche Emblem befindet sich auch als Fresko von Maestro Battista di Padova im Inneren des Palazzo Pubblico in der Sala del Mappamondo.
2. Von dieser Holzbüste existieren drei Exemplare. Eine befindet sich in der Kirche von Fontegiusta in Siena, eine in San Giobbe in Venedig und eine im Convento dell'Osservanza in der Nähe von Siena. Die Büste von Fontegiusta ist am besten erhalten und mit großer Wahrscheinlichkeit das Vorbild für die beiden anderen.
3. Leider ist in den letzten Jahren auch der Glockenturm eingestürzt, so daß es heute ziemlich schwierig ist, die ursprünglichen Umrisse der Gebäude auszumachen.
4. S. Bibliographie.
5. *Saggi e ricerche nel quinto centenario della morte di San Bernardino*, Mailand 1945.
6. S. *Catalogo della Mostra Bernardiniana*, Siena 1950.
7. Cannarozzi I, S. 46; II, S. 310.
8. Banchi, III, S. 196; II, S. 30f., S. 436; M. Bontempelli, *San Bernardino da Siena*, S. 54.
9. Cannarozzi, IV, S. 205; Banchi I, S. 290; III, S. 65 und passim.

## Erstes Kapitel: Die falsche und die wahre Berufung

### *1. Zusätzliche Literatur*

Cannarozzi, C., Einführungen zu Band I und IV zu *Le prediche volgari*, Pistoia, 1933 und Florenz, 1940.

Misciattelli, Piero, Vorwort zu *Le più belle pagine di Bernardino da Siena*, Mailand, 1924.

Pacetti, P. D., *La predicazione di San Bernardino in Assisi del 1425*, Assisi, Collegium S. Laurentis.

Pacetti, P. D., *La predicazione di San Bernardino in Toscana*, in AFH, XXX, Nr. II–IX, Quaracchi, Florenz, 1941.

Rimbotti, G., *San Bernardino da Siena a Milano*, in BSB, VI (1941), 1.

Ronzoni, D., *L'eloquenza di San Bernardino da Siena e della sua scuola*, Siena, 1899.

Scarongella, M., *Contributo allo studio della lingua di San Bernardino da Siena* in BSB, X (1944–1950).

## 2. Anmerkungen

1. Die Glocke hatte ihren Namen von Sovana in der Maremma, man hatte sie von dort nach Siena gebracht, nachdem die kleine Stadt wegen der Malaria verlassen worden war. Die Glocken spielten in Siena eine wichtige Rolle für den Tagesablauf ihrer Bürger. Sie läuteten nicht nur zum Gebet, sondern zeigten auch Anfang und Ende der Arbeit an, riefen die Männer zu den Waffen und die Mitglieder des Rats zu ihren Versammlungen. Banchi, I, S. 100, Anm. Falletti-Fossati, *Costumi senesi nella seconda metà del secolo XIV*, S. 116. „Die Glocke", sagte Bernardino, „ist die Trompete der Seele." Banchi, III, S. 493.

2. Banchi, *Prediche volgari*, I, S. 7.

3. Das Tafelbild von Sano di Pietro befindet sich im Kapitelsaal des Doms von Siena, das von Neroccio im Palazzo Pubblico.

4. Benedetto war ein *cimatore*, ein Tuchscherer [also ein hochqualifizierter Handwerker, d. Ü.], der das Tuch zuerst vor dem Färben schor und dann nochmals vor dem Spannen und Mangen.

5. Banchi, I, S. XIII (Vorwort) und S. 4 (Prolog).

6. Banchi, I, S. 14, 108, 196; II, S. 35, 241; III, S. 254, 257, 405, 449.

7. Zitiert nach M. Bontempelli, *San Bernardino da Siena*, S. 53. Der große Glockenturm auf der Piazza del Campo, der sich auf der Seite des Palazzo Pubblico erhebt, hieß damals wie heute *del Mangia* nach dem Namen des ersten Glöckners, Mangiaguadagni, zu Deutsch: Geldfresser, Verschwender.

8. Banchi, II, S. 270, Anm. Die Fonte Gaia mit ihren anmutigen Figurenreliefs von Jacopo della Quercia (die Originale befinden sich in der Loggia des Palazzo Pubblico) war erst wenige Jahre vorher auf dem Platz aufgestellt worden. Man sagt, daß sie ihren Namen deswegen hat, weil das Volk sie mit Jubel und Freude, *giubilo e gaiezza* begrüßte.

9. Bargellini, S. 204; Misciattelli, S. IV.

10. Banchi, I, S. 350; II, S. 50, 135; Bontempelli, a.a.O., S. 53.

11. Banchi, II, S. 351–53.

12. Banchi, II, S. 197.

13. Cannarozzi, IV, S. 428; Banchi, III, S. 320; Howell, *San Bernardino of Siena*, S. 87, Zitat aus Leonardo Benevoglienti, *Vita Sancti Bernardini*.

14. Cannarozzi, III, S. 305; V, S. 319.

15. Ihr Sünder, hier zu dieser Stunde, weint mit Mutter Maria,
    Die in großer Not ist –
    Denn sie sieht ihren Sohn – in Schmerzen am Kreuz hängen –
    Und hat keinen Trost.
    ‚Mein engelsgleicher Sohn – der Du nie eine Sünde begingst –
    und in so großer Seelenpein bist!'
    In ihrem großen, unendlichen Kummer stürzt sie betäubt zur Erde –
    Und kann den Schmerz nicht mehr fühlen...
    
    Buß- und Lobgesang aus dem 14. Jahrhundert.

    Diese *Laude* oder Lobgesänge, von denen Jacopone da Todis *Pianto della Madonna* am berühmtesten ist, wurden im 13. und 14. Jahrhundert in ganz Mittelitalien von Bruderschaften wie dieser gesungen. Viele von ihnen wurden weiterentwickelt zu richtigen Passionsspielen, die zu den jeweiligen kirchlichen Festtagen in der Kirche oder auf den Plätzen im Freien aufgeführt wurden und häufig

Ausbrüche tiefer religiöser Inbrunst auslösten. Bernardino lehnte es in seinen reiferen Jahren im Gegensatz zu vielen anderen Volkspredigern seiner Zeit ab, zu solchen emotionalen Mitteln zu greifen, um die Aufmerksamkeit seiner Zuhörer zu fesseln.

16. Banchi, III, S. 295 und II, S. 385.
17. Howell und Padre Pacetti setzen das Zusammentreffen Bernardinos mit Vicente Ferrer ein paar Jahre später an, nämlich auf 1406 oder 1407, aber Facchinetti führt aus, daß es vor 1402 stattgefunden haben muß, da Vicente Italien in diesem Jahr verließ und nie mehr dorthin zurückkehrte. Facchinetti, a.a.O., S. 52–54; Banchi, II, S. 385.
18. Facchinetti, a.a.O., S. 52, zitiert die Version aus den *Vitae Sanctorum* von Surio. Die Version Maffeo Vegios unterscheidet sich unwesentlich davon.
19. Er teilte seinen Besitz in Siena in drei Teile auf und stiftete ein Drittel dem Ospedale della Scala, ein Drittel für die Aussteuer armer Mädchen, ein Drittel für Almosen. Seinen Landbesitz in Massa Marittima schenkte er dem dortigen Kloster der Hl. Clara; der Vertrag wurde auf den Namen einer der Nonnen dieses Klosters ausgefertigt.
20. Banchi, III, S. 39; II, S. 240.
21. Diese Geschichte ist absolut glaubhaft, denn im Mittelalter verfuhr man so mit Leuten (vor allem mit Kindern), die man unter Umständen später einmal als Zeugen für eine wichtige Angelegenheit brauchte. Man gab ihnen vorher eine Ohrfeige oder tauchte sie sogar in einen Brunnen oder Weiher, so daß sich der Vorfall fest in ihr Gedächtnis einprägte!
22. Howell, a.a.O., S. 18, zitiert aus *Opera* III, S. 194, *Seraphim;* Facchinetti, a.a.O., S. 262, zitiert eine Predigt des Seligen Michele da Carcano, der in seiner Jugend Bernardino kannte.
23. Banchi, III, S. 311 f.
24. Diese Geschichte wird sowohl von Maffeo Vegio als auch von Giovanni da Capistrano erzählt.
25. Banchi, III, S. 5. „Armut reist leicht, mit Freude und ohne Stolz." Jacopone da Todi.
26. Banchi, I, S. 184, 198; II, S. 223 f.; Bargellini, *Le prediche volgari del 1427 in Siena,* S. 184. Der Prediger fügte hinzu: „... obwohl so klein, so klein, fängt er schon an, die Bitternis des Lebens zu spüren."
27. Banchi, I, 107 f., 323 f.; Cannarozzi, *Siena,* I, S. 280–82.
28. Facchinetti, a.a.O., S. 80, zitiert Maffeo Vegio und Fra Giovanni da Capistrano.
29. 1411 hatte Bernardino einen gefährlichen Halsabszeß, als er in La Capriola weilte, und es kann gut sein, daß der Abszeß dort aufging und daß dieser Vorgang Auslöser für „das Wunder" war.
30. Cannarozzi, III, S. CIII (Vorwort zu *Le Prediche volgari*) zitiert Barnabò da Siena. Die Adjektive, derer sich Maffeo Vegio zur Beschreibung von Bernardinos Stimme bediente: *lenis, clara, sonora, distincta, explicita, solida, penetrans.*
31. Das genaue Datum seiner Versetzung nach La Capriola ist nicht bekannt. Das Kloster dort ist, nachdem es 1943 bombardiert und zerstört wurde, wieder in der alten Form aufgebaut worden.
32. Fra Vincenzo da Fabriano, in AFH, Nr. 3, S. 319–20.
33. Facchinetti, a.a.O., S. 89 gibt beide, leicht voneinander abweichende Versionen von Wadding und *l'Anonimo.*

34. Facchinetti glaubt, daß Bernardino direkt nach Mailand zog und im Herbst 1417 dort ankam, und daß er erst im folgenden Jahr Ligurien und Piemont besuchte. Ich folge aber der Reiseroute von D. Pacetti aus *Cronologia bernardiniana*, in *Studi Francescani* XV (1943), Nr. 3–4.

35. „Dieser Fürst", schreibt Pietro Verri, „glaubte an Astrologie. Das war vielleicht die einzige Konstante, die seine Moral und alle seine Handlungen bestimmte. Immer wenn der Mond in Konjunktion stand mit der Sonne, schloß er sich im entferntesten Winkel seines Palastes ein, antwortete niemandem und ließ auch nicht zu, daß jemand zu ihm sprach... Er hatte seine Astrologen, die ihm die teuersten Ratgeber waren." P. Verri, *Storia di Milano*, Florenz, 1963, S. 445.

36. Maffeo Vegio di Lodi schrieb auch ein berühmtes Traktat über humanistische Erziehung, in dem er ähnliche Ideen entwickelt wie Vittorino da Feltre.

37. Leonardo Benevoglienti, AB, XXI, S. 64; „Correbant ad ecclesias ad instar formicarum"; Facchinetti, S. 292, zitiert Maffeo Vegio in AASS, S. 759.

38. Diesem Zyklus von 48 Predigten in lateinischer Sprache gab Bernardino den Titel *Seraphim*, weil sie von der Erscheinung des geflügelten Seraphim in La Verna ausgingen, die dem Heiligen Franziskus die Stigmata brachten.

39. Donati, *Notizie su San Bernardino*, BSStP., I, S. 53, zitiert Lodovico Domenichi, *Facezie* (1588).

40. Aus der Lobrede Bernardinos da Feltre über Bernardino, „Panegirico inedito in onore di San Bernardino tenuto a Firenze il 21 Maggio 1493 dal Beato Bernardino da Feltre", veröffentlicht von Carlo da Milano, in BSB III (1937), 2, S. 111.

41. Facchinetti, a.a.O., S. 298.

42. Cannarozzi, IV, S. 54; I, S. 107; Facchinetti, a.a.O., S. 313 f., zitiert *l'Anonimo* (ed. Delorme, S. 18).

43. Facchinetti, a.a.O., S. 330 f.

44. Facchinetti, a.a.O., S. 337, zitiert aus *Opera*, III, S. 340, *Seraphim*.

45. Banchi, I, S. 90; II, S. 326.

46. Banchi, I, S. 60 f., S. 228.

47. Cannarozzi merkt dazu an, daß Bernardinos Vorstellung von Kürze zwar nicht der unseren, aber der seiner Zeit durchaus entsprach. Seine Predigten dauerten drei bis vier Stunden. Doch manche anderen Prediger von damals forderten ihre Gemeinde, nachdem sie einen ganzen Tag lang gepredigt hatten, häufig auf, anderntags wiederzukommen, um den Schluß der Predigt zu vernehmen.

48. Cannarozzi, III, S. 263–65. M. Sticco weist darauf hin, daß diese Kriterien praktisch dieselben sind, die Cicero in seinen *Orationis partitiones* beschreibt, die Bernardino wahrscheinlich in der Schule gelesen hatte. M. Sticco, *Pensiero e poesia in San Bernardino da Siena*, S. 257.

49. Banchi, I, S. 63; *Opera*, II, S. 61, *De Evangelio aeterno;* Banchi, I, S. 66.

50. a.a.O., Zitat aus *Opera*, I, S. 263 f.; s. auch Howell, a.a.O., S. 301. Bernardino wies darauf hin, daß auch die Bibel solche Begebnisse beschreibt, in denen ein einziger großmütiger Impuls nicht zu einer dauerhaften Besserung eines Menschen führte. Rahab, die Hure, so sagte er, vollbrachte eine gute Tat, als sie die Spione versteckte, die Josuah in die Stadt Jericho geschickt hatte, „aber wir lesen nicht", sagte Bernardino, „daß sie das Handwerk der Hure aufgegeben hat". Howell, S. 302, Zitat aus *Opera*, II, S. 405.

51. Cannarozzi, III, S. 263 f.; Misciattelli, *Le più belle pagine di Bernardino da Siena*, S. 111; Banchi, III, S. 66.

52. Cannarozzi, II, S. 3.
53. Banchi, II, S. 38; III, S. 209.
54. Banchi, I, S. 104. „Wo kommst' her, Kamerad?" – „Ich bin von z'Mailand, ich." „Und was bist' von Beruf?" „Ich weiß, wie man Tuch macht."
55. Cannarozzi, I, S. 278.
56. Banchi, III, S. 456; Misciattelli, S. VIII; Cannarozzi, *Siena*, I, S. 54.
57. Banchi, II, S. 368–70, 430; III, S. 105; I, S. 158; Cannarozzi, *Siena*, I, S. XXXVI.
58. Howell, a.a.O., S. 219f., zitiert aus *Opera*, II, S. 396; IV, S. 214. Bernardino zitiert Matthäus, 5, 19.
59. Cannarozzi, I, S. 246.
60. Bargellini, *Prediche volgari*, S. 684; Banchi, II, S. 456.
61. Cannarozzi, *Siena*, I, S. 81; *Legenda Sancti Bernardini*, (1515) von Frate Cristoforo Gabrielli, zitiert von E. Bulletti in BSB, VIII (1942), 2, S. 81.
62. Banchi, III, S. 462, 449.
63. Bontempelli, a.a.O., S. 11.

# Zweites Kapitel: Die Frauen

## *1. Zusätzliche Literatur*

### *a) Zeitgenössische Memoiren und Traktate*

Alberti, L. B., *Vom Hauswesen* (übersetzt von Walther Kraus), München, dtv. 1986

Barberino, Francesco da, *Regimento e costumi di donna*, (kritische Ausgabe), hrsg. v. Giuseppe E. Sansone, Turin 1957

Certaldo, Paolo da, *Libro di buoni costumi*, Hrsg. A. Schiaffini, Florenz, 1845.

Dominici, Beato Giovanni, *Regola del governo di cura familiare*, Hrsg. D. Salvi, Florenz, 1860.

Macinghi negli Strozzi, Alessandra, *Briefe*, hrsg. u. eingel. von Alfred Doren (= Das Zeitalter der Renaissance. Ausgewählte Quellen zur Geschichte der Italien. Kultur, I. Serie, Band 10), Jena 1927, Erstes u. Zweites Tausend.

Morelli, Giovanni di Pagolo, *Ricordi*, Hrsg. V. Branca, Florenz, 1956/69.

*Eine Liebesgeschichte*, von Enea Silvio Piccolomini, nachmaliger Papst Pius II., aus dem Lateinischen übersetzt, Zürich – München, Artemis, 1984

Sacchetti, Franco, *Il Trecentonovelle*, Florenz, 1984. (Die Novellen des Franco Sacchetti, Bürgers von Florenz, aus dem Italienischen übertragen u. eingeleitet von Hanns Floerke, Bd. 1–3, München 1907).

Sacchetti, Franco, *I Sermoni evangelici, ed altri scritti inediti o rari*, Florenz, 1857.

### *b) Neuere Werke*

Biagi, G. B., *La vita privata dei fiorentini*, in: *La vita italiana nel Rinascimento*, Mailand 1896

Bonelli Gandolfo, C., *Leggi suntuarie senesi dei secoli XV e XVI*, in „La Diana", II (1927), 4.

Bulletti, E., *La Madonna di Porta Camollía*, in BSB, I, 3 und 4.

Casanova, E., *La donna senese nel Quattrocento*, in BSStP, VIII, 1.

Del Lungo, I., *La donna fiorentina del buon tempo antico*, Florenz, 1906.
Marri Martini, L., *San Bernardino e la donna*, in „La Diana", V (1930), 1 und 2.
Misciattelli, P., *La donna senese del Rinascimento*, in „La Diana", II (1927), 4.
Niccolini di Camugliano, G., *Chronicles of a Florentine Family*, London, 1933.
Polidori Calamandrei, E., *Le vesti della donna fiorentina nel Quattrocento*, Florenz, 1925.
Tamassia, N., *La famiglia italiana nei secoli XV e XVI*, Mailand, 1910 (Nachdruck, Rom 1971).

## 2. Anmerkungen

1. *Opera*, III, S. 140, 257.
2. Banchi, II, S. 130–132; I, S. 123; II, S. 110, 109.
3. Banchi, I, S. 64, 77; III, S. 56, 442, P. Bargellini, *San Bernardino da Siena*, S. 204.
4. Wie verbreitet dieser Brauch war, sieht man daran, daß Bernardino Perugia besonders lobt, weil es ihn abgeschafft hat. Banchi, I, S. 349 f.
5. Wegen solcher oder ähnlicher gotteslästerlicher Aufführungen verurteilte Bernardino religiöse Stücke in Bausch und Bogen. In einer seiner lateinischen Predigten zitierte er aus den profanen Schüler- und Studentenparodien der Meßgebete. S. F. Alessio, *Storia di San Bernardino e del suo tempo*, Kap. XX.
6. Cannarozzi, *Siena*, I, S. XIX f.; Vorwort zu Bd. III; Banchi, II, S. 411 f.
7. Banchi, III, S. 212; Cannarozzi, II, S. 46.
8. Banchi, III, S. 207 f.; II, S. 43 f., S. 388; I, S. 47.
9. Zitiert von P. Misciattelli, fasc. I, S. 41.
9a. Zitiert von P. Misciattelli, *La donna senese del Rinascimento*, in „La Diana", II, 4.
10. Aeneas Silvius Piccolomini, *Historia rerum Friderici III imperatoris*.
11. Cannarozzi, II, S. 145; Banchi, III, S. 208.
12. Zitiert von L. Marri Martini, *San Bernardino e la donna*, in „La Diana", V (1930), 2, S. 104.
13. Banchi, III, S. 206, 208 f.
14. Banchi, III, S. 66; II, S. 330. Schon 50 Jahre früher galten diese Ärmel bereits als lächerlich. „Ihre Ärmel oder vielmehr sollte man sie große Säcke nennen, welch traurigeren, schädlicheren und nutzloseren Schnitt hat es je gegeben?" fragte sich Franco Sacchetti. „Keine von Euch kann auch nur ein Glas oder einen Happen Essen vom Tisch nehmen ohne dabei den Ärmel und das Tischtuch dazu vollzukleckern, weil sie dabei die Gläser umfegt." *Il Trecentonovelle*, Turin, 1970, CLXXVIII.
15. Banchi, III, S. 211.
16. Banchi, III, S. 210. Arbeiterinnen und gute Hausfrauen trugen statt dessen einfache Sandalen mit Holzsohlen, wie Holzpantinen, oder auch lange Strümpfe mit einer dünnen Ledersohle.
17. Zitiert von C. Bonelli Gandolfo, *Leggi suntuarie senesi dei secoli XV e XVI*, in „La Diana", II (1927), 15.
18. Banchi, III, S. 361 f., 176. Diese Geschichte ist wahrscheinlich so zu erklären: Die Luxusgesetze untersagten ehrbaren Frauen bestimmte Moden und Stoffe, erlaubten aber Prostituierten und kleinen Mädchen unter zwölf Jahren, sie zu tra-

gen. Deshalb mußte die Frau das Modell ihrer Tochter überziehen, damit es nachgeschneidert werden konnte.

19. Banchi, III, S. 187f. Bernardino kritisierte auch den kurzen Rock der Soldaten, die *giornea*, die oft von jungen Männern ebenso getragen wurden wie von jungen Mädchen. „Sie ist wie eine Pferdedecke gemacht, mit Fransen auf jeder Seite und unten am Saum, so daß man genau so gekleidet ist wie ein Tier." Banchi, II, S. 444.

20. Predigt „Sulla vanità delle donne", „Über die Eitelkeit der Weiber", Codex A 156, Convento dell'Osservanza. Veröffentlicht von L. Marri Martini, a.a.O., S. 102, 114. Cannarozzi, *Siena*, II, S. 87f. In einem Handbuch für Beichtväter aus dem 15. Jahrhundert ist sogar vorgeschrieben, daß eine schöne Büßerin auch gefragt werden muß, „ob sie auch nicht zu viel Zeit damit hinbringt, sich die Haare zu waschen und ob sie es auch nicht mit ‚acqua artificiale' wasche".

21. Banchi, III, 205f. In seinem *Governo della famiglia* versuchte Agnolo Pandolfini ebenso seine junge Frau zu überreden, keine Schönheitsmittel zu verwenden und beschrieb ihr zu diesem Zweck „eine unserer Nachbarinnen, die wenige Zähne im Mund hatte, und die sähen aus wie wurmstichiges Buchsholz, und um ihre hohlen Augen hatte sie immer schwarze Ringe; ansonsten war ihr ganzes Gesicht fahl, aschgrau und welk, ihre Haut schlaff, totengleich und überall unrein. Das Einzige an ihr waren ihre hellen Haare, die blond waren wie Silber... Dabei ist diese unsere Nachbarin noch nicht einmal 32, aber durch ihr ständiges Schminken... sieht sie älter aus als sie ist." S. auch Heywood, *A study of Medieval Siena*, Siena, 1901, S. 100–105; Falletti-Fossati, *Costumi senesi nella seconda metà del secolo XIV*, S. 133f.; Fra Filippo degli Agazzari, *Assempri*, Nr. II, III und IV.

22. Cannarozzi, V, S. 201–205.

23. E. Casanova, *La donna senese nel Quattrocento*, in BSStP, A, VIII, 1; Bonelli-Gandolfo, a.a.O., S. 278.

24. Banchi, I, S. 356.

25. L. Marri Martini, a.a.O., S. 100; Bonelli Gandolfo, a.a.O., S. 278, zitiert die Beschlüsse des Rats von Siena von 1427.

26. Die Florentiner, die in dieser neuen Industrie eine gefährliche Konkurrenz für ihre eigene *Arte della Seta* sahen, unternahmen alles, um sie kaputt zu machen. Dabei scheuten sie sich nicht, ihre Seidenstoffe und den Samt zu lächerlichen Dumping-Preisen auf den Sieneser Markt zu schleudern, Nellos Angestellte zu bestechen, seine Werkstätten anzuzünden; aber alles vergebens: Sein Geschäft ging gut. Als alter Mann übermachte er der Stadt 1481 eine ansehnliche Stiftung von 10000 Maulbeerbäumen. P. Misciattelli, *La donna senese del Rinascimento*, in „La Diana", II (1927), 4, S. 235.

27. *De christiana religione*, Predigt XLIV; Banchi, III, S. 193f.

28. Ginevra Niccolini, *Chronicles of a Florentine Family*, S. 77–79; Alessandra Macinghi Strozzi, *Lettere ai figliuoli*, S. 4 und passim.

29. Aus einer unveröffentlichten Fastenpredigt in La Capriola aus dem Jahr 1430; zitiert von Marri Martini, a.a.O., S. 54, Anm. 17. L. B. Alberti, *I primi tre libri della famiglia*, Hrsg. F. C. Pellegrini, Florenz, 1946, S. 160.

30. Cannarozzi, V, S. 29; IV, S. 177.

31. Cannarozzi, I, Predigten 24 und 25; Banchi, II, Predigten 19–21. In *Seraphim* stehen auch zwei lateinische Predigten über die Ehe; außerdem zwei lange Passagen zum selben Thema in *De christ. relig.* (*Opera*, III, S. 202–06, 257–61).

32. Banchi, II, S. 122; Cannarozzi, I, S. 381–83.
33. Banchi, II, S. 95, 123, 148.
34. a.a.O., S. 126, 128, 144. Ob allerdings viele Mädchen ganz so unwissend waren, wie Bernardino annahm, ist zweifelhaft. Abgesehen von der absolut offenen Sprache, die in jedem toskanischen Haushalt herrschte, kennen wir auch Handbücher aus dem 14. Jahrhundert, *Avvertimenti al maritaggio* genannt (Ratschläge für die Ehe), die sehr genaue Ratschläge über Pflichten und Benehmen einer Braut gaben. Außerdem vermitteln Kirchenbücher den Eindruck, daß alle Bemühungen, ein Mädchen vor der Verheiratung in einer Art Klausur zu halten, um ihre Keuschheit zu bewahren, selten erfolgreich waren. Mindestens ein beliebtes Buch, *Il Reggimento e costumi di donna* von Francesco da Barberino, enthielt Anweisungen für die Braut, wie sie es anstellen sollte, um als Jungfrau zu *erscheinen*, wenn sie in Wirklichkeit keine mehr war.
35. Banchi, II, S. 105.
36. Banchi, II, S. 115. S. auch Cannarozzi, I, Predigt 24. Der Prediger spricht von einem Mann, der „dem Schwein, das ständig grunzt und quiekt und sein Haus verdreckt", mehr Geduld entgegenbringt „als seiner Ehefrau" – woraus man schließen kann, daß ein Schwein oft in denselben Räumen lebte wie die Familie.
37. Cannarozzi, *Siena*, S. 267; IV, S. 176–178; I, S. 416.
38. Banchi, II, S. 105; Cannarozzi, I, S. 416.
39. Marri Martini, a.a.O., S. 45, zitiert die Predigt „*Del torre moglie*" aus einer unveröffentlichten Handschrift im Convento dell'Osservanza, Siena. Cannarozzi, I, S. 415. Banchi, II, S. 52. Einige Jahre vor dieser Predigt von Bernardino predigte Giovanni Dominici im Gegensatz dazu noch, daß eine Frau ihrem Ehemann totale Unterwerfung schulde. „Dieser beherrsche Dich... in allen Dingen, die den Schmuck angehen, das Essen, Gespräche, Verdienst, Almosen und Gebete... nach seinem Willen. Geh' aus dem Haus, bleib' im Haus wie er befiehlt. Wenn er es Dir verbietet, dann besuche selbst Vater und Mutter oder andere von Deinen Verwandten nicht... Und wisse, alles, was Du verdienst, gehört ihm und nicht Dir." *Regola del governo di cura familiare*, S. 89–91.
40. Banchi, II, S. 118f.
41. Banchi, II, S. 106f.; 88f.; Cannarozzi, I, Predigt 25, S. 419.
42. Banchi, III, S. 359f. Die feierliche Rückkehr der Braut ins Elternhaus eine Woche nach der Hochzeit, „*la ritornata*" genannt, stammt aus der Zeit, als man schon Kinder in die Ehe gab. Damals kehrte das Mädchen oft schon nach dem Hochzeitstag heim und blieb bei den Eltern, bis es alt genug war, die Pflichten einer Ehefrau zu übernehmen. Der Brauch hatte bis zu Bernardinos Zeiten überlebt, obwohl die Rückkehr nur noch zwei bis drei Tage dauerte, und sie wurde fast ebenso festlich begangen wie die Hochzeit selbst.
43. Banchi, II, S. 106, 96.
44. Banchi, II, S. 116f.; Iris Origo, „Im Namen Gottes und des Geschäfts", S. 193.
45. Banchi, II, S. 159f., 299f.; I, S. 354f. „Oh, Du Sünder", mahnte Bernardino, „der Du in den Schlamm gefallen bist und allein nicht wieder herauskommst. – Schrei' wenigstens und ruf' die Mutter aller Sünder an."
46. Banchi, III, S. 202, 224.
47. Cannarozzi, II, S. 41; V, S. 40–42.
48. Facchinetti, a.a.O., S. 222, zitiert *De honore parentum, Opera*, I, S. 142; Cannarozzi, I, S. 179.

49. Fra Giovanni Dominici, a.a.O., S. 164f.
50. a.a.O., S. 157.
51. Cannarozzi, I, Predigt XII, S. 185–86, 179, 188f.; 205; II, S. 40.
52. Cannarozzi, V, S. 204f. „Der, der eine schielende, hüftlahme oder verstümmelte Tochter hat, sagt: ‚Ich will sie Gott schenken‘", schreibt Franco Sacchetti voller Bitterkeit. „Gott das Kerzchen, den hohen Herren der Welt schicken sie die Fakkel." *Il Trecentonovelle*, Novella CXXV; *Sermoni*, II.
53. Fra Giovanni Dominici, a.a.O., S. 144; Cannarozzi, II, S. 467f.; I, S. 188; V, S. 50; Banchi, II, S. 446.
54. Cannarozzi, I, S. 186; Banchi, II, 455f. Hier erfindet Bernardino, wie häufig, eigene Ausdrücke.
55. Cannarozzi, I, S. 205; Banchi, II, S. 176f. Dies waren nicht nur Vorschriften, die für Klöster galten. Vespasiano da Bisticci, der berühmte Buchhändler und Biograph, der eng mit den Florentiner Humanisten befreundet war, gab Ratschläge, die diesen erstaunlich glichen. „Die weiblichen Kinder... überwache sie, damit sie nicht mit eitlen Mädchen plaudern... und ebenso: bewacht sie, damit sie nicht mit Männern plaudern, nicht einmal mit den eigenen Brüdern, sobald sie das siebte Lebensjahr überschritten haben... Gewöhn sie vor allem daran, alles zu erlernen, was Sache der Frauen ist; Handarbeiten und alles zu können, was mit dem Haus zu tun hat... darauf achten, daß sie nie müßig ist... Die Mutter, die Töchter hat, soll sie nie allein ausgehen lassen, so lange sie im Hause leben, so lange sie noch nicht beim Ehemann leben... und sie soll sie nicht bei Freunden oder Verwandten wohnen lassen. Sie sollen stets unter ihrer Aufsicht sein." Vespasiano da Bisticci, *Quello si convenga a una donna che abbia marito*, Florenz, 1890.
56. Banchi, II, S. 439.
57. Cannarozzi, I, S. 188; Banchi, III, S. 340f. In der 24. Novelle von Sermini sagt z. B. ein Ehemann zu seiner Frau über ihre Tochter: „Ja siehst Du denn nicht, daß sie nichts kann? Wenn sie ein bißchen lernen könnte, ein Instrument zu spielen, zu singen und zu tanzen, wäre sie 100 Gulden mehr wert, wenn wir sie verheiraten." Gentile Sermini da Siena, *Le novelle*, Livorno, 1874, S. 283.
58. Giovanni Morelli, *Ricordi*, Hrsg. V. Branca, Florenz, 1956, S. 209f.
59. I. Del Lungo, *La donna fiorentina del buon tempo antico*, S. 248f., Anm. 50.
60. Banchi, II, S. 191, 196, 182, 180, 185; Cannarozzi, IV, S. 129–31.
61. Banchi, II, S. 190; Cannarozzi, IV, S. 139f.
62. Banchi, II, S. 193. Es kam vor, daß eine Frau bei der Erziehung und auch bei der Verwaltung des Vermögens ihrer Kinder mitreden durfte, doch das hing ganz und gar davon ab, wie hoch ihr Ehemann ihren Charakter eingeschätzt hatte. So riet Giovanni Morelli 1393 seinem Sohn, nur dann, wenn er sich der Treue seiner Frau ebenso sicher sei wie ihrer zukünftigen Keuschheit: „In Deinem Testament laß' sie frei und gewandt über all Deinen Besitz verfügen und ihn verwalten." Und 1426 bestimmte Lapo Niccolini in seinem Testament, daß seine Frau, die er mit vier fast erwachsenen Söhnen zusammen hinterließ, „die gleiche Macht und Autorität, die ich habe", haben solle. Doch solche testamentarischen Verfügungen waren noch ziemlich außergewöhnlich damals.
63. L. Marri Martini, *Una predica inedita di San Bernardino sulla viduità*, in: BSStP, II (neue Serie), 1931, 2, S. 222f.; Cannarozzi, IV, S. 136. Giovanni Dominici war der Ansicht, daß eine Witwe ihren Kindern dadurch ein Vater sein muß, indem sie sie mit äußerster Strenge behandelt: „Oft muß man die kleinen Kinder stra-

fen, ... jedenfalls sind ihnen Dresche und Prügel nützlich... Und das soll nicht nur dauern, bis sie drei Jahre alt sind oder vier oder fünf, sondern sie haben es noch bis 25 nötig." Dominici, a.a.O., S. 156 f.

64. Banchi, II, S. 199; Cannarozzi, IV, S. 132; Banchi, I, S. 173–75.
65. Banchi, II, S. 187 f.
66. a.a.O., S. 410.
67. Diese Geschichte wird von allen frühen Biographen Bernardinos erzählt, von Barnabò da Siena, Maffeo Vegio und Giovanni da Capistrano. Letzterer beschreibt, was auf dem Bild zu sehen war: „Die Heilige Jungfrau in der Glorie, die im Triumph gen Himmel gefahren ist inmitten einer großen Schar frohlockender Engel, die singen und auf allerlei Instrumenten spielen." Auch als Mönch ging Bernardino noch oft zu dem Bildnis, um diese Madonna zu sehen. Er bekam eine Kopie davon, die er als Hochaltar in der Kirche des Observantenklosters aufstellen ließ. Das Original blieb bis zum 17. Jahrhundert an der Porta Camollía. Dann wurde es durch eine Kopie ersetzt, die man heute noch dort sehen kann. S. Enrico Bulletti, *La Madonna di Porta Camollia*, in BSB, IV (1935), 3–4.
68. Banchi, I, S. 35. Diese Vision ist auf einer der *Tavolette di Biccherna* (der Name kommt von „Bücher", da es sich um die Rechnungs- und Geschäftsbücher der Kommune handelte), also auf einer Holztafel, dargestellt. Das Bild ist Neroccio di Bartolomeo zugeschrieben und zeigt die Madonna, die vor ihrem Sohn kniet und in ihrer Hand ein Modell von Siena hält, das die Inschrift trägt: *Haec est civitas mea*.
69. Banchi, I, S. 22 f.
70. Cannarozzi, V, S. 123, 134. Bernardino sagt dort über die Madonna: „Sie liebte um Gottes Liebe willen einen Floh, sein Geschöpf, mehr, als Du den Herrgott selbst liebst."
71. In dir ist Mitgefühl, in dir ist Güte,
In dir ist Großmut auch, in dir wird kund,
Was Edles je in den Geschöpfen glühte!
Dante, Paradies XXXIII, 1921
(Übers. Wilhelm G. Hertz, 1955)
72. Cannarozzi, *Siena*, I, S. 101; Banchi, III, S. 394; Bargellini, S. 30, zitiert aus Maria Sticco: *Pensiero e poesia in San Bernardino da Siena*, S. 342.
73. Banchi, II, S. 395 f.; Cannarozzi, V, S. 134–36.
74. Banchi, II, S. 426 f., 437 f.

## Drittes Kapitel: Kleine Händler und große Kaufherren

### *1. Zusätzliche Literatur*

Castellini, A., *La legislazione dell'usura e San Bernardino da Siena*, in BSB, II (1936), Nr. 3.

Castellini, A., *Una predica arguta* (Mit einer Geschichte über den Wucher) in BSB, IV (1938), Nr. 3–4.

De Roover, R., *Appunti sulla storia della cambiale e del contratto di cambio*, in: *Studi in onore di G. Luzzatto*, Mailand 1950.

De Roover, R., *Il trattato di Fra Santi Ruccelai sul cambio, il monte comune e il monte delle doti*, in: Arch. Stor. italiano, 1953.
De Roover, R., *Joseph A. Schumpeter and Scholastic Economics*, in: Kyklos, 1957, Nr. 2.
De Roover, R., *The Concept of the Just Price, Theory and Economic Practice*, in: Journal of Economic History, Dezember 1957.
Doren, A., *Italienische Wirtschaftsgeschichte*, Jena 1934.
Fanfani, A., *Saggi di storia economica italiana*, Mailand, ²1936.
*Lettere di un notaio* a un mercante del sec. XIV con altre lettere e documenti, hrsg. v. C. Guasti, 2 Bde., Florenz, 1880.
Luzzatto, G., *Piccoli e grandi mercanti nelle città d'Italia del Rinascimento*, in: Studi in onore di G. Prato, Turin, 1930.
Mengozzi, N., *Il prestito ad usura in Siena nei secoli XIII, XIV e XV*, in: Il Monte dei Paschi di Siena, Bd. I, Siena (1891), 1941.
Sapori, A., *Mercatores*, Mailand, 1941.
Sapori, A., *Studi di storia economica medievale*, (1940)², 1946.

## 2. Anmerkungen

1. Für etwas Ruhe mühe ich mich immer ab
   Und hacke im Wasser und säe auf Sand;
   Und die Hoffnung lockt mich und leitet mich
   Vom Heute zum Morgen, und so vergeht das Jahr,
   Und ich bin weiß geworden in diesem Wahn
   Ohne dafür einen einzigen glücklichen Tag zu ernten.
   Benuccio Salimbeni, Ritter und Kaufmann von Siena
   († 1332) in: *La Diana*, 1932, Nr. 1.
   Der Geizige findet wenig Ruhe im Schlaf.
   San Bernardino

2. Diese lateinischen Predigten wurden 1474 unter dem Titel *De contractibus et usuris* veröffentlicht. Eine italienische Übersetzung mit dem Titel: *Istruzioni morali intorno all'usura* erschien 1774 in Venedig.

3. Cannarozzi, I, S. 98 ff. und IV, Predigten XLI und XLIV, und Cannarozzi, *Siena*, I, Predigten XV–XVIII.

4. Banchi, III, S. 214 f.

5. Ein Statut bestimmte die *Signori Nove*, die neun Mitglieder des Rats der Stadt sollten und mußten der Klasse der Kaufleute der Kommune von Siena, d. h. dem Mittelstand angehören... Ein Dekret bestimmte, daß kein Adliger... oder Ritter oder Richter, Advokat oder Arzt... einer der *Signori Nove* werden durfte. F. Schevill, *Siena, the Story of a Medieval Commune*, S. 195 f.

6. Cannarozzi, V, S. 248–53.

7. Cannarozzi, V, S. 253; Banchi, III, S. 232–40.

8. Banchi, III, S. 227.

9. R. de Roover, *Joseph A. Schumpeter and Scholastic Economics*, in: Kyklos, 2, 1957, S. 125–27. Hiermit spreche ich Prof. de Roover meinen Dank aus, der mich als erster auf Bernardinos außerordentliche Kenntnisse in der Volkswirtschaft hingewiesen hat.

10. S. A. Sapori, *Il „giusto prezzo" nella dottrina di San Tommaso e la pratica del suo tempo*, in: *Studi di storia economica medievale*, S. 189–227, bes. S. 203. Sapori zitiert ein Beispiel von Thomas von Aquin über einen Kaufmann, der während einer Hungersnot Getreide importiert hatte: Ist es Recht oder Unrecht, wenn er den Weizen zum derzeitigen Marktpreis verkauft, der selbstredend sehr hoch steht? Oder ist er verpflichtet, den Käufer darauf hinzuweisen, daß er bereits weiß, daß weitere Schiffe mit Getreide schon unterwegs sind. Thomas von Aquin entschied, daß der Kaufmann *nicht* dazu verpflichtet ist, wenn er natürlich auch tugendhafter handeln würde, es trotzdem zu tun und damit den Preis zu drük-ken. Nach Sapori zeigt dieser Schluß ganz deutlich, daß Thomas von Aquin der Ansicht war, nicht die Herstellungskosten seien der Maßstab für den „gerechten Preis", sondern der durch Angebot und Nachfrage bestimmte Marktpreis.

11. Das Wort *ferlino* leitet sich nach Banchi, I, S. 297, aus dem Altsächsischen *feord-ling*, ein Viertel, ab und bezeichnete entweder ein Viertel eines *denaro* (der klein-sten Münze, vgl. im Französischen *le denier*) oder die kleinen Spielmarken aus Metall, die die Buben für alle möglichen Spiele benützten.

12. Banchi, III, S. 250.

13. De Roover, a.a.O., S. 421 und S. 426, zitiert aus Bernardinos *De Evangelio aeterno*, Predigt 33, Art. 2, Kap. 6, und nimmt Bezug auf ein *chartulare*, das von Karl dem Großen erlassen, im 12. Jahrhundert aber dem Kirchenrecht einverleibt wurde; es besagte, daß die Pfarrer ihren Gemeinden sagen sollten, daß niemand mehr von Reisenden verlangen dürfe als den derzeitigen Marktpreis; wenn es dennoch geschehen sollte, könne sich dieser beim Priester der Gemeinde be-schweren, der dann den Preis festsetzen würde, „*con umanità"*.

14. Banchi, III, S. 246 und S. 249.

15. *Summa Theologiae*, II, 2, Heft 118, Art. I 3 b.

16. *Lettere di un notaio a un mercante*, Bd. II, S. 142.

17. Auch in diesem Punkt folgte er Thomas von Aquin, der allerdings einschränkte, daß der Unterhalt einer Familie nicht die Vorsorge für die Zukunft einschließt, „denn für die Zukunft sorgt Gott". *Summa Theologiae*, II, Heft 31, Art. V 4, 7.

18. Banchi, III, S. 220 und S. 223; Cannarozzi, I, S. 160; M. Sticco, a.a.O., S. 215, zitiert Cannarozzi.

19. E. Garin, *Il Rinascimento italiano*, S. 131–34 wo eine Stelle aus der *Historia dis-ceptiva de avaritia* von Poggio Bracciolini zitiert wird aus *Opera*, Bd. 7. Andere Humanisten gingen noch weiter, wenn sie verschiedene Arten von Reichtum un-terscheiden und z. B. in Jakobs Herden ein zustimmendes Zeichen Gottes sa-hen.

20. Banchi, III, S. 247–49, 252, 241. S. auch: Cannarozzi, I, S. 103 f. und S. 223.

21. Cannarozzi, I, S. 99 f. und S. 102.

22. Domenico di Cambio an Francesco Datini, 12. März 1390. Arch. Datini, Prato. Als Francesco di Marco Datini, ein Prateser Wollhändler, der *Arte del Cambio* beitrat, wurde er von seinen Freunden sogleich gewarnt, man würde ihm sicher nachsagen, er sei ‚ein Wucherer' geworden: „... Francesco di Marco will seinen Ruf verlieren... um Geldwechsler zu werden, unter denen doch keiner ist, der nicht Wucher treibt." S. I. Origo, a.a.O., S. 133.

23. S. A. Sapori, *L'interesse del denaro a Firenze nel Trecento*, in: *Studi di storia eco-nomica medievale*, S. 97–101. Selbst Thomas von Aquin hatte eingeräumt, daß es zulässig ist, wenn der Schuldner dem Gläubiger eine Entschädigung zahlt, sobald

dieser nachweisen kann, daß er einen finanziellen Verlust erlitten hat, z. B. durch verzögerte Rückzahlung.

24. Cannarozzi, IV, S. 365.

25. Thomas räumt allerdings ein, und Bernardino folgt ihm darin, daß Geld zuweilen auch produktiv arbeiten kann, wenn man Kapital investiert, wie Samen auch Ernte erzeugt.

26. Cannarozzi, IV, S. 365.

27. 1422, zwei Jahre bevor Bernardino zum ersten Mal in Florenz predigte, gab es, einem Inventar nach zu schließen, nicht weniger als 72 Geldwechselstuben, die alle am Mercato Nuovo lagen. S. J. Burckhardt: *Die Kultur der Renaissance in Italien* (1860).

28. Cannarozzi, IV, S. 363 und S. 436. Solche Wechseltransaktionen waren allerdings ein riskantes Geschäft, und als Wucher wurden sonst eigentlich nur Geschäfte angesehen, bei denen der Profit von vornherein sicher war.

29. Vespasiano da Bisticci, *Sancto Bernardino da Massa di Maremma*, in: *Vite di uomini illustri del secolo XV*, Florenz, 1970.

30. De Roover, a.a.O., S. 134f.

31. *Opera*, III, S. 157, *Seraphim*, 2. Zitiert von Howell, S. 286f.

32. Banchi, III, S. 354f., 224.

33. Dante, Inferno XI, 95: ... Der Wucher kränkt
Die Güte Gottes...
(zitiert nach: Göttliche Komödie, Übers. Wilh. G. Herz, Fischer 1955).

34. Jeder Zins, der 20 % überstieg, galt als „wucherisch". Trotzdem wurde häufig noch mehr verlangt. S. A. Sapori, *L'interesse del denaro a Firenze nel Trecento*, in: *Studi di storia economica medievale*, S. 112–15; und *Il concetto di „usura"*, a.a.O., S. 119–25.

35. Aldo Lusini, *Il ghetto degli ebrei*, in: *La Diana*, II, 1927, Nr. 3, S. 195.

36. Das Lateran-Konzil von 1179 verwehrte allen *usurari manifesti* ein christliches Begräbnis, eine Bestimmung, die 1271 durch das Konzil von Lyon bestätigt wurde. Der Mönch Filippo degli Agazzari schrieb dazu: „Und diese Leichen sollten in Gruben verscharrt werden zusammen mit den Hunden und dem Vieh und nicht in der Kirche oder in geweihtem Boden." Zitiert von P. Misciattelli, in: *Mistici senesi*, S. 83.

37. Er ging sogar soweit zu behaupten, daß jegliche Verbrüderung eine Todsünde darstelle, allerdings dachte er vielleicht nicht an die Juden als Wucherer, sondern an das Volk, das Christus ans Kreuz geschlagen hat. S. *Opera*, III, S. 133 und S. 334.

38. Cannarozzi, I, S. 79–84.

39. Cannarozzi, I, S. 81 und S. 115; Cannarozzi, *Siena*, S. 233. Eine ähnliche Geschichte hat eine echt etruskische Note: Ein Geizhals lag auf dem Sterbebett und „ließ alle seine Kinder und seine Frau kommen und sein Geld, seinen Schmuck und seine Kleider und ein prächtiges Pferd. Und als er alles vor sich hatte, begann er zu klagen und zu jammern: ‚Oh je, meine Frau! Oh je, mein Geld! Oh je, meine Kinder! Oh je, mein Pferd! Oh je, daß ich von Euch muß!'" Und noch eine ähnliche Anekdote zu dem Thema: „Einer unserer Mönche war im Haus bei einem kranken Wucherer und wollte sein Gewissen wachrütteln. Der Wucherer ließ sich eine Schüssel bringen und all sein Geld, das er unter der Matratze versteckt hatte, hineinschütten, und als er so das Geld festhielt, hörte er nicht auf zu

klagen: ‚Oh jemineh, mein Geld, oh jemineh, mein Geld!' Und so starb er." Cannarozzi, *Siena*, II, S. 125.

40. Eine ganz ähnliche kleine Geschichte (es gibt zu viele davon, und sie gleichen sich alle so sehr, daß man sie nicht alle wiedergeben kann) handelt von einem Wucherer, der „eines nachts träumte, daß der Teufel ihn leibhaftig davontrug. Deshalb, als er am nächsten Morgen mit diesem Traumbild aufwachte, kleidete er sich in Lumpen... hockte sich in einen Winkel der Kirche (und hoffte, daß dort wenigstens der Teufel ihn nicht aufspüren könne, aber...) die Verwandten brachten ihn wieder nach Hause, denn er schien von Sinnen. Schließlich, auf dem Heimweg... mußte er auf einer großen Brücke über den Fluß. Als der Wucherer oben auf der Brücke war, erblickte er ein Boot voller Teufel heranschwimmen, und als sie ganz nahe an der Brücke waren, riefen die Teufel dem Wucherer zu: ‚Komm runter!' Er stürzte sich in das Boot, und die Teufel fuhren mit ihm dahin." Cannarozzi, *Siena*, II, S. 124.

41. Howell, a.a.O., S. 128f. Zitat aus *L'Anonimo* (AB, XXV, 337). Dieser Vorfall ereignete sich in Vicenza.

## Viertes Kapitel: Die Armen

### 1. Zusätzliche Literatur

Falletti-Fossati, C., *Costumi senesi nella seconda metà del secolo XIV*, Neudruck Forni (Bologna), 1980.

Imberciadori, I., *Il problema del pane nella storia della bonifica maremmana*, in: *Atti della Reale Accademia dei Georgofili*, 1938 (S. 215–29).

Levasti, A., *Santa Caterina da Siena*, Turin, 1947.

Manacorda, G., *Mistica minore. Scritti vari di pensiero, politica e religione. Battaglie e discussioni spirituali*. Foligno, 1926.

Misciattelli, P., *Mistici senesi*, Siena, 1913.

Rodolico, N., *Il popolo minuto. Note di storia fiorentina (1343–1378)*, Neudruck Florenz, 1968.

Rodolico, N., *Storia degli Italiani dall'Italia del Mille all'Italia del Piave*, Florenz, 1964².

Sapori, A., *La beneficenza delle compagnie mercantili del Trecento*, in: *Studi di storia economica medievale*, Florenz, 1946.

### 2. Anmerkungen

1. Nach der ersten schrecklichen Pestepidemie von 1348, der 4/5 der Bevölkerung von Siena zum Opfer fielen, wütete die Seuche erneut in den Jahren 1363, 1378, 1400, 1411 und 1427.

2. Dante erwähnt im Purgatorium diesen Traum mit den Worten: „Quella gente vana che spera in Talamone" Purgatorio XIII, 151f (Du wirst sie unterm Narrenvolke sehen: Mehr Hoffnung wird für Talamon es zahlen, Läuterungsberg, XIII. Gesang, 151/52, zitiert nach W. G. Herz).

3. Zitiert nach Imberciadori, *Il problema del pane nella storia della bonifica marem-mana*, S. 219. Aus dem Bericht einer Kommission, die 1361 in Siena damit beauf-tragt wurde, das Problem der Ernährung der Bevölkerung zu untersuchen.

4. Ein *moggio* entsprach in der Toskana damals etwa 585 Litern. Der Bericht einer anderen Kommission aus dem Jahr 1373 enthält folgenden Kommentar dazu: „So geht die ganze Maremma dem Ruin entgegen, denn wenn es keine Menschen dort gibt, gibt es dort auch keine Arbeitskräfte, und es wird weder Korn noch Fleisch geben." Imberciadori, a.a.O., S. 220.

5. a.a.O., S. 216–17. Noch im Jahr 1554, als Siena von den spanischen Truppen Karls V. belagert wurde, jagte man die *bocche inutili*, die „nutzlosen Münder" der Stadt, nämlich die Alten, Kranken, ja sogar die Findelkinder des Ospedale della Scala einfach zum Stadttor bei der Fonte Branda hinaus ins Niemandsland zwischen der Stadtmauer und dem Feind. Viele von ihnen wurden nachts erschla-gen, alle wurden des wenigen, das sie noch besaßen, beraubt. Am nächsten Mor-gen hämmerten die halbnackten und verwundeten Überlebenden wieder an das Stadttor, um eingelassen zu werden. Schevill, *Siena, the Story of a Mediaeval Commune*, S. 416.

6. Cannarozzi, IV, S. 408.

7. Cannarozzi, V, S. 15 f.

8. Zitiert von N. Rodolico, *Storia degli Italiani*, S. 130.

9. Banchi, I, S. 234.

10. Giovanni Morelli, *Ricordi*, S. 256. 1343 wurden bei einer solchen Revolte 22 Pa-läste und Magazine der Bardi ausgeplündert, wodurch ein Schaden im Wert von 60000 Gulden entstand. 1360 gab es einen ähnlichen Aufstand, der mit der Hin-richtung der Rädelsführer endete.

11. A. Sapori, *La beneficenza delle compagnie mercantili del Trecento*, in: *Studi di storia economica medievale*, S. 4–7 und *Il giusto prezzo*, ibid., S. 198.

12. Banchi, III, S. 323.

13. A. Fortini, *Nova vita di San Francesco d'Assisi*, Mailand 1926, S. 131 f. Dort sind die Statuten von Assisi zur Zeit des Franz von Assisi wiedergegeben: „Kein Aus-sätziger soll es wagen, die Stadt zu betreten... und wenn einer dort angetroffen wird, darf ihn jedermann ungestraft schlagen."

14. Banchi, III, S. 308; P. Misciattelli, *Le più belle pagine di Bernardino da Siena*, S. 258.

15. Banchi, III, S. 34 und II, S. 60.

16. *Lettere di un notaio ad un mercante*, 6. Dezember 1409; I. Origo, S. 195.

17. „Armut, Armut, deine Sprache kann niemand verstehen. Es lebe die heilige Ar-mut unserer Herzen." Giovanni Colombini, zitiert von Arrigo Levasti, *Santa Caterina da Siena*, S. 76, und von P. Misciattelli, *Mistici senesi*, S. 107.

18. P. Misciattelli, *Sena Vetus*, in: „La Diana", VII, 1932, 1, S. 107 ff., zitiert Gio-vanni Colombini und in *Mistici senesi*, S. 108.

19. A. Levasti, *Santa Caterina da Siena*, S. 82, S. 85 ff., zitiert Bartolomeo di Dome-nico.

20. Banchi, III, S. 316, S. 321, S. 343 f.

21. Cannarozzi, I, S. 243.

22. M. Sticco, a.a.O., S. 214, zitiert den Codex D. 2. 1330, f 15, Bibl. Nazionale, Florenz.

23. Banchi, III, S. 295, S. 299 f., S. 308 f., S. 311 f.

24. Cannarozzi, I, S. 243 und Banchi, II, S. 60, Banchi, III, S. 310–13.
25. Cannarozzi, III, S. 343.
26. Banchi, III, S. 196. „Er soll als wildes Tier betrachtet werden und ohne Furcht erschlagen werden", besagte das alte lombardische Gesetz, das so deutliche Spuren in den Rechtsbräuchen der Toskana hinterlassen hatte – *vardus sit et sine pavidi occidatur.*
27. Banchi, II, S. 59.
28. Banchi, III, S. 153 f., S. 304 f., S. 307, S. 336 f.
29. Banchi, III, S. 341; II, S. 61 f.
30. *Summa Theologiae,* I, q. XX, Art. 5, 3.
31. S. Guido Manacorda, *San Francesco, le creature e la gioia,* in: *Mistica minore,* S. 129–38. Bernardino führte aus, daß Franziskus ebenso Macht über Tiere, Vögel, Pflanzen, ja sogar die Elemente hatte wie Adam vor dem Sündenfall und schloß daraus, daß er ebenso wie Adam vor dem Sündenfall im Stand der Unschuld lebte. (Dem) Franziskus gehorchte „jedes Tier der Erde, jeder Vogel, ... und jedes Element: Wasser, Luft, Feuer, Erde, Früchte, Pflanzen, Fische ebenso wie alle Kreatur... Franziskus wurde die ursprüngliche Unschuld zurückgegeben, wie sie Adam hatte, bevor er sündigte." Banchi, III, S. 36 f.
32. AB XXV, 335, zitiert von Howell, S. 180; Cannarozzi, III, S. 343; Banchi, III, S. 305.
33. Cannarozzi, III, S. 343, Banchi, III, S. 195 f., S. 305 f.
34. Banchi, III, S. 314.

## Fünftes Kapitel: Unter der Anklage der Ketzerei

### *1. Zusätzliche Literatur*

Bertagna, M., *Christologia Sancti Bernardini Senensis,* Rom, 1949.
Bulletti, E., *Il nome di Gesù (predica volgare inedita di San Bernardino),* in BSB, III (1937), III.
Livi, R., *San Bernardino e le sue prediche secondo un ascoltatore pratese,* in BSStP (1913), 3.
Melani, G., *San Bernardino da Siena e il Nome di Gesù,* in *San Bernardino da Siena. Saggi e ricerche,* Mailand 1945.
Pellegrinetti, E., *San Bernardino apostolo del Nome di Gesù,* in BSB, VI (1942), 2.

### *2. Anmerkungen*

1. Nach Alessio, Facchinetti und Longpré wurde Bernardino 1427 nach Rom zitiert. Aber die Korrespondenz zwischen Siena und der römischen Kurie aus diesem Jahr (veröffentlicht von E. Bulletti in BSB, 1939, S. 27–48) beweist mit nahezu hundertprozentiger Sicherheit, daß die Vorladung 1426 erfolgte. Denn es scheint ausgeschlossen, zumindest sehr unwahrscheinlich, daß die Sieneser einen Mann zum Bischof ernennen wollten, der unter der Anklage der Ketzerei stand. S. auch Gaudenzio Melani, O. F. M., *San Bernardino e il Nome di Gesù,* in: *Saggi e ricerche,* S. 283.

2. Nach dem *Anonimo* gingen einige von Bernardinos Anhängern, denen er verbot, ihn nach Rom zu begleiten, schon voraus, um sich beim Papst für ihn einzusetzen. Doch der Papst war ihm nicht wohl gesonnen. „Wo ist dieser Verführer, frate Bernardino?" soll er gefragt und hinzugefügt haben: „Ganz bestimmt werde ich ihn bestrafen lassen, sobald er eintrifft." S. Howell, a.a.O., S. 149.

3. E. Pellegrinetti, *San Bernardino apostolo del Nome di Gesù*, in BSB (1942), 2.

4. Banchi, III, S. 31 f.

5. Cannarozzi, II, S. 149; Tommaso da Celano, *Leggenda prima*, T. II, Kap. IX.

6. „Daß in dem Namen Jesu sich beugen sollen aller derer Knie, die im Himmel und auf Erden und unter der Erde sind." (Philipper II/10. Cannarozzi, *Siena*, II, S. 194, S. 190; Cannarozzi, II, S. 224). Das komplizierte System der einzelnen Teile, aus denen sich das Emblem zusammensetzt, beschreibt Bernardino ausführlich in seinen Predigten, ohne daß es jedoch Wesentliches zu seiner auf einen Blick erkennbaren Bedeutung beiträgt. Für ihn symbolisieren die drei Buchstaben nur die drei Buchstaben des Namens Jesu auf Griechisch (und nicht die Anfangsbuchstaben *Jesus Hominum Salvator*, wie man später interpretierte). Aus dem *H* machte man in der Folge auch noch ein Kreuz. Die zwölf flammenartigen langen Strahlen sollten die zwölf Glaubensartikel darstellen, die von den zwölf Aposteln in alle Welt getragen wurden. S. Howell, a.a.O., S. 158 f.; Facchinetti, a.a.O., S. 358–61.

7. Cannarozzi, *Siena*, II, S. 189.

8. Facchinetti, S. 347. Wahrscheinlich wurden die ersten Spielkarten von den Mauren nach Spanien importiert, und von da kamen sie in der zweiten Hälfte des 14. Jahrhunderts nach Italien. (Ein Florentiner Dekret nennt sie 1376 noch „neu".) Die *naibi* waren eine Serie einfacher Karten mit lehrhaften Bildern für Kinder, während auf den *tarocchi* oft arabische Ziffern standen und allegorische oder mythologische Figuren, Planeten oder Tierkreiszeichen dargestellt waren.

9. Barnabò da Siena, in: AASS, Maii, IV, S. 743.

10. Cannarozzi, II, S. 213.

11. *Opera*, III, 282, *Seraphim*, Predigt 40, zitiert von Howell, a.a.O., S. 156.

12. Cannarozzi, II, S. 208; Banchi, II, S. 250 f.

13. Dem Thema sind in erster Linie zwei lateinische Predigten gewidmet: Predigt XLIX, *De triumphali Jesu* aus dem Zyklus: *De christiana religione*, die sich zum großen Teil auf ein Pamphlet des 13. Jahrhunderts stützt: *De laude melliflui nominis, D. N. J. C.* (als Urheber galt lange Zeit San Bonaventura; P. Efrem Longpré jedoch hat nachgewiesen, daß Gilbert de Tournai der Verfasser war), zum anderen Predigt XLIX, *De glorioso nomine D. N. J. C.* aus dem Zyklus: *De Evangelio aeterno*, beeinflußt vom *Arbor vitae crucifixae Jesus* von Umbertino da Casale. Außerdem befassen sich zwei Predigten in der Volkssprache mit dem Thema: Cannarozzi, *Siena*, XXIV, *Questa è la predica del Nome di Gesù*, und XXV, *Questa è la seconda predica del Nome di Gesù*.

14. Zitiert von Facchinetti, a.a.O., S. 356, nach der italienischen Übersetzung der Predigt: *De glorioso nomine Jesu Christi* von Telemaco Barbetti.

15. Banchi, III, S. 32 f.

16. *De christiana religione*, Predigt XLIX.

17. *Lettere di Sandro di Marco del Marchovaldi in Prato*, veröffentlicht von R. Livi, in: *San Bernardino e le sue prediche secondo un suo ascoltatore pratese*, in: BSStP, III, 1913, S. 462 f.

18. Cannarozzi, III, S. 146f.; 198.
19. St. Antoninus, *Historia Ecclesiae*, pars III.
20. Donati, *Notizie su San Bernardino*, in BSStP, I, S. 57, zitiert Poggio Bracciolini, *Opera Omnia*, Hrsg. T. de Tonelli: *Epistolae*, Liber III, Epistola XXVI, Turin 1964, S. 261.
21. Das Pamphlet *Liber de institutis, discipulis et doctrina Fratris Bernardini Ord. Minorum* erschien 1427 in Bologna. Der Autor ließ ihm ein weiteres folgen: *Tractatus ad Barchinonenses de littera „h" in nomine Jesu*. Ein anderer Augustiner, Andrea da Cascia, schrieb zwei aggressive Flugschriften, in denen er Bernardino als Antichrist bezeichnete.
22. Howell, a.a.O., S. 154f., zitiert aus dem Pamphlet des Andrea de' Bigli.
23. Der *Anonimo* gibt eine leicht abweichende Darstellung dieser Unterredung. Es habe dem Papst genügt, Bernardino persönlich kennenzulernen und festzustellen, daß er nicht einfach der unwissende, abergläubische Predigermönch sei, als den man ihn beschrieben hatte.
24. Mit „*Gesù*" meinten die Leute die Tafeln mit dem Monogramm. Die Mönche, die diesen Kult verkündigten, hießen „*Gesuati*", in Sizilien „*Gesuari*".
25. Banchi, I, S. 98, 205.
26. Howell, S. 160, der Maffeo Vegio zitiert in: AASS, Maii, IV, S. 760.
27. Facchinetti, a.a.O., S. 85f., zitiert Aniceto Chiappini, *San Giovanni da Capistrano e il suo convento*, L'Aquila 1929, S. 30.
28. Howell, a.a.O., S. 162, zitiert AASS, Maii, IV, S. 743; Facchinetti, a.a.O., S. 168f.
29. Banchi, II, S. 286; E. Pellegrinetti, a.a.O., S. 65. Bernardinos Rede wurde von E. Bulletti veröffentlicht, der sie der *Legenda Sancti Bernardini* des Fra Cristoforo Gabrielli (1517) entnommen hat.
30. Banchi, I, S. 98; II, S. 59.
31. Pellegrinetti, a.a.O., S. 75.
32. Banchi, II, S. 418f.
33. Der Papst rügte den Inquisitor und gab Anweisung, daß das Monogramm wieder über das Kreuz gemalt oder daß überhaupt ein ganz neues Bild angefertigt werden solle. Beide Bilder sind heute im Observantenkloster San Polo al Monte in der Nähe Bolognas zu besichtigen.
34. Die beiden Pamphlete wurden vor einiger Zeit von Longpré veröffentlicht. Das erste wurde 1431 von Maestro Bartolomeo Lappacci aus Florenz verfaßt, das zweite von einem anonymen Dominikaner. Sie enthalten die vollständigste Zusammenfassung der Anklagen gegen Bernardino. S. Melani, a.a.O., S. 293f.
35. Facchinetti, a.a.O., S. 372f., zitiert die Bulle *Sedis apostolicae* mit dem Datum vom 8. Januar 1432.
36. Cannarozzi, III, S. 17; I, S. 218f.
37. Dieser Punkt wurde nie eindeutig geklärt. Sicher scheint nur, daß es Bernardino in der Zeit unmittelbar nach dem Prozeß vermieden hat, die Monogrammtafeln zur Schau zu stellen, obwohl er immer wieder auf die Verehrung des Heiligen Namens zu sprechen kam. Doch das hat er vielleicht eher aus Vorsicht getan und nicht deswegen, weil es ihm wirklich verboten war; jedenfalls wurden später diese Tafeln in anderen Städten wieder „ostentate", also öffentlich ausgestellt. S. G. Melani, a.a.O., S. 286f.
38. Nach einer anderen Version verlangten Bernardinos Gegner lediglich, daß das

Konzil ein *libello* von ihm, also wahrscheinlich eine seiner Predigten untersuchen solle. S. G. Melani, a.a.O., S. 286f.; Howell, a.a.O., S. 181–85.

39. Pellegrinetti, a.a.O., S. 61.

40. Eine der Anklagen gegen Jeanne d'Arc lautete, sie habe auch Jesu Namen auf ihrem Banner außer dem Bildnis der Heiligen Jungfrau mit sich geführt. Die Heilige Colette ließ das Christusmonogramm auf ihrem Grab einmeißeln.

## Sechstes Kapitel: Gegen Parteihader, Laster und Verbrechen – das Werk des Friedens

### *1. Zusätzliche Literatur*

Agazzari, Fra Filippo degli, *Assempri*, hrsg. mit einer Einführung von Misciattelli, Siena, 1922.

Falletti-Fossati, C., *Costumi senesi nella seconda metà del secolo XIV*, a.a.O.

Heywood, W., *A Study of Mediaeval Siena*, in: The *„Ensamples"* of Fra Filippo, Siena, 1901.

Nesti, B., *S. Bernardino e l'imperatore Sigismondo*, in BSB, VII (1941), Nr. 4.

Schevill, F., *Siena, the Story of a Mediaeval Commune*, Neudruck, New York, 1964.

Zdekauer, L., *Il giuoco in Italia nei secoli XIII e XIV*, in: Arch. Stor. It., XVIII (1886).

Zdekauer, L., *Il Constituto del Comune di Siena*, Teil I, S. XXXV, Vorwort, Siena, 1896–1897.

### *2. Anmerkungen*

1. Misciattelli, *Le più belle pagine di Bernardino da Siena;* Cannarozzi, Siena, I, S. XIX; Banchi, III, S. 168.

2. Banchi, I, S. 292.

3. a.a.O., I, S. 85, S. 132; III, S. 84f.; II, S. 219. Bernardino widmete fünf Predigten aus diesem Zyklus dem Thema des Parteihaders (X–XII, XVI, XXIII), viermal predigte er gegen Verleumdung und Denunziantentum (VI–IX), zwei Predigten gingen über die gute Regierung (XVII und XXV) und eine über die Söldnerheere (XXXVI), weitere vier der lateinischen sermones über Parteihader. S. Facchinetti, a.a.O., S. 410–417.

4. F. Schevill, *Siena, the Story of a Mediaeval Commune*, S. 218, Zitat aus Muratori, XV, 192.

5. Banchi, I, S. 248; Muratori, XV, S. 238 B.

6. Dieses Ereignis berichtet der Chronist vom Jahr 1439. Auch aus den Statuten kann man ein entsprechendes Bild herauslesen. 50 *lire* mußte jeder Strafe zahlen, der einen Mitbürger mit einem Stein, einem Stock oder einer Eisenstange schlug, ihn ohrfeigte oder mit Füßen trat, 100 *lire*, wenn er mit einem Speer, Messer oder Dolch nach ihm warf; 500 *lire* wenn er jemandem eine Hand, einen Fuß, Zunge oder Nase abschnitt, ihm alle Zähne ausschlug oder ein Auge. C. Falletti-Fossati, *Costumi senesi nella seconda metà del secolo XIV*, S. 160–62.

7. Banchi, I, S. 245.
8. A.a.O., S. 242, 283; II, S. 232, 15.
9. Banchi, I, S. 262 und 257; Howell, S. 290, Zitat aus 26 *De christ. rel.*, *Opera*, I, 116.
10. Banchi, II, S. 233; Inferno XXVII, 118: Wer nicht bereut, dem kann man nicht vergeben.
11. Banchi, II, S. 213.
12. In seinem sachkundigen Vorwort zu *Constituto del Comune di Siena* (Teil I, S. XXXVf.) schreibt L. Zdekauer: „Der rein germanische Begriff der Blutrache hatte in Siena... eine äußerst praktische Form angenommen, und zwar wurde über Beleidigungen und Verstöße, die sich gegen die Kommune richteten, in einem eigens dafür bestimmten Register Buch geführt. ... So entstand das *Memoriale delle offese* (die der Kommune selbst und den Bürgern von Siena zugefügt wurden, in Auftrag gegeben 1223) ... nach 1223 wurde es nicht mehr auf den letzten Stand gebracht." Dort wurde angeordnet, daß, wenn die Zeit gekommen ist, Gutes mit Gutem und Böses mit Bösem vergolten werden würde, je nach den Taten eines jeden.
13. Paolo di Messer Pace da Certaldo, *Il libro di buoni costumi*, hrsg. von A. Schiaffini, Florenz, 1945, S. 159, § 276.
14. Cannarozzi, *Siena*, II, S. 261; Banchi, II, S. 253, 252.
15. Filippo degli Agazzari, *Assempri*, Kap. XLI, S. 155.
16. Neri di Donato, *Cronaca*, Muratori, XXXX, XII, 18.
17. Cannarozzi, V. S. 14; Banchi, III, S. 68; I, S. 262.
18. Banchi, I, S. 286f.
19. Cannarozzi, II, S. 239.
20. Facchinetti, a.a.O., S. 423 und S. 443–447.
21. Tommaso da Celano: *Le due leggende di San Francesco d'Assisi*, übers. v. Fausta Casolini, Quaracchi-Mailand, 1923, S. 26 (Legg. Prima Parte I, cap X). Giovanni Sercambi, *Le croniche*, Hrsg. Salvatore Bongi, Lucca 1892, Vol. II S. 291. S. auch I. Origo: *Im Namen Gottes und des Geschäfts*, München, 1985, S. 286–292.
22. Howell, a.a.O., S. 263f., Zitat aus *Opera*, III, *De Inspirationibus*, 137.
23. Howell, S. 176f. San Giovanni da Capistrano, in: *Opera*, I, S. 35. Ein Brief der Signoria von Siena mit Anweisungen für Giovanni da Massa, ihren Gesandten in Mailand, deutet darauf hin, daß auch dem Herzog von Mailand Gerüchte darüber zu Ohren gekommen waren. Der Gesandte wird darin aufgefordert, dem Herzog „der guten und reinen Lehre des Franziskanermönchs Bernardino der Observanten, des hochberühmten Predigers" zu versichern und den Herzog zu bitten, „ihn zu entschuldigen, falls etwas Negatives über ihn berichtet wurde, und ihm zu empfehlen, dem keinen Glauben zu schenken, sondern ihn als äußerst tugendreichen Mann anzusehen, der seiner Gnaden sehr wohl gesinnt ist." ... Archivio di Stato, Siena, Conc. 2411, Nov. I.
24. Facchinetti, a.a.O., S. 438–440; Howell, a.a.O., S. 176f.; B. Nesti, *San Bernardino e l'imperatore Sigismondo*, in: BSB, 1941, Nr. 4.
25. Codex F. 6. 1329, f. 24, Biblioteca Nazionale, Florenz; Cannarozzi, II, S. 35; Banchi, III, S. 258, 261, 269, 270; Cannarozzi, IV, S. 273.
26. Banchi, I, S. 137, 154, 168, 180.
27. Cannarozzi, I, S. 428f.
28. W. Heywood, *A Study of Mediaeval Siena*, S. 164–169. Manchmal hatten sie so-

gar ihre eigenen Kompanien im Heer der Kommune und, nach Villani, ihr eigenes Banner, auf dem *ribaldi dipinti in gualdana e giuocando* (spielende Schurken
in einer Gruppe) dargestellt waren. *Cronica*, VI, 40. In Friedenszeiten stellten sie
dieses Banner neben ihren Buden auf dem Stadtplatz auf.

29. Cannarozzi, *Siena*, I, S. 175 f.
30. L. Zdekauer, *Il giuoco in Italia nei secoli XIII e XIV*, in: „Archivio Storico Italiano", Bd. XVIII (1886).
31. Antonio Pucci, *Centiloquio: Cronica di Giovanni Villani* (in terza rima) in: *Deli-
zie degli eruditi toscani*, VI, Florenz 1775, S. 270. „Und man sieht den, der mit
großem Wutschnauben verliert und flucht, die Hand an der Kinnlade, der viele
Schläge austeilt und einsteckt. Und dann greift man zum Messer, und einer
bringt den anderen um, und der ganze schöne Platz ist in Aufruhr."
32. Cannarozzi, I, S. 229 f., 431–437; Franco Sacchetti, *Il Trecentonovelle*, Turin,
1970, Novella CXXII. Cannarozzi, *Siena*, I, S. 177.
33. W. Heywood, a.a.O., S. 170–179. Ähnliche Geschichten finden sich in den *Assempri* des Fra Filippo.
34. Cannarozzi, I, S. 434–436, 438–440; Cannarozzi, *Siena*, I, S. 180–182.
35. Banchi, II, S. 270.
36. Banchi, II, S. 36; M. Sticco: *Pensiero e poesia in San Bernardino da Siena*, S. 208,
Zitat aus Codex F, 6, 1329, f. 45, Biblioteca Nazionale, Florenz.
37. Cannarozzi, *Siena*, II, S. 208 f.; Banchi, II, S. 34; Cannarozzi, I, S. 5; Banchi, I,
S. 311.
38. Banchi, II, S. 297 f.
39. Facchinetti, a.a.O., S. 429 f., Zitat aus Sismondi: *Storia delle repubbliche italiane*,
Kap. LXII; A. Fantozzi, *Documenti perusiani di San Bernardino senese*, in AFH,
XV, Bd. XV. Ähnlich organisiert waren auch die Straßenschlachten, die in Siena
stattfanden und ihren Höhepunkt in einem Volkstanz auf der Piazza del Campo
fanden, wo alle, die aus dem *gioco „meno malconci"*, also nicht allzu übel zuge-
richtet, hervorgegangen waren, Ringelreihen tanzten *„al suono degli strumenti"*.
C. Falletti-Fossati, a.a.O., S. 200–202.
40. Cannarozzi, IV, S. 213. Bernardino betonte, daß er nichts gegen harmlose Ver-
gnügungen hatte. „Man kann nicht immerzu studieren, seinem Handwerk oder
seinen Geschäften nachgehen. Sich ab und zu vergnügen mit Vogelfang, Jagd und
Fischen, das ist eine schöne Beschäftigung! Dann aber kehre wieder in Deine
Werkstatt, in Deinen Laden zurück und zu Deinen Studien, wenn Du ein Herr
sein willst."
41. Banchi, I, Predigt XIV, S. 333.
42. M. Sticco, a.a.O., S. 220, Zitat aus Codex D. 2. 1330, f. 59, Biblioteca Nazionale, Florenz; Banchi, II, S. 273.
43. Cannarozzi, V, S. 14–16, 104. Dazu muß man wissen, daß zu Bernardinos Zeiten
der *podestà* eines Landstädtchens im allgemeinen für die Bevölkerung, die er re-
gierte, ein *forestiero*, ein Fremder, war, der von der Hauptstadt des Kleinstaats
dorthin geschickt wurde. Dadurch lebte er in unnatürlicher Isolation von der Bevölkerung, die ihm ebensoviel Ressentiments entgegenbrachte wie er ihr. Als
Franco Sacchetti *podestà* von Bibbiena war, schrieb er 1385 an einen Freund, den
*podestà* von Bologna: „Gibt es ein sorgenvolleres Leben als das unsere?" Er kam
zu dem Schluß, daß ein Mann, der so ein Amt freiwillig anstrebt, nur von Narr-
heit oder maßloser Habgier getrieben sein könne. „Da muß einer schon wirklich

sehr närrisch sein, wenn er es aufgibt, das Oberhaupt seiner *famiglia* zu sein und ein angenehmes, ruhiges Leben zu führen, dafür aber hingeht, nicht, um Herr zu sein, sondern Knecht einer Räuberbande zu werden." Sacchetti, *I sermoni evangelici...*

44. Cannarozzi, V, S. 104; Banchi, II, S. 272.
45. Banchi, I, S. 384 f.; Cannarozzi,, *Siena*, II, S. 253.
46. Banchi, III, S. 373; Cannarozzi, *Siena*, II, S. 266 f. Bernardino meint damit die berühmten Fresken *Il Buongoverno* und *Il Malgoverno* in der *Sala dei Nove* im Palazzo Pubblico, die Lorenzetti 1337 und 1339 gemalt hat. An einer Wand sind die Früchte einer starken, friedliebenden Regierung dargestellt zu sehen, eine Stadt voller wohlhabender Kaufleute und Handwerker, dazu fröhliches Treiben auf den Straßen, umgeben von fruchtbarem Land. Die andere Wand zeigt dagegen eine zerstörte Stadt und verwüstete Felder.
47. Banchi, III, S. 389 f., S. 385.
48. Howell gibt die Geschichte so wieder wie Wadding (*Annales*, XI, anno 1444, S. 221 f.), fügt aber folgenden Kommentar hinzu: Fra Giuliano war zugegen, als Bernardino starb, und beschreibt seinen Tod in einem ausführlichen Brief. Daher ist es verwunderlich, daß er dieses *miracolo* mit keinem Wort erwähnt. Trotzdem fand es sogleich Eingang in die Legenden um Bernardino, und sie ist sicherlich eine der charakteristischsten, die man sich von ihm erzählt.

## Siebtes Kapitel: Die übernatürliche Welt
## Glauben und Aberglauben – Engel und Teufel

### *1. Zusätzliche Literatur*

Garin, E. *La crisi del pensiero medievale*, und *Considerazioni sulla magia*, in: *Medioevo e Rinascimento. Studi e ricerche*, Bari, 1976.

Giannini, G., *Una curiosa raccolta di segreti e di pratiche superstiziose fatte da un popolano fiorentino del secolo XIV*, Città di Castello 1898.

Gilmore, M. G., *Freedom and Determinism in Renaissance Historians*, Central Renaissance Conference, Columbia, Mo., 1955.

Graf, A., *Il diavolo*, Neudruck Forni (Bologna), 1974.

Kramer, H., Sprenger, J., *Der Hexenhammer*, aus dem Lateinischen übertr. und eingel. von J. W. R. Schmidt, fotomechan. Nachdruck der Ausgabe Berlin [7]1906, München 1987 (dtv).

Panizzi, G., *Un'apparizione di San Bernardino teologo*, in: *Saggi e ricerche nel V centenario della morte di San Bernardino*, Mailand, 1950.

Rondoni, G., *Tradizioni popolari e leggende di un comune medioevale e del suo contado (Siena e l'antico contado senese)*, Florenz, 1896.

Sanesi, G., *Un episodio d'eresia nel 1383*, in: BSStP, III (1896, 1897), IV, S. 214 f.

### *2. Anmerkungen*

1. Banchi, I, S. 39.
2. G. Villani, *Cronica*, Florenz, 1847, Bd. III, Buch XI, Kap. II.

3. *I dialoghi di Giovanni Pontano*, Hrsg. C. Provatera. S. Myron C. Gilmore, *Freedom and Determinism in Renaissance Historians*.

4. Selbst der gefeierte Humanist Poggio Bracciolini, der sich über die Ignoranz und die Beschränktheit der Mönche und Priester mokierte, gab zu, daß er selbst an Geister, Teufel und unerklärliche Wunder glaubte. Francesco Guicciardini, *Opere*, Hrsg. V. De Caprariis, Mailand, 1953, S. 431.

5. S. Facchinetti, S. 281. Im Gegensatz zum Heiligen Bernhard unterschied Bernardino die Engel nicht nach Arten, sondern nach Zahl, worin er Duns Scotus folgte.

6. Banchi, III, S. 406; I, S. 39, 45; Cannarozzi, I, S. 212.

7. Banchi, III, S. 434. Bernardino zitiert von Facchinetti, S. 282.

8. Banchi, I, 294. Diese Legende war so verbreitet, daß Kardinal Giovanni Dominici, der berühmte Dominikanerprediger, zwei Mönche in das Apenninendorf schickte, wo die Geschichte sich zugetragen haben sollte, und sie Nachforschungen anstellen ließ, was genau vorgefallen war. Bernardino erzählt die Geschichte in *Seraphim, Opera*, III, S. 250.

9. Cannarozzi, *Siena*, I, Predigt, V, S. 75, S. 94–96.

10. Diese Anekdote erzählt der Mönch Andrea de' Bigli in seinem Pamphlet gegen Bernardinos Art zu predigen. Sie wird zitiert von Howell, a.a.O., S. 153.

11. G. Rondoni, *Tradizioni popolari e leggende di un comune medioevale*, S. 179.

12. Banchi, III, S. 262.

13. Howell, a.a.O., S. 121 f., zitiert *Opera*, III, Predigt, XL, *Seraphim*, S. 279. Auch in den *Assempri* des Fra Filippo Agazzari tritt der Teufel in vielfältiger Gestalt auf.

14. Cannarozzi, II, S. 157, 159 f.; Cannarozzi, *Siena*, III, S. 58; Banchi, II, S. 120.

15. Cannarozzi, II, S. 78, 77, 76. G. Rondoni, a.a.O., S. 153, zitiert den *Libro di Astrologia* aus dem 14. Jahrhundert, Biblioteca Comunale di Siena, LX, 40.

16. Cannarozzi, V, S. 77; Cannarozzi, *Siena*, II, S. 65; Banchi, II, S. 92.

17. Welche Tage nun Unglückstage waren und welche nicht, hing offenbar vom jeweiligen Astrologen ab. Rondoni, a.a.O., S. 153, zitiert aus LX, 40 c. te 3 und 4, Biblioteca Comunale di Siena, eine Liste der Unglückstage, die im 14. Jahrhundert in Siena gemieden wurden. Sacchetti gibt in seinem *Zibaldone* eine völlig abweichende Liste solcher Tage, und in einem von Antonio Puccis Sonetten taucht wieder eine andere auf:

E però cose nuove
Non far in questi ventiquattro giorni,
Se tu non vuoi che contro te ritorni.

(Und deshalb fange Du In diesen 24 Tagen nichts Neues an, Willst Du nicht, daß es sich wider Dich wende), zitiert von G. Giannini, *Una curiosa raccolta di segreti e di pratiche superstiziose del secolo XIV*, S. 187.

18. Cannarozzi, II, S. 187.

19. S. *Enciclopedia Treccani*, Bd. IX, S. 759: „*Ceppo*: Heute noch glauben die Leute, die weit draußen auf dem Land wohnen, daß das Holzscheit brennt, um dem Jesuskind zu leuchten." Cannarozzi, II, S. 187 f.

20. Cannarozzi, II, S. 188, 164; Cannarozzi, *Siena*, S. 65. Aufschlußreich ist es, diese Liste von Volksaberglauben mit denen zu vergleichen, die nach einer florentinischen Handschrift aus dem 14. Jahrhundert jeder Beichtvater seinen Beichtkindern zu meiden auferlegen sollte. Er mußte sie befragen, „ob sie an Hexenmeister

glaubten, die die Zukunft voraussagten und dazu Gürtel benützten, Kerzen-
stümpfe oder die Nägel eines noch unberührten Kindes, oder an die Zauberkraft
von Eiern, die am Himmelfahrtstag gelegt werden. ... Ob sie an Träume glaubten... oder an den Vogelgesang, an Hundegebell, an Niesen oder an Ohrensau-
sen. Ob sie jemals geglaubt hätten, daß die Tiere an Epiphanias den Namen Gottes mißbrauchen könnten, ... ob sie sich vor dem Mond verneigt hätten, ... ob
sie ein Stück Eisen in den Mund gesteckt hätten, sobald die erste Glocke den
Karsamstag einläutete. ... Ob sie versucht hätten, die Zukunft aus den Handli-
nien vorauszusagen."

21. Cannarozzi, II, S. 167f., 170, 186.
22. Avicenna, *Libellus de Almahad*, zitiert von E. Garin, *Considerazioni sulla ma-
    gia*, in: *Medioevo e Rinascimento*, S. 163. Das bekannteste Buch Avicennas
    (980–1037), der auf Arabisch *Ibn Sina* heißt, ist der *„Canone della medicina"*.
    Dieser wurde bereits Ende des 12. Jahrhunderts ins Lateinische übersetzt. Nach
    ihm wurde an allen großen Universitäten unterrichtet; er übte selbst in der Früh-
    renaissance großen Einfluß aus, da er mit seiner neuplatonischen Mystik dem
    Zeitgeist besonders entgegenkam.
23. Zitiert in: Garin, *La crisi del pensiero medioevale*, App. I, S. 41, und *Considera-
    zioni sulla magia*, S. 162f. – beide in *Medioevo e Rinascimento*.
24. Cannarozzi, II, S. 180–182.
25. Aeneas Silvius Piccolomini, *Opera*, I, Ep. 46, S. 552.
26. Banchi, III, S. 125f. Eine mögliche Erklärung dieser Geschichte mag sein, daß
    dieses Mädchen, wie so viele andere, als Kind auf dem Balkan von Sklavenhänd-
    lern eingefangen worden war, um dann auf einem der Sklavenmärkte in Venedig
    oder in Genua verkauft zu werden.
27. Cannarozzi, III, S. 209, 211f.
28. Banchi, III, S. 121–125.
29. *Malleus maleficarum*, S. 126f. Die Katzengestalt wurde deshalb gewählt, weil die
    Katze in den Heiligen Schriften das Symbol der Falschheit ist, so wie das Bild des
    Hundes die Treue versinnbildlicht. [Laut Konkordanz kommt die Katze weder
    in der Heiligen Schrift noch in den Apokryphen überhaupt vor, d. Ü.]
30. G. Sanesi, *Un'accusa di eresia nel 1383*, S. 384–88 in BSStP, III (1896).
31. Howell, a.a.O., S. 138–140. Diese Tat wäre zweifelsohne von denjenigen seiner
    Mitbürger gutgeheißen worden, die erst ein paar Jahre vorher in einem plötzli-
    chen Anfall von Puritanismus und Aberglauben nach einer Reihe von Unglücks-
    fällen die wundervolle Statue der Venus Anadyomene von der Fonte Gaia auf
    dem Campo herunterstürzten, die sie selbst dort aufgestellt hatten. Sie schrien,
    die Madonna strafe sie nun sicherlich dafür, daß sie diese heidnische Göttin in
    ihrer Mitte aufgestellt hatten. So zertrümmerten sie die Statue in winzige Scher-
    ben und vergruben diese auf Florentiner Boden. Heywood, a.a.O., S. 94f.
32. Banchi, II, S. 374f.
33. Cannarozzi, I, S. 216; Banchi, II, S. 267.
34. Banchi, II, S. 377f.
35. Cannarozzi, II, S. 161f. *Opera*, S. 176f., zitiert von Howell, S. 239f. Der He-
    xenhammer umging elegant die Schwierigkeit, daß manche der „Wunder" des
    Teufels, wie die Heilung des Siechen mit einer Beschwörungsformel, nur überna-
    türlich *scheinen:* „Wenn der Teufel Dinge zu vollbringen scheint, die jenseits sei-
    ner Kräfte stehen, wie z. B. Tote erwecken, Blinde sehend machen", dann ist das,

was er in Wahrheit getan hat, nur eine Einbildung. „Denn, wenn er das Letztge-nannte zu vollbringen scheint, fährt er entweder selbst in den Leichnam oder er läßt ihn verschwinden und nimmt seine Stelle ein… und im zweiten Fall raubt er dem Menschen durch eine Einbildung das Augenlicht und gibt es ihm dann auf gleichem Wege wieder, indem er die körperliche Behinderung wieder fortnimmt, die er erst herbeigeführt hatte." A.a.O., S. 162f.

36. Misciattelli, *Le più belle pagine di Bernardino da Siena*, S. 242. S. auch Canna-rozzi, II, S. 413f. Die Verehrung eines heiligen Hundes, die auf einer ähnlichen Legende beruht, gab es auch in Frankreich. (S. Jean-Claude Schmitt, *Le saint lév-rier, guérisseur d'enfants, depuis le XIIIᵉ siècle*. Flammarion, Paris.) Wahrschein-lich kannte Bernardino diese.

37. AB, XXV, 335, zitiert von Howell, S. 180 und Facchinetti, a.a.O., S. 302.

38. G. Panizzi, *Leggenda bernardiniana. Il miracolo dei sarmenti* [Rebschößling, d. Ü.]. Der Verfasser dieses Werkes ist ein Nachkomme des Bauern, an dessen Tür Bernardino und Giovanni geklopft hatten. Er fügt noch hinzu, daß der Hausherr zu spät merkte, daß er zwei Heiligen Schutz unter seinem Dach verwehrt hatte und daß er ihnen nachlief, um sie um Verzeihung zu bitten. Daraufhin verliehen sie ihm und seiner ganzen Familie die Gabe, Kranke zu heilen, die an Gelbsucht litten. Diese Wundergabe blieb ihnen noch viele Jahre hindurch erhalten.

39. Diese Legende wird in anderen Worten auch von Facchinetti (S. 401f.) berich-tet.

40. Facchinetti, S. 490, zitiert Suio und Giovanni da Capistrano; Banchi, II, S. 353. Das Thema behandelt Bernardino nochmals in seinen lateinischen Predigten. Alle, die so vermessen sind und versuchen, Wunder zu vollbringen, setzen sich der Gefahr schlimmsten geistlichen Hochmuts aus: Sie maßen sich an, über gött-liche Macht zu verfügen. Andererseits hielt Bernardino ebenso wie Augustin *wahre* Wunder für einen der entscheidenden Beweise für die Echtheit des christli-chen Glaubens. Er nahm Augustins berühmtes Argument auf: Wenn wir schon nicht daran glauben, daß Christus wirklich Wunder vollbracht hat, dann sei die Verbreitung des Christenglaubens auf der ganzen Welt ohne Hilfe von Wundern das größte aller Wunder. „Nimm einmal an, die Apostel hätten keine Wunder vollbracht… sie wären zwölf ungeschlachte Männer gewesen… Fischer ohne Bildung, arm und barfüßig, ohne einen Pfennig Geld, den körperlichen Leiden-schaften unterworfen, dem Hunger, dem Durst und anderen Nöten und sie ha-ben die ganze Welt oder den größten Teil davon… zum Glauben an Jesus Chri-stus bekehrt. Die einfachen Männer bekehrten auch große Doktoren, und das ist das Wunder der Wunder. Wenn sie nie ein anderes Wunder vollbracht hätten als dies eine, so ist das das größte Wunder." Cannarozzi, II, S. 99.

41. Banchi, II, S. 350.

42. Facchinetti, a.a.O., S. 488, zitiert Wadding, *Annales*, ad an. 1442.

43. Banchi, II, S. 286; I, S. 24f.; Cannarozzi, II, S. 248.

## Achtes Kapitel: Die Humanisten

### *1. Zusätzliche Literatur*

Bargellini, P., *Il Concilio di Firenze e gli affreschi di Benozzo*, Vallecchi, Florenz, 1961.
Bracciolini, Poggio, *Opera Omnia*, III, *Epistolae*, Hrsg. Tomas de Tonelli, Turin, 1964 (Bottega d'Erasmo).
Burckhardt, J., *Die Kultur der Renaissance in Italien*, 1860.
Chastel, A., *Art et Humanisme à Florence au temps de Laurent le Magnifique, Etudes sur la Renaissance et l'Humanisme platonicien*, Paris 1959.
Garin, E., *Il Rinascimento italiano*. Mailand, 1941 (Texte der Humanisten mit lateinischer Übersetzung).
Garin, E., *Der italienische Humanismus*, Bern 1947.
Garin, E., Hrsg., *Il pensiero pedagogico dell'Umanesimo*, Florenz, 1958.
Gill, J. S. J., *The Council of Florence. A Success that failed*, in: „The Month", April 1960.
Pico della Mirandola, G., *De dignitate hominis*, lateinisch und deutsch (*Die Würde des Menschen*), übersetzt von Hans H. Teich, Bad Homburg 1968, eingel. von E. Garin.
Salutati, Coluccio, *Epistolatio*, Hrsg. F. Novati, Rom, 1891–1905.
Vespasiano da Bisticci, *Lebensbeschreibungen berühmter Männer*, hrsg. v. Paul Schubring, Jena 1914.
Voigt, G., *Die Wiederbelebung des klassischen Altertums oder Das erste Jahrhundert des Humanismus*, Berlin 1859 (²1880, ³1893)
Woodward, W. H., *Vittorino da Feltre and other Humanist Educators: essays and versions. An Introduction to the History of Classical Education*, Cambridge, 1921.

### *2. Anmerkungen*

1. *Documenti per la storia dell'arte senese*, raccolti ed illustrati da Gaetano Milanesi, Siena, 1854, Bd. I, S. 1.
2. M. Sticco, *Pensiero e poesia in San Bernardino da Siena*, S. 234, zitiert F. 6. 1329, f. 37, Biblioteca Nazionale, Florenz; Cannarozzi, IV, S. 25.
3. *„Qui pulchritudinem non laudat, hic aut animo, aut corpore caecus est."* „Der Mann, der die Schönheit nicht preist", schrieb Lorenzo Valla, „dessen Augen oder Seele sind blind." Zitiert von M. Sticco, S. 75.
4. Giorgio Vasari, *Vita di Luca della Robbia scultore fiorentino*, in: *Vite de' più ec cellenti pittori, scultori e architetti*, Hrsg. Anna Maria Ciaranfi, Florenz, 1953, Bd. II, S. 196.
5. Cannarozzi, I, S. 167f. An anderer Stelle sagt er: „Alle Dinge, die Gott auf dieser Erde gemacht hat, sind seine Bücher." Banchi, I, S. 55.
6. Giovanni Dominici, aus: *Regola del governo di cura familiare*, in: *Pensiero pedagogico dell'umanesimo*, S. 72; A. Chastel, *Art et Humanisme à Florence au temps de Laurent le Magnifique*, S. 106, 287. M. Sticco, a.a.O., S. 135. Giovannis Angriff auf die humanistische Erziehung steht in dem Buch *Lucula noctis*, das 1405

als Erwiderung auf eine Verteidigungsschrift der humanistischen Erziehung von Coluccio Salutati veröffentlicht wurde.

7. Vespasiano da Bisticci, *La vita di Nicolao P. P. V*, in: *Vite*, S. 45. Tommaso Parentucelli war als Papst Nikolaus V. der erste große Humanist auf dem Stuhl Petri.

8. Niccolò Niccoli, bekannt für seinen exquisiten Geschmack und für seine scharfe Zunge, war nach dem Tod von Coluccio Salutati vielleicht der bedeutendste Humanist von Florenz. Der passionierte Sammler von Manuskripten, Bildern, Skulpturen, Gemmen, Mosaiken, Münzen dehnte seinen verfeinerten Geschmack auch auf seine Lebensführung aus. In langem, scharlachrotem Gewand rauschte er durch die Gassen von Florenz, er speiste aus antiken Schüsseln, trank aus einem Kristallkelch. Seine Sammlung von 800 Manuskripten vermachte er dem Kloster St. Markus, um sie so allen seinen Mitbürgern zugänglich zu machen. Daraus wurde später die Biblioteca Laurenziana in Florenz.

9. Leonardo Bruni aus Arezzo, genannt Leonardo Aretino, ebenso wie Guarino ein Schüler Chrysoloras, war ein Gelehrter der griechischen Sprache und Geschichte und glaubte, wie Salutati, daß ein Gelehrter mit seinem Wissen der Republik dienen solle. Er war mit Bernardino eng befreundet und bewunderte ihn zutiefst.

10. Carlo Marsuppini folgte Bruni als Kanzler der Republik von Florenz, erklärte im Unterschied zu den übrigen Humanisten dieser Zeit, daß er nicht an die christliche Lehre glaubte.

11. Giannozzo Manetti verband eine enge Freundschaft mit Bernardino. Er war einer der Gelehrten, die Kunden in Vespasianos Bücherladen waren, die der christlichen Lehre gläubig anhingen. „Der christliche Glaube", pflegte er zu sagen, „ist kein Glaube, sondern eine Gewißheit. Die Lehre der Kirche ist so wahr, wie es wahr ist, daß ein Dreieck ein Dreieck ist." (G. Voigt: a.a.O.). Bis auf sein Traktat *„De dignitate et excellentia hominis"* sind seine Werke als Humanist, Politiker, Übersetzer aus dem Griechischen und dem Hebräischen heute allesamt in Vergessenheit geraten.

12. Vespasiano, *Vita di meser Poggio Fiorentino*, in: *Vite*, S. 545. Poggio Bracciolini, der der *Cancelleria papale* angehörte, war vor allem anderen für seinen sicheren Spürsinn bekannt, mit dem er antike Manuskripte ausfindig machte, aber auch für seine archäologischen Ausgrabungen in Rom.

13. Die Beschuldigungen und Beleidigungen, die sich diese gelehrten Männer an den Kopf warfen, waren von einer Heftigkeit und Bosheit, die jeder Beschreibung spotten, ganz gleich, ob es sich bei den Meinungsverschiedenheiten um so schwerwiegende Fragen handelte, ob der Glaube als solcher wahr oder falsch sei, oder um triviale Auseinandersetzungen um grammatikalische Haarspaltereien. Sie ziehen sich gegenseitig des Diebstahls, des Verrats und der Unzüchtigkeit, um ihre Feindseligkeiten dann meist noch auf die Ehefrauen und die Kinder ihrer Gegner auszudehnen. S. Voigt, a.a.O., I, a.a.O.

14. Bontempelli, a.a.O., S. 15.

15. „Petrarca, Salutati und Bruni sagten dasselbe: Sie beriefen sich wie der ganze italienische Humanismus auf die Kirchenväter des 4. Jahrhunderts." André de Chastel, *Art et Humanisme à Florence au temps de Laurent le Magnifique*, S. 84, 106. Giannozzo Manetti, der nicht nur Humanist, sondern auch Gelehrter des Hebräischen war, pflegte zu sagen, „er kenne drei Bücher auswendig... das eine

seien die Episteln des Heiligen Paulus, das andere sei Augustins *De civitate Dei* und, von den Heiden, die Ethik des Aristoteles". Vespasiano, *Vita di meser Giannozzo*, S. 487 f.

16. Brief vom 7. April 1450, Ferrara, des Guarino Veronese an Fra Giovanni da Prato im Original und in Übersetzung abgedruckt in: E. Garin, *Il pensiero pedagogico dell'umanesimo*, S. 397, 415. Das Traktat des Heiligen Basilius über den Gewinn des Erlernens der griechischen Sprache wurde 1420 in Florenz von Leonardo Bruni übersetzt. „Seit 700 Jahren war in Italien das Griechische vergessen; und doch ist es der Quell aller Gelehrsamkeit." Übersetzt und zitiert in: E. Garin, *L'umanesimo italiano nel Rinascimento*, S. 48.

17. Cannarozzi, III, S. 300.

18. Coluccio Salutati, *Epistolario*, Hrsg. F. Novati, I, S. 178 f. Übersetzt und zitiert in: E. Garin, L'umanesimo..., S. 34 f.

19. Übersetzt und zitiert, a.a.O., S. 44 f., S. 48.

20. M. Sticco, a.a.O., S. 84, zitiert CL. XXXV, 8. 240, f. 151 und Pico della Mirandola, *De hominis dignitate*, Hrsg. B. Cicognani, S. 8; *Pico, De Iciarchia*, übersetzt und zitiert in: E. Garin, *L'umanesimo...*, S. 75.

21. Cannarozzi, V, S. 147; Cannarozzi, *Siena*, II, S. 32; M. Sticco, a.a.O., S. 80.

22. Brief von *Guarino Veronese an seinen Girolamo Gesualdo*, dessen Sohn Esopo Guarinos Schüler war, Juni 1423; Veröff. von E. Garin, *Il pensiero pedagogico dell'umanesimo*, S. 332–34.

23. Guarinos „*Proemio*" zu seiner Übersetzung von Plutarchs „Leben des Themistokles", in: Garin, a.a.O., S. 318–22.

24. Er unterhielt jedoch weiterhin die besten Beziehungen zu seinem alten Lehrer, der von ihm sagte: „Frate Alberto... einst mein Schüler in der Schule, heute mein Lehrer in der Predigtkunst." (E. Garin, a.a.O., S. 395). Er widmete ihm ein Werk über den Heiligen Ambrosius.

25. Vespasiano, *Seguita la vita di Vittorino da Feltre*, in: *Vite*, S. 576. Die Schule des Vittorino da Feltre wurde 1423 gegründet, und zwar auf Geheiß von Gianfrancesco Gonzaga, Markgraf von Mantua, zum Zwecke der Erziehung seiner Söhne. Die Jungen, die dort erzogen wurden, unter anderem Ludovico Gonzaga und Federico da Montefeltro, Herzog von Urbino, sowie ihre Kinder und Kindeskinder, wurden die Herrscher der Höfe von Mantua und Urbino, von Ferrara und Mailand, an denen die Kultur der Renaissance ihre höchste Blüte erreichte. Wenn sich auch die Moral dieser Höfe hie und da doch sehr unterschied von dem, was in den Unterrichtsräumen und auf den Sportplätzen von *La Giocosa* den Schülern eingeprägt wurde, hatte Vittorino all seinen Schülern eine gewisse Sicherheit an raffiniertem Geschmack mitgeben können, im Leben sowohl als auch in der Kunst – wie sie in so hohem Maß wohl in ganz Europa noch nicht erreicht worden war.

26. Cannarozzi, *Siena*, II, S. 297; Cannarozzi, IV, Predigt, XXXII, bes. S. 206, 209–13.

27. Cannarozzi, *Siena*, II, S. 301, 296.

28. Cannarozzi, *Siena*, II, S. 296 f., 300 f.; Cannarozzi, IV, S. 213.

29. Cannarozzi, *Siena*, II, S. 293; Cannarozzi, III, S. 297.

30. Vier Winde wehen vom Meer – die den Geist aufrühren:
    Schmerz und Freude – Furcht und Hoffnung.
    Cannarozzi, III, S. 312. Diese Verse von Jacopone (aus *Lauda*, LX, Hrsg. Ferri

und Caramella, Bari, 1930) werden in diesem Wortlaut von Bernardino zitiert.
Banchi, I, S. 43.

31. Cannarozzi, III, Predigt XVII, S. 306, 313–16. Zahlreiche Ratschläge Bernardinos zur Bildung beruhen auf den Regeln, die der Heilige Bonaventura formuliert
hatte.

32. Die klassischen Autoren, auf die Bernardino in seinen Predigten Bezug nimmt,
sind Aristoteles, Plato, Homer, Cicero, Vergil, Seneca, Quintilian, Vitruvius, Juvenal und Apuleius; die griechischen zitiert er vermutlich nur nach der lateinischen Übersetzung. S. Howell, a.a.O., S. 234.

33. Cannarozzi, *Siena*, I, S. 53 f.; Cannarozzi, III, S. 305.

34. Cannarozzi, III, S. 305 f.

35. S. Howell, a.a.O., S. 232 f.; M. Sticco, a.a.O., S. 128, Anm. 1. Solche dantesken
Sätze sind alles andere als ungewöhnlich in der Literatur des 14. und 15. Jahrhunderts. Sie wurden selbst in privaten Briefen, z. B. von Lapo Mazzei, verwendet.

36. Cannarozzi, III, S. 312. Bernardino bezieht sich im Besonderen auf *Il Corbaccio*.

37. Cannarozzi, III, S. 311.

38. S. G. Voigt, a.a.O., I. Die Lektüre des *Ermafrodito* wurde von Papst Eugen V.
unter Androhung der Exkommunikation verboten. Des ungeachtet genoß er
große Popularität. Vespasiano da Bisticci erzählt dazu eine reizende Geschichte:
„Der Kardinal Cesarini ertappte einmal seinen Sekretär dabei, als dieser gerade
darin vertieft war. Der junge Mann versuchte, das Buch noch schnell hinter sich
in eine Truhe zu schmeißen. Daraufhin zerriß der Kardinal das Buch und sagte:
‚Wenn Du mir die richtige Antwort gegeben hättest, hätte ich es vielleicht nicht
zerrissen. Du hättest antworten müssen, daß Du in einem Misthaufen nach einem
Edelstein gesucht hast.‘“ Vespasiano, *Meser Giuliano Cesarini Cardinale di
Sancto Agnolo*, in: *Vite*, S. 84.

39. Valla verfaßte auch ein Pamphlet, in dem er den Beweis erbrachte, daß es sich bei
der gesamten Konstantinischen Schenkung um eine Fälschung handele. Das hatten andere Gelehrte vor ihm bereits behauptet. Er ging jedoch so weit, daß er auf
Grund dessen dem Papst jedes Recht auf weltliche Macht absprach. „[Gregoro-
vius] sagte dazu: ‚Das Traktat über die Konstantinische Schenkung ist der kühn-
ste Angriff gegen die weltliche Herrschaft/Macht der Päpste, den je ein Reforma-
tor gewagt hat.‘“ S. auch L. Pastor: *Storia dei papi...*, S. 20 f.

40. Zitiert von P. Bargellini, *Il Concilio di Firenze*, S. 55.

41. Cannarozzi, IV, S. 407, 410.

42. Cannarozzi, V, S. 42 f. Bernardino warnte auch die jungen Männer selbst, daß
die unzüchtigen Modeauswüchse, die von den Franzosen in die Toskana gebracht
wurden, von verderblicher Wirkung seien. „Wenn Du mit hautengen Beinkleidern gehst und mit kreuzweise gebundenen Strumpfbändern und die Strümpfe
nur bis zum Knie gehen, mit geschlitztem und mit Fransen verziertem Schuh-
werk, dazu mit einem Wämschen, das gerade noch bis zum Nabel reicht, dann
zeigst Du mit diesem Aufzug, was Du wirklich bist.“ Banchi, III, S. 189.

43. Vespasiano da Bisticci, *Sancto Bernardino da Massa di Maremma*, in: *Vite*,
S. 250.

44. Brief von Leonardo Bruni an Bernardino (ohne Datum, doch vermutlich aus dem
Jahr 1424), abgedruckt von Cannarozzi, I, S. XXXIX–XLI.

45. Vespasiano da Bisticci, *Sancto Bernardino...*, S. 247.

46. Cannarozzi, II, S. 87 f.
47. P. Bargellini, *Il Concilio di Firenze*, S. 103–108, 114–117.
48. a.a.O., S. 138–145.
49. a.a.O., S. 127; Vespasiano da Bisticci, *Vita di Eugenio IV*, P. P. S. 16, 18.
50. Vespasiano, a.a.O., S. 21 f.
51. J. Gill, S. J., *The Council of Florence*, Cambridge, 1959, S. 230 ff.
52. Howell, S. 188. Der Autor begründet allerdings überzeugend, daß man nicht wirklich von einem Wunder sprechen kann, da Bernardino oberflächliche Kenntnisse des Griechischen besaß und er sich auch von Alberto da Sarteano oder einem Sprachgelehrten hätte helfen lassen können.
53. Die Griechen wurden bei ihrer Rückkehr nach Konstantinopel von heftigen Protestkundgebungen empfangen, ja, sie wurden sogar ungerechterweise verdächtigt, daß ihre Unterschriften vom Papst „gekauft" worden seien. J. Gill, a.a.O., S. 207–210.
54. Dieses Dokument, zwei Tage vor dem Tod des Patriarchen datiert, wird von P. Bargellini zitiert, a.a.O., S. 167 f. und von J. Gill, a.a.O., S. 267.
55. P. Bargellini, a.a.O. Der Text, von dem eine von Fra Ambrogio Traversari angefertigte Transkription in einem Silberkästchen in der Biblioteca Laurenziana in Florenz aufbewahrt wird, ist in italienischer Übersetzung zitiert. S. 190–199.
56. Vespasiano da Bisticci, *Vita di Eugenio IV P. P.*, S. 19.

## Neuntes Kapitel: Die Reform des Observantenordens

### 1. Zusätzliche Literatur

Bulletti, E., *Per la nomina di San Bernardino a Vescovo di Siena*, in: BSB, 1939, 1.
Burdach-Piur, *Briefwechsel des Cola di Rienzo*, Berlin, 1912–1929.
Gemelli, A., OFM, *San Bernardino da Siena francescano perfetto*, in: *Saggi e ricerche*, Mailand, 1945, S. 469–479.
Ilarino da Milano, OFM, *San Bernardino da Siena e l'Osservanza Minoritica*, in: *Saggi e ricerche*, Mailand, 1945.
Bruder Leo von Assisi, *Der Spiegel der Vollkommenheit oder der Bericht über das Leben des hl. Franz von Assisi*, mit einem Nachwort von Romano Guardini, Leipzig, 1935.
Lusini, A., *Un rotulo bernardiniano*, in: „La Diana", IV (1929), 2.
Mugnaini, E., *San Bernardino e l'Osservanza*, in BSB, XX.
*Opuscola Sancti Francisci*, Biblioteca Franciscana Medii Aevii, 1904.
Sabatier, P., *Leben des Heiligen Franz von Assisi*, übertr. aus dem Französischen, bewirkt durch Margarete Lisco, Zürich 1919; photomechan. Nachdruck St. Ottilien, 1979.
*Speculum perfectionis*, Hrsg. P. Sabatier (ital. Übersetzung: *Specchio di perfezione*, in: Fonti Francescane, Verlag Messagero, Padua, 1980, S. 1291–1440.
Scudder, V., *Speculum perfectionis*, Hrsg. E. Sabatier, engl. Übersetzung von Robert Steele, London, 1903.
Scudder, V., *The Franciscan Adventure*, London, 1931.
*Textes Franciscains: Les Opuscules de Saint François*, Texte latin de Quaracchi et traduction de l'Abbé Bayart, Éditions Franciscaines, Paris, 1935.

Tommaso da Celano, *Vita prima et Legenda ad usum chori*, Quaracchi, 1926.
Tommaso da Celano, *Vita secunda*, Quaracchi, 1927.
Thomas de Celano, *Leben und Wunder des hl. Franziskus von Assisi* (Vita prima S.
Francisci Assisiensis, Vita secunda S. Francisci Assisiensis, tractatus de miraculis),
Einf., Übers., Anmerk. von Engelbert Grau, Werl/Westfalen, 1955.

## 2. Anmerkungen

1. Die *Porziuncola*, wörtlich „kleine Portion", d. h. das kleine Stück Land, war der
Legende nach dem Hl. Benedikt gegeben worden. Dort ließ er sich mit seinen
Brüdern neben einer kleinen Kapelle nieder. Zu Franziskus' Zeiten war sie eine
verfallene Ruine im tiefen Wald, nur wenige Meilen von Assisi entfernt. Er richtete sie wieder her und lebte dort zusammen mit seinen ersten Schülern in armseligen Hütten, *tuguri*, voll und ganz der Regel der Armut.
2. Facchinetti zitiert auf S. 455 und S. 457 Giacomo Oddi da Perugia, *La Franceschina. Testo volgare umbro del secolo XV*, Florenz, 1931.
3. Facchinetti zitiert auf S. 488 *Regola e Costituzioni Generali dei Frati Minori*,
Rom, 1929.
4. Aus dem Testament des Hl. Franziskus in P. Sabatier, *Vita di San Francesco*,
S. 293 und *Opuscules*, S. 106. In: *Specchio di perfezione* von Frate Leone wird beschrieben, daß einige seiner Mitbrüder Frate Elia zu ihm schickten, als er die Ordensregeln niederschrieb, um sich bei ihm zu beklagen, daß sie allzu streng seien.
„Er soll sie ruhig für sich selbst machen, aber nicht für uns." Da vertiefte sich
Franziskus ins Gebet, und man vernahm die Stimme von Christus selbst, der ihm
antwortete: „Nichts von Dir ist in der Ordensregel, oh Franziskus, sondern alles,
was sich dort findet, stammt von mir, und es ist mein Wille, daß die Ordensregel
buchstabengetreu befolgt wird, buchstabengetreu, ohne Auslegung, ohne Auslegung, ohne Auslegung." Frate Leone, *Specchio di perfezione...*, 1. Kapitel, S. 17.
Diese Legende ist, wie Sabatier anmerkt, ziemlich sicher eine Zufügung, die vorgenommen wurde, als zu späterer Zeit die *Zelanti* sich wieder einmal an den
Papst wandten. Doch sie zeigt immerhin den tiefen Respekt, den sie für den ge-
nauen Wortlaut der Ordensregel hegten.
5. „Armut bedeutet, nichts zu besitzen –
Deshalb nichts zu begehren –
Und deshalb alles zu besitzen –
Im Geist der Freiheit –"
Aus: Lauda LIX von Jacopone da Todi (*Le Laude*, hrsg. G. Ferri, Bari, 1930/32,
verbesserte Auflage v. Caramello).
6. Mattäus von Paris, *Historia Anglorum*, 1207. Zitiert von V. Scudder, in: *The
Franciscan Adventure*, S. 48. Dieses Zeugnis ist um so wertvoller, als es von einem Benediktiner stammt.
7. Brief von Kardinal Jacques de Vitry, zitiert von Girolamo Golubovich OFM, *Biblioteca bio-bibliografica della Terra Santa e dell'Oriente francescano*, Bd. I
(1205–1300), Quaracchi, 1906, S. 6.
8. Angelo Clareno, *Historia septem tribulationum Ordninis Minorum*, zitiert von
V. Scudder, a.a.O., S. 207.
9. *Speculum perfectionis*, Kap. XII.

10. „Der große Verzicht." Bezieht sich auf Dantes:
    „*Che fece per viltade il gran rifiuto.*"
    „Nachdem erkannt ich hatte manch Gesicht,
    Sah und erkannte ich den Schatten dessen,
    Der feige tat den großen Amtsverzicht."
    Inferno III, 60.

11. Angelo Clareno, *Epistola excusatoria,* zitiert von Howell, a.a.O., S. 33, S. 53.

12. Die Bezeichnung „*Fraticelli*" scheint zunächst nur für die Anhänger von Angelo Clareno gegolten zu haben, dann auch für die *Zelanti,* die vor der Verfolgung nach Sizilien geflohen waren, noch später dann ganz allgemein für fanatische *Zelanti.* Im Volksmund hießen auch Sekten wie die „*Apostoli*" von Segarelli und Fra Dolcino „*Fraticelli*", was allerdings eine unkorrekte Bezeichnung war, ebenso wie andere Gemeinschaften oder einzelne Mönche, die in Askese lebten, jedoch ohne die Regeln eines Ordens oder die Autorität der Kirche anzuerkennen. S. Howell, a.a.O., S. 34, Anm. 1; V. Scudder, *The Franciscan Adventure.*

13. Bulle, zitiert von V. Scudder, a.a.O., S. 242.

14. Gioacchino da Fiore starb im Jahre 1202, doch das *Evangelium Aeternum* des Gerardo da Borgo San Donnino wurde erst 1254 zusammengestellt. Mit dem Begriff „*Vangelo Eterno*", immerwährendes Evangelium, meinte Gioacchino das, was der Heilige Geist in der neuen „Ära des Geistes" durch seine Unterweisungen mitteilen würde. Gerardo jedoch überschrieb alle drei Bücher des Gioacchino, die er mit seinen eigenen Glossen, *con glosse,* versehen hatte, mit diesem Titel.

15. Dies ist eine Vereinfachung von Abt Gioacchinos kompliziertem theologischen Lehrgebäude, in dem die drei Epochen sich überschneiden.

16. In Norditalien maßte sich ein gewisser Gherardo Segarelli (Segalellus) den Titel „*Apostolo della Nuova Era*" an, der Fra Salimbene da Parma zufolge „von bescheidener Herkunft war" *(de vili progenie ortus... illiteratus... ydiota et stultus),* sich mit einem weißen Umhang kleidete, damit er aussah wie ein Apostel, oder sich wiederum in Windeln gewickelt in eine Wiege legte „zu Ehren der Kindheit unseres Herrn". Seine Anhänger, zum größten Teil halbverhungertes Landvolk, das seine Felder verlassen hatte, nannten sich *Fratelli apostolici,* ohne sich jedoch an irgendeine Ordensregel oder -lehre zu halten. Sie standen weder den Kranken noch den Armen bei und hatten wenig von franziskanischer Einfachheit und Demut an sich. Der franziskanische Chronist Salimbene da Parma schreibt: „Sie haben die Ordenstracht und die Holzpantinen der Franziskaner gestohlen, aber sonst nichts." „*Se dicunt apostolos esse et non sunt!*" Salimbene de Adam, *Cronica,* Hrsg. G. Scalia, Bari, 1966, Bd. I, S. 369, 371, 373. Endlich wurde Segarelli doch als Ketzer verbrannt. Aber einer seiner Anhänger, Fra Dolcino, trat an seine Stelle und gründete zusammen mit Margherita, einer schönen jungen Frau, und etwa 4000 Anhängern, im Valsesia, Piemont, eine Ordensgemeinschaft. S. Dante, Inferno, XXVIII, 55: „Berede Fra Dolcin sich zu versehen –"

17. Cannarozzi, III, S. 227; Howell, S. 113f. zitiert Wadding, X, 34.

18. Facchinetti, S. 307f.; Banchi, II, S. 356f., S. 374.

19. Howell, S. 234; San Bernardino: *De Inspirationibus, Opera,* III, 132. (*Trattato delle Ispirazioni* nach der Version von Dionisio Pacetti, Neuauflage Mailand, 1962, S. 75.) Bernardino spielt vermutlich auf den Dominikaner Vicente Ferrer

an, den er als junger Mensch sagen hörte, daß der Antichrist bereits geboren sei.

20. Banchi, I, S. 68 f.
21. Howell, S. 234; Zitat aus *Opera*, III, 132; *Trattato delle Ispirazioni*, S. 75.
22. Facchinetti, S. 475 f., zitiert Pater Jacques Fodéré, *Narration historique et topographique des couvents de l'Ordre de Saint François* (1612).
23. Wadding, XI, anno 1438, § VI, S. 35 f., zitiert von Facchinetti, a.a.O., S. 470. Man muß dabei bedenken, daß Bernardino gleichzeitig von Papst Eugen IV. und vom Ordensgeneral der Franziskaner mit dieser Aufgabe betraut wurde. In schwierigen Situationen hätte er sich daher natürlich unter Umgehung seines Ordensgenerals, der noch dazu Konventuale war, direkt an den Papst wenden können. Er aber zeigte vielmehr unmißverständlich, daß er im Interesse der Einheit seines Ordens sein Amt stets als Vertreter des Ordensgenerals wahrnahm und nicht als Vertreter des Papstes. So bezeichnete er sich selbst in seinen Schreiben und Briefen als „*Vicario del Generale*", Stellvertreter des Ordensgenerals. Ilarino da Milano, OFM, *San Bernardino da Siena e l'Osservanza Minoritica*, in: *Saggi e ricerche...*, S. 393 f.
24. Diese Angaben stammen aus „*Interpretazione della Regola di San Francesco*", die Nicola da Osimo auf Bernardinos Bitte für die Observanten aufgezeichnet hatte. Wadding, XI, anno 1440, § XII, S. 117–119.
25. Cannarozzi, IV, S. 8 f. Der *Mercato Nuovo* heißt nach 600 Jahren noch heute so, liegt an der Via Por Santa Maria, in der zu Bernardinos Zeiten die Seidenhändler ihre Läden hatten.
26. Cannarozzi, *Siena*, II, S. 138 f.; Banchi, II, S. 349; Banchi, I, S. 72.
27. Banchi, III, S. 218 f.
28. Wadding, VI, anno 1440, § XXVIII, S. 127, zitiert von Howell, S. 75.
29. Cannarozzi, *Siena*, II, S. 138–140.
30. Dieses Problem wurde bereits 1430 auf dem Generalkapitel der Observanten in Assisi aufgeworfen. Damals erhielt die Provinzial die Anweisung, „die Studiengänge [der Mönche] sorgfältig und eifrig zu überwachen... und dafür zu sorgen, daß die Studenten alles haben, was sie benötigen". („diligenter et sollicite invigilent informationi studiorum..., ita quod quibuslibet studentibus pro posse provideant de suis necessariis, tam pro libris quam pro reliquis opportunis rebus".) K. Hefele, *Der heilige Bernhardin von Siena und die französische Wanderpredigt in Italien...*, Freiburg i. Br., 1912, S. 12.
31. Im selben Jahr, in dem Bernardino die Lehrgänge in Perugia einrichtete, gründete die Universität Siena eine Fakultät für Theologie (zu Bernardinos Zeit als Generalvikar eingeführt: *Studium theologiae pro exercitio et gradu Magisterii*).
32. „*Armaverunt se contra illum et articulaverunt eum mirabiliter.*" Francesco da Rimini, zitiert von Facchinetti, a.a.O., S. 474.
33. Zitiert von Facchinetti, Sticco S. 473 f., S. 42 f., zitiert Codex D. 2. 1330, f. 30, Biblioteca Nazionale, Florenz.
34. M. Sticco, a.a.O., S. 244 f., zitiert Codex Magliabecchiano, Cl. XXV. 244, f. 190, Biblioteca Nazionale, Florenz.
35. Banchi, II, S. 127 f.
36. Zitiert von P. Bargellini, *San Bernardino da Siena*, S. 102 f.
37. Cannarozzi, I, S. 219 und S. 223 f.
38. Poggio Bracciolini, zitiert von Pastor, a.a.O., Bd. I, S. 29.

39. Poggio Bracciolini, *Epistolae*, zitiert nach G. Voigt, *Die Wiederbelebung des klassischen Altertums*, Bd. II, spricht von einem fast ebenso heftigen Angriff des Philosophen Leonardo Bruni auf die Observanten. Er beschreibt ihre blassen Gesichter, den hinterhältigen Blick aus gesenkten Augen, die Märchen von Träumen und Visionen, mit denen sie ungebildete Männer und närrische Weiberleute unterhielten. Auch Filelfo beschreibt in einer seiner Satiren mit giftiger Feder einen solchen Mönch. S. Voigt, a.a.O., Bd. III, S. 50ff.
40. Misciattelli, *Le più belle pagine*, S. 49–51.
41. M. Sticco, a.a.O., S. 244, zitiert aus Codex D. 2. 1330, Biblioteca Nazionale, Florenz.
42. Cannarozzi, IV, S. 8; Banchi, III, S. 44; Facchinetti, S. 463 f.
43. Pacetti, *Prediche volgari inedite*, S. 462.
44. Howell, a.a.O., S. 190 f.; Wadding, XI, anno 1441, § VI, S. 137 f.; „Arch. Stor. Ital.", XVI (1850), Cronaca della città di Perugia dal 1309 al 1491, bekannt unter dem Namen „Diario del Grazzini", S. 470 f.
45. E. Bulletti, *Per la nomina di San Bernardino a Vescovo di Siena*, in BSB, XVIII (1939), 1, S. 27, 31, 40.
46. Banchi, II, S. 367.
47. Vespasiano da Bisticci, *Sancto Bernardino da Massa in Maremma*, in: *Vite*, S. 249.
48. Wadding, X, anno 1427, § VII, S. 136 f.
49. Banchi, II, S. 69 f. Was die Sieneser von all dem dachten, brachten sie nach Bernardinos Tod im folgenden *filostracco*, einer Art Auszählreim, zum Ausdruck:

| | |
|---|---|
| *Tu cercasti povertadi* | Du suchtest Armut |
| *Non curasti l'amistadi* | schertest Dich um Freundschaft nicht |
| *E schifasti vescovadi* | und verschmähtest Bischofssitze |
| *Pel tuo libero stato.* | um deiner Freiheit willen. |

A. Lusini, *Un rotulo bernardiniano*, in: „La Diana", IV (1929), II, S. 170.
50. In allen strittigen Punkten folgte ich der *Cronologia bernardiniana* von Dionisio Pacetti, in: „Studi francescani", XV (1943), 3–4.
51. Vespasiano da Bisticci, *Vita di Eugenio IV*, P. P., S. 13; Facchinetti, S. 469.
52. Frate Francesco da Rimini, zitiert von Howell, S. 75; Facchinetti, S. 473.
53. Howell, S. 76–79; Ilarino da Milano, OFM, a.a.O., S. 396, zitiert *Speculum Minorum* und Wadding.
54. Die Jahreszahlen stammen von Giovanni da Capistrano, werden aber auch von Facchinetti und anderen modernen Biographen anerkannt.
55. M. Sticco, a.a.O., S. 241.

## Zehntes Kapitel: Die letzte Reise

### 1. Zusätzliche Literatur

Alessio, F. *Storia di San Bernardino da Siena e del suo tempo*, Mondovì, 1899.
Donati, F., *Notizie su San Bernardino da Siena con un documento inedito*, in BSStP, I (Siena 1894), 1–2.
Pacetti, D. OFM, *Cronologia bernardiniana*, in: „Studi francescani", XV (1943), 3–4.

## 2. Anmerkungen

1. Lauda LX von Jacopone da Todi (*Le Laude*, hrsg. von G. Ferri, Bari, 1930², verbesserte Auflage von Caramella.)
2. Howell, S. 194f. zitiert AB, XXXV, 315.
3. Facchinetti, S. 487, 485, zitiert Wadding, XII, anno 1442, § XII, S. 165. S. auch Dante, Inferno, II, 140: „Tu duce, tu Signore, e tu maestro." (Du, der Du Führer, Herr und Meister bist. Übers. Wilhelm G. Herz) – „Fateor me non habuisse in Ordine, in verbo Dei doctrina praeter te alium praeceptorem. Tu magister meus, tu doctor meus." (Nachruf auf Vincenzo da Siena, Op. II, 38, nach Hefele, S. 89.)
4. Wadding, XI, anno 1442, S. 191 (§ XIII), S. 193 (§ XIV); Facchinetti, S. 487; Howell, S. 194.
5. Wadding, XI, anno 1442, § VIII, S. 190f. Dieser Panegyricus findet sich in der dritten lateinischen Predigt Bernardinos über die Seligsprechungen, und zwar bei dem Text: „Selig sind, die da Leid tragen", Matth. 5. Einen Teil dieser Trauerrede entnahm Bernardino wörtlich der *Expositio* des Heiligen Bernhard aus *Cantica Canticorum*, in der der Heilige seinen geliebten Freund, den ehrwürdigen Gérard de Clairvaux, betrauert. Es ist, als ob Bernardino gespürt hätte, daß seine eigenen Worte für die Größe seines Schmerzes nicht ausreichten. S. Facchinetti, a.a.O., S. 486, Anm. 1.
6. Banchi, III, S. 365.
7. Facchinetti, S. 489, Anm. 1; Sante Boncor, *Vita inedita*, VI, S. 8, zitiert von Facchinetti a.a.O., S. 486.
8. Vespasiano da Bisticci, *Sancto Bernardino da Massa di Maremma*, in: *Vite*, Florenz, 1970, Bd. I, S. 252.
9. Banchi, II, S. 389.
10. Aus einem Memorandum vom 27. September 1442, das die Signoria von Siena an Bernardino schickte. Archivio di Stato, Siena, *Concistoro* 2413, cc. 541–542. Im Jahre 1433 erfolgte der Friedensschluß zwischen Florenz und Venedig auf der einen sowie Mailand und Siena auf der anderen Seite. Doch die Bedingungen dieses Friedens waren für Siena in keiner Weise günstig, da es etliche Städte, die es Florenz entrissen hatte, zurückgeben mußte.
11. Howell, S. 196. Die ganze Geschichte ist in der *Bulla exculpationis* wiedergegeben und bei Wadding abgedruckt (XI, anno 1447, § VIII, S. 316f.), die Papst Nikolaus V. im Jahr 1447 zur Rehabilitierung Bernardinos erließ.
12. Bargellini, P., *San Bernardino da Siena*, S. 326f.
13. Alessio, F., *Storia di San Bernardino e del suo tempo*, S. 381f.
14. Donati, F., *Notizie su San Bernardino*, S. 51f., zitiert den venezianischen Chronisten Cicogna, *Iscrizioni veneziane*, II, 72.
15. Wadding, XI, anno 1444, § 1, S. 216.
16. Banchi, III, S. 504f.
17. Lobrede auf den Heiligen Bernardino, geschrieben von Giacomo della Marca, zitiert von Facchinetti, a.a.O., S. 463.
18. Wadding, XI, § III, S. 217. Die Anekdote wird auch von Bargellini erzählt (a.a.O., S. 342): „Lo stesso giorno che me l'ha dato, me l'ha tolto."
19. Wadding, XI, § VII, S. 219; AASS, S. 761.
20. Bruder Bartolomeo schrieb einen Bericht über diese Reise, der leider verlorenge-

gangen ist, glücklicherweise aber teilweise durch Wadding auf uns gekommen ist: (XI, § III, S. 217).

21. Diese Legende wird nur von Wadding, XI, anno 1444, § VII, S. 219, und von Marco da Lisbona berichtet.
22. Brief von Fra Giuliano da Milano an das Observantenkloster der Stadt Mailand, veröffentlicht von F. Donati, a.a.O., S. 72.
23. F. Donati, a.a.O., S. 72, zitiert Giuliano da Milano. Sante Boncor berichtet die Worte des Sterbenden in aller Ausführlichkeit. Doch der Bericht Giulianos, der am Sterbebett anwesend war, legt nahe, daß sie alle apokryph sind. S. Facchinetti, a.a.O., S. 449; er zitiert und kommentiert Sante Boncor, *Vita inedita*, Kapitel VIII, S. 9.
24. Giuliano da Milano, zitiert von F. Donati, a.a.O., S. 72. Alle Biographen berichten, daß in den letzten Augenblicken, bevor Bernardino starb, Freude in seinem Gesicht leuchtete. „Feliciterque e corpore excessit", schreibt Surio, und Lodovico da Vicenza noch ausführlicher: „Laeto vultu quasi ridens, gloriosum emisit spiritum."
25. „Vater, ich habe Deinen Namen den Menschen verkündet."

# Epilog

## *1. Zusätzliche Literatur*

Bulletti, E., *Per la canonizzazione di San Bernardino da Siena. Carteggio ufficiale*, in BSB, X (1944–1950).
Chini, M., *La Chiesa e la Tomba di San Bernardino in Aquila degli Abruzzi durante il primo cinquantennio della fondazione del Tempio*, in BSB, III (1937), 2.
Donati, F., *Notizie su San Bernardino*, in BSStP, I, (1894), 1–2.
Liberati, A., *Le vicende della canonizzazione di San Bernardino*, in BSB, II (1936), 2, S. 91–124.

## *2. Anmerkungen*

1. A. Lusini, *Un rotulo bernardiniano*, in: „La Diana", IV, (1929), II, S. 166.
2. Giuliano da Milano, zitiert von F. Donati, *Notizie su San Bernardino...*, S. 71 und S. 74. Bei den für die Kurie bezeugten Heilungen handelt es sich um zwölf Gelähmte, acht Krüppel, vier Lahme und zwei Blinde, zwei Taubstumme sowie zwei Männer mit Steinleiden. Dazu eine Frau, „von einem Dämon besessen", die, nachdem sie die Füße des Heiligen geküßt hatte, von ihrer Besessenheit geheilt war.
3. Donati, *Notizie su San Bernardino...*, S. 75. Donati gibt den vollständigen Text des Briefs von Giuliano da Milano wieder.
4. La Vita di San Giacomo della Marca von Fra Vincenzo da Fabriano verfaßt, in AFH, XVIII.
5. Sante Boncor, *Vita inedita...*, c. XII, S. 13 f., zitiert von Facchinetti, S. 508. Diese Elegie vollendete Giovanni di ser Francesco am 10. August 1444. Codex I,

V, 27 von c. 67–83; Biblioteca Comunale di Siena. Zitiert in: *Miscellanea Storica Senese*, a. I, fasc. II und (mit Varianten) in: F. Donati, a.a.O., S. 66 f.

6. Dies ist einer von 14 Klagegesängen, die auf eine Pergamentrolle geschrieben sind; sie befindet sich im Besitz der Familie Palmieri in Siena. Auf sie bezieht sich A. Lusini in seinem Artikel (a.a.O., S. 161–170). Die Gestalt Bernardinos, die die Rolle oben ziert, wird Pietro di Giovanni zugeschrieben.

7. Facchinetti, a.a.O., S. 510.

8. Aeneas Silvius Piccolomini (Pius II.), *De viris illustribus,* zitiert von Facchinetti, S. 512.

9. A. Liberati, *Le vicende della canonizzazione di San Bernardino,* S. 98 f. Hier sind die folgenden Briefe aus dem *Archivio Sergardi* zitiert: A. II. Nr. 21, 24, 25, 28; F. Donati, *Notizie su San Bernardino,* zitiert *Commissioni ad ambasciatori del Comune di Siena,* Biblioteca Comunale, Cod. A. V. 34, S. 282 und S. 285 f.

10. A. Liberati, a.a.O., S. 102–104, zitiert *Archivio Segardi,* A. II. Nr. 46.

11. Wadding, XI, anno 1447, § VII, S. 316. Die Frage, ob Bernardino heiliggesprochen werden sollte, wurde in vier *processi,* Heiligsprechungsverfahren, untersucht. Der erste fand im Jahr 1445 in L'Aquila statt, der zweite ebenda 1447, der dritte 1448 in Rom und zugleich in einigen anderen Städten, in denen er sich einmal aufgehalten hatte; der vierte schließlich in L'Aquila und Rieti im Jahr 1449. D. Pacetti OFM, *Cronologia bernardiniana,* in „*Studi francescani“,* XV (1943), 3–4.

12. Howell, a.a.O., S. 214 f., zitiert AASS, Maii, IV, 776; Giuliano da Milano zitiert von Donati, a.a.O., S. 75.

13. A. Liberati, a.a.O., S. 117. Diese „Ausgabe" scheint unter anderem ein Haus im Wert von 800 Goldgulden enthalten zu haben, das einem der Kardinäle zum Geschenk gemacht wurde.

14. Facchinetti, S. 528 und 527. Eine alte vita Bernardinos, verfaßt von padre Amadio da Venezia (libro IV, Bd. X, S. 225–236) teilt Bernardinos Wundertaten in folgende Kategorien ein: 13 Tote zum Leben erweckt, zwölf im Sterben Liegende errettet, 14 Verwundete geheilt, 15 Blinde wieder sehend gemacht, zehn Taube wieder hören gemacht, 17 Lahme wieder gehen gemacht, sieben Besessene vom Dämon befreit, 20 Personen mit verschiedenen Krankheiten, Lepröse inbegriffen, geheilt. „Manchmal genügte sogar das bloße Bild des Heiligen, seine Knotenkordel, seine Kutte…, um das Wunder zu vollbringen." In einem Fall bewies er, daß er sogar auf leblose Materie einwirken konnte. Als nämlich einem armen Schäfer von Rieti unglücklicherweise der ganze Wein aus dem Faß ausgelaufen war, füllte der Heilige Bernardino die dreifache Menge Wein zurück ins Faß, „so daß es überfloß". Facchinetti, S. 529 f.

15. Facchinetti, S. 528, zitiert sowohl P. Cristoforo da Varese, AASS. I, C, S. 510, als auch Wadding, XI, anno 1447, § XXXVII, S. 344.

16. Facchinetti, S. 526, zitiert Cristoforo da Varese, S. 510.

17. A. Liberati, a.a.O., S. 118 f. Der Gesandte schrieb nach Siena zurück und gab gleich den praktischen Rat mit, daß die Sieneser tunlichst alles benötigte Wachs in Siena einkaufen sollten, weil es da billiger sei als in Florenz: „Ich glaube, es wäre gut, inzwischen alles in die Wege zu leiten, was benötigt wird, und die höchsten Kosten verursacht das Wachs, denn hier ist es X *baiocchi* wert [= Kupfermünze, ca. 1/100. scudo]. Denn wir brauchen welches für 100 *doppieri* [= zweiarmiger Leuchter] à XI *libre*… Item für alle Kardinäle und Patriarchen je eine von sechs

bis fünf *libre*. Item für die Gesandten, Prälaten und Würdenträger je nach ihrem Rang, für die Prozession... je zwei große Wachskerzen mit Gold überzogen, die der Kirche geschenkt werden sollen, nachdem die Messe gelesen worden ist... eine dicke Kerze mit Blumenschmuck... außerdem noch XII dicke Kerzen, die im Moment der Heiligsprechung entzündet werden sollen." A. Liberati, a.a.O., S. 121. Die Gesamtkosten für die Feierlichkeiten zur Heiligsprechung scheinen sich auf 7000 *ducati* belaufen zu haben. S. L. Pastor, *Storia dei Papi*, I, S. 387.

18. Facchinetti, S. 532, zitiert den Seligen Bernardino da Fossa (auch Amici oder l'Aquilano genannt), *Chronica fratrum minorum observantiae*, Hrsg. L. Lemmens, Rom, 1902, S. 38; L. Pastor, a.a.O., I, S. 394 f., der Agostino Dati, *Storia senese*, zitiert.

19. A. Liberati, a.a.O., S. 119, 123, Anm. 2, in der die unveröffentlichte Chronik von Fecini (Archivio di Stato, Siena, MS D. 35) zitiert wird, und Facchinetti, a.a.O., S. 532, der Bernardino da Fossa, a.a.O., S. 37 f. zitiert, dazu Allegretti, *Diario senese*.

20. Facchinetti zitiert auf S. 541 bzw. 544 aus Briefen von Giovanni da Capistrano und von Giacomo della Marca, veröffentlicht von F. Faraglia, *La chiesa primitiva e il monastero di San Bernardino nell'Aquila*, Trani, 1912; M. Chini, *La chiesa e la tomba di San Bernardino...*, S. 61.

21. M. Chini, a.a.O., S. 68 f., S. 75–81.

22. O. Bacci, *Inventario degli oggetti e libri lasciati da San Bernardino da Siena*, Castelfiorentino, 1895. Es handelt sich um das „Inventar der Gegenstände zu seinem persönlichen Gebrauch, die heute in seinem Kloster Capriola von Siena sind, aufgeschrieben... am heutigen Tag, dem 10. des Juni 1444... durch mich, Bruder Ludwig, Pater Guardian besagten Klosters in Gegenwart dreier ehrenwerter Stadthauptleute der Kommune von Siena" und dreier Klosterbrüder, die folgendermaßen erwähnt werden: „gewesene Mitbrüder des genannten... Bernardino". Archivio di Stato, Siena.

23. M. Sticco, a.a.O., S. 84, zitiert den Codex Magliabecchiano, Biblioteca Nazionale, Florenz, XXXV, 8, 240, f. 151.

24. Cannarozzi, II, S. 479 f.

25. Cannarozzi, V, S. 81; III, S. 154.

26. Misciattelli, S. 236.

27. Aus: *Documento. Predica inedita di San Bernardino da Siena sulla „Vanità delle Donne"*, veröffentlicht von Lilia Marri Martini in *„La Diana"*, V (1930), II, S. 113.

28. Cannarozzi, *Siena*, I, S. 68 und 62; Banchi, III, S. 176 und S. 452; Banchi, I, S. 226.

29. Cannarozzi, *Siena*, I, S. 10; Cannarozzi, III, S. 277.

# Quellen und Literatur

## I. Quellen

Die wichtigsten Quellen zum Leben des San Bernardino:
1. Seine eigenen Werke in lateinischer und italienischer Sprache.
2. Die Biographien, die kurze Zeit nach seinem Tod verfaßt wurden und Schriften von Historikern oder Chronisten über ihn oder über Ereignisse, die in Zusammenhang mit Bernardinos Leben stehen.
3. Die Bernardino betreffenden Dokumente im Archivio di Stato di Siena (im Staatsarchiv von Siena).
4. Die Bernardino betreffenden amtlichen Dokumente.

### 1. Bernardinos Werke

*Die wichtigsten Werke in lateinischer Sprache*

Ein vollständiges Verzeichnis ergibt sich aus:
Pacetti, P. D., *Gli scritti di San Bernardino*, in: *San Bernardino da Siena. Saggi e ricerche pubblicati nel V centenario della morte (1444–1944)*, Mailand, 1945; Howell, Kapitel III und IV; Facchinetti, Teil II, Kapitel V; *La dottrina del Santo* und *Bollettino bibliografico di San Bernardino*, in: *Aevum*, IV, fasc. 3; D. Ronzoni, *L'eloquenza di San Bernardino e della sua scuola*, Siena, 1899. Stellenangaben zu den lateinischen Predigten beziehen sich auf die Ausgaben von Howell und Facchinetti: Père de la Haye, *Sancti Bernardini Senensis Ordinis Seraphicum Minorum Opera Omnia* (2. Auflage, Venedig, 1745).

Wichtig ist die Unterscheidung der Predigten, die San Bernardino selbst in lateinischer Sprache niedergelegt hat (Fastenzyklus *De christiana religione* und *De Evangelio aeterno* und die Traktate *De vita christiana*, *De beata Vergine*, *De beatitudinibus* und *De Spiritu Sancto* sowie die *Sermones de tempore* und die *Extraordinarii*), von solchen, die uns nur durch Niederschriften überliefert sind von Personen, die sie mitangehört haben (so vor allem der Fastenzyklus *Seraphim*, den er 1443 in Padua hielt und der sehr wahrscheinlich von einem der Gelehrten oder Doktoren der dortigen Universität schriftlich festgehalten wurde, der Zyklus, den er 1425 in Siena hielt und von dem es auch eine italienische Version gibt, sowie die Zyklen, die er in Perugia und in Assisi im Jahr 1425 hielt).

Der Fastenzyklus *De pugna spirituali* (der auch von De La Haye veröffentlicht wurde) gilt nunmehr, ebenso wie der Kommentar zur Apokalypse (*Opera*, V, 47) als Fälschung. S. Pacetti, a.a.O., S. 64–68.

*Die wichtigsten Werke in italienischer Sprache*

*Le prediche volgari di San Bernardino da Siena dette nella Piazza del Campo l'anno 1427*, hrsg. von L. Banchi, Siena, 1880–1888, 3 Bde. Es handelt sich um die 45 Predigten, die Benedetto di Maestro Bartolomeo schriftlich festgehalten hat, und zwar transkribiert nach Codex U. I. 4 in der Biblioteca Comunale di Siena und kollationiert mit zwei anderen Manuskripten aus der gleichen Bibliothek (U. I. 5–6) und einem weiteren aus der Biblioteca Comunale di Palermo (2Q, q C. 38). San Bernardino da Siena, *Le prediche volgari*, hrsg. von Ciro Cannarozzi, zwei Bände (I–II) Pistoia 1934; drei Bände (III, IV, V) Florenz 1940. Band I und II enthalten den Fastenzyklus von 58 Predigten, die er 1424 in Florenz hielt; die Bände III, IV, V den Fastenzyklus von 64 Predigten von 1425, ebenfalls Florenz.

Es existieren noch ein sechster und siebenter Band, die vom Herausgeber jedoch mit I und II bezeichnet wurden, in diesem Buch mit der Abkürzung: Cannarozzi, *Siena*, I und II, gekennzeichnet; darin sind die 47 Predigten enthalten, die Bernardino in der Zeit von April bis Juni 1425 in Siena hielt. Die Manuskripte, auf die sich Cannarozzi stützt, sind im Vorwort zu Band I und III aufgelistet.

Darüber hinaus hat E. Bulletti (in BSB, VIII, 1942) eine Predigt veröffentlicht, die vermutlich zwischen 1419 und 1421 unter dem Titel: *Sul Santissimo Nome di Gesù* gehalten wurde.

San Bernardino da Siena, *Le prediche volgari del 1427 in Siena*, hrsg. von P. Bargellini, Mailand 1936, ist eine neuere Ausgabe der Predigten, die von Banchi erstmals veröffentlicht worden waren.

Auszüge aus Bernardinos Werken in Italienisch finden sich in: *Le prediche volgari. Campo di Siena. 1427*. Hrsg. D. Pacetti; San Bernardino da Siena, *Le prediche volgari inedite*, Hrsg. D. Pacetti, Siena, 1935; *Operette volgari integralmente edite*, Hrsg. D. Pacetti, Florenz, 1938 (mit kleinen Geschichten, Traktaten, Parabeln); *Le più belle pagine di Bernardino da Siena*, Hrsg. Misciattelli, Mailand, 1924 und Florenz, 1938, versehen mit einer ausgezeichneten, klugen Einführung.

Weitere Predigtzyklen, von denen etliche unvollständig oder von zweifelhafter Authentizität sind, finden sich in dem bereits genannten: *Gli scritti di San Bernardino*, von Pacetti in: *Saggi e ricerche nel V centenario della morte*.
*Briefe*
Nur 16 Briefe Bernardinos sind erhalten, vier davon in *volgare;* zwei davon hat er mit eigener Hand geschrieben: der eine befindet sich im Augustinerkloster von Siena, der andere in der Collezione Piancastelli des Museo Civico in Forlì. Die beiden anderen sind von ihm diktiert.

## 2. Von Zeitgenossen verfaßte Biographien

Barnaba oder Barnabò da Siena, *Vita Sancti Bernardini*, nur zehn Monate nach dem Tod des Heiligen fertiggestellt, vor allem wichtig für die Jahre 1418 und 1419. In AASS, 20. Mai, Bd. IV, S. 739–746.

Leonardo Ben(e)voglienti, *Vita Sancti Bernardini*, fertiggestellt Mai 1446 und veröffentlicht von Franciscus van Ortroy in AB Bd. XXI, fasc. 1, (1902), S. 53–80. Der Schwerpunkt liegt vor allem auf den Jugendjahren.

Maffeo Vegio, *Vita Sancti Bernardini*, verfaßt im Jahr 1453, in: AASS, 20. Mai, Bd. C, S. 749–766.

*Il Frate Anonimo, Vie inédite de St. Bernardino par un contemporain*, hrsg. von F. Delorme in AB, XXX (1906). Es handelt sich um die Transkription eines Manuskripts des 15. Jahrhunderts aus der Bibliothèque Nationale, Paris. Der Autor, allgemein als „frate Anonimo" bekannt, begleitete Bernardino auf etlichen Reisen.

*Kleinere Schriften*

Giovanni da Capistrano, San, *Vita Sancti Bernardini*, in *Opera*, Vorwort zur Edition von 1745, I, XXXIV. Es handelt sich mehr um ein Panegyrikum als um eine Biographie.

Anonimo: Eine Biographie, die erst längere Zeit nach Bernardinos Tod verfaßt wurde, veröffentlicht von Lorenzo Surio in *De probatis vitis Sanctorum* (20. Mai).

Sante Boncor, *Vita di San Bernardino da Siena*, Hrsg. Serafino Gaddoni, Arezzo 1912. Auch diese Biographie ist mehr ein Panegyricum als ein Lebenslauf, geschrieben in einem gegen alle Grammatikregeln verstoßenden Italienisch; es befaßt sich vor allem mit dem Tod Bernardinos und seiner Heiligsprechung.

Lodovico da Vicenza, *Vita Sancti Bernardini*, AASS, Bd. C, 20. Mai. Diese Vita bringt gegenüber den anderen Biographien wenig bzw. nichts Neues.

Vespasiano da Bisticci, *Le Vite degli uomini illustri del secolo XV*, San Bernardino da Massa, kritische Ausgabe mit Einführung und Kommentar von Aulo Greco, Florenz, 1970, Bd. I (Istituto Nazionale del Rinascimento).

Darin enthalten: *Sancto Bernardino da Massa di Maremma*, außerdem weitere Informationen über den Heiligen in anderen Biographien desselben Werkes, wie z. B. in *Vita di Eugenio IV P. P.*, in: *Vita di meser Giannozo Manetti Fiorentino* und in: *Vita di meser Maffeo Vegio dallodi* [da Lodi] *seguita*.

Außerdem finden sich Schilderungen des Heiligen oder Hinweise auf ihn in folgenden Werken:

L'Arcivescovo sant'Antonino, *Chronica*, XXII–XXIV, Nürnberg 1490.

Enea Silvio Piccolomini (Pius II.), *De viris illustribus*, zitiert in *Opera I*.

Agostino Dati (Sieneser Chronist) in seinen *Opere*, ebenfalls zitiert in *Opera*, I, S. 48–51.

Marco da Lisbōa, *Cronaca degli Ordini istituiti dal P. S. Francesco* (ital. Übersetzung von O. Diola, Venedig, 1582).

Giacomo Oddi (di Perugia), *La Franceschina*, hrsg. von padre Cavanna, Florenz 1931.

Die zahlreichen Lob- und Gedenk(reden und) -schriften über den Heiligen Bernardino, die außer von dem bereits erwähnten Giovanni da Capistrano, vom seligen Michele da Carcano und vom heiligen Giacomo della Marca verfaßt wurden, bringen so gut wie kein neues Material über den Heiligen über die bereits aufgezählten Werke hinaus, die in Waddings *Annales Minorum* (Rom, 1731–45) veröffentlicht sind.

## *3. Dokumente im Archivio di Stato di Siena*

Bei den Dokumenten handelt es sich hauptsächlich um die Korrespondenz zwischen Rom und Siena, die Fra Bernardinos Ernennung zum Bischof von Siena betrifft (*Concistoro*, copialettere 1628 und 1912 sowie *Notuli di commissioni ad ambasciatori*, *Concistoro* 2411; ferner um die Anweisungen, die ihm die Kommune der Stadt Siena für seine diplomatische Mission beim Herzog von Mailand im Jahr 1444 erteilt hatte *(Lettere ad ambasciatori)* und um einen Brief über Fra Bernardino an den Gesandten der Stadt Siena in Mailand, Giovanni da Massa *(Concistoro 2411)*; schließlich um Bernardinos Geheimcode, die Aufzählung der von ihm gewirkten Wunder und um das Inventar seiner Bücher und Besitztümer.

## 4. Amtliche Dokumente

Diese Dokumente waren bislang auf diverse Werke verteilt, nämlich: Wadding, *Analecta Bollandiana*, De La Haye u.a.m. Jetzt sind sie allesamt enthalten in: *Bullarium franciscanum*, Bd. I, *continens Constitutiones, Epistolas, Diplomata Romanorum Pontificum Eugenii IV et Nicolai V ad Tres Ordines S. P. N. Francisci spectantia*, hrsg. von Fr. U. Hüntemann O.F.M., Quaracchi, 1929. Sie enthalten a) Angaben über das Leben des Heiligen, b) den Prozeß seiner Heiligsprechung sowie c) die Geschichte seines Namen-Jesu-Kultes.

## II. Allgemeine Bibliographie

### 1. Moderne Biographien und Forschung (Auswahl der wichtigsten Arbeiten)

Alessio, F., *Storia di San Bernardino e del suo tempo*, Mondovì, 1899. (Obwohl zu sehr hagiographisch ausgerichtet, die beste Biographie des 19. Jahrhunderts.)

Bargellini, Pero, *Bernardino, der Rufer von Siena. Ein kulturgeschichtliches Bild aus dem 15. Jahrhundert*, übertragen von Lili Sertonius, Freiburg i. Br., 1937.

Bontempelli, M., *San Bernardino da Siena*, Rom, ²1927. Hier handelt es sich eher um ein sehr lebendiges Porträt des Bernardino, das einer Auswahl seiner Predigten vorangestellt ist, als um eine echte Biographie.

Facchinetti, V. O.F.M., *San Bernardino da Siena, mistico sole del secolo XV*, Mailand, 1933. (Das ist die vollständigste Biographie mit der ausführlichsten Bibliographie bis zum Jahr 1933 und zahlreichen Illustrationen.)

Howell Ferrers, A. G., *San Bernardino of Siena*, London, 1912.

Hefele, K., *Der heilige Bernardin von Siena und die franziskanische Wanderpredigt in Italien während des XV. Jahrhunderts*, Freiburg i. Br., 1912.

Sticco, M., *Pensiero e poesia in San Bernardino da Siena*, Mailand, 1945².

Thureau-Dangin, Paul, *Der heilige Bernardin von Siena (1380–1444). Ein volkstümlicher Prediger in Italien zur Zeit der Renaissance*, übersetzt von Ambrosius Götzelmann, München, 1904.

Wadding, L. (Waddingo), *Annales Trium Ordinum a Sancto Francisco institutorum*, insbesondere Tomus X (1418–1436) und Tomus XI (1437–1447), *Ad Claras Aquas prope Florentiam*, Quaracchi, 1932³.

### 2. Monographien und Aufsätze

Interessante Aufsätze zu speziellen Aspekten von Leben und Denken des Heiligen finden sich in folgenden Zeitschriften:

*Acta Sanctorum* (AASS), Martii III und Maii IV und VI, Venedig, 1740; Octobris X, Brüssel, 1861. – *Analecta Bollandiana* (AB), Brüssel, gegründet 1882. – *Miscellanea Franciscana* (MF), Assisi, seit 1886. – *Bollettino Senese di Storia Patria* (BSStP), Siena seit 1893. – *Etudes Franciscaines*, Paris, 1908. – *La Diana*, Siena, 1926–1930.

In jüngerer Zeit wurde viel wichtiges Material, biographisches wie ikonographisches veröffentlicht in: *Bollettino di Studi Bernardiniani* (BSB), gegründet von E.

Bulletti, Siena, 1935–50, und *San Bernardino da Siena. Saggi e ricerche nel V centenario della morte*, Mailand, 1944.

## 3. Allgemeine Literatur zur Epoche

Burckhardt, J., Die Kultur der Renaissance in Italien, 1860.
*The Cambridge Mediaeval History*. Bd. VII, Cambridge University Press, 1949.
Garin, E., *Il Rinascimento italiano*, Mailand, 1941.
Gregorovius, F., Geschichte der Stadt Rom im Mittelalter, Bd. VII.
Paschini, P., *Roma nel Rinascimento*, Bd. XII der *Storia di Roma*, Istituto di Studi Romani, Bologna, 1940.
Pastor, L., Geschichte der Päpste seit dem Ausgang des Mittelalters, Freiburg i. Br., 1924.
Voigt, G., Die Wiederbelebung des klassischen Altertums oder Das erste Jahrhundert des Humanismus, Berlin, 1859 ([2]1880, [3]1893).

## 4. Darstellungen des Heiligen in der Kunst

Es existiert kein Werk, das die vollständige Ikonographie Bernardinos erfaßt, der überdurchschnittlich häufig und in vielen Variationen gemalt und plastisch porträtiert wurde. Teilaspekte sind in folgenden Werken behandelt:

Barbetti, T., *Le arti senesi e san Bernardino*, Anhang des italienischen Übersetzers von Thureau-Dangins *Un prédicateur populaire dans l'Italie de la Renaissance*, Paris, 1896.
Cartwright Ady, J., *San Bernardino in Art*, letztes Kapitel des oben genannten Howell, *San Bernardino of Siena*, London, 1912.
*Catalogo della Mostra Bernardiniana*, Siena, 1950.
Facchinetti, V., *L'omaggio della liturgia all'arte*, letztes Kapitel der von ihm verfaßten Biographie).
Gallino, T. M., *Per l'iconografia bernardiniana nella pittura ferrarese*, in BSB, II, 1936, 3.
Gallino, T. M., *Il santo senese nell'arte del Monferrato*, in BSB, IV, 1938, 1.
Isnard, E., *Deux primitifs français représentant Saint Bernardin de Sienne*, in: *Revue d'histoire franciscaine*, Bd. V, S. 168–170, Paris, 1920.
Lusini, A., *Un rotulo bernardiniano*, in: *La Diana*, IV, 1929, 2.
Marri-Martini, L., *Affreschi bernardiniani sull'Amiata*, BSB III, 1937, 1.
Marri-Martini, L., *Un vita illustrata di San Bernardino del '600*, BSB, V, 1939, 3–4.
Masseron, A., *Contribution à l'iconographie de Saint Bernardin*, BSStP, XXVI, 2.
Misciattelli, P., *Iconografia bernardiniana*, in: *La Diana*, VII, 1932, 4.
Misciattelli, P., *Arte antica senese*, in: *La Diana*, VI, 1931, 1.
Misciattelli, P., *La maschera di San Bernardino da Siena*, in: *Rassegna d'arte senese*, XVIII, 1–2.
Rimbotti, G., *San Bernardino nell'iconografia milanese*, BSB, IV, 1938, 3–4.
Rogati, E., *L'arte e San Bernardino da Siena*, in BSStP, XXX, 1923, 1.

# Register

Bernardino (Heiliger) und Siena sind nahezu auf jeder Seite aufgeführt und im Register nicht enthalten.

Buchanzeigen

# Mittelalter und frühe Neuzeit

*Iris Origo*
## „Im Namen Gottes und des Geschäfts"
Lebensbild eines toskanischen Kaufmanns der Frührenaissance
Francesco di Marco Datini
Aus dem Englischen von Uta-Elisabeth Trott
2., verbesserte Auflage. 1986
357 Seiten und 26 Abbildungen. Leinen

## Das Mittelalter
Ein Lesebuch aus Texten und Zeugnissen des 6. bis 16. Jahrhunderts
*Herausgegeben von Hartmut Boockmann*
1988. 383 Seiten. Leinen

*Horst Fuhrmann*
## Einladung ins Mittelalter
2. Auflage. 1988
327 Seiten und 45 Abbildungen. Leinen

*Edith Ennen*
## Frauen im Mittelalter
Unveränderter Nachdruck 1988 der 3., überarbeiteten Neuauflage. 1987
309 Seiten mit 24 Abbildungen, einer Karte und 2 Tabellen. Leinen

*Hans Werner Goetz*
## Leben im Mittelalter
Vom 7. bis zum 13. Jahrhundert
3. Auflage. 1987
302 Seiten mit 34 Abbildungen. Leinen

*Jacques Rossiaud*
## Dame Venus
Prostitution im Mittelalter
1989. Etwa 260 Seiten mit etwa 20 Abbildungen. Gebunden

Verlag C. H. Beck München

# Geschichte und Kultur Italiens

*Massimo Pallottino*
## Italien vor der Römerzeit
Aus dem Italienischen von Stephan Steingräber
1987. 236 Seiten mit 45 Abbildungen und 12 Karten. Gebunden

*Karl Christ*
## Geschichte der römischen Kaiserzeit
Von Augustus bis Konstantin
1988. IX, 869 Seiten mit 61 Abbildungen. Leinen

*Giuliano Procacci*
## Geschichte Italiens und der Italiener
Aus dem Italienischen übersetzt von Friederike Hausmann
1983. 419 Seiten. Leinen

*Norbert Huse / Wolfgang Wolters*
## Venedig
## Die Kunst der Renaissance
Architektur, Skulptur, Malerei 1460–1590
1986. 424 Seiten mit 336 Abbildungen, davon 33 in Farbe
Leinen

*Richard Krautheimer*
## Rom
Schicksal einer Stadt 312–1308
Aus dem Englischen von Toni Kienlechner und Ulrich Hoffmann
1987. 424 Seiten mit 260 Abbildungen. Leinen

*Moses I. Finley / Denis Mack Smith / Christopher Duggan*
## Geschichte Siziliens und der Sizilianer
1989. 312 Seiten mit 22 Abbildungen. Gebunden

# Verlag C. H. Beck München